Coleção
Resumos para
CONCURSOS

Organizadores
Frederico Amado | Lucas Pavione

2

Direito Administrativo

Coleção
Resumos para
CONCURSOS

Organizadores
Frederico Amado | Lucas Pavione

2

Lucas Pavione

Direito Administrativo

3ª edição | revista, atualizada e ampliada

2018

EDITORA JusPODIVM
www.editorajuspodivm.com.br

EDITORA *Jus*PODIVM
www.editorajuspodivm.com.br

Rua Mato Grosso, 164, Ed. Marfina, 1º Andar – Pituba, CEP: 41830-151 – Salvador – Bahia
Tel: (71) 3045.9051
• Contato: https://www.editorajuspodivm.com.br/sac

Copyright: Edições *Jus*PODIVM

Capa: Ana Caquetti

Diagramação: Linotec Fotocomposição e Fotolito Ltda. *(www.linotec.com.br)*

ISBN: 978-85-442-2048-1

3.ª ed., *2.ª tir.:* ago./2018.

Dedico este livro aos meus filhos André e Marcos,
que me fizeram entender um pouco mais sobre a
profundidade do amor de Deus para com seus filhos,
e à minha esposa Damares, pelo carinho, amor,
companheirismo e compreensão.

Agradeço a Deus, por ter renovado diariamente minhas forças, à Renata, pela colaboração prestada para a conclusão desta obra, a toda a equipe Juspodivm, pela dedicação, e à professora Flávia Cristina pelo incentivo para sempre seguir adiante.

APRESENTAÇÃO DA COLEÇÃO

A Coleção *Resumos para Concursos* tem por objetivo a preparação do candidato em disciplinas jurídicas e não jurídicas de maneira objetiva e didática, com o uso de linguagem simples para facilitar a compreensão do leitor.

Em todos os volumes foram abordados os temas essenciais de cada disciplina, sintetizados com bastante atenção para permitir ao leitor uma preparação eficaz e rápida.

Ademais, logo no início de cada capítulo foi indicada a legislação básica sobre o tema discutido ("lei a lei"), o que facilita a separação prévia e consulta dos principais dispositivos legais durante a leitura.

Ao longo do texto são apresentados os principais julgados e súmulas dos Tribunais Superiores em destaque, especialmente do Supremo Tribunal Federal e do Superior Tribunal de Justiça.

Para chamar a atenção aos temas mais cobrados nos concursos públicos, quadros de ATENÇÃO foram inseridos ao longo dos capítulos para destacá-los. Ao final dos capítulos foram inseridos tópicos-síntese abarcando os principais pontos tratados, permitindo uma visão geral dos temas tratados e a elaboração de mapas mentais.

Enfim, a Coleção *Resumos para Concursos* foi concebida com o propósito de otimizar tempo e estudo dos "concurseiros"!

Bons estudos!

Organizadores

Lucas dos Santos Pavione

Frederico Amado

NOTA DO AUTOR

Este livro é fruto de muita dedicação e pesquisa, sempre tendo como alvo o que melhor poderia oferecer aos leitores.

Só quem já passou pelo processo de seleção de um concurso público conhece as dificuldades enfrentadas por aqueles que se enveredam por este caminho. A preparação deste livro trouxe-me à memória os momentos difíceis deste processo de preparação, mas que são incomparáveis à alegria e ao contentamento com o resultado obtido: a aprovação! Assim como um dia enfrentei e venci este caminho, você, candidato, também pode fazê-lo!

Por isso, procurei reunir o conteúdo essencial de Direito Administrativo que permita a resolução de questões, em variados níveis de dificuldade, após extensa e detalhada análise do que vem sendo cobrado nos concursos.

Acredito que a disciplina, a estratégia, a motivação e um material de estudo adequado são os ingredientes necessários à aprovação.

Espero colaborar neste processo de preparação, oferecendo-lhe este material, assim como desejo receber em resposta críticas e sugestões que possam levar ao aperfeiçoamento deste livro. Assim, você, leitor, poderá também compartilhar seus conhecimentos e colaborar para que outras pessoas também possam atingir seus objetivos!

Envie um *e-mail* para **pavione@gmail.com** com suas impressões, críticas e sugestões. Se preferir, siga-me no Twitter (**@lucaspavione**). Seu contato é muito importante!

Bons estudos!

Lucas Pavione

SUMÁRIO

Capítulo

I

ESTADO, GOVERNO E ADMINISTRAÇÃO PÚBLICA

Leia a lei: CF/88

- *Arts. 1.º, 60, § 4.º I e III.*

1. NOÇÕES

O estudo do Direito Administrativo pressupõe o domínio de alguns temas, mais precisamente as concepções de **Estado**, **Governo** e **Administração Pública**.

2. ESTADO

2.1. Noções

A palavra "estado" pode assumir variados significados, sendo objeto de estudo de disciplina específica no curso de Direito. No presente estudo, nos interessa o estudo do Estado como **sociedade jurídica e politicamente organizada em determinado território**.

Assim, diz-se que o Estado se caracteriza pela existência de três elementos essenciais:

a) **Povo**: é o **elemento humano**, grupamento social organizado. Não se confunde com a ideia de **nação**, que representa um grupo social como atributos étnicos ou culturais comuns. Segundo

Diogo de Figueiredo Moreira Neto (2010, p. 5), "o elemento da *nacionalidade* tornou-se dispensável à formulação do conceito de Estado, ainda porque, multiplicam-se os Estados conformados por várias nações que se reúnem por conveniência política, econômica ou social ou, mesmo, nada mais que perpetuando uma tradição histórica".

b) **Território: elemento geográfico**, compreendido como o espaço físico onde se estabelece o Estado, sua dimensão espacial.

Conforme a organização política de seu território, os Estados podem ser **unitários** ou **federados**. Estados **unitários** caracterizam-se pela existência de um único poder político central (**centralização política**), do qual emanam todas as decisões ou, ao menos, as decisões principais. Por seu turno, Estados **federados** são aqueles que admitem a coexistência de entes políticos distintos e autônomos entre si (**descentralização política**), atuando em regime de **coordenação**. Nas palavras de Georg Jellinek, o federalismo é a "unidade na pluralidade". O Brasil adota o federalismo como forma de Estado (art. 1.º da CF/88) e lhe confere *status* de cláusula pétrea (art. 60, § 4.º, I da CF/88).

ATENÇÃO

*Os **Estados unitários**, apesar de se caracterizarem por sua **centralização política**, admitem a existência de **descentralização administrativa**, a fim de se garantir a governabilidade. Do contrário, diante da complexidade da atuação estatal, seria praticamente impossível o funcionamento da máquina pública se todas as decisões tivessem que emanar de um único centro de poder.*

c) **Governo Soberano: elemento institucional,** diz respeito ao reconhecimento e independência do Estado na ordem internacional e supremacia interna. Na ideia de **governo soberano** estão inseridos poderes de **autodeterminação e auto-organização.**

Tem-se, assim, que o Estado é um **ente personalizado**, sujeito de direito, o que lhe permite adquirir direitos e contrair obrigações no âmbito interno e externo.

O Estado possui **personalidade jurídica de direito público**, apesar de praticar, em algumas situações, atos e negócios jurídicos regidos pelo **direito privado**, conforme será estudado oportunamente.

> **ATENÇÃO**
>
> *Encontra-se superada a **teoria da dupla personalidade**, que conferia personalidade jurídica ao Estado conforme estivesse atuando sob regime de direito público ou privado. Independentemente do regime jurídico que regule seus atos, o Estado sempre terá personalidade jurídica de direito público.*

Esse mesmo Estado é ainda responsável pela elaboração de um sistema de normas jurídicas, ao qual também se sujeita, que visa regular as relações sociais, no que ficou conhecido como **Estado de Direito**.

Em linhas gerais, pode-se dizer que o Estado é fruto da criação humana, com o objetivo de manter pacífica a vida em sociedade e proporcionar o bem estar geral, regido por um corpo de normas ao qual se dá o nome de ordenamento jurídico.

2.2. Funções ou Poderes Estatais

Visto de maneira **orgânica**, o Estado é composto por **três poderes ou funções**: **Legislativo**, **Executivo** e o **Judiciário**.

Aristóteles, em sua obra "A Política", na Grécia Antiga, lançou as bases para a teoria da separação dos poderes, ao propor a existência de um poder soberano que se dividia em **três partes** distintas: a que deliberaria acerca dos negócios públicos; a que exerceria a magistratura (aqui a ideia se aproxima mais do exercício da função executiva, apesar da terminologia empregada); e a terceira que administra a justiça.

Posteriormente, John Locke, em sua obra "Ensaio sobre o Governo Civil", defendeu a existência de um Estado em que houvesse a condição de igualdade entre a autoridade real e a do Parlamento, ao mesmo tempo em que entendia necessária a independência dos magistrados.

A evolução das proposições lançadas por Aristóteles acabou desembocando na teoria da separação ou tripartição dos poderes, proposta por Montesquieu no século XVIII. Em linhas gerais, Montesquieu apregoava a coexistência harmônica, independente e cooperativa entre os poderes que estruturam o Estado e que não poderiam ser exercidas pelo mesmo órgão, possibilitando-se uma espécie de limitação do poder pelo próprio poder. Este foi o modelo adotado como base pelos principais regimes democráticos, inclusive o Brasil, que também considera a separação entre os Poderes como uma cláusula pétrea (art. 60, § 4.º, III da CF/88).

Os Estados modernos se fundam em um **sistema de freios e contrapesos** (*check and balances)*, no qual se observa um controle recíproco entre os Poderes que o compõem, sem que exista uma indesejada preponderância de um sobre outro.

Assim, tem-se admitido que a cada um dos Poderes foi atribuída uma função **típica ou precípua**: a) o Poder Legislativo exerce a **função legislativa** (possibilidade de elaboração de normas, ou seja, de inovar no ordenamento jurídico); b) o Poder Judiciário exerce **a função jurisdicional** (aplicação da norma a um caso concreto, com caráter de definitividade); c) o Poder Executivo exerce a chamada **função executiva**, que alguns autores subdividem em **função administrativa** e **função política**, ambas estudadas nos próximos tópicos.

Por outro lado, de modo **atípico ou acessório**, é possível que um Poder exerça uma função atribuída a outro, como, por exemplo, o julgamento do chefe do Executivo pelo Legislativo nos crimes de responsabilidade (art. 52, I da CF/88); quando o poder Executivo exerce o poder regulamentar (art. 84, CF/88) etc. Da mesma forma, a **função administrativa** pode ser exercida atipicamente pelos Poderes Legislativo e Judiciário como, por exemplo, quando realizam licitação, promovem concursos públicos, concedem licenças a seus servidores etc. Ainda, pode-se falar da **função política**, que pode ser exercida de forma atípica pelo legislativo (cassação de um parlamentar) e pelo judiciário (algumas decisões internas). Pode-se dizer, assim, que **não há exercício exclusivo de uma determinada função**.

ATENÇÃO

*Parte respeitável da doutrina **não admite** o exercício de **função jurisdicional** por parte do **Executivo**. Inclusive, apresentam críticas ao posicionamento que enxerga o exercício de tal função quando o Executivo promove julgamentos nos processos administrativos,* *sob o argumento de que as decisões proferidas não possuem o atributo da **definitividade**, como ocorre com as decisões judiciais. Porém, cumpre trazer aqui dois importantes exemplos trazidos por Diogo de Figueiredo Moreira Neto de situações em que o Executivo exerce típica função jurisdicional: **concessão de indulto e comutação de pena** (art. 84, XII, CF/88). Segundo o respeitado autor, estas situações "(...) repercutirão diretamente sobre a aplicação da pena imposta pelo Poder Judiciário, um ato privativo de vontade estatal, que seria, de outro modo, por princípio, inalterável em seus efeitos" (MOREIRA NETO, 2011, p. 28).*

A fim de facilitar a sistematização do tema, sintetizamos os ensinamentos das linhas anteriores no seguinte quadro comparativo:

Poder	Função Típica	Funções Atípicas
Executivo	**Executiva**	a) **Legislativa**: elaboração de leis delegadas (art. 59, IV da CF/88); expedição de decretos e regulamentos (art. 84, IV e VI da CF/88); edição de medidas provisórias com força de lei (art. 84, XXVI da CF/88); b) **Jurisdicional:** concessão de indulto e comutação de penas (art. 84, XII, CF/88). O tema é, todavia, polêmico.
Legislativo	**Legislativa ou Normativa**	a) **Executiva**: elaboração do plano plurianual, da lei de diretrizes orçamentárias e da lei orçamentária anual (art. 48, II); fixação do montante da dívida mobiliária federal (art. 48, XIV); realização de concursos públicos para provimento de seus cargos vagos etc. b) **Jurisdicional**: julgamento de determinadas autoridades nos crimes de responsabilidade (arts. 52, I e II da CF/88).
Judiciário	**Jurisdicional**	a) **Executiva**: eleger órgãos diretivos (art. 96, I, "a" da CF/88); conceder licença, férias e outros afastamentos a seus membros e aos juízes e servidores (art. 96, I, "f" da CF/88); b) **Legislativa**: elaboração dos regimentos internos dos tribunais (art. 96, I, "a"); estabelecimento de normas trabalhistas nos chamados dissídios coletivos (art. 114, § 2.º da CF).

Os princípios da organização do Estado, bem como as diretrizes para uma atuação harmônica entre os Poderes ou Funções são matérias disciplinadas no próprio texto da Constituição, o que permite uma atuação equilibrada do poder soberano.

3. GOVERNO E A FUNÇÃO POLÍTICA

O governo relaciona-se à ideia de **função política**, também chamada de **função de governo**.

A **função política ou de governo**, em termos gerais, está relacionada à administração superior dos interesses do Estado, no plano interno e externo, com elevado grau de **discricionariedade** e **independência das decisões**, conforme parâmetros fixados na Constituição. Por esta razão, o controle de decisões políticas por parte do Poder Judiciário é excepcional e bastante restrito.

Assim, estão inseridas na ideia de governo tanto as decisões que se relacionam à definição e alinhamento das diretrizes superiores de **gestão dos interesses do Estado**, como a definição das políticas públicas que serão implementadas, quanto os chamados **atos de governo**, que são situações de grande conteúdo político, como a declaração de guerra, decretação de estado de sítio, celebração de tratados internacionais etc.

4. FUNÇÃO ADMINISTRATIVA

Ao Direito Administrativo interessa o estudo da **função administrativa**, que "consiste no dever de o Estado, ou de quem aja em seu nome, dar cumprimento fiel, no caso concreto, aos comandos normativos, de maneira geral ou individual, para a realização dos fins públicos, sob regime prevalente de direito público, por meio de atos e comportamentos controláveis internamente, bem como externamente pelo Legislativo (com o auxílio do Tribunal de Contas), atos estes revisíveis pelo Judiciário" (FIGUEIREDO, 2008, p. 34).

Assim, a **função administrativa** refere-se à atuação ordinária do administrador público na execução concreta das diretrizes superiores do Estado e das normas jurídicas que lhes dão suporte, visando sempre ao interesse comum.

O exercício da função administrativa terá um caráter mais técnico e menos discricionário, se comparada com a função política. Logo, o administrador terá menor poder decisório, apesar de ser-lhe concedida certa discricionariedade em algumas situações que a legislação permitir.

Em razão da necessidade de observância da **legalidade**, a conduta do Administrador será constantemente fiscalizada e revista, se em desconformidade com os comandos que deram suporte ao seu agir.

Vale mais uma vez lembrar que a função administrativa é exercida de maneira precípua pelo **Executivo** e de forma atípica pelo Legislativo e Judiciário.

5. ADMINISTRAÇÃO PÚBLICA: SENTIDOS

DI PIETRO organiza o tema **Administração Pública** em duas acepções, quais sejam, **sentido amplo** e **sentido estrito**. Este enfoque, além de bastante didático, tem sido o mais cobrado em concursos públicos.

A **Administração Pública em sentido amplo** subdivide-se em **subjetiva** e **objetiva.** Em seu **sentido subjetivo**, consiste na **Administração Pública em sentido estrito** e **Governo ou órgãos governamentais**. Já em **sentido objetivo**, abrange a **função administrativa** e a **função política**, que compõem a chamada **fun**ção executiva.

Afunilando um pouco mais o tema, temos que a **Administração Pública em sentido estrito** pode ser analisada sob dois sentidos: **objetivo, material ou funcional** e **subjetivo, formal e orgânico**.

Esquematicamente, temos o seguinte:

ADMINISTRAÇÃO PÚBLICA	→	Em Sentido Amplo	→	**Subjetivo**: órgãos governamentais (Governo) e Administração Pública em sentido estrito;
			→	**Objetivo**: função política (diretrizes governamentais) e função administrativa (execução de tais diretrizes).
	→	Em Sentido Estrito	→	**Subjetivo, Formal ou Orgânico**: realça os entes que exercem a atividade administrativa (pessoas jurídicas, órgãos e agentes públicos).
			→	**Objetivo, Material ou Funcional**: enfoca a natureza da atividade exercida. É a própria função administrativa.

Feitas tais considerações, analisemos a **Administração Pública em sentido estrito**, que efetivamente interessa ao Direito Administrativo.

5.1. Sentido Objetivo, Material ou Funcional

A administração pública – grafada com letras minúsculas – representa **o próprio exercício da função administrativa** pelo Estado, por meio de seus agentes e órgãos. É a própria dinâmica estatal na gestão dos interesses públicos, a atividade material direta e imediata dos fins do Estado.

DI PIETRO (Cf. 2010, pp. 54-56) entende que estão abrangidos neste sentido de administração pública o **fomento**, a **polícia administrativa, serviço público** e **intervenção**:

- **Fomento**: é a atividade administrativa de incentivo à inciativa privada de utilidade pública, abrangendo as **subvenções**, o **financiamento**, sob condições especiais, de determinados empreendimentos, **favores fiscais** de estímulo a determinadas atividades e as **desapropriações** em favor de entidades privadas sem fins lucrativos, visando à realização de atividades úteis à coletividade;
- **Polícia administrativa**: compreende as atividades de execução das **limitações administrativas**, ou seja, restrições estabelecidas em lei ao exercício de direitos individuais em prol do interesse coletivo.

- **Serviço Público**: são atividades que a Administração Pública executa, com ou sem exclusividade, devido à sua essencialidade e relevância, para satisfazer determinadas necessidades coletivas, sob regime de direito predominantemente público.
- **Intervenção**: implica na atuação do Estado no setor privado, compreendendo a regulamentação e fiscalização da atividade econômica de natureza privada (**intervenção indireta**), bem como a atuação direta por meio das empresas estatais (**intervenção direta**), situação esta que implica na atuação do Estado em conformidade com as normas de direito privado (art. 173, § 1.º, II da CF/88). DI PIETRO admite apenas a **intervenção indireta** como representação do exercício de função administrativa.

5.2. Sentido Subjetivo, Formal ou Orgânico

Considera-se, por este critério, o **sujeito** da função administrativa. Segundo esta concepção, a Administração Pública - grafada com letras maiúsculas - representa o conjunto de órgãos, **agentes** e **pessoas jurídicas** incumbidos do exercício da **função administrativa**.

Importa salientar que as **entidades privadas** prestadoras de **serviço público** sob regime de delegação (concessões e permissões) **não fazem parte** da Administração Pública, apesar de exercerem atividades que se enquadram na **função administrativa**.

ATENÇÃO

Apesar de ser o Poder Executivo quem exerce tipicamente a função administrativa, é importante salientar que o termo Administração Pública é empregado de maneira ampla, de modo que quando os outros Poderes estiverem no exercício da função administrativa, seus órgãos e agentes também serão considerados integrantes da Administração Pública. Portanto, Administração Pública não é sinônimo de Poder Executivo.

6. TÓPICO-SÍNTESE

TÓPICO-SÍNTESE	
Estado	• Caracteriza-se pela existência de três elementos essenciais: ⇨ **Povo** (elemento humano) ⇨ **Território** (espaço físico onde se estabelece) ⇨ **Governo Soberano** (reconhecimento e independência na ordem internacional e supremacia interna).

<table>
<tr><th colspan="2">TÓPICO-SÍNTESE</th></tr>
<tr><td>Estado</td><td>• Ente personalizado – possui personalidade distinta da de seus integrantes -, podendo assumir direitos e obrigações no âmbito interno e externo.
• É composto por três poderes ou funções: Legislativo, Executivo e o Judiciário.
• Teoria da separação dos Poderes: proposta por Montesquieu no século XVIII. Apregoava a coexistência harmônica e cooperativa entre os poderes que estruturam o Estado. Este foi o modelo adotado pelos principais regimes democráticos, inclusive o Brasil.
• Funções típicas dos Poderes:
⇨ Poder Legislativo – exercer a função legislativa (possibilidade de elaboração de normas);
⇨ Poder Judiciário – exercer a função jurisdicional (aplicação da norma a um caso concreto, com caráter de definitividade);
⇨ Poder Executivo – exercer a chamada função executiva, que alguns autores subdividem em: função administrativa e função política.
• De modo atípico, é possível que um Poder exerça uma função atribuída a outro.
• A função administrativa pode ser exercida atipicamente pelos Poderes Legislativo e Judiciário.
• A função política pode ser exercida de forma atípica pelo legislativo (cassação de um parlamentar) e pelo judiciário (algumas decisões internas).</td></tr>
<tr><td>Governo</td><td>• A função política ou de governo se relaciona à administração superior dos interesses do Estado, no plano interno e externo, com elevado grau de discricionariedade política das decisões, conforme parâmetros fixados na Constituição.</td></tr>
<tr><td>Função Administrativa</td><td>• Refere-se à atuação ordinária do administrador público na execução das normas jurídicas, visando ao interesse comum.
• Por ter que andar sempre em conformidade com a lei, a conduta do Administrador será constantemente fiscalizada e, muitas vezes, revista, se em desconformidade com os comandos que deram suporte ao seu agir.</td></tr>
<tr><td>Administração Pública: Sentidos</td><td>A Administração Pública em sentido estrito pode ser analisada sob dos sentidos:
• Sentido Objetivo: a administração pública representa o próprio exercício da função administrativa pelo Estado, por meio de seus agentes e órgãos. É a própria dinâmica estatal na gestão dos interesses públicos. Engloba as funções de fomento, polícia administrativa, serviço público e intervenção.
• Sentido Subjetivo: considera-se, aqui, o sujeito da função administrativa. A Administração Pública representa o conjunto de órgãos, agentes e pessoas jurídicas incumbidos do exercício da função administrativa.</td></tr>
</table>

Capítulo

II

DIREITO ADMINISTRATIVO: LIÇÕES INICIAIS

Leia a lei:

- *CF, art. 5.º, XXXV; art. 103-A; CTN, art. 100, III.*

1. NOÇÕES

DI PIETRO informa que se tem informado a origem do Direito Administrativo com a Lei de 28 pluvioso do Ano VIII (1800), que organizou juridicamente a Administração Pública na França. Porém, salienta a autora, o Direito Administrativo efetivamente ganhou corpo a partir das construções jurisprudenciais do Conselho de Estado francês, no julgamento de casos concretos envolvendo as relações jurídicas decorrentes das novas funções assumidas pelo o Estado, agora em um ambiente em que se estabeleceu o "Estado de Direito", pós-Revolução Francesa (2010, p. 4).

Trata-se, assim, de ramo relativamente recente do Direito, com alguns institutos já consolidados, mas outros ainda em construção.

Conquanto este surgimento relativamente recente, o Direito Administrativo goza de **autonomia**, pois possui **institutos** e **princípios informativos próprios**, estudados nos capítulos seguintes.

2. CRITÉRIOS DE DEFINIÇÃO

O conceito de Direito Administrativo é um ponto de grande divergência na doutrina, posto a dificuldade de se fixar o seu objeto de estudo, ora amplo ora restrito.

Ao longo dos anos, vários critérios foram utilizados na tentativa de elaborar um conceito satisfatório de Direito Administrativo, a seguir analisados.

2.1. Critério Exegético ou Legalista

Esta escola de pensamento defendia o Direito Administrativo como sendo um **conjunto de leis administrativas**, englobando as leis, decretos, regulamentos etc.

O conceito em questão acaba por focar excessivamente um dos princípios do Direito Administrativo (legalidade), esquecendo-se de outros importantes.

2.2. Critério do Poder Executivo

Segundo este ponto de vista, Direito Administrativo seria o conjunto de regras e princípios que disciplina o Poder Executivo.

Porém, conforme estudado no capítulo precedente, observamos que os Poderes Judiciário e Legislativo também exercem atividade administrativa, que será objeto do direito administrativo. Por outro lado, esse critério deixa de considerar que o Poder Executivo também exerce de maneira atípica funções de outros Poderes.

2.3. Critério da Relação Jurídica

Segundo esta corrente, o Direito Administrativo compreende o conjunto de regras jurídicas que disciplinam a relação entre a Administração e o administrado (particular).

Este critério é insuficiente, na medida em que o Direito Administrativo também abrange outros regramentos jurídicos, como a organização da Administração, o regime jurídico dos bens públicos etc.

Demais disso, outros ramos do direito também podem disciplinar relações entre Administração e administrado, como se observa em determinados contratos em que lei estabelece a incidência de normas de direito civil.

2.4. Critério do Serviço Público

Por este critério, inspirado na jurisprudência do Conselho de Estado Francês, o Direito Administrativo trata de regular a instituição, organização e funcionamento dos **serviços públicos** e seu oferecimento aos administrados.

A questão que surge – e que se converte em uma crítica a esta corrente de pensamento – é que a expressão "serviço público" é de difícil conceituação. Além disso, o Estado exerce outras atividades administrativas que não são geralmente consideradas serviços públicos, como a intervenção na ordem econômica e o exercício do poder de polícia.

Por fim, o serviço público também é objeto de outros ramos do direito, como o direito tributário e o direito do consumidor, não sendo adequado restringir seu estudo ao direito administrativo.

2.5. Critério Teleológico ou Finalista

Neste enfoque, o Direito Administrativo representa um sistema de princípios que regula as atividades do Estado na consecução de seus fins.

Esta visão peca por adotar expressões abertas como "atividades do Estado" e "fins", que acabam prejudicando a adequada delineação do conceito.

2.6. Critério Negativista, Negativo ou Residual

O Direito Administrativo, por esta perspectiva, regula toda atividade estatal que não seja jurisdicional ou legislativa.

Porém, o ponto negativo desta visão é que um conceito deve afirmar o que algo é, e não o que não é.

2.7. Critério da Administração Pública

Por fim, este critério prega, em poucas linhas, que o Direito Administrativo representa um conjunto de princípios e normas que regem a Administração Pública, em seu sentido subjetivo ou objetivo.

Há também quem critique este critério, sob o argumento de que o conceito de Administração Pública é muito amplo, afastando sua precisão. Porém, podemos observar que a doutrina é bastante simpática a esta linha de pensamento, como MARIA SYLVIA ZANELLA DI PIETRO (2010, p. 47), para quem o Direito Administrativo é "o ramo do direito público que tem por objeto os órgãos, agentes e pessoas jurídicas administrativas que integram a Administração Pública, a atividade jurídica não contenciosa que exerce e os bens de que se utiliza para a consecução de seus fins, de natureza pública".

Nesta mesma linha, HELY LOPES MEIRELLES (2012, p. 39) define o Direito Administrativo como "conjunto harmônico de princípios jurídicos que regem os órgãos, os agentes e as atividades públicas tendentes a realizar concreta, direta e imediatamente os fins desejados pelo Estado".

3. OBJETO DE ESTUDO

Conforme observado no item anterior, o objeto do Direito Administrativo variou ao longo do tempo, conforme se alternou o enfoque que lhe foi dado pelas diversas escolas doutrinárias.

Em linhas gerais, grande parte da doutrina atual atribui como objeto do Direito Administrativo o estudo da **Administração Pública**, em seu **sentido objetivo** (função administrativa) ou **subjetivo** (organização administrativa).

Assim, neste objeto estão incluídas as relações jurídicas internas (entre órgãos, agentes etc.) e externas (com os administrados) da Administração Pública, assim como a prestação de serviços públicos, diretamente ou sob regime de delegação, dentre outras atividades materiais.

4. PRINCIPAIS SISTEMAS ADMINISTRATIVOS

No Estado de Direito, os atos praticados pela Administração Pública não estão isentos de controle. Para fins de concurso público, importa que o leitor conheça os dois sistemas mais comuns de controle de legalidade e legitimidade dos atos administrativos, quais sejam:

4.1. Sistema Francês, do Contencioso Administrativo ou da Dualidade de Jurisdições

O **sistema de contencioso administrativo** tem sua origem no direito francês – daí também ser conhecido como **sistema francês** – e admite a **coexistência ou dualidade de jurisdições**: uma **comum** (**Justiça Judiciária**) e a outra **administrativa** (**Justiça Administrativa**). Esta última possui competência para apreciar conflitos específicos, em que uma das partes é necessariamente o Poder Público, competindo-lhe "julgar causas que visem à invalidação e à interpretação de atos administrativos e aquelas em que o interessado requer a restauração da legalidade quando teve direito seu ofendido por conduta administrativa. Julga, ainda, os recursos administrativos de excesso ou desvio de poder" (CARVALHO FILHO, 2012, pp. 888-889).

Segundo DI PIETRO, "O apego ao princípio da separação dos poderes e a desconfiança em relação aos juízes do velho regime serviram de fundamento para a criação, na França, da **jurisdição administrativa** (o **contencioso administrativo**), ao lado da **jurisdição comum**, instituindo-se, dessa forma, o sistema da dualidade de jurisdição" (2010, p. 4).

As decisões proferidas pela jurisdição administrativa não podem ser revisadas pela jurisdição comum.

4.2. Sistema Inglês, da Jurisdição Una ou da Unicidade de Jurisdição

O sistema da **unidade de jurisdição** tem sua origem no **direito inglês** e se caracteriza pelo exercício da jurisdição por um único órgão, que possui competência para o conhecimento de quaisquer demandas, sejam elas comuns ou administrativas.

4.3. Sistema Adotado pelo Brasil

O Brasil adota o sistema da **unidade de jurisdição.** De fato, o art. 5.º, XXXV, da CF consagra o **princípio da inafastabilidade da**

jurisdição, de modo que o Poder Judiciário apreciará as demandas que lhe são submetidas, com apenas algumas ressalvas.

Todavia, para fins de concurso público – e este tema já foi cobrado até em questões objetivas – não é possível afirmar que o Brasil **sempre** adotou o sistema inglês. A Constituição do Império, por exemplo, não previa a unidade de jurisdição, até porque não se assentava sobre as bases de um Estado Democrático de Direito.

Somente a partir da Constituição de 1891 é que se começou a adotar o sistema da **unidade de jurisdição**. Todavia, a EC 7/77, em seus arts. 111 e 203 permitiu a criação de **contenciosos administrativos** para o julgamento de determinadas matérias, mas tal sistema não chegou a ser implementado.

5. FONTES DO DIREITO ADMINISTRATIVO

Fonte é o lugar de onde algo surge. Assim, fonte do direito é o local de onde este emana.

A doutrina não é unânime quanto às fontes do Direito Administrativo. De um modo geral, podemos enumerar as seguintes fontes:

5.1. Lei

A lei é a principal fonte do Direito Administrativo. A expressão "lei" deve ser considerada em sentido amplo, incluindo a Constituição Federal (e suas emendas), as leis formais, ou seja, decorrentes de processo legislativo (lei ordinária, lei complementar, lei delegada, decretos legislativos e resoluções), medidas provisórias e normas administrativas regulamentares (decretos, resoluções, portarias etc.).

5.2. Jurisprudência

Jurisprudência é o conjunto de decisões reiteradas dadas pelos Tribunais à solução de casos concretos.

Em princípio, a jurisprudência tem função **interpretativa** e de **orientação** para a aplicação da legislação, mas não vinculando a Administração Pública em sua atuação.

Porém, as chamadas **súmulas vinculantes** (art. 103-A da CF/88), editadas pelo Supremo Tribunal Federal e representativas de determinada jurisprudência consolidada e as decisões proferidas em sede **de controle de constitucionalidade** dos atos normativos (ADI e ADC) e ação de descumprimento de preceito fundamental (ADPF), **vinculam** a **Administração Pública** direta e indireta dos Poderes da União, dos Estados, do Distrito Federal e dos Municípios.

5.3. Costumes

Costume é a **prática social reiterada** de uma conduta (**elemento objetivo**), qualificada pela **convicção geral de obrigatoriedade** em sua observância (**elemento subjetivo**).

Apesar do princípio da legalidade e do caráter formal dos atos da Administração Pública, tem-se aceitado a existência de fontes escritas e não escritas para o Direito Administrativo, ganhando espaço os chamados **costumes administrativos**.

Não se pode admitir, porém, em Direito Administrativo a invocação de costumes que contrariem a lei (costumes *contra legem*).

Para DIOGO DE FIGUEIREDO MOREIRA NETO (Cf. 2010, p. 75), o costume só será considerado fonte do Direito Administrativo se a própria lei o acolher (costume *secundum legem*) ou abrir espaço deslegalizado de autonomia normativa, para tornar-se obrigatório, como ocorre no Direito Tributário (CTN, art. 100, III).

ATENÇÃO

Não confundir ***costume administrativo*** *com* ***praxe administrativa****, que nada mais é do que a rotina adotada nos diversos órgãos administrativos. Apesar de ser composta por condutas reiteradas, falta à praxe administrativa a convicção geral de obrigatoriedade de sua observância. Portanto, a praxe administrativa não tem sido considerada pela doutrina como fonte do Direito Administrativo.*

5.4. Doutrina

Aplicado ao Direito, doutrina é o trabalho intelectual dos pensadores sobre determinado ramo jurídico, colaborando para o delineamento, conceituação e sistematização de seus variados institutos e para a elaboração de normas jurídicas.

No direito administrativo a doutrina teve grande relevância para sua sistematização e evolução, apresentando consistente substrato teórico para sua consolidação como ramo autônomo do direito. Porém, o tema não é pacífico entre os próprios doutrinadores, havendo quem não a considere fonte do Direito Administrativo.

6. INTERPRETAÇÃO DO DIREITO ADMINISTRATIVO

O Direito Administrativo demanda uma visão diferenciada na interpretação de seu regime jurídico peculiar, que será estudado no próximo capítulo, com foco no **interesse público** que deve ser almejado pelo administrador.

Logo, o Direito Administrativo se valerá de três critérios interpretativos peculiares:

- A **desigualdade jurídica entre a Administração e os administrados**: havendo conflito de interesses, o interesse público prevalecerá sobre direitos individuais.
- A **presunção de legitimidade dos atos da Administração**: até prova em contrário, os atos administrativos são considerados legítimos e devem ser observados por todos.
- A existência de **poderes discricionários para a Administração melhor atender ao interesse público**: a dinâmica social e a complexidade das relações jurídicas revelam que é impossível ao legislador prever nas normas todas as condutas possíveis ao administrador público, de modo que será conferida a este certa discricionariedade na busca do interesse público.

7. TÓPICO-SÍNTESE

TÓPICO-SÍNTESE	
CRITÉRIOS DE DEFINIÇÃO	**Critério exegético ou legalista**: Direito Administrativo como conjunto de normas administrativas. **Crítica**: foca excessivamente o princípio da legalidade.
	Critério do poder executivo: Direito Administrativo disciplina o funcionamento do Poder Executivo. **Crítica**: Outros poderes exercem função administrativa.

CRITÉRIOS DE DEFINIÇÃO	**Critério da relação jurídica**: Direito Administrativo disciplina relações entre Administração e administrado. **Crítica**: limita o alcance do Direito Administrativo, que regula outros temas.
	Critério do Serviço Público: Direito Administrativo regulamenta os serviços públicos e seu oferecimento aos administrados. **Crítica**: 1) a expressão "serviços públicos" é de difícil conceituação; 2) Direito Administrado disciplina outras atividades que não são serviços públicos, como poder de polícia; 3) serviço público também é objeto de estudo de outros ramos do Direito.
	Critério Teleológico ou Finalista: Direito Administrativo é um conjunto de princípios que regula as atividades do Estado na consecução de seus fins. **Crítica**: utilização de expressões abertas como "atividades do Estado" e "fins", que prejudicam a adequada delineação do conceito.
	Critério Negativista, Negativo ou Residual: Direito Administrativo regula toda atividade estatal que não seja jurisdicional ou legislativa. **Crítica**: um conceito deve afirmar o que algo é, e não o que não é.
	Critério da Administração Pública: Direito Administrativo representa um conjunto de princípios e normas que regem a Administração Pública, em seu sentido subjetivo ou objetivo. **Crítica**: há também quem critique este critério, sob o argumento de que o conceito de Administração Pública é muito amplo, afastando sua precisão. Porém, é o critério mais aceito.
CONCEITO	"(...) o ramo do direito público que tem por objeto os órgãos, agentes e pessoas jurídicas administrativas que integram a Administração Pública, a atividade jurídica não contenciosa que exerce e os bens de que se utiliza para a consecução de seus fins, de natureza pública" (Maria Sylvia Zanella Di Pietro).
OBJETO DE ESTUDO	Grande parte da doutrina atual atribui como objeto do Direito Administrativo o estudo da **Administração Pública**, em seu **sentido objetivo** (função administrativa) ou **subjetivo** (organização administrativa).
PRINCIPAIS SISTEMAS ADMINISTRATIVOS	**Sistema Francês, do Contencioso Administrativo ou da Dualidade de Jurisdições**: admite a **coexistência ou dualidade de jurisdições**: uma **comum** (**Justiça Judiciária**) e a outra **administrativa** (**Justiça Administrativa**). Esta última possui competência para apreciar conflitos específicos, em que uma das partes é necessariamente o Poder Público.

<table>
<tr><td rowspan="2"></td><td>Sistema Inglês, da Jurisdição Una ou da Unicidade de Jurisdição: caracteriza pelo exercício da jurisdição por um único órgão, que possui competência para o conhecimento de quaisquer demandas, sejam elas comuns ou administrativas.</td></tr>
<tr><td>Sistema Adotado pelo Brasil: O Brasil adota o sistema da unidade de jurisdição (art. 5.º, XXXV, da CF).</td></tr>
<tr><td rowspan="4">FONTES DO DIREITO ADMINISTRATIVO</td><td>Lei: principal fonte do Direito Administrativo. A expressão "lei" deve ser tomada em seu sentido amplo.</td></tr>
<tr><td>Jurisprudência: é o conjunto de decisões reiteradas dadas pelos Tribunais à solução de casos concretos. Em regra, a jurisprudência tem função interpretativa e de orientação e não vinculam a Administração. Exceções: súmulas vinculantes, julgamento em sede de ADI, ADC e ADPF.</td></tr>
<tr><td>Costume: é a prática social reiterada de uma conduta (elemento objetivo), qualificada pela convicção geral de obrigatoriedade em sua observância (elemento subjetivo). Não se admite costume contra legem.</td></tr>
<tr><td>Doutrina: é o trabalho intelectual dos pensadores sobre determinado ramo jurídico, colaborando para o delineamento, conceituação e sistematização de seus variados institutos e para a elaboração de normas jurídicas. Há quem não considere fonte do Direito Administrativo.</td></tr>
<tr><td>INTERPRETAÇÃO DO DIREITO ADMINISTRATIVO</td><td>Critérios interpretativos:
• Desigualdade jurídica entre a Administração e os administrados;
• Presunção de legitimidade dos atos da Administração;
• Existência de poderes discricionários para a Administração melhor atender ao interesse público.</td></tr>
</table>

Capítulo

III

REGIME JURÍDICO-ADMINISTRATIVO

Leia a lei:

- *CF, arts. 5.º, incisos II, X, XXXIII, XXXIV, LIV, LV, LX, LXIII, LXXIII, LXXVIII, 14, § 9.º, 37, caput, §§ 1.º, 3.º, 8º, 41, § 1.º, III, 84, IV, V, VI, 93, X, 129, §4.º, 136, 137 169, § 4.º, 216, § 2.º; ; Lei 4.717/65, art. 2.º, alínea "e"; Lei 6.454/77; Lei 8.429/92; Lei 9.784/99, arts. 2.º; 3.º, II, 50 a 55; Lei 12.527/11; Decreto Federal 1.171/94.*

1. NOÇÃO

O Estado de Direito caracteriza-se por ser regido por um **ordenamento jurídico**, composto por uma diversidade de normas jurídicas, organizadas de maneira sistematizada, coerente, e tendo como ápice da pirâmide normativa a Constituição Federal, na orientação do positivismo jurídico de Kelsen.

As **normas jurídicas** dividem-se basicamente em **princípios e regras**.

Tendo em vista que se trata de tema que vem sendo constantemente cobrado em concursos, elaboramos o quadro seguinte contendo as principais diferenças entre princípios e regras, propostas por **Ronald Dworkin**, **Robert Alexy** e **J.J. Canotilho**:

	PRINCÍPIOS	REGRAS
Conteúdo	**Proposições básicas, mandamentos de otimização fundamentais**, que condicionam todas as estruturações subsequentes e servem de parâmetro para sua interpretação.	**Padrões Jurídicos de comportamentos e resultados** diante de situações fáticas, previstos antecipadamente por uma norma.
Natureza Normogenética	Fundamentam as **regras**, constituindo-se como sua *ratio* (função normogenética fundamentante).	Buscam seu fundamento nos **princípios** e lhes confere forma e amplitude.
Abstração	Caracterizam-se principalmente por seu **elevado grau de abstração**. Podem abranger diversas situações, ainda que **heterogêneas**. Possuem, assim, vários graus de concretização.	Caracterizam-se por seu **grau relativamente baixo de abstração**. Podem abranger um grande número de situações, desde que **homogêneas**. Portanto, no caso concreto a regra é ou não cumprida.
Aplicabilidade	Dependem de atividade interpretativa do legislador ou do juiz para sua aplicação ao caso concreto, face à sua indeterminabilidade ou generalidade.	Devem ser aplicadas **direta** e **imediatamente**, face à sua **concretude**, ou **não aplicadas**, se se enquadrar em uma exceção prevista pela própria norma (cláusula de exceção).
Solução de Conflitos	Os conflitos entre princípios são solucionados principalmente pelo critério da **ponderação de valores e interesses** no caso concreto, aplicando-se o que mais se coaduna à situação (antinomia jurídica imprópria), em um juízo de **importância**, **peso** ou **valor**. Os princípios, assim, podem coexistir, apesar de aparentemente serem antinômicos.	Os conflitos entre regras devem ser resolvidos no plano da **validade** das normas (antinomia jurídica própria). Assim, uma regra **exclui** a aplicação outra, no que ficou conhecido como lógica do "tudo-ou-nada" (*an all or nothing*).

2. REGIME JURÍDICO-ADMINISTRATIVO

O regime jurídico-administrativo representa os **princípios** e as **regras jurídicas** que direcionam a atuação da Administração Pública no exercício da **função administrativa**, conferindo-lhe determinadas prerrogativas e privilégios nas relações jurídicas entabuladas com os particulares, ao mesmo tempo em que são estabelecidos limites a esta atuação, sempre almejando a busca do **interesse público**. Os princípios e regras que integram o regime jurídico-administrativo **determinarão** a condução da atividade administrativa, possuindo **natureza coercitiva** para todos.

O regime jurídico administrativo se assenta no equilíbrio entre **prerrogativas** e **sujeições**, daí MARIA SYLVIA ZANELLA DI PIETRO sustentar a **bipolaridade do Direito Administrativo**: liberdade do indivíduo e autoridade da Administração (Cf. 2010, p. 61).

Este regime jurídico peculiar sustenta-se, segundo CELSO ANTONIO BANDEIRA DE MELLO (2007, p. 52), em dois pilares (chamadas pelo autor de "pedras de toque"), também chamados **de supraprincípios do Direito Administrativo**, quais sejam, a **supremacia do interesse público sobre o privado** e a **indisponibilidade, pela Administração, dos interesses públicos**, a seguir analisados juntamente com os demais princípios que regem a atuação administrativa.

As regras jurídicas estão dispersas em todo o ordenamento e serão analisadas ao longo do livro, conforme o tema que esteja sendo estudado. Mais importante, neste primeiro momento, é a análise dos princípios que regem o Direito Administrativo, que permitirá ao leitor a formulação de um raciocínio mais amplo e estruturante da disciplina.

3. PRINCÍPIOS DO DIREITO ADMINISTRATIVO

Princípios são as bases fundamentais de um sistema de normas, que condicionam toda a estruturação de um determinado ramo do Direito. São comandos **genéricos** e **abstratos**, aplicáveis a diversas situações. Importante notar que os princípios não precisam estar presentes expressamente na legislação; possuem validade e lançam seus efeitos independentemente de positivação.

Segundo CELSO ANTÔNIO BANDEIRA DE MELLO, princípio "é, por definição, mandamento nuclear de um sistema, verdadeiro alicerce dele, disposição fundamental que se irradia sobre diferentes normas compondo-lhes o espírito e servindo de critério para sua exata compreensão e inteligência exatamente por definir a lógica e a racionalidade do sistema normativo, no que lhe confere a tônica e lhe dá sentido harmônico. É o conhecimento dos princípios que preside a intelecção das diferentes partes componentes do todo unitário que há por nome sistema jurídico positivo".

Conclui o ilustre autor que "violar um princípio é muito mais grave que transgredir uma norma qualquer. A desatenção a um princípio implica ofensa não apenas a um específico mandamento obrigatório, mas a todo o sistema de comandos. É a mais grave forma de ilegalidade ou inconstitucionalidade, conforme o escalão do princípio atingido, porque representa insurgência contra todo o sistema, subversão de seus valores fundamentais, contumélia irremissível a seu arcabouço lógico e corrosão de sua estrutura mestra" (Cf. 2007, pp. 922-923).

Para o Direito Administrativo, em razão da ausência de codificação e de sua recente origem, os princípios revestem-se de grande importância, pois auxiliam na compreensão e consolidação de seus institutos.

A **Teoria da Ponderação de Interesses** diz que não há princípio absoluto, assim, todos os princípios do nosso ordenamento jurídico são importantes e devem ser levados em consideração. Dessa forma, de acordo com as circunstâncias do caso concreto, deve-se ponderar os interesses e verificar qual princípio deve prevalecer.

A violação de um princípio da Administração Pública pode configurar a prática de **ato de improbidade administrativa**, conforme disposto no art. 11, da Lei 8.429/92, e submeter o agente às diversas sanções previstas na referida lei, que serão aplicadas **independentemente de ter ocorrido dano ao patrimônio público material**. Remetemos o leitor ao estudo específico elaborado sobre o tema no capítulo VIII.

3.1. Supraprincípios do Direito Administrativo

Alguns autores, a exemplo de CELSO ANTÔNIO BANDEIRA DE MELLO, consideram a existência de dois **supraprincípios ou princípios conformadores do Direito Administrativo**, quais sejam, os princípios da **supremacia do interesse público sobre o privado** e a **indisponibilidade, pela Administração, dos interesses públicos**. Veja que referidos princípios funcionam como uma via de mão dupla: o primeiro (supremacia), assegura prerrogativas à Administração, ao passo que o segundo (indisponibilidade), representa uma limitação à sua atuação.

Tais princípios ganham proeminência em razão de sua função estruturante do regime-jurídico, em torno dos quais gravitam os demais princípios e institutos do Direito Administrativo.

3.1.1. Significado de Interesse Público

Os supraprincípios em estudo possuem um ponto de partida de comum: o **interesse público**.

Portanto, antes de se ingressar no estudo específico de cada um dos princípios, importa responder à seguinte questão: o que pode ser considerado **interesse público**?

É bastante comum analisar-se o interesse público sob dois enfoques, propostos pela doutrina italiana:

a) **Interesse Público Primário**: é o interesse coletivo ampla e abstratamente considerado, que deve ser buscado no exercício da **função administrativa**. É a atividade-fim do Estado, seu objetivo **direto** e **imediato**, que visa satisfazer as necessidades coletivas, como educação, saúde, segurança, assistência social etc.

b) **Interesse Público Secundário**: é a vontade do Estado considerado enquanto pessoa jurídica – não necessariamente coincidente com o interesse da coletividade – em busca de suas próprias conveniências, de modo que a defesa dos interesses comuns será feita de forma **indireta** ou **mediata**. Segundo CELSO ANTÔNIO BANDEIRA DE MELLO, esta modalidade de interesse público não se insere na categoria dos interesses públicos propriamente ditos.

O Estado, enquanto pessoa jurídica, possui patrimônio próprio, servidores, contratos etc. Quando o Estado atua defendendo seu patrimônio ou discutindo uma relação jurídica com outrem, por exemplo, estará atuando em defesa de um **interesse público secundário**.

Dois exemplos podem ilustrar bem a diferença entre interesse público primário e secundário: a) quando o Estado cria mecanismos para a inclusão de pessoas com necessidades especiais na sociedade, estará atuando em prol do **interesse público primário**, pois se trata de política pública estabelecida pela Constituição; b) quando o mesmo Estado ingressa contra quem esteja na posse ilegítima de bem público, estará agindo em defesa do **interesse público secundário** pois o objeto imediato será a defesa do patrimônio estatal.

POSIÇÃO DO STJ

(...) No julgamento do REsp, o Min. Relator destacou que a exegese do disposto no art. 82, III, do CPC impõe a distinção jus-filosófica entre o interesse público primário e o interesse da Administração, congnominado "interesse público secundário". O Estado, quando atestada sua responsabilidade, revela-se tendente ao adimplemento da correspectiva indenização e coloca-se na posição de atendimento ao "interesse público". Ao revés, quando visa a evadir-se de sua responsabilidade no afã de minimizar seus prejuízos patrimoniais, persegue nítido interesse secundário, subjetivamente pertinente ao aparelho estatal, em subtrair-se de despesas, engendrando locupletamento à custa do dano alheio. É assente na doutrina e na jurisprudência que indisponível é o interesse público, não o interesse da Administração. Na última hipótese, não é necessária a atuação do Parquet no mister de custus legis, máxime porque a entidade pública empreende sua defesa mediante corpo próprio de profissionais da Advocacia da União. Há precedentes jurisprudenciais que se reforçam, na medida em que a atuação do Ministério Público não é exigível em várias ações movidas contra a Administração, como sói ocorrer com a ação de desapropriação prevista no DL n. 3.365/1941 (Lei de Desapropriação). In genere, as ações que visam ao ressarcimento pecuniário contêm interesses disponíveis das partes, não necessitando, portanto, de um órgão a fiscalizar a boa aplicação das leis em defesa da sociedade. Ademais, a suposta nulidade somente pode ser decretada se comprovado o prejuízo para os fins de justiça do processo, em razão do princípio de que não há nulidade sem prejuízo (pas des nullités sans grief). Por fim, o interesse público justificador da intervenção do Ministério Público, nos moldes do art. 82, III, do CPC, não se confunde com o interesse patrimonial da Fazenda Pública ou mera presença de pessoa jurídica de direito público na lide. Diante disso, a Turma deu provimento ao recurso. Precedentes citados: REsp 465.580-RS, DJ 8/5/2006; REsp 466.500-RS, DJ 3/4/2006, e REsp 490.726-SC, DJ 21/3/2005. REsp 1.149.416-RS, Rel. Min. Luiz Fux, julgado em 4/3/2010. Inf. 425)

O ideal é que haja uma compatibilidade entre os dois interesses, primário e secundário, porém quando existir divergência/conflito entre eles deve haver prevalência do interesse primário.

3.1.2. Princípio da supremacia do interesse público sobre o interesse privado

Desde seus primórdios, o Direito Administrativo assenta-se na ideia de que o interesse público (primário) deve sobressair-se ao interesse privado (individual), o que confere uma **posição de superioridade** da Administração no que se refere ao **regramento jurídico conferido à sua atuação**, permitindo-se, quando necessário, a **imposição de restrições** a determinadas **liberdades individuais**.

O princípio da supremacia do interesse público sobre o privado, também conhecido como **princípio da finalidade pública**, é necessário para que o Estado consiga atingir o bem comum. Servirá de **orientação** para o legislador e **vinculará** o administrador no exercício da atividade administrativa.

Apesar de não estar expresso na Constituição, não há dúvidas de que o princípio está previsto implicitamente no texto constitucional. Dentre vários dispositivos que poderiam ser invocados, pode-se exemplificar com a previsão de desapropriação de bens dos particulares contida no art. 5.º, XXIV da CF/88, em razão de necessidade ou utilidade pública.

Assim, em razão deste princípio a Administração Pública recebe do ordenamento jurídico prerrogativas e privilégios para sua atuação que não são comumente estendidos aos particulares.

Todavia, este princípio enfrenta pelo menos dois limites, que impedem a atuação arbitrária do administrador: a) **direitos e garantias fundamentais**; b) **princípio da legalidade**. Logo, tem-se que o princípio da supremacia do interesse público sobre o interesse privado **não é absoluto**.

ATENÇÃO

Em determinadas situações o Estado atuará seguindo regras de ***direito privado****, ou seja, em nível de igualdade com o particular. Se assim o Estado atua, sem as prerrogativas asseguradas pelo regime jurídico-administrativo, não poderá suscitar a preponderância do princípio da supremacia do interesse público sobre o particular. Esta situação ocorre quando o Estado decide explorar atividade econômica em um mercado concorrencial. Certamente, se se conferissem prerrogativas ao Estado, o equilíbrio da concorrência estaria prejudicado.*

3.1.3. Princípio da indisponibilidade do interesse público

Este princípio, previsto implicitamente na Constituição Federal, preceitua que, uma vez caracterizado o interesse público, não pode mais a Administração dispor-se dele.

Assim, a autoridade administrativa deverá tomar imediatamente as providências cabíveis quando relevantes ao atendimento do interesse público, não lhe cabendo transacionar a este respeito.

Trata-se de uma **limitação ou sujeição** imposta ao próprio administrador público, na medida em que não deverá privilegiar interesses privados em sua atuação. Nesta toada, podemos citar como exemplos da indisponibilidade do interesse público a necessidade de realização de **concurso público** para recrutamento de servidores públicos e **licitação** para a seleção de propostas de contratação mais vantajosas à Administração.

ATENÇÃO

A lei poderá, em algumas situações, atenuar o princípio da indisponibilidade do interesse público, permitindo que o Administrador transacione sobre determinados interesses. Um exemplo é o art. 10, parágrafo único da Lei 10.259/01, que autoriza os representantes judiciais da União, autarquias, fundações e empresas públicas federais a conciliar, transigir ou desistir, nos processos da competência dos Juizados Especiais Federais. Vale mencionar, também, a Lei 13.140/15, que permitiu a resolução de conflitos entre particulares e pessoa jurídica de direito público por meio de ***autocomposição****, por intermédio de câmaras de prevenção e resolução administrativa de conflitos, no âmbito dos respectivos órgãos da Advocacia Pública (art. 32, II).*

A jurisprudência também vem atenuando o princípio da **indisponibilidade do interesse público**, admitindo-se que o administrador transacione com relação a determinadas matérias.

POSIÇÃO DO STF

Poder Público. Transação. Validade. Em regra, os bens e o interesse público, são indisponíveis, porque pertencem à coletividade. É, por isso, o Administrador, mero gestor da coisa pública, não tem disponibilidade sobre os interesses confiados à sua guarda e realização. Todavia, há casos em que o princípio da indisponibilidade do interesse público deve ser atenuado, mormente quando se tem em vista que a solução adotada pela Administração é a que melhor atenderá à ultimação deste interesse. Assim, tendo o acórdão recorrido concluído pela não onerosidade do acordo celebrado, decidir de forma diversa implicaria o reexame da matéria fático-probatória, o que é vedado nesta instância recursal (Súm. 279/STF). Recurso extraordinário não conhecido. (RE 253885 / MG, rel. Min. Ellen Gracie, j. em 04.06.02, DJ 21.06.2002).

3.2. Princípios Constitucionais Expressos do Direito Administrativo

São princípios constitucionais expressos do Direito Administrativo os que se encontram positivados no art. 37, *caput* da CF/88, quais sejam, **legalidade**, **impessoalidade**, **moralidade**, **publicidade** e **eficiência**. Este tem sido o entendimento adotado pela maioria das bancas de concurso.

Mas o tema não é pacífico na doutrina, vale mencionar, havendo quem defenda a existência de princípios previstos em outros dispositivos constitucionais, extraídos, principalmente, dos incisos e parágrafos do art. 37. Aponta-se como exemplos os princípios da **participação popular ou consensualidade** (art. 37, § 3.º), da **probidade** (art. 37, § 4.º entre outros) da **responsabilização civil da Administração** (art. 37, § 6.º), da **licitação** (art. 37, XXI) etc.

Há também aqueles que atribuem diversos princípios previstos no art. 5.º da Constituição como próprios da Administração, como **devido processo legal**, **isonomia**, **gratuidade**, **duração razoável do processo administrativo** (art. 5º, LXXVIII) etc.

Devido à proposta desta obra, focaremos o estudo nos princípios previstos no art. 37, *caput* da CF/88.

3.2.1. Legalidade

O princípio da **legalidade** é um dos pilares do **Estado Democrático de Direito**, na medida em que o Estado se vincula e deve obediência à ordem jurídico-constitucional existente. Trata-se de uma garantia ao cidadão, uma vez que o princípio da legalidade funcionará como freio à atuação estatal, tornando evidentes os atos praticados com base no puro arbítrio do administrador.

Segundo CELSO ANTÔNIO BANDEIRA DE MELLO (2007, p. 97), baseadas na doutrina do jurista italiano Renato Alessi, o **princípio da legalidade** é "a consagração da ideia de que a Administração Pública só pode ser exercida na conformidade da lei e que, por conseguinte, a atividade administrativa é atividade sublegal, infralegal, consistente na expedição de comandos complementares à lei".

O princípio da legalidade preceitua, assim, que a atuação da Administração está vinculada à observância do disposto na lei em sentido amplo, ou seja, o administrador somente pode atuar nos limites previstos no ordenamento jurídico. Nas palavras de SEABRA FAGUNDES, "administrar é aplicar a lei de ofício".

A Administração está vinculada à legalidade, numa **acepção positiva**, pois ela só pratica os atos que encontrem respaldo em expressa disposição legal. Não se criam, portanto, direitos ou obrigações por decreto se não há uma norma que autorize.

É correto afirmar que em toda atividade desenvolvida pelos agentes públicos, **o princípio da legalidade precede todos os demais**, por se tratar de pressuposto de validade da atividade administrativa.

Em algumas situações a lei confere maior amplitude de atuação do administrador no caso concreto, permitindo-lhe agir com alguma liberdade, conforme **critérios de conveniência e oportunidade** (discricionariedade), haja vista que seria impossível disciplinar todas as condutas possíveis diante da dinâmica social. Em outras situações, a conduta é vinculada ao que está disposto na norma, devendo o agente público cumprir estritamente o comando nela contido.

Modernamente, tem-se assimilado o **princípio da juridicidade** (designação dada pelo jurista alemão **Adolf Merkl**), como uma nova roupagem à ideia de **legalidade**. Pelo princípio da **juridicidade**, o administrador estaria vinculado a toda ordem jurídica – que inclui os princípios a ela inerentes –, e não somente à ideia de **lei em sentido formal**.

Assim, a ideia de **legalidade** está inserida na de **juridicidade**. Exemplo disso é o disposto no art. 2.º, parágrafo único, I, da Lei 9.784/99, que determina o dever de o agente atuar conforme **a lei e o Direito**, o que alguns autores denominam de **bloco de legalidade**.

> **ATENÇÃO**
>
> *Não confundir **princípio da legalidade** com **princípio da reserva legal**, uma vez que este representa a necessidade de regulamentação de uma determinada matéria por meio de lei. Ex: o direito de greve dos servidores públicos, será exercido nos termos e **nos limites definidos em lei específica** (art. 37, VII da CF/88), ainda não editada.*

O princípio da legalidade não é absoluto, comportando as seguintes exceções: **estado de defesa e estado de sítio** (art. 136 e 137 da CF/88) e os **decretos ou regulamentos autônomos** (art. 84, VI da CF/88). Alguns autores arrolam também as **medidas provisórias** e **leis delegadas** como exceções ao princípio da legalidade. Entendemos que estas espécies normativas estão abrangidas no conceito de lei em sentido amplo e não seriam propriamente exceções à legalidade. Porém, este tema já foi cobrado em prova, tendo a banca examinadora, na linha da doutrina de CELSO ANTÔNIO BANDEIRA DE MELLO, considerado como exceções à legalidade a **medida provisória**, o **estado de defesa** e o **estado de sítio**, sendo este um caminho seguro ao candidato para as provas objetivas.

De qualquer forma, é importante observar que as restrições ao princípio da legalidade são **provisórias** e **excepcionais**.

3.2.2. Impessoalidade

Uma noção mais geral de impessoalidade aproxima-se da ideia de **não-discriminação**, ou seja, é vedada à Administração Pública a adoção de tratamento diferenciado aos administrados que se encontrem em mesma situação fática ou jurídica, devendo agir com isenção e imparcialidade.

Para o Direito Administrativo, este princípio admite duas acepções:

a) **Quanto à Administração**: estabelece que **o ato administrativo é impessoal**, ou seja, o ato praticado pelo agente público deve ser atribuído à pessoa jurídica ao qual está vinculado. Essa concepção de impessoalidade leva em consideração a **teoria da imputação**, segundo a qual a atividade administrativa é exercida pelos agentes públicos, mas tal atuação é imputada (atribuída) à Administração Pública.

Neste contexto, há uma garantia para o administrado, que sempre poderá cobrar da Administração eventuais prejuízos causados pela atuação de seu agente, desde que no exercício de suas funções.

Com base no princípio da impessoalidade, reconhecem-se como válidos os atos praticados por **agente de fato** (aquele que é investido irregularmente em cargo ou função).

De igual modo, o agente público não poderá tirar proveito desta condição visando à sua autopromoção. Segundo o Supremo Tribunal Federal (RE 191.668, j. 14.04.2008), a vedação de promoção pessoal, prevista no art. 37, § 1º, da CF/88, está baseada no princípio da impessoalidade. Outro exemplo desta acepção do princípio da impessoalidade é a Lei 6.454/77, que proíbe que se atribua a bem público nome de pessoa viva.

b) **Quanto aos administrados:** o administrador tem o dever de agir de forma **impessoal**, abstrata e genericamente, protegendo sempre o interesse público, nunca atuando em nome do interesse pessoal de um administrado singularmente considerado.

Neste aspecto, a impessoalidade deverá observar o seguinte: i) igualdade de tratamento aos administrados, propiciando oportunidades iguais a todos. Ex.: concursos públicos. CELSO ANTÔNIO BANDEIRA DE MELLO (2007, p. 110) defende que a impessoalidade é corolário da **isonomia** ou **igualdade**; ii) neutralidade do agente em sua atuação, uma vez que sempre deve buscar a satisfação do interesse público.

ATENÇÃO

*HELY LOPES MEIRELLES (2012, p. 91) trata **finalidade** e **impessoalidade** como princípios similares, no que não é acompanhado pelo restante da doutrina, que os considera princípios diversos.*

3.2.3. Moralidade

Esse princípio traduz a ideia de que o administrador tem que agir com honestidade, probidade, observando os princípios éticos, a lealdade e a boa-fé.

Noticia-se que foi o jurista francês Maurice Hauriou o primeiro a sistematizar o princípio da moralidade. Segundo este autor, a atuação da Administração Pública deve observar não só a lei, mas à própria moral, porque nem tudo que é legal é honesto.

Trata-se de um conceito aberto, dotado de elevado grau de abstração, que vai sendo colmatado ao longo dos anos, conforme evoluam os fundamentos éticos e a consciência política da sociedade, a partir de uma maior abertura democrática.

O princípio da moralidade ganhou **previsão expressa** apenas na CF/88.

Importa salientar que a moralidade administrativa é concebida sob **viés jurídico** (moralidade jurídica), ou seja, representa a atuação honesta do administrador na consecução do interesse público, em conformidade com princípios éticos institucionais. Não se confunde, portanto, com a moral social, que representa os valores presentes em determinada sociedade.

O Decreto n.º 1.171, de 22 de junho de 1994, que aprovou o Código de Ética Profissional do Servidor Público Civil do Poder Executivo Federal, ilustra bem o tema, ao estabelecer, como regra deontológica, que "a moralidade da Administração Pública não se limita à distinção entre o bem e o mal, devendo ser acrescida da ideia de que o fim é sempre o bem comum. O equilíbrio entre a legalidade e a finalidade, na conduta do servidor público, é que poderá consolidar a moralidade do ato administrativo".

A vedação ao nepotismo é um bom exemplo de tutela ao princípio da moralidade no âmbito da Administração Pública.

POSIÇÃO DO STF

Súmula Vinculante 13: *A nomeação de cônjuge, companheiro ou parente em linha reta, colateral ou por afinidade, até o terceiro grau, inclusive, da autoridade nomeante ou de servidor da mesma pessoa jurídica investido em cargo de direção, chefia ou assessoramento, para o exercício de cargo em comissão ou de confiança ou, ainda, de função gratificada na administração pública direta e indireta em qualquer dos Poderes da União, dos Estados, do Distrito Federal e dos Municípios, compreendido o ajuste mediante designações recíprocas, viola a Constituição Federal.*

A constatação de imoralidade na prática do ato administrativo levará à sua **anulação**, ou seja, a moralidade é **requisito de validade** da atuação do servidor. Assim, o ato poderá ser anulado pela própria Administração (autotutela) ou pelo Judiciário (controle de legalidade).

O art. 5.º, LXXIII, da CF/88 disciplina a ação popular, estabelece que "qualquer cidadão é parte legítima para propor ação popular que vise a anular ato lesivo ao patrimônio público ou de entidade de que o estado participe, à **moralidade administrativa**, ao meio ambiente e ao patrimônio histórico e cultural (...)". Logo, a própria sociedade é conclamada a atuar na tutela do princípio da moralidade.

Além do agente público que praticou o ato imoral, o particular que tenha concorrido com a conduta, com ou sem objetivo de beneficiar-se, poderá ser responsabilizado. Logo, a moralidade administrativa é um princípio que deverá ser observado **por todos**, administradores públicos e administrados.

3.2.3.1. Moralidade e Probidade

Não há consenso doutrinário quando se discute os conceitos de **probidade administrativa** e do **princípio da moralidade**. Afinal, são expressões sinônimas ou algum dos conceitos é amplo o suficiente para abranger o outro?

MARIA SYLVIA ZANELLA DI PIETRO ensina que **enquanto princípios**, moralidade e probidade são sinônimos. Todavia, "quando se fala em improbidade como ato ilícito, como infração sancionada pelo ordenamento jurídico, deixa de haver sinonímia entre as expressões improbidade e imoralidade, porque aquela tem um sentido muito mais amplo e muito mais preciso, que abrange não só atos desonestos ou imorais, mas também e principalmente atos ilegais" (2010, p. 823).

Seguimos esta mesma linha de raciocínio, uma vez que a violação da probidade, ensejando a prática de ato de improbidade administrativa, abrange, além da violação dos **princípios administrativos**, as condutas que impliquem em **enriquecimento ilícito** e **prejuízo ao erário**.

Vale ressaltar que alguns doutrinadores e julgadores preferem caracterizar os atos de improbidade administrativa (art. 37, § 4.º da CF/88), como uma espécie de **imoralidade administrativa qualificada**.

Ainda nesta linha, o art. 85, V, da CF/88 configura como **crime de responsabilidade** os atos do Presidente da República que atentem contra a probidade administrativa, o que pode levar à perda do cargo.

3.2.4. Publicidade

Este princípio visa trazer transparência **à atuação administrativa, de modo os atos administrativos devem merecer a mais ampla divulgação possível entre os administrados, para lhes propiciar** o controle da legitimidade da conduta dos agentes administrativos. A publicidade deriva, portanto, do **princípio da indisponibilidade do interesse público**.

O art. 5.º XXXIII da CF/88 prevê que todos têm direito de receber dos órgãos públicos informações de seu interesse particular, **ou de interesse coletivo ou geral**, que serão prestadas no prazo da lei, sob pena de responsabilidade, ressalvadas aquelas cujo sigilo seja imprescindível à segurança da sociedade e do Estado.

Vê-se que, em se tratando de informações de interesse coletivo ou geral, a publicidade é a regra e o sigilo a exceção. Com a publicidade os administrados estão aptos a conhecer como a Administração se porta em sua atuação, verificando-se se esta está agindo em nome do interesse público.

Em outras passagens, a CF/88 também resguarda o direito à publicidade, em outros dispositivos. Um exemplo é o direito à obtenção de certidões nas repartições públicas, para defesa de direitos e esclarecimento de situações de interesses pessoal, independentemente do pagamento de taxas (art. 5º, XXXIV, "b"). Outro exemplo é o direito conferido aos usuários de acessar registros administrativos e atos de governo (art. 37, § 3.º, II).

Visando dar efetividade aos dispositivos constitucionais que corroboram o princípio da publicidade, foi editada a Lei 12.527/11, conhecida como Lei de Acesso à Informação. A lei tem aplicação todos os entes federativos, no âmbito de todos os Poderes, e dispõe sobre os procedimentos a serem observados pela União, Estados, Distrito Federal e Municípios, com o fim de garantir o acesso a informações previsto no inciso XXXIII do art. 5º, no inciso II do § 3º do art. 37 e no **§ 2º do art. 216 da Constituição Federal**. O legislador ainda foi mais longe, determinando que o acesso à informação também se aplique **às entidades privadas sem fins lucrativos que recebam, para realização de ações de interesse público, recursos públicos diretamente do orçamento ou mediante subvenções sociais, contrato de gestão, termo de parceria, convênios, acordo, ajustes ou outros instrumentos congêneres**.

Como não há princípio que seja absoluto, em algumas situações a publicidade deverá ser mitigada:

a) art. 5º, X da CF/88: visa proteger a **intimidade**, a **vida privada**, a **honra** e a **imagem** das pessoas;

b) art. 5º, XXXIII da CF/88: tem por finalidade salvaguardar a **segurança da sociedade** quando estabelece situações que serão protegidas pelo sigilo em razão de sua relevância e;

c) art. 5º, LX da CF/88: objetiva proteger a **intimidade** e o **interesse social** nos **processos judiciais e administrativos**.

Mas vale ressaltar que o STF decidiu que a divulgação de vencimentos brutos dos servidores públicos não viola o direito à privacidade, logo, a iniciativa corrobora o princípio da publicidade, trazendo transparência aos gastos públicos e à legalidade dos pagamentos realizados. Porém, não é possível dar publicidade a dados pessoais, como endereço, CPF, RG etc.

POSIÇÃO DO STF

(...) 2. Não cabe, no caso, falar de intimidade ou de vida privada, pois os dados objeto da divulgação em causa dizem respeito a agentes públicos enquanto agentes públicos mesmos; ou, na linguagem da própria Constituição, agentes estatais agindo "nessa qualidade" (§6º do art. 37). E quanto à segurança física ou corporal dos servidores, seja pessoal, seja familiarmente, claro que ela resultará um tanto ou quanto fragilizada com a divulgação nominalizada dos dados em debate, mas é um tipo de risco pessoal e familiar que se atenua com a proibição de se revelar o endereço residencial, o CPF e a CI de cada servidor. No mais, é o preço que se paga pela opção por uma carreira pública no seio de um Estado republicano. 3. A prevalência do princípio da publicidade administrativa outra coisa não é senão um dos mais altaneiros modos de concretizar a República enquanto forma de governo. Se, por um lado, há um necessário modo republicano de administrar o Estado brasileiro, de outra parte é a cidadania mesma que tem o direito de ver o seu Estado republicanamente administrado. O "como" se administra a coisa pública a preponderar sobre o "quem" administra – falaria Norberto Bobbio -, e o fato é que esse modo público de gerir a máquina estatal é elemento conceitual da nossa República. O olho e a pálpebra da nossa fisionomia constitucional republicana. 4. A negativa de prevalência do princípio da publicidade administrativa implicaria, no caso, inadmissível situação de grave lesão à ordem pública. 5. Agravos Regimentais desprovidos. (SS 3902 AgR-segundo, rel. Min. Ayres Brito, j. 09.06.2011).

Em geral, a doutrina considera que a **divulgação oficial** é condição de **eficácia** dos atos administrativos **gerais** e de **efeitos externos** e daqueles que de qualquer modo **onerarem o patrimônio público**. Negar publicidade a ato oficial é considerado ato de **improbidade administrativa**.

Por fim, vale mais uma vez relembrar a redação do art. 37, § 1.º da CF/88, brevemente analisado no estudo do princípio da impessoalidade: "A publicidade dos atos, programas, obras, serviços e campanhas dos órgãos públicos deverá ter caráter educativo, informativo ou de orientação social, dela não podendo constar nomes, símbolos ou imagens que caracterizem promoção pessoal de autoridades ou servidores públicos".

3.2.5. Eficiência

Este princípio ingressou no rol dos princípios mínimos da Administração com o advento da Emenda Constitucional nº **19/98, quando foi inserido no caput do art. 37. Mas mesmo antes da alteração já se considerava que o dever de eficiência existia de maneira implícita no texto constitucional** (STJ, RMS 5590/DF, j. 16/04/1996).

O propósito da EC 19/98, conhecida como **Reforma Administrativa** era a superação do modelo de organização de **administração burocrática** para a **administração gerencial**.

O princípio da eficiência exige que o administrador aja de modo rápido e preciso, produzindo resultados que satisfaçam as necessidades dos administrados.

De acordo com ALEXANDRE DE MORAES (2009, p. 779), o princípio da eficiência possui as seguintes características básicas: direcionamento da atividade e dos serviços públicos à efetividade do bem comum, imparcialidade, neutralidade, transparência, participação e aproximação dos serviços públicos, a efetividade dos requisitos, entre outros, de eficiência, segurança, continuidade dos serviços públicos.

Na Constituição Federal, o princípio da eficiência está acompanhado alguns instrumentos destinados a facilitar a sua concretização, valendo destacar, entre outros:

a) A participação do usuário na administração pública indireta (art. 37, § 3.º);

b) A possibilidade de aumento da autonomia gerencial, orçamentária e financeira dos órgãos e entidades da administração direta (art. 37, § 8.º);

c) Previsão do procedimento de avaliação periódica de desempenho dos servidores estáveis, a ser disciplinado por lei complementar (art. 41, § 1.º, III).

Conforme muito bem apontado por MARIA SYLVIA ZANELLA DI PIETRO (2010, p. 83), "o princípio da eficiência apresenta, na realidade, dois aspectos: pode ser considerado em relação ao **modo de atuação do agente público**, do qual se espera o melhor desempenho possível de suas atribuições, para lograr os melhores resultados; e em relação ao **modo de organizar, estruturar, disciplinar a Administração Pública**, também com o mesmo objetivo de alcançar os melhores resultados na prestação do serviço público".

3.3. Princípios Implícitos ou Reconhecidos do Direito Administrativo

Princípios Implícitos ou Reconhecidos são os que, conquanto não presentes expressamente no texto constitucional, foram reconhecidos pela ordem jurídica como orientadores da atuação do administrador público.

Alguns destes princípios são afetos a temas específicos (como o princípio da continuidade dos serviços públicos), de modo que serão estudados nos respectivos capítulos.

Não há consenso entre os doutrinadores sobre quais seriam estes princípios implícitos ou reconhecidos. Neste tópico, concentraremos os princípios que vêm sendo mais cobrados em concursos públicos e que, de alguma forma, extravasam o estudo de um tema específico.

3.3.1. Princípio da Finalidade

O **princípio da finalidade** prescreve que a Administração deve buscar sempre um **fim legal**, coincidente com os interesses da coletividade (**interesse público primário**). Está intimamente ligado aos princípios da **supremacia do interesse público sobre o privado** e **indisponibilidade do interesse público**.

A doutrina divide a finalidade pública em **geral**, imposta pelo ordenamento jurídico como um todo, do qual se extrai o interesse coletivo, e **especial**, que se relaciona a um fim estabelecido em alguma norma específica.

O princípio da finalidade está previsto no art. 2.º, *caput* da Lei 9.784/99. Além disso, o parágrafo único, do mesmo dispositivo estabelece que nos processos administrativos serão observados os critérios de: atendimento a fins de interesse geral, vedada a renúncia total ou parcial de poderes ou competências, salvo autorização em lei (inciso II); objetividade no atendimento do interesse público, vedada a promoção pessoal de agentes ou autoridades (inciso III) e; interpretação da norma administrativa da forma que melhor garanta o atendimento do fim público a que se dirige, vedada aplicação retroativa de nova interpretação.

O descumprimento deste princípio é chamado de **desvio de poder** ou **desvio de finalidade** que, segundo conceito legal, caracteriza-se "quando o agente pratica o ato visando a fim diverso daquele previsto, explícita ou implicitamente, na regra de competência" (art. 2.º, parágrafo único, alínea "e", da Lei 4.717/65). O ato praticado nessas situações será considerado **nulo** (art. 2.º, alínea "e", da Lei 4.717/65). Este tema será estudado mais à frente.

3.3.2. Princípios da razoabilidade e proporcionalidade

Esses princípios estão previstos expressamente no art. 2º da Lei 9.784/99. Porém, mesmo antes de sua positivação, a jurisprudência já havia se posicionado no sentido de que ambos estão previstos implicitamente no texto da Constituição.

O princípio da **razoabilidade**, originado do direito anglo-saxônico, apregoa que a atuação administrativa deva se dar de maneira **equilibrada** e **coerente**, com **bom senso**, a partir de limites racionalmente aceitos, daí porque a razoabilidade também é conhecida como **princípio da proibição dos excessos**. Fundamenta-se nos princípios da **legalidade** e da **finalidade**.

O princípio da **proporcionalidade**, de origem no direito germânico, possui os seguintes elementos essenciais: a) **adequação**: o meio utilizado deve ser compatível com o fim buscado (equilíbrio entre meios e fins); b) **exigibilidade**: a conduta deve ser necessária, sendo o único meio menos gravoso para alcançar o fim público; c) **proporcionalidade em sentido estrito**: as vantagens têm de superar as desvantagens.

Os princípios da razoabilidade e da proporcionalidade têm sido o fundamento para o controle dos **atos discricionários**, que são aqueles em que o administrador possui certa margem de atuação. Não se trata de controle do **mérito administrativo**, mas sim de **legalidade**. Logo, a aplicação dos princípios visa ao controle dos excessos cometidos pelo administrador que acabem por configurar **ilegalidade ou abuso de poder**.

Em resumo, as decisões tomadas com ofensa a estes princípios não são apenas inconvenientes, são **ilegais** e **ilegítimas**, posto que ferem a finalidade da lei e, como consequência, o princípio da legalidade.

POSIÇÃO DO STJ

(...) Em face da constitucionalização do direito administrativo e da evolução do estado de direito, tem-se entendido que o Poder Judiciário pode se imiscuir na análise do mérito do ato administrativo, desde que seja analisado sob o seu aspecto jurídico, e para que sejam observados, além da legalidade em sentido amplo do ato, também os princípios e mandamentos constitucionais (...). (AgRg no REsp 1436903 / DF, Rel. Min. Herman Benjamin, j. em 01/12/2015)

3.3.3. Princípio da autotutela

O princípio da autotutela prevê que a Administração pode rever os seus próprios atos, seja para anulá-los (se ilegais) ou revogá-los (se inconvenientes ou inoportunos), de ofício ou mediante requerimento de terceiro interessado.

Neste mesmo sentido, o art. 53, da Lei nº 9.784/99 dispõe que "A Administração deve anular seus próprios atos, quando eivados de vício de ilegalidade, e pode revogá-los por motivo de conveniência ou oportunidade, respeitados os direitos adquiridos". O tema "revogação e anulação do ato administrativo" será rediscutido em capítulo próprio.

POSIÇÃO DO STF

Súmula 346: *A Administração Pública pode declarar a nulidade dos seus próprios atos.*

Súmula 473: *A Administração pode anular seus próprios atos, quando eivados de vícios que os tornam ilegais, porque deles não se originam direitos; ou revogá-los, por motivo de conveniência ou oportunidade, respeitados os direitos adquiridos, e ressalvada, em todos os casos, a apreciação judicial.*

ATENÇÃO

*Não confundir princípio da autotutela com **tutela administrativa**. Esta representa o controle finalístico que a Administração Pública Direta exerce, excepcionalmente, sobre entidades da Administração Indireta, visando garantir a observância de suas finalidades institucionais.*

3.3.4. Princípio da especialidade

Segundo o art. 37, XIX da Constituição Federal, para que a Administração Pública possa criar entidades, é necessário que exista uma lei que autorize a criação e defina, detalhadamente, as finalidades da nova pessoa jurídica.

Nas palavras de JOSÉ DOS SANTOS CARVALHO FILHO (2012, p. 460), "o princípio da especialidade aponta para a absoluta necessidade de ser expressamente consignada na lei a atividade a ser exercida, descentralizadamente, pela entidade da Administração Indireta. Em outras palavras, nenhuma dessas atividades pode ser instituída com finalidades genéricas, vale dizer, sem que se defina na lei o objeto preciso de sua atuação".

O princípio surge com base na ideia de descentralização administrativa e foi pensado, inicialmente, para as autarquias. Entretanto, é aplicado a todas as pessoas jurídicas e órgãos, cuja criação dependa de lei.

Assim, as entidades da Administração Indireta serão criadas com **especialização de sua função**. A criação de tais entidades se dará diretamente pela lei ou mediante autorização contida em lei.

3.3.5. Princípio da motivação

Este princípio estabelece que a Administração Pública deve justificar os seus atos, apontando os **fundamentos de fato e de direito** (motivo), bem como a correlação lógica entre os eventos e as providências tomadas.

A finalidade é avaliar se o administrador agiu de forma compatível com lei que lhe serviu de fundamento. É também uma garantia para a ampla defesa e para o controle da legalidade dos atos praticados. Um bom exemplo de aplicação do princípio da motivação dos atos administrativos é o enunciado da **súmula 684 do STF**, segundo o qual "é inconstitucional o veto não-motivado à participação de candidato a concurso público".

Dessa forma, a motivação deve ser **prévia** ou **contemporânea à prática do ato, sob pena de decretação de invalidação.** CELSO ANTÔNIO BANDEIRA DE MELLO admite a convalidação do ato e a consequente motivação posterior se a Administração comprovar: "a) o motivo extemporaneamente alegado preexistia; b) que era idôneo para justificar o ato; e c) que tal motivo foi a razão determinante da prática do ato" (2012, p. 403).

A motivação dos atos administrativos está prevista expressamente no art. 50 da Lei 9.784/99, que possui a seguinte redação "Os atos administrativos deverão ser motivados, com indicação dos fatos e dos fundamentos jurídicos, quando: I – neguem, limitem ou afetem direitos ou interesses; II – imponham ou agravem deveres, encargos ou sanções; III – decidam processos administrativos de concurso ou seleção pública; IV – dispensem ou declarem a inexigibilidade de processo licitatório; V – decidam recursos administrativos; VI – decorram de reexame de ofício; VII – deixem de aplicar jurisprudência firmada sobre a questão ou discrepem de pareceres, laudos, propostas e relatórios oficiais; VIII – importem anulação, revogação, suspensão ou convalidação de ato administrativo". Prevalece o entendimento de que este rol é meramente **exemplificativo**.

A constituição exige a motivação das decisões administrativas dos Tribunais e do Ministério Público (art. 93, X, e 129, § 4.º). Igualmente, o art. 169, § 4.º, da CF/88 exige **motivação** do ato normativo que exonerar servidores estáveis por excesso de quadro, uma vez que o Administrador deverá esgotar todas as possibilidades estabelecidas pelo constituinte antes de tomar esta medida.

Não basta motivar. A motivação deve ser **explícita**, **clara** e **congruente**, podendo consistir em declaração de concordância com fundamentos de anteriores pareceres, informações, decisões ou propostas (chamada de **motivação *aliunde***, porque advém de outro documento), que, neste caso, serão parte integrante do ato (art. 50, § 1.º, da Lei 9.784/99). Os atos que não seguirem esta diretriz serão considerados **nulos**, pois se trata de uma determinação legal.

Admite-se que na solução de vários assuntos da mesma natureza seja utilizado meio mecânico que reproduza os fundamentos das decisões, desde que não prejudique direito ou garantia dos interessados (art. 50, § 2.º, da Lei 9.784/99). Mas não se admite a utilização de motivações genéricas, como "de acordo com a lei", "confronta o interesse público" etc.

A lei 9.784/99 determina forma específica para motivação das decisões de órgãos colegiados e comissões ou de decisões orais, que deverá constar da respectiva ata ou de termo escrito (art. 50, § 3.º).

O STF já decidiu que a **motivação**, seja prévia ou contemporânea, é necessária em **todo e qualquer ato administrativo**, e terá detalhamento maior ou menor conforme o ato seja vinculado ou discricionário. Este entendimento não é consenso na doutrina, mas se pode afirmar que se trata da regra, sendo a prática de atos sem motivação a exceção.

Alguns atos excepcionam o dever de motivação, como no caso dos atos de provimento e exoneração de cargos em comissão de livre nomeação e exoneração, por serem demissíveis *ad nutum* (por vontade de apenas uma das partes).

Porém, se houver motivação para os atos em que esta não é necessária, o administrador estará vinculado aos motivos invocados. Trata-se da aplicação da **teoria dos motivos determinantes**, que será estudada mais detidamente no capítulo reservado aos atos administrativos.

3.3.6. Princípio da segurança jurídica

É considerado um dos pilares da ordem jurídica, um dos princípios básicos do Estado de Direito, sendo aplicável a outros ramos do Direito.

Tem a finalidade de evitar alterações supervenientes que causem instabilidade social e minorar os efeitos traumáticos de novas disposições, protegendo sempre a estabilidade jurídica.

É inegável que um dos pontos de conflito no Direito Administrativo está na ponderação entre os princípios da legalidade e da **segurança jurídica**, diante de situações ilegais que praticamente se consolidam no tempo e em que há boa-fé por parte dos beneficiários de seus efeitos.

Segundo JOSÉ DOS SANTOS CARVALHO FILHO (2012, p. 36), a doutrina alemã tem invocado os princípios da **segurança jurídica** e **proteção à confiança** na tentativa de estabilização destas situações. "Pelo primeiro, confere-se relevo ao aspecto objetivo do conceito, indicando-se a inafastabilidade da estabilização jurídica; pelo segundo, o realce incide sobre o aspecto subjetivo, e neste se sublinha o sentimento do indivíduo em relação a atos, inclusive e principalmente do Estado, dotados de presunção de legitimidade e com aparência de legalidade".

O STF, baseado em tais princípios, já permitiu a produção de efeitos de ato administrativo baseado em lei inconstitucional, em que a situação do administrado já estava consolidada.

POSIÇÃO DO STF

"Embora a lei inconstitucional pereça mesmo antes de nascer, os efeitos eventualmente por ela produzidos podem incorporar-se ao patrimônio dos administrados, em especial quando se considere o princípio da boa-fé." (RE 359.043-AgR, Rel. Min. Eros Grau, julgamento em 3-10-2006, Segunda Turma, DJ de 27-10-2006). Vide também RE 466.546-RJ, Rel. Min. Gilmar Mendes, julgamento em 13-02.2006, inf. 406.

De acordo com o art. 2º, inciso XIII, da Lei 9.784/99, a Administração deve buscar a interpretação da norma que melhor garanta o atendimento do fim público a que se dirige, vedada a aplicação retroativa da nova interpretação. Exemplo desta situação está nos pagamentos de determinadas vantagens a servidores públicos a partir de **errônea interpretação da legislação por parte da Administração**, que posteriormente buscava reaver as parcelas pagas. O tema foi levado ao Judiciário, que pacificou entendimento de que as parcelas pagas são **irrepetíveis**, face à boa-fé do servidor público. O entendimento foi internalizado na Administração Pública Federal por meio de súmula editada pela **Advocacia-geral da União**.

POSIÇÃO DA AGU

Súmula 34. *Não estão sujeitos à repetição os valores recebidos de boa-fé pelo servidor público, em decorrência de errônea ou inadequada interpretação da lei por parte da Administração Pública.*

Por fim, vale destacar que o art. 54 da Lei 9.784/99 também corrobora o princípio da segurança jurídica, na medida em que estabelece prazo de **decadência** de **5 (cinco) anos** para a Administração anular atos administrativos de que decorram efeitos favoráveis aos destinatários, contados da data em que foram praticados, salvo comprovada má-fé.

3.3.6.1. Princípio da Segurança Jurídica e Teoria do Fato Consumado

Alguns doutrinadores sustentam que a Administração possui algumas **restrições materiais** para promover a desconstituição de determinadas situações jurídicas. São situações em que ônus social ocasionado pela desconstituição implicaria em um prejuízo maior, se comparado ao benefício gerado pelo restabelecimento da ordem jurídica.

Neste contexto, surgiu a teoria do fato consumado que, segundo o STJ, "*(...) aplica-se apenas em situações excepcionalíssimas, nas quais a inércia da administração ou a morosidade do Judiciário deram ensejo a que situações precárias se consolidassem pelo decurso do tempo*" (RMS 34.189).

Esta teoria foi amplamente aplicada em matéria de concursos públicos, em que candidatos conseguiam liminares para prosseguir no certame, logravam aprovação e assumiam seus cargos. Porém, tempos depois a liminar era revogada e a ação julgada improcedente, o que demandaria o restabelecimento da situação jurídica original. Em tais situações, haviam julgados no STJ no sentido de que segurança jurídica recomendaria a manutenção do agente público em seu posto, em detrimento da aplicação pura e simples do princípio da legalidade (REsp 1.223.220).

Entretanto, o tema foi apreciado pelo STF em sede de repercussão geral, tendo sido decidido que não se aplica a teoria do fato consumado a candidato que assumiu cargo por força de decisão liminar, entendimento que passou a ser majoritariamente assumido pelo STJ.

POSIÇÃO DO STF

" (...) 1. Não é compatível com o regime constitucional de acesso aos cargos públicos a manutenção no cargo, sob funda-mento de fato consumado, de candidato não aprovado que nele tomou posse em decorrência de execução provisória de medida liminar ou outro provimento judicial de natureza precária, supervenientemente revogado ou modificado (RE 608.482, Rel. Min. Teori Zavascki, j. 07/08/2014, inf. 753).

POSIÇÃO DO STJ

"Nos termos da jurisprudência pacífica desta Corte, a Teoria do Fato Consumado em matéria de concurso público requer o cumprimento dos requisitos legalmente estabelecidos para a investidura no cargo pretendido" (AgRg no REsp 1248007/RS, Rel. Ministro Humberto Martins, Segunda Turma, julgado em 21/06/2011, DJe 29/06/2011).

POSIÇÃO DO STJ

(...) Esta Corte já pacificou o entendimento de que candidatos que acabam por participar das demais etapas do certame por força de decisões judiciais passíveis de reforma,

não têm direito adquirido à nomeação definitiva, uma vez que não se pode perpetuar uma situação precária. Como cediço, o candidato continua na disputa por uma vaga, consciente de que sua situação ainda encontra-se pendente de julgamento, ou seja, com o iminente risco de reversão. Precedentes: AgRg no REsp. 1.214.953/MS, Rel. Min. BENEDITO GONÇALVES, DJe 25.3.2013; AgRg no AREsp. 144.940/PE, Rel. Min. MAURO CAMPBELL MARQUES, DJe 29.5.2012 (AgRg nos EAREsp 474423, Rel. Min. Napoleão Maia Filho, j. 04/04/2017)

Após pacificar o entendimento, o STJ fixou, então, a seguinte tese jurisprudencial: "12) Não se aplica a teoria do fato consumado na hipótese em que o candidato toma posse em virtude de decisão liminar, salvo situações fáticas excepcionais". E quais seriam essas situações excepcionais? O informativo de jurisprudência nº 600 mencionou julgado em que essa excepcionalidade foi reconhecida, relatando situação em que o servidor se manteve no cargo por força de decisões judiciais e se aposentou. Neste caso, entendeu-se que embora o vínculo de trabalho fosse precário, o vínculo previdenciário, após as contribuições previdenciárias ao regime próprio, consolidou-se com a reunião dos requisitos para a concessão de aposentadoria (MS 20.558-DF, Rel. Min. Herman Benjamin, , julgado em 22/2/2017).

EM RESUMO: REGIME JURÍDICO-ADMINISTRATIVO	
Regime Jurídico-Administrativo	O regime jurídico-administrativo representa os **princípios** e as **regras jurídicas** que direcionam a atuação da Administração Pública no exercício da **função administrativa**, conferindo-lhe determinadas prerrogativas e privilégios nas relações jurídicas entabuladas com os particulares, ao mesmo tempo em que são estabelecidos limites a esta atuação, sempre almejando a busca do interesse público.
Princípios do Direito Administrativo	**Noção:** Princípios são as bases fundamentais de um sistema de normas, que condicionam toda a estruturação de um determinado ramo do Direito. São comandos **genéricos** e **abstratos**, aplicáveis a diversas situações. Importante notar que os princípios não precisam estar presentes expressamente na legislação; possuem validade e lançam seus efeitos independentemente de positivação.
	Supraprincípios do Direito Administrativo: possuem função estruturante do regime-jurídico, em torno dos quais gravitam os demais princípios e institutos do direito Administrativo. São eles: a) **Princípio da supremacia do interesse público sobre o interesse privado**: o interesse público (primário) deve sobressair-se ao interesse privado (individual), o que confere uma

Princípios do Direito Administrativo	**posição de superioridade** da Administração no que se refere ao **regramento jurídico conferido à sua atuação**, permitindo-se, quando necessário, a **imposição de restrições** a determinadas **liberdades individuais.** Limites: **direitos e garantias fundamentais** e o **princípio da legalidade**. **b) Princípio da indisponibilidade do interesse público**: previsto implicitamente na Constituição Federal, preceitua que, uma vez caracterizado o interesse público, não pode mais a Administração dispor-se dele. A expressão **interesse público admite duas acepções**: a) **Interesse público primário**: *é o interesse coletivo ampla e abstratamente considerado, que deve ser buscado* **direta** e **imediatamente** no exercício da **função administrativa.** b) **Interesse público secundário:** *é a vontade do Estado considerado enquanto pessoa jurídica – não necessariamente coincidente com o interesse da coletividade – em busca de suas próprias conveniências, de modo que a defesa dos interesses comuns será feita de forma* **indireta** ou **mediata**. **Princípios Constitucionais Expressos do Direito Administrativo:** estão positivados no art. 37, *caput* da CF/88. São eles: a) **Legalidade**: que a atuação da Administração está vinculada à observância do disposto na lei em sentido amplo, ou seja, o administrador somente pode atuar nos limites previstos no ordenamento jurídico (acepção **positiva** de legalidade). O princípio da legalidade sofre as seguintes mitigações: i) **estado de defesa e estado de sítio** (art. 136 e 137 da CF/88); ii) os **decretos ou regulamentos autônomos** (art. 84, VI da CF/88). Alguns autores incluem também as medidas provisórias e leis delegadas. b) **Impessoalidade**: aproxima-se da ideia de **não-discriminação**, ou seja, é vedada à Administração Pública a adoção de tratamento diferenciado aos administrados que se encontrem em mesma situação fática ou jurídica, devendo agir com isenção e imparcialidade. A doutrina subdivide a impessoalidade em duas linhas: • **Quanto à Administração** – o ato administrativo é impessoal, ou seja, o ato praticado pelo agente público deve ser atribuído à pessoa jurídica ao qual está vinculado (**teoria da imputação**). • **Quanto aos administrados** – o administrador tem o dever de agir de forma impessoal, abstrata e genericamente, protegendo sempre o interesse público, nunca atuando em nome do interesse pessoal de um administrado singularmente considerado. c) **Moralidade**: o administrador tem que agir com honestidade, probidade, observando os princípios éticos, a lealdade e a boa-fé. Este princípio ganhou previsão expressa apenas na CF/88.

Princípios do Direito Administrativo	d) **Publicidade**: visa trazer transparência à atuação administrativa, de modo que os atos administrativos devem merecer a mais ampla divulgação possível entre os administrados, visando ao controle da legitimidade da conduta dos agentes administrativos. Situações em que a publicidade será mitigada: art. 5º, incisos X, XXXIII e LX da CF/88. e) **Eficiência**: exige que o administrador aja de modo rápido e preciso, produzindo resultados que satisfaçam as necessidades dos administrados. Este princípio ingressou no texto constitucional a partir da Reforma Administrativa (EC 19/98). **Princípios Implícitos ou Reconhecidos do Direito Administrativo**: estão previstos implicitamente no texto constitucional. Não há consenso na doutrina sobre quais seriam estes princípios. Salientamos os mais cobrados em concursos: a) **Finalidade:** a Administração deve buscar sempre **fim legal**, coincidente com os interesses da coletividade. b) **Razoabilidade e proporcionalidade**: previstos expressamente no art. 2º da Lei 9.784/99. Razoabilidade é agir de forma equilibrada e coerente, seguindo critérios do homem médio, em limites aceitos sob o ponto de vista racional. O princípio da proporcionalidade possui os seguintes elementos essenciais: a) adequação: o meio utilizado deve ser compatível com o fim buscado; b) exigibilidade: a conduta deve ser necessária, sendo o único meio menos gravoso para alcançar o fim público; c) proporcionalidade em sentido estrito: as vantagens têm de superar as desvantagens. c) **Autotutela**: estabelece que a Administração pode rever os seus próprios atos, seja para anulá-los (se ilegais) ou revogá-los (se inconvenientes ou inoportunos). d) **Especialidade**: Segundo o art. 37, XIX da CF/88, para que a Administração Pública possa criar entidades, é necessário que exista uma lei que autorize a criação e defina, detalhadamente, as finalidades da nova pessoa jurídica. Assim, ao criar um órgão ou uma entidade, o legislador deve restringir-se aos objetivos definidos pela lei criadora ou autorizadora, ou seja, as pessoas jurídicas e os órgãos públicos estão diretamente vinculados às finalidades para as quais foram criados. e) **Motivação**: este princípio estabelece que a Administração Pública deve justificar os seus atos, apontando os fundamentos de fato e de direito, bem como a correlação lógica entre os eventos e as providências tomadas. f) **Segurança jurídica**: tem a finalidade de evitar alterações supervenientes que causem instabilidade social e minorar os efeitos traumáticos de novas disposições, protegendo sempre a estabilidade jurídica

Capítulo

IV

PODERES DA ADMINISTRAÇÃO PÚBLICA

Leia a lei:

- *CF, art. 5.º, II; art. 23, inciso I; art. 48, caput; art. 49, V; art. 84, incisos IV e VI, e parágrafo único; art. 87, parágrafo único, incisos I e II; Art. 102, I, "a"; art. 103-B, § 4.º, III e V; art. 130-A, § 4.º, III e IV; art. 145,ss II; Lei 8.112/90, arts. 117 e 121 ao 142; Lei 8.666/93 arts. 81 a 88; Lei 9.784/99, arts. 11 ao 17; Lei 9.873/99, art. 1.º; CTN, art. 78. Decreto 1.171/94, II, XIV, "b" e "d".*

1. NOÇÕES: PODERES E DEVERES DO ADMINISTRADOR

Certas prerrogativas são postas à Administração e encerram verdadeiros poderes, que são **irrenunciáveis** e devem ser exercidos sempre que o **interesse público** clamar. Por isso se fala em **poder-dever**.

Os poderes administrativos são, assim, prerrogativas especiais e instrumentos que o ordenamento jurídico confere ao Estado para que este cumpra suas finalidades institucionais na busca e alcance do interesse público.

Cumpre observar, porém, o exercício dos poderes será legítimo se observados determinados limites, como a necessidade efetiva de seu exercício e os limites conferidos à atuação do agente, sob pena de desvirtuamento de seus propósitos.

No outro lado da moeda estão os **deveres** do administrador. A doutrina enumera os seguintes:

a) **Dever de eficiência**: o agente deve exercer suas atribuições com rapidez, perfeição e rendimento, pondo fim ou procurando prioritariamente resolver situações procrastinatórias, principalmente diante de filas ou de qualquer outra espécie de atraso na prestação dos serviços pelo setor em que exerça suas atribuições, com o fim de evitar dano moral ao usuário (Decreto 1.171/94, XIV, "b").

b) **Dever de probidade**: a conduta do agente público deve pautar-se por valores éticos, em conformidade com os princípios da Administração Pública. Assim, não terá que decidir somente entre o legal e o ilegal, o justo e o injusto, o conveniente e o inconveniente, o oportuno e o inoportuno, mas principalmente entre o honesto e o desonesto, consoante as regras contidas no art. 37, caput, e § 4°, da Constituição Federal (Decreto 1.171/94, II).

c) **Dever de prestar contas**: um dos deveres fundamentais de todo servidor público é jamais retardar qualquer prestação de contas, condição essencial da gestão dos bens, direitos e serviços da coletividade a seu cargo (Decreto 1.171/94, XIV, "d"). A prestação de contas não está vinculada tão somente a recursos financeiros, mas a toda atuação do agente. Podemos citar como órgãos administrativos de fiscalização do dever de prestar contas os Tribunais de Contas, os órgãos de Controle Interno e as Corregedorias.

2. CARACTERÍSTICAS DOS PODERES ADMINISTRATIVOS

Podemos enumerar as seguintes características dos poderes administrativos:

a) Instrumentalidade: como acima mencionado os poderes administrativos são **instrumentos** colocados à disposição da Administração para que esta atinja seus fins institucionais, na busca e alcance no interesse público.

b) Poder-dever: os poderes da Administração são dotados de um caráter compulsório, ou seja, não tem o administrador a faculdade de exercer ou não os poderes colocados à sua disposição, devendo sempre deles se utilizar.

c) **Irrenunciabilidade**: essa característica decorre da natureza compulsória dos poderes, e estabelece que o administrador não pode renunciar suas prerrogativas face ao princípio da indisponibilidade do interesse público.

d) **Exercício nos limites da lei**: em decorrência do princípio da legalidade os poderes administrativos devem ser exercidos e utilizados de acordo com que prevê o ordenamento jurídico.

e) **Responsabilização do administrador**: todos os atos praticados com abuso de poder e em desrespeito a lei são ilegais, gerando a responsabilização do administrador tanto em sua atuação comissiva ou omissiva.

3. CLASSIFICAÇÃO

No quadro abaixo, trazemos pequeno resumo das classificações doutrinárias mais recorrentes sobre o tema Poderes Administrativos:

Quanto à margem de liberdade	a) vinculado; b) discricionário.
Quanto às espécies	a) hierárquico; b) disciplinar; c) normativo ou regulamentar; d) de polícia.

ATENÇÃO

A doutrina diverge se a vinculação e discricionariedade seriam efetivamente poderes administrativos. Filiamo-nos à corrente que ***não os considera poderes administrativos,*** *mas atributos presentes no exercício dos variados poderes conforme a legislação assim preveja. Porém, feita esta ressalva, analisaremos o tema como se fossem poderes, haja vista que tema assim já foi cobrado em concursos públicos.*

4. PODER VINCULADO

Conforme a liberdade de atuação e decisão que se dê ao agente, os **poderes administrativos** podem ser **vinculados** ou **discricionários**.

No exercício do **poder vinculado,** a lei tipifica objetiva e claramente a situação em que o agente deve agir e o comportamento a ser tomado. Preenchidos os requisitos legais, o administrador é obrigado (poder-dever) a agir de acordo com o previamente definido em lei.

Nestes atos todos os elementos ou requisitos do ato administrativo praticado são **vinculados ou regrados**, o que permite que o ato seja objeto de **controle de legalidade** por parte do Judiciário e da própria Administração (autotutela).

Segundo DI PIETRO, diante de um poder vinculado, "o particular tem um direito subjetivo de exigir da autoridade a edição de determinado ato, sob pena de, não o fazendo, sujeitar-se à correção judicial".

5. PODER DISCRICIONÁRIO

Em contraposição à categoria anterior, o exercício do **poder discricionário** permite uma margem de liberdade ao administrador, que exercerá um juízo de valor segundo critérios de **conveniência** e **oportunidade** (**mérito administrativo**), dentro dos limites definidos pela lei, avaliando a situação e escolhendo o melhor comportamento a ser tomado dentre os que são legalmente possíveis e que melhor atenda ao interesse público.

O poder discricionário é necessário porque seria impossível que o legislador previsse todas as situações possíveis para os diversos comportamentos administrativos. Não se confunde, porém, com **arbitrariedade**, pois o agente não possui liberdade completa para a prática do ato, mas apenas nos limites previamente estabelecidos na norma que a autoriza.

O poder discricionário manifesta-se principalmente nas seguintes situações: a) quando estiver diante de conceitos valorativos estabelecidos pela lei, que dependem de concretização pelas escolhas do agente, considerados o momento histórico e social (**conceitos jurídicos indeterminados**); b) diante de **conceitos legais e jurídicos técnico-científicos**, sendo, neste caso, limitado às escolhas técnicas possíveis.

ATENÇÃO

José dos Santos Carvalho Filho entende que os conceitos jurídicos indeterminados não seriam situações de discricionariedade administrativa, mas de mera interpretação conferida ao agente público. Porém, para fins de concurso público, as bancas examinadoras, em geral, têm adotado entendimento de doutrina majoritária no sentido de que os conceitos jurídicos indeterminados seriam uma forma por meio da qual a discricionariedade poderá aflorar, na medida em que não haverá uma interpretação do agente, mas uma valoração individual sobre a melhor decisão a ser tomada diante das possibilidades admissíveis. Haveria, sim, certa margem de escolha atribuída ao agente público.

Em matéria de discricionariedade, deve ser estudado o **princípio da intangibilidade** ou **insindicabilidade do mérito administrativo**. Significa dizer que o juízo de conveniência e oportunidade feito pelo agente, quando da prática de um ato discricionário, não pode ser alterado pelo Poder Judiciário, salvo se padecer de **vício de legalidade** (controle sobre a **licitude** do ato). Não poderá, assim, o juiz substituir-se ao administrador na prática de um ato discricionário para decidir qual seria a conduta mais adequada a ser tomada, sob pena de violação ao princípio da separação entre os Poderes; mas poderá, por exemplo, intervir quando os limites da discricionariedade são violados.

Todavia, modernamente doutrina e jurisprudência têm proposto uma releitura da discricionariedade, buscando **parâmetros objetivos** para balizar este poder. Para tanto, vem-se adotando concepção ampla de legalidade, vinculando a discricionariedade a ótica muito mais principiológica do que legal *stricto sensu*. Por esta razão, o administrador não estaria completamente livre para a escolha de uma solução entre aquelas ofertadas pelo texto legal, tendo o dever de adotar a solução mais adequada à satisfação da finalidade legal, em sua acepção ampla.

Segundo CELSO ANTONIO BANDEIRA DE MELLO, a liberdade de escolha do Administrador deve ser balizada pela incidência de todos os parâmetros integrantes da juridicidade como, v.g., proporcionalidade, segurança jurídica, boa-fé objetiva e subjetiva e eficiência. Há, inclusive, quem defenda a inexistência de discricionariedade administrativa sob o argumento de que diante dos casos concretos e em virtude dos princípios jurídicos aplicáveis ao direito administrativo, especialmente os princípios da moralidade e eficiência, haveria sempre uma única decisão lícita, aquela que for mais adequada a estes princípios e ao interesse público.

6. PODER HIERÁRQUICO

6.1. Conceito

Poder hierárquico representa a prerrogativa que tem o Estado de organizar sua estrutura, escalonando e definindo funções de seus órgãos, bem como fiscalizar, ordenar e rever a atuação de seus agentes, através do estabelecimento de relações de **subordinação** e **coordenação** entre aqueles que integram o seu quadro de pessoal. O Poder hierárquico manifesta-se **internamente**.

POSIÇÃO DO STJ

*(...) Portarias "não atingem nem obrigam aos particulares, pela manifesta razão de que **os cidadãos não estão sujeitos ao** poder hierárquico **da Administração Pública**" (Hely Lopes Meirelles). (REsp 695445/SP, Rel. Ministro Arnaldo Esteves Lima, DJe 12/05/2008).*

Segundo HELY LOPES MEIRELLES (2012, p. 118), o poder hierárquico "*ordena* as atividades da Administração, repartindo e escalonando as funções entre os agentes do Poder, de modo que cada um possa exercer eficientemente seu encargo; *coordena*, entrosando as funções no sentido de obter o funcionamento harmônico de todos os serviços a cargo do mesmo órgão; *controla*, velando pelo cumprimento da lei e das instruções e acompanhando a conduta e o rendimento de cada servidor; *corrige* os erros administrativos, pela ação revisora dos superiores sobre os atos dos inferiores. Desse modo, a hierarquia atua como instrumento de organização e aperfeiçoamento do serviço e age como meio de responsabilização dos agentes administrativos, impondo-lhes o *dever de obediência*".

De um modo geral, o poder hierárquico é inerente à ideia de **verticalização administrativa**, e revela as possibilidades de controlar atividades, delegar competência, avocar competências delegáveis e invalidar atos, dentre outros.

Cumpre observar, porém, que MARIA SYLVIA ZANELLA DI PIETRO admite como manifestações do poder hierárquico determinadas situações no âmbito da organização administrativa em que há relação de **coordenação** entre órgãos ou agentes, excluindo-se da verticalização administrativa tais situações. Exemplo disso seria a **atividade**

consultiva, que para a autora seria incompatível com a determinação de comportamento por parte de superior hierárquico (Cf. DI PIETRO, 2010, p. 96).

ATENÇÃO

*O tema **poder hierárquico** é tratado de maneira bastante divergente pela doutrina. Alguns autores sequer o consideram um poder propriamente dito, tratando apenas da **hierarquia administrativa**. Portanto, é necessário que candidato tenha bastante atenção no estudo do tema. Segundo Celso Antônio Bandeira de Mello (2012, p. 154) "hierarquia pode ser definida como o vínculo de autoridade que une órgãos e agentes, através de escalões sucessivos, numa relação de autoridade, de superior a inferior, de hierarca a subalterno. Os poderes do hierarca conferem-lhe uma contínua e permanente autoridade sobre toda a atividade administrativa dos subordinados".*

6.2. Características

Do **poder hierárquico** decorrem alguns efeitos específicos, a seguir analisados:

a) **Edição de atos normativos internos**: o superior hierárquico pode editar atos normativos dirigidos aos agentes subordinados, cujo principal objetivo é organização da atuação administrativa. São as resoluções, portarias, ordens de serviço etc.

b) **Dar ordens (poder de comando)**: em decorrência do poder hierárquico atribui-se ao superior hierárquico a prerrogativa de dar ordens diretas, verbais ou escritas, aos seus subordinados com o objetivo de garantir o adequado funcionamento dos serviços. No outro lado, os subordinados devem acatar e cumprir as ordens de seus superiores hierárquicos, salvo se manifestamente ilegais.

c) **Fiscalização e controle**: também denominado como fiscalização hierárquica, é a prerrogativa conferida ao superior hierárquico de fiscalizar e revisar os atos praticados por seus subordinados, o que pode resultar na anulação, revogação ou convalidação de tais atos.

d) **Delegação e avocação**: em regra, a competência é indelegável. Porém, em determinadas situações o legislador admite a delegação ou avocação de competências.

Conceitua-se delegação como o ato **discricionário, revogável a qualquer tempo**, mediante o qual um agente ou órgão confere o exercício temporário de parte de suas atribuições a outro agente ou órgão, ainda que não sejam hierarquicamente subordinados, em razão de circunstâncias de índole técnica, social, econômica, jurídica ou territorial (art. 12 da Lei 9.784/99).

A autoridade delegante continua competente cumulativamente com o delegado para a prática do ato. Tratando-se a delegação de ato discricionário, poderá ser revogada a qualquer tempo por quem delegou a competência (art. 14, § 2º).

A publicação do ato de delegação, bem como sua revogação, é obrigatória (art. 14, da Lei 9.784/99), devendo o ato de delegação especificar as matérias e poderes transferidos, os limites da atuação do delegado, a duração e os objetivos da delegação e o recurso cabível, podendo conter ressalva de exercício da atribuição delegada.

ATENÇÃO

*De acordo com o art. 13, da Lei 9.784/99, não podem ser objeto de delegação as seguintes matérias: a) a **edição de atos de caráter normativo**; b) a **decisão de recursos administrativos**; c) as **matérias de competência exclusiva** do órgão ou autoridade (mas a competência **privativa** pode ser delegada).*

Já **avocação** é o ato discricionário mediante o qual o **superior hierárquico** traz para si, em caráter excepcional e por motivos relevantes devidamente justificados, o exercício temporário de determinada competência atribuída por lei a um subordinado seu (art. 15 da Lei 9.784/99).

O tema **delegação** e **avocação** de competência será aprofundado no capítulo reservado ao estudo dos atos administrativos.

7. PODER DISCIPLINAR

Nas palavras de HELY LOPES MEIRELLES (2012, p. 140), "poder disciplinar é a faculdade de punir internamente as infrações funcionais dos servidores e demais pessoas sujeitas à disciplina dos órgãos e serviços da Administração. É uma supremacia especial que o Estado exerce sobre todos aqueles que se vinculam à Administração por relações de qualquer natureza, subordinando-se às normas de funcionamento do serviço ou do estabelecimento que passam a integrar definitiva ou transitoriamente".

Quando houver apuração de infração funcional cometida por agente público, o poder disciplinar decorrerá do **poder hierárquico**, na medida em que haverá descumprimento de dever funcional, cabendo ao superior hierárquico o controle da atuação de seus subordinados.

Em matéria de servidores públicos federais, o poder disciplinar possui como principal referencial a Lei 8.112/90. Vale lembrar que o art. 103-B, § 4.º, III e V da CF/88 conferiu ao Conselho Nacional de Justiça – CNJ, originária ou supletivamente, competência para o controle disciplinar dos magistrados federais e estaduais, previsão também estendida ao Conselho Nacional do Ministério Público – CNMP, relativamente aos membros do MP estadual e federal (art. 130-A, § 4.º, III e IV da CF/88).

No tocante às demais situações, o poder disciplinar decorrerá do **princípio da supremacia do interesse público sobre o particular**. No caso dos contratos administrativos, por exemplo, as sanções estão previstas na Lei 8.666/93 (arts. 81 a 88).

ATENÇÃO

*O **poder disciplinar** não se confunde com a **persecução penal**, que é o conjunto de atividades realizadas pelo Estado a fim de investigar (inquérito policial) e aplicar sanções penais ao indivíduo em razão do cometimento de um crime (processo penal). Além de o regime jurídico ser diferente (penal/processual penal x administrativo), cumpre observar que a persecução penal atinge a todas as pessoas, indistintamente, diferentemente do poder disciplinar, que pressupõe um vínculo jurídico entre o que aplica a sanção e o que é sancionado. O poder disciplinar também não se confunde com o poder de polícia, vez que este incide sobre todas as pessoas, independentemente de possuírem ou não vínculo com o Poder Público. Vejamos as diferenças no quadro a seguir:*

	Sujeitos	Regime Jurídico
Poder disciplinar	- Agentes públicos - Particulares que possuam vínculo contratual com o Poder Público	Administrativo
Poder de Polícia	Todas as pessoas	Administrativo
Persecução Penal	Todas as pessoas	Penal/Processual Penal

O exercício do poder disciplinar é **obrigatório** (poder-dever), o que significa dizer que a infração administrativa, uma vez identificada ou denunciada, **deve ser apurada**. Não há margem de discricionariedade ao administrador **com relação ao exercício do poder disciplinar**. Segundo DI PIETRO, "a Administração não tem a liberdade de punir e não punir, pois, tendo conhecimento de falta praticada por servidor, tem necessariamente que instaurar o procedimento adequado para sua apuração e, se for o caso, aplicar a pena cabível. Não o fazendo, incide em crime de condescendência criminosa previsto no art. 320 do Código Penal e em improbidade administrativa, conforme art. 11, inciso II, da Lei 8.429, de 2-6-92" (2010, p. 94).

A **previsão da infração administrativa** e a **sanção capitulada ao fato** devem estar previstas em lei para que se exercite o poder disciplinar. Este ponto exige bastante atenção em seu estudo, pois o Direito Administrativo possui uma concepção diferenciada sobre regime disciplinar.

Na seara do Direito Penal, a cada delito corresponde uma pena. No Código Penal, por exemplo, vemos que logo após a descrição do tipo penal o legislador prevê a sanção cabível, cabendo a dosimetria da pena ao juiz.

Todavia, no Direito Administrativo é diferente. A lei estabelece uma série de **deveres** e **proibições** aos agentes públicos sem correlacioná-los a infrações específicas. Ressalvam-se as situações em que o legislador faz isso expressamente, como se observa no art. 132 da Lei 8.112/90, o qual estabelece situações em que a pena de demissão **será aplicada**. Logo, não há, neste exemplo, discricionariedade para que o administrador aplique penas de advertência, multa ou suspensão.

As infrações administrativas, muitas vezes, são descritas por **tipos abertos**, compostos por **conceitos jurídicos indeterminados**. Podemos retirar da Lei 8.112/90 alguns exemplos, como "lograr proveito pessoal ou de outrem, em detrimento da dignidade da função pública" (art. 117, IX), "proceder de forma desidiosa" (art. 117, XV), "atividades que sejam incompatíveis com o exercício do cargo ou função" (art. 117, XVIII), dentre outras. Por outro lado, há um rol de penas disciplinares que podem ser aplicadas (art. 127 da Lei 8.112/90).

Conforme dito anteriormente, em algumas situações o administrador não terá margem de escolha na determinação da penalidade aplicável, caso assim tenha decidido o legislador.

POSIÇÃO DO STJ

(...) 5. A apreciação acerca da observância dos princípios da proporcionalidade e da razoabilidade se encontra relacionada com a própria legalidade do ato administrativo, de modo que não se descarta, in abstrato, essa análise pelo Poder Judiciário. 6. A possível discricionariedade conferida por lei, no âmbito do poder disciplinar, há que ser compreendida como a margem de liberdade propiciada pela norma incidente sobre um caso concreto, por força da presença de conceitos indeterminados, e não como hipótese marcada por juízo de conveniência e de oportunidade.

7. Nessa linha, a Primeira Seção do STJ firmou a impossibilidade de a Administração Pública, por razões discricionárias (juízo de conveniência e de oportunidade), deixar de aplicar a pena de demissão, quando induvidosa a ocorrência de motivo previsto na norma que comina tal espécie de sanção (MS 12.200/DF, Rel. Ministro Humberto Martins, Primeira Seção, DJe 03/04/2012). (RMS 36325/ES, rel. Min. Benjamin Herman, j. 22/10/2013)

Em outras situações, poderá optar prudentemente pela sanção que melhor se amolde ao caso concreto dentre aquelas previstas em lei para a generalidade das infrações administrativas. Vale dizer que, nestes casos, o administrador não se sujeita ao **princípio da sanção específica**, aplicável ao direito penal e eventualmente previsto no direito administrativo por determinação do legislador.

Em tais casos, a discricionariedade existiria, **limitadamente**, com relação ao procedimento de apuração da falta – uma vez que não há rigidez neste ponto na maioria dos estatutos –, à possibilidade de observar a natureza e gravidade das infração e os danos dela decorrentes na fixação da sanção e com relação ao preenchimento das expressões imprecisas, como "procedimento irregular", "ineficiência no serviço" etc. presentes em algumas condutas capituladas como infrações administrativas (DI PIETRO, 2010, p. 95).

Não é demais lembrar que a aplicação de penalidade pressupõe a instauração de **procedimento administrativo** e a observância do **devido processo legal** (contraditório e ampla defesa). Além disso, a decisão deverá ser **fundamentada** (art. 50, II da Lei 9.784/99).

ATENÇÃO

*Vale mais uma vez realçar que, apesar de a aplicação de sanção ser característica do poder disciplinar, nem toda sanção aplicada pela Administração Pública é expressão do poder disciplinar. No exercício do poder de polícia, por exemplo, pode a Administração aplicar sanções, como as multas de trânsito. Para que haja manifestação do poder disciplinar, deve existir um **vínculo especial**, hierárquico ou contratual, entre a Administração e o que foi sancionado. Este tema é muito cobrado em concursos públicos!*

8. PODER NORMATIVO OU REGULAMENTAR

8.1. Conceito

O poder regulamentar representa prerrogativa que tem a Administração de expedir normas gerais e abstratas, com efeito *erga omnes*, que irão complementar o teor das leis, preparando-as para serem executadas.

Assim, o poder normativo ou regulamentar, em regra, possui natureza **secundária** ou **derivada**, pois pressupõe a existência de lei regulamentada. Por seu turno, as leis possuem natureza **originária** ou **primária**, pois emanam diretamente da Constituição.

CELSO ANTÔNIO BANDEIRA DE MELLO (2012, p. 350) defende que os regulamentos serão compatíveis com o princípio da legalidade quando, no interior das possibilidades comportadas pelo enunciado legal, servirem a um dos seguintes propósitos: "(I) **limitar a discricionariedade administrativa**, seja para (a) dispor sobre o *modus procedendi* da Administração nas relações que necessariamente surgirão entre ela e os administrados por ocasião da execução da lei; (b) **caracterizar fatos, situações ou comportamentos enunciados na lei** mediante conceitos vagos cuja determinação mais precisa deva ser embasada em índices, fatores ou elementos configurados a partir de critérios ou avaliações técnicas segundo padrões uniformes, para garantia do princípio da igualdade e da segurança jurídica; (II) **decompor analiticamente o conteúdo de conceitos sintéticos**, mediante simples discriminação integral do que neles se contém".

O principal fundamento do poder regulamentar ou normativo assenta-se no art. 84, IV da CF/88, que reserva ao chefe do Poder Executivo federal, estadual e municipal a competência privativa de **expedir decretos e regulamentos** para conferir fiel execução às leis. Por outro lado, compete exclusivamente ao Congresso Nacional **sustar** atos normativos expedidos pelo Poder Executivo que exorbitem do poder regulamentar, sem prejuízo do **controle judicial** de legalidade ou inconstitucionalidade do ato.

ATENÇÃO

*Regulamento representa o **conteúdo do ato**. O Decreto é a **forma** pela qual o ato se exterioriza.*

Não há consenso na doutrina sobre a utilização das expressões **poder regulamentar** e **poder normativo**. Alguns autores usam as expressões como sinônimas. Mas, de um modo geral, o **poder normativo** tem sido utilizado de forma mais ampla, abrangendo a edição de outros atos normativos e por autoridades diversas do chefe do executivo como resoluções, instruções normativas, portarias etc. Por seu turno, **o poder regulamentar seria uma espécie do poder normativo** e se restringiria à possibilidade conferida aos chefes do Poder Executivo de expedir decretos e regulamentos para dar fiel cumprimento à lei.

8.2. Espécies de regulamentos

A doutrina classifica os regulamentos em duas espécies: **executivo** e **autônomo**. Analisemos cada um dos tipos de regulamento.

8.2.1. Regulamentos executivos

Regulamentos executivos são **atos normativos**, de caráter **geral** e **abstrato**, de competência privativa do Chefe do Poder Executivo e que visam fixar parâmetros para a fiel execução de leis.

Diz-se que o regulamento é **geral** porque aplicável indistintamente a generalidade das pessoas que se enquadrarem na previsão legal regulamentada. É **abstrato** porque pode se concretizar de maneira indeterminada no mundo real, conforme se verifique o atendimento da situação hipotética contida na norma, gerando as consequências jurídicas abstratamente previstas.

O art. 87, parágrafo único, I da CF/88 prevê a chamada **referenda ministerial**, que representa a anuência dos Ministros de Estado quando a matéria do decreto se referir ao tema de seu Ministério. A falta de **referenda ministerial** não afeta a existência, validade ou a eficácia do decreto.

Algumas leis não necessitam de regulamentação e podem ser aplicadas imediatamente. Nada impede que se expeça regulamento até mesmo para estas leis, cabendo ao chefe do Executivo tal incumbência.

Tem prevalecido o entendimento de que não se pode criar direitos e obrigações por meio do poder regulamentar, pois se trata de matéria reservada à lei (art. 5.º, II da CF/88). Mas há corrente doutrinária que admite maior flexibilidade ao administrador no exercício do poder regulamentar.

Tem sido debatida nos últimos anos no STJ a possibilidade de regulamentação feita pelas Agências Reguladoras de algumas leis afetas às mesmas. A jurisprudência tem se firmado no sentido de que não há vício de competência se há outorga legal e a Agência atua dentro do exercício regular de suas finalidades (regulamentação técnica e fiscalização das atividades relacionadas ao setor), editando atos normativos gerais, abstratos e impessoais (Neste sentido: REsp 640.460-RJ, Rel. Min. Teori Albino Zavascki, j. em 11.09.2007. Inf. 331).

POSIÇÃO DO STJ

(...) Não há violação do princípio da legalidade na aplicação de multa previstas em resoluções criadas por agências reguladoras, haja vista que elas foram criadas no intuito de regular, em sentido amplo, os serviços públicos, havendo previsão na legislação ordinária delegando à agência reguladora competência para a edição de normas e regulamentos no seu âmbito de atuação. Precedentes (...). (AgRg no AREsp 825776/SC, Rel. Min. Humberto Martins, j. 05.04.2016).

O STF tem entendido que se o administrador, por intermédio de decreto executivo, realizar interpretação que modifique o conteúdo e o sentido da norma, a situação resolve-se sob a ótica da legalidade. Logo, não cabe controle de constitucionalidade com relação aos **decretos executivos**.

POSIÇÃO DO STF

"Se a interpretação administrativa da lei, que vier a consubstanciar-se em decreto executivo, divergir do sentido e do conteúdo da norma legal que o ato secundário pretendeu regulamentar, quer porque tenha este se projetado ultra legem, quer porque tenha permanecido citra legem, quer, ainda, porque tenha investido contra legem, a questão caracterizará, sempre, típica crise de legalidade, e não de inconstitucionalidade, a inviabilizar, em consequência, a utilização do mecanismo processual da fiscalização normativa abstrata. O eventual extravasamento, pelo ato regulamentar, dos limites a que materialmente deve estar adstrito poderá configurar insubordinação executiva aos comandos da lei. Mesmo que, a partir desse vício jurídico, se possa vislumbrar, num desdobramento ulterior, uma potencial violação da Carta Magna, ainda assim estar-se-á em face de uma situação de inconstitucionalidade reflexa ou oblíqua, cuja apreciação não se revela possível em sede jurisdicional concentrada." (ADI 996-MC, Rel. Min. Celso de Mello, julgamento em 11-3-1994, Plenário, DJ de 6-5-1994).

8.2.2. Regulamentos autônomos

Os **regulamentos autônomos** ou **independentes** têm sua origem nos ordenamentos de alguns países europeus e surgem, em sua concepção original, a partir da autorização constitucional para que a disciplina de certas matérias seja atribuída diretamente ao Poder Executivo, que fará a regulamentação por meio de decreto.

Portanto, os regulamentos autônomos seriam **atos normativos primários**, podendo inovar na ordem jurídica. Seu fundamento de validade deriva diretamente na Constituição Federal, exercendo papel finalístico de lei.

No Brasil, a doutrina sempre divergiu sobre a possibilidade de expedição de regulamentos autônomos após a promulgação da CF/88, principalmente porque o art. 48 *caput* dispõe textualmente que compete ao Congresso nacional dispor sobre todas as matérias de competência da União.

O tema ganhou novos contornos após a promulgação da EC 32/01, que alterou o art. 84, VI da CF/88. Segundo a nova redação, o Presidente da República pode dispor, **mediante decreto**, sobre **organização e funcionamento da administração federal**, quando não implicar aumento de despesa nem criação ou extinção de órgãos público e **extinção de funções ou cargos públicos**, quando vagos.

Ainda assim não se pode dizer que há consenso na doutrina sobre o tema. No quadro a seguir, resumimos o panorama doutrinário, com os argumentos de cada um dos segmentos:

	Existem	**Não Existem**
Argumentos	– Decorrem dos Poderes implícitos da Administração ou função normativa implícita; – São considerados atos normativos primários, cabíveis nas hipóteses trazidas pelo art. 84, VI, da CF: a) organização e funcionamento da administração pública, desde que não cause aumento de despesas nem crie ou extinga órgãos públicos; b) extinção de funções ou cargos públicos, quando vagos.	– O ordenamento somente prevê os regulamentos executivos ou de execução (art. 84, IV); – Na França, os regulamentos autônomos podem disciplinar relações de supremacia geral, que ligam todos os cidadãos ao Estado, o que não se permite no Brasil, em que o regulamento deve buscar fundamento em uma norma legal (poder regulamentar derivado). Assim, o regulamento não pode criar e extinguir primariamente direitos e obrigações (art. 5.º, II, CF);

	– Decorrem do fenômeno da "deslegislação" ou "deslegalização". – A EC 32/01 alterou a redação do art. 84, VI, da CF, e retirou a expressão "na forma da lei", demonstrando que as matérias trazidas no referido dispositivo devem ser dispostas por meio de decreto;	– Na hipótese trazida pelo art. 84, VI, o regulamento somente poderia dispor dentro dos limites da lei que cria os órgãos públicos. Ademais, os efeitos são internos, incidindo apenas reflexamente para o particular. – Outros atos, que não os decretos, também dispõem sobre organização interna da Administração, como portarias, resoluções, provimentos, etc.
Defensores	Maria Silvia Zanella Di Pietro (apenas para o art. 84, VI, "a"); Diógenes Gasparini; Hely Lopes Meirelles; Eros Roberto Grau	Celso Antônio Bandeira de Mello; José dos Santos Carvalho Filho.

Independentemente da corrente que se siga, uma coisa é certa: os **regulamentos autônomos** estão adstritos a **matérias de organização da Administração Pública**. Conforme elucidado no quadro anterior, em alguns países europeus, como a França, admite-se a criação de direitos e obrigações por meio dos regulamentos autônomos.

A edição de regulamentos e decretos é de competência **privativa** do Chefe do Executivo, sendo em regra, **indelegável** (art. 13, I, da Lei 9.784/99). Porém, o parágrafo único do art. 84 da CF/88 permite que as matérias reservadas aos regulamentos autônomos possam ser delegadas aos Ministros de Estado, ao Procurador-Geral da República ou ao Advogado-Geral da União, observados os limites postos.

Por fim, por ser tratarem de **atos primários**, os **regulamentos autônomos** podem ser objeto de **controle de constitucionalidade**.

9. PODER DE POLÍCIA

9.1. Conceito

O **poder de polícia** decorre da supremacia geral do Estado, o que lhe confere a possibilidade de limitar o exercício da liberdade ou das faculdades dos administrados, sem necessidade de prévio vínculo jurídico de natureza especial, em prol do interesse público e nos limites da lei.

O Código Tributário Nacional (CTN), em seu art. 78, conceitua poder de polícia como sendo "(...) a atividade da administração pública que, limitando ou disciplinando direito, interesse ou liberdade, regula a prática de ato ou abstenção de fato, em razão de interesse público concernente à segurança, à higiene, à ordem, aos costumes, à disciplina da produção e do mercado, ao exercício de atividades econômicas dependentes de concessão ou autorização do Poder Público, à tranquilidade pública ou ao respeito à propriedade e aos direitos individuais ou coletivos".

A conceituação do poder de polícia no CTN deve-se ao fato de o exercício do poder de polícia caracterizar-se como fato gerador de **taxa** (art. 145, II da CF/88).

ATENÇÃO

É prescindível que haja exercício material do poder de polícia para que haja a cobrança de taxa. O STF decidiu este tema em sede de ***repercussão geral****, quando apreciou situação de cobrança de taxa de renovação de funcionamento e localização municipal, admitindo a cobrança da exação desde que efetivo o exercício do poder de polícia, demonstrado pela existência de órgão e estrutura competentes para o respectivo exercício. O mesmo raciocínio se aplica a outras taxas, como a Taxa de Controle e Fiscalização Ambiental (TCFA), cujo fato gerador é o exercício regular do poder de polícia conferido ao Instituto Brasileiro do Meio Ambiente e dos Recursos Naturais Renováveis – IBAMA para controle e fiscalização das atividades potencialmente poluidoras e utilizadoras de recursos naturais.*

POSIÇÃO DO STF

Recurso Extraordinário 1. Repercussão geral reconhecida. 2. Alegação de inconstitucionalidade da taxa de renovação de localização e de funcionamento do Município de Porto Velho. 3. Suposta violação ao artigo 145, inciso II, da Constituição, ao fundamento de não existir comprovação do efetivo exercício do poder de polícia. 4. O texto constitucional diferencia as taxas decorrentes do exercício do poder de polícia daquelas de utilização de serviços específicos e divisíveis, facultando apenas a estas a prestação potencial do serviço público. 5. A regularidade do exercício do poder de polícia é imprescindível para a cobrança da taxa de localização e fiscalização. 6. À luz da jurisprudência deste Supremo Tribunal Federal, a existência do órgão administrativo não é condição para o reconhecimento da constitucionalidade da cobrança da taxa de localização e fiscalização, mas constitui um dos elementos admitidos para se inferir o efetivo exercício do poder de polícia, exigido constitucionalmente. Precedentes. 7. O Tribunal de Justiça de Rondônia assentou que o Município de Porto Velho, que criou a taxa objeto do litígio, é dotado de aparato fiscal necessário ao exercício do poder de polícia. 8. Configurada a existência de instrumentos necessários e do efetivo exercício do poder de polícia. 9. É constitucional taxa de renovação de funcionamento e localização municipal, desde que efetivo o exercício do poder de polícia, demonstrado pela existência de órgão e estrutura competentes para o respectivo exercício, tal como verificado na espécie quanto ao Município de Porto Velho/RO 10. Recurso extraordinário ao qual se nega provimento. (RE 588322 / RO, Rel. Min. Gilmar Mendes, j. em 16.06.2010).

O **poder de polícia** poderá manifestar-se de variadas formas, notadamente pelas seguintes categorias de atos: a) **preventivos** (mediante a expedição de autorizações e licenças); b) **fiscalizadores** (inspeções, vistorias, exames etc.) e; c) **repressivos** (multas, embargo, intervenção de atividade e apreensões).

Em relação à conduta dos administrados, os atos decorrentes do poder de polícia podem representar um **não fazer** (ex: rodízio de veículos), **tolerar** uma conduta da administração (ex: permitir ingresso em área particular para manutenção de servidão) ou mesmo de **fazer** (ex: art. 5.º da Lei 10.257/01, que determina o parcelamento, a edificação ou a utilização compulsórios do solo urbano não edificado, subutilizado ou não utilizado, ou seja, que não esteja cumprindo sua função social, conforme as condições e os prazos fixados em lei municipal).

9.2. Poder de polícia em sentido amplo e em sentido estrito

CELSO ANTÔNIO BANDEIRA DE MELLO (2012, p. 788) distingue poder de polícia **em sentido amplo e estrito**.

Em **sentido amplo**, o poder de polícia representa a atividade estatal de condicionar a liberdade e a propriedade, ajustando-as aos interesses coletivos, que pode decorrer tanto de atos do **Executivo** quanto do **Legislativo**.

Em **sentido estrito**, o poder de polícia relaciona-se com as intervenções concretas da Administração Pública, quer gerais ou específicas, que objetivam a prevenção e o impedimento do desenvolvimento de atividades particulares contrastantes com os interesses sociais (**polícia administrativa**).

9.3. Polícia Administrativa e Polícia Judiciária

Muitas questões de concursos exigem que o candidato diferencie a polícia administrativa da polícia judiciária. De fato, os conceitos não se confundem!

Vejamos as principais diferenças constantes do quadro seguinte:

Polícia Administrativa	Polícia Judiciária
Incide sobre bens, direitos e atividades, condicionando seu uso ou exercício	Incide sobre pessoas, de forma ostensiva ou investigativa, e busca evitar ou reprimir a prática de infrações penais
Caráter predominantemente **preventivo**, mas pode ser repressivo e fiscalizador	Caráter predominantemente **repressivo**, mas pode ser preventivo
Exercida pelas autoridades administrativas e também pelas corporações policiais	Exercida pela polícia civil, militar e federal
Visa prevenir ou reprimir ilícitos administrativos	Visa prevenir ou reprimir ilícitos penais
Regida por normas de Direito Administrativo	Regida por normas do Direito Penal e Processual Penal

9.4. Competência

A competência para o exercício do poder de polícia é do ente político que pode legislar sobre o tema, conforme regras estabelecidas na Constituição. Em regra, vige o **princípio da preponderância dos interesses**, ou seja, em caso de **interesse nacional**, será da **União**, se o interesse for **regional**, atuará o **Estado** e, por fim, se o interesse for **local**, o Município será competente. O Distrito Federal exerce o poder de polícia **regional** e **local**.

Em determinadas situações, a competência para o exercício do poder de polícia será **comum** a todos os entes federativos, como se dá com a **proteção ao meio ambiente** (art. 23, VI da CF/88). Nestes casos, há uma relação de complementariedade, vez que a atuação de um ente não exclui a do outro, podendo ser, inclusive, simultânea a atuação.

Fato é que nem sempre é fácil definir qual será o ente competente para o exercício do poder de polícia. Por esta razão, são recorrentes as discussões judiciais envolvendo o tema.

Um exemplo de controvérsia recente refere-se à possibilidade de as chamadas Guardas Municipais, criadas com o objetivo de proteção dos bens, serviços e instalações dos Municípios (art. 144, § 8.º da CF/88), aplicarem **multas de trânsito**. O STF admitiu esta possibilidade.

POSIÇÃO DO STF

DIREITO ADMINISTRATIVO. RECURSO EXTRAORDINÁRIO. PODER DE POLÍCIA. IMPOSIÇÃO DE MULTA DE TRÂNSITO. GUARDA MUNICIPAL. CONSTITUCIONALIDADE. 1. Poder de polícia não se confunde com segurança pública. O exercício do primeiro não é prerrogativa exclusiva das entidades policiais, a quem a Constituição outorgou, com exclusividade, no art. 144, apenas as funções de promoção da segurança pública. 2. A fiscalização do trânsito, com aplicação das sanções administrativas legalmente previstas, embora possa se dar ostensivamente, constitui mero exercício de poder de polícia, não havendo, portanto, óbice ao seu exercício por entidades não policiais. 3. O Código de Trânsito Brasileiro, observando os parâmetros constitucionais, estabeleceu a competência comum dos entes da federação para o exercício da fiscalização de trânsito. 4. Dentro de sua esfera de atuação, delimitada pelo CTB, os Municípios podem determinar que o poder de polícia que lhe compete seja exercido pela guarda municipal. 5. O art. 144, §8º, da CF, não impede que a guarda municipal exerça funções adicionais à de proteção dos bens, serviços e instalações do Município. Até mesmo instituições policiais podem cumular funções típicas de segurança pública com exercício de poder de polícia. Entendimento que não foi alterado pelo advento da EC nº 82/2014. 6. Desprovimento do recurso extraordinário e fixação, em repercussão geral, da seguinte tese: é constitucional a atribuição às guardas municipais do exercício de poder de polícia de trânsito, inclusive para imposição de sanções administrativas legalmente previstas.

Ainda nesta discussão, o STF fixou entendimento de que o Município é competente para a fixação do horário de funcionamento de **estabelecimento comercial**, com base no art. 30, I da CF/88.

POSIÇÃO DO STF

Súmula Vinculante 38: *É competente o Município para fixar o horário de funcionamento de estabelecimento comercial.*

Súmula 645: *É competente o Município para fixar o horário de funcionamento de estabelecimento comercial.*

Por outro lado, o STJ entende que o Município não pode regular o horário de funcionamento de agências bancárias, por se tratar de matéria de competência da União. Mas o STF tem admitido que os Municípios adotem medidas que visem à tutela do consumidor, como a disciplina do tempo de espera em fila.

POSIÇÃO DO STJ

Súmula 19: *A fixação do horário bancário, para atendimento ao público, é da competência da União.*

POSIÇÃO DO STF

"Atendimento ao público e tempo máximo de espera na fila. Matéria que não se confunde com a atinente às atividades fim das instituições bancárias. Matéria de interesse local e de proteção ao consumidor. Competência legislativa do Município." (RE 432.789, rel. min. Eros Grau, julgamento em 14-6-2005, Primeira Turma DJ de 7-10-2005.) No mesmo sentido: RE 285.492-AgR, rel. min. Joaquim Barbosa, julgamento em 26-6-2012, Segunda Turma, DJE de 28-8-2012; RE 610.221-RG, rel. min. Ellen Gracie, julgamento em 29-4-2010, Plenário, DJE de 20-8-2010, com repercussão geral.

"O Município pode editar legislação própria, com fundamento na autonomia constitucional que lhe é inerente (CF, art. 30, I), com o objetivo de determinar, às instituições financeiras, que instalem, em suas agências, em favor dos usuários dos serviços bancários (clientes ou não), equipamentos destinados a proporcionar-lhes segurança (tais como portas eletrônicas e câmaras filmadoras) ou a propiciar-lhes conforto, mediante oferecimento de instalações sanitárias, ou fornecimento de cadeiras de espera, ou, ainda, colocação de bebedouros. Precedentes." (AI 347.717-AgR, rel. min. Celso de Mello, julgamento em 31-5-2005, Segunda Turma, DJ de 5-8-2005.) No mesmo sentido: RE 266.536-AgR, rel. min. Dias Toffoli, julgamento em 17-4-2012, Primeira Turma, DJE de 11-5-2012.

9.4.1. Exercício do poder de polícia por empregados públicos (celetistas)

Em tese, o poder de polícia pode ser exercido por **empregados públicos**, regidos pela CLT. Exemplo desta situação é o art. 280, § 4.º, da Lei 9.503/97 (Código de Trânsito Brasileiro). Inclusive este entendimento já foi admitido como correto em prova aplicada pelo CESPE.

Todavia, é bom que o candidato fique atento ao fato de que no julgamento da ADI 2.310/DF, que objetivava, entre outras matérias, a declaração de inconstitucionalidade do dispositivo da Lei 9.986/00 que submetia as relações de trabalho das agências reguladoras ao regime celetista (art. 1.º), o Min. Marco Aurélio suspendeu liminarmente a eficácia do referido dispositivo e aduziu que "Está-se diante de atividade na qual o poder de fiscalização, o poder de polícia fazem-se com envergadura ímpar, exigindo, por isso mesmo, que aquele que a desempenhe sinta-se seguro, atue sem receios outros, e isso pressupõe a ocupação de cargo público, a estabilidade prevista no artigo 41 da Constituição Federal".

A ADI não chegou a ser julgada em seu mérito por ter perdido seu objeto, vez que a Lei 10.871/04, em seu art. 37, estabeleceu o regime estatutário para os servidores das agências reguladoras. Apesar da referida ADI possuir algumas peculiaridades atinentes às agências reguladoras, é possível que o tema volte a ser discutido no STF.

9.4.2. Delegação do poder de polícia a particulares

Parcela respeitável da doutrina e jurisprudência majoritária **não admite** a delegação de poder de polícia a entidades de **direito privado**, por ser decorrente do **poder de império** do Estado, ou seja, trata-se de uma **função típica** estatal. Alguns autores defendem que pode haver delegação do poder de polícia a entidades de direito privado se atendidos três requisitos: (1.º) a pessoa jurídica deve integrar a estrutura da Administração Indireta, isso porque sempre poderá ter a seu cargo a prestação de serviço público; (2.º) a competência delegada deve ter sido conferida por lei; (3.º) o poder de polícia há de restringir-se à prática de atos de natureza fiscalizatória, partindo-se, pois, da premissa de que as restrições preexistem e de que se cuida de função executória, e não inovadora. (Cf. CARVALHO FILHO, 2012, p. 72).

De acordo com o STF, no julgamento da ADI 1717, o poder de polícia não pode ser delegado para o particular, em nome da segurança jurídica. Esse julgamento teve origem nos casos popularmente conhecidos como "máfia dos radares", em que alguns Estados delegaram ao particular o poder de aplicação de multa de trânsito, o que acarretou em um aumento na cobrança de multas indevidamente impostas com o intuito de lucro desses particulares.

E para as entidades da Administração Pública Indireta que possuem natureza jurídica de direito privado, é possível a delegação do poder de polícia? Exemplo desta situação aconteceu no município de Belo Horizonte, que criou uma sociedade de economia mista (pessoa jurídica de direito privado) para a atividade de fiscalização e ordenação do trânsito (BHTRANS), o que permitiu a esta empresa a aplicação de multas aos infratores das normas de trânsito.

A matéria chegou ao STJ no julgamento do Recurso Especial 817.534/MG, julgado na sessão do dia 04/08/09. Destacamos o seguinte trecho do julgado, de grande proveito para estudo do tema: "(...) em sentido amplo, poder de polícia pode ser conceituado como o dever estatal de limitar-se o exercício da propriedade e da liberdade em favor do interesse público. A controvérsia em debate é a possibilidade de exercício do poder de polícia por particulares (no caso, aplicação de multas de trânsito por sociedade de economia mista). 3. As atividades que envolvem a consecução do poder de polícia podem ser sumariamente divididas em quatro grupos, a saber: (i) legislação, (ii) consentimento, (iii) fiscalização e (iv) sanção. 4. No âmbito da limitação do exercício da propriedade e da liberdade no trânsito, esses grupos ficam bem definidos: o CTB estabelece normas genéricas e abstratas para a obtenção da Carteira Nacional de Habilitação (legislação); a emissão da carteira corporifica a vontade do Poder Público (consentimento); a Administração instala equipamentos eletrônicos para verificar se há respeito à velocidade estabelecida em lei (fiscalização); e também a Administração sanciona aquele que não guarda observância ao CTB (sanção). 5. Somente os atos relativos ao consentimento e à fiscalização são delegáveis, pois aqueles referentes à legislação e à sanção derivam do poder de coerção do Poder Público. 6. No que tange aos atos de sanção, o bom desenvolvimento por particulares estaria, inclusive, comprometido pela busca do lucro - aplicação de multas para aumentar a arrecadação". O STJ, assim, admitiu a delegação de parte do poder de polícia, referentes às fases de consentimento e fiscalização.

A discussão do tema foi levada ao STF (RE 633782), com o reconhecimento de repercussão geral, estando ainda pendente de julgamento.

Todavia, admite-se a participação de particulares na prática de atos materiais, instrumentais, preparatórios ou sucessivos da atuação dos entes públicos exercentes do poder de polícia. Porém, não podemos esquecer que é possível delegar atos materiais de poder de polícia, como a contratação para instalação e manutenção de radares.

9.5. Atributos

Apesar de não haver nomenclatura uniforme na doutrina, temos que os atributos do poder de polícia são a **discricionariedade**, a **autoexecutoriedade** e a **coercibilidade**.

9.5.1. Discricionariedade

A Administração avaliará a **conveniência** e **oportunidade** de sua atuação e em que medida o fará, principalmente no que se refere na definição das sanções que poderão ser aplicadas. "Assim, em grande parte dos casos concretos, a Administração terá que decidir qual o melhor momento de agir, qual o meio de ação mais adequado, qual a sanção cabível diante das previstas na norma legal. Em tais circunstâncias, o poder de polícia será discricionário" (DI PIETRO, 2010, p. 119).

Este é o entendimento clássico da doutrina e o que tem sido adotado pela maioria das bancas examinadoras.

Todavia, em algumas situações o poder de polícia é **vinculado**, uma vez que a própria norma explicita todos os requisitos exigidos do interessado, como ocorre, por exemplo, para a **concessão das licenças em geral**, como a licença para construir que, atendidos os requisitos legais, vincula o administrador. Portanto, para fim de concurso público, **não é correto afirmar que o poder de polícia sempre será discricionário**.

9.5.2. Autoexecutoriedade

O exercício do poder de polícia não depende de autorização do Poder Judiciário, podendo a Administração executar diretamente as medidas e sanções do mesmo decorrentes.

É bastante comum verificar este atributo nas interdições realizadas em estabelecimentos que não cumprem normas de saúde e higiene públicas. Mas a autoexecutoriedade do poder de polícia não impede o controle posterior da atuação administrativa pelo Poder Judiciário.

A autoexecutoriedade pressupõe **autorização legal** prévia. Porém, este atributo apresenta-se em **situações de urgência**, que demandam uma atuação imediata da Administração.

MARIA SYLVIA ZANELLA DI PIETRO subdivide o atributo da autoexecutoriedade em dois outros atributos: **exigibilidade** (*privilège du préalable*), pelo qual o Estado pode **exigir** do particular a adoção de determinada conduta, e **executoriedade** (*privilège d'action d'oficce*), em que o Poder Público pode **compeli-lo materialmente** a adotar referido comportamento (Cf. 2010, pp. 120-121).

De fato, em algumas situações existirá **exigibilidade**, porém, não haverá **executoriedade**, podendo a Administração valer-se de meios indiretos para a execução da imposição (como a fixação de multa, por exemplo), mas nunca compelindo materialmente o administrado para tanto.

As multas aplicadas em razão do poder de polícia são uma exceção ao atributo da autoexecutoriedade. A Administração, neste caso, deve-se valer de meios judiciais – execução fiscal – ou extrajudiciais – como envio de avisos de cobrança, protesto da certidão de dívida ativa etc. – para satisfazer o seu crédito. **Não pode a Administração, por exemplo, condicionar a devolução de veículo retido ao pagamento de multas, salvo se a própria legislação permitir.**

POSIÇÃO DO STJ

Transporte irregular. Passageiros. Retenção. Liberação condicionada. Pagamento. Multas. *Retido o veículo de transporte rodoviário de passageiros, por prática de irregularidade que consiste na falta de correspondência entre a lista de passageiros e as pessoas efetivamente transportadas, é ilegal o ato de autoridade que condiciona a liberação ao prévio pagamento de multa (art. 85 do Dec. n. 2.521/1998). Tal conclusão deve-se ao fato de não existir previsão legal, pois o referido decreto extrapolou na finalidade de apenas regulamentar a Lei n. 8.987/1995, que não cuidava da tipificação de atos ilícitos dos concessionários, permissionários ou autorizatários, tampouco de suas respectivas sanções administrativas. Precedentes citados: REsp 751.398-MG, DJ 5/10/2006; REsp 792.555-BA, DJ 18/5/2006, e REsp 797.358-BA, DJ 13/3/2006. (REsp 616.750-GO, Rel. Min. João Otávio de Noronha, julgado em 27/2/2007. 2ª Turma. Informativo nº 311).*

Conclui-se que a **exigibilidade** está presente em todos os atos decorrentes do exercício do poder de polícia, mas não a **executoriedade**.

9.5.3. Coercibilidade

A medida adotada pela Administração no exercício do poder de polícia é imposta de forma **coercitiva** e **unilateral** ao administrado que desrespeita os limites impostos ao exercício de seu direito de liberdade e propriedade.

9.6. Limites

Os limites do poder de polícia administrativa são demarcados pelo interesse social em conciliação com os direitos fundamentais do indivíduo, de modo que a imposição de restrições aos particulares só é legítima na medida em que o poder público comprove a **necessidade da medida**, a sua **proporcionalidade** e **eficácia**. Temos, assim:

a) **Necessidade**: o poder de polícia só deve ser utilizado quando a atuação da medida se demonstrar necessária para evitar ameaças reais ou prováveis que violem o interesse da coletividade;

b) **Proporcionalidade**: no momento do exercício do poder de polícia deve-se levar em consideração a proporcionalidade da conduta e o interesse público que se visa proteger, pois como o poder de polícia acaba por limitar um direito individual, não pode haver uma desproporcionalidade entre o limite imposto e o interesse público a se proteger;

c) **Eficácia**: a medida escolhida pela Administração para proteção do interesse público, quando da atuação do poder de polícia, deve ser eficaz quantitativa e qualitativamente.

9.7. Prescrição

As sanções aplicadas em razão do poder de polícia estão sujeitas a prazo prescricional, em atenção ao princípio da segurança jurídica.

Dispõe o art. 1.º da Lei 9.873/99 que "prescreve em **cinco anos** a ação punitiva da Administração Pública Federal, direta e indireta, no exercício do poder de polícia, objetivando apurar infração à legislação em vigor, contados da data da prática do ato ou, no caso de infração permanente ou continuada, do dia em que tiver cessado".

É importante salientar que, se a infração também se configurar crime, o prazo prescricional é o mesmo da lei penal.

Esta mesma lei traz hipóteses de interrupção e suspensão do prazo prescricional.

10. ABUSO DE PODER

O **abuso de poder** ocorre quando o agente, no exercício de suas atribuições legais, atua com desrespeito às normas de **competência** (**excesso de poder**) ou de forma contrária à sua **finalidade**

institucional (desvio de poder). Logo, o **abuso de poder** é uma patologia que pode surgir no exercício dos poderes administrativos.

O **excesso de poder** deriva da atuação fora dos limites de **competência** conferida ao agente público, **invadindo competência alheia ou desrespeitando o imposto por lei ou regulamento**. Ex: guarda municipal que autoriza alguém a utilizar e explorar um espaço público. Neste exemplo, o guarda tem por atribuição exercer a vigilância ostensiva dos bens públicos e não para autorizar sua exploração.

No **desvio de poder ou desvio de finalidade** o agente atua dentro do seu limite de competência, mas o faz sem observar a finalidade, o objetivo disciplinado em lei para a realização do ato. Ex.: desapropriação de imóvel de desafeto político com o fim de prejudicá-lo.

Os atos praticados em **abuso de poder** são **ilegais**, podendo ser anulados pela própria Administração, no exercício da autotutela, ou pelo Poder Judiciário, em sede de controle jurisdicional da legalidade do ato.

11. TÓPICO-SÍNTESE

<table>
<tr><th colspan="3">TÓPICO-SÍNTESE: PODERES ADMINISTRATIVOS</th></tr>
<tr><td>Noções</td><td colspan="2">Poderes são prerrogativas especiais e instrumentos que o ordenamento jurídico confere ao Estado para que este cumpra suas finalidades institucionais na busca e alcance do interesse público. Ao mesmo tempo, o administrador deve observar certos deveres, como eficiência, probidade e de prestar contas.</td></tr>
<tr><td>Características</td><td colspan="2">a) instrumentalidade: os poderes administrativos são instrumentos colocados à disposição da Administração;
b) poder-dever: seu exercício é compulsório.
c) irrenunciabilidade: o administrador não pode renunciar às suas prerrogativas. Decorre do princípio da indisponibilidade do interesse público.
d) Exercício nos limites da lei: devem ser exercidos e utilizados de acordo com que prevê o ordenamento jurídico.</td></tr>
<tr><td rowspan="2">Classificação</td><td>Quanto à margem de liberdade</td><td>a) Vinculado
b) Discricionário</td></tr>
<tr><td>Quanto às espécies</td><td>a) Hierárquico
b) Disciplinar
c) Normativo ou regulamentar
d) De polícia</td></tr>
</table>

<table>
<tr><td>Poder Vinculado</td><td colspan="2">A norma determina a conduta do Administrador.</td></tr>
<tr><td>Poder Discricionário</td><td colspan="2">O Administrador possui alguma liberdade em sua atuação, com observância de critérios de conveniência/oportunidade (mérito administrativo)</td></tr>
<tr><td rowspan="5">Poder Hierárquico</td><td colspan="2">Conceito: representa a prerrogativa que tem o Estado de organizar sua estrutura, escalonando e definindo funções de seus órgãos, bem como fiscalizar, ordenar e rever a atuação de seus agentes, através do estabelecimento de relações de subordinação e coordenação entre aqueles que integram o seu quadro de pessoal.</td></tr>
<tr><td rowspan="4">Características</td><td>a) Edição de atos normativos internos</td></tr>
<tr><td>b) Dar ordens (poder de comando)</td></tr>
<tr><td>c) Fiscalização e controle</td></tr>
<tr><td>d) Delegação e avocação</td></tr>
<tr><td>Poder Disciplinar</td><td colspan="2">"Poder disciplinar é a faculdade de punir internamente as infrações funcionais dos servidores e demais pessoas sujeitas à disciplina dos órgãos e serviços da Administração. É uma supremacia especial que o Estado exerce sobre todos aqueles que se vinculam à Administração por relações de qualquer natureza, subordinando-se às normas de funcionamento do serviço ou do estabelecimento que passam a integrar definitiva ou transitoriamente" (Hely Lopes Meirelles).</td></tr>
<tr><td rowspan="3">Poder Normativo ou Regulamentar</td><td colspan="2">Conceito: representa prerrogativa que tem a Administração de expedir normas gerais e abstratas, com efeito erga omnes, que irão complementar o teor das leis, preparando-as para serem executadas.</td></tr>
<tr><td rowspan="2">Espécies de Regulamentos</td><td>Executivos: são atos normativos, de caráter geral e abstrato, de competência privativa do Chefe do Poder Executivo e que visam fixar parâmetros para a fiel execução de leis.</td></tr>
<tr><td>Autônomos: são atos normativos primários, podendo inovar na ordem jurídica. Seu fundamento de validade deriva diretamente na Constituição Federal, exercendo papel finalístico de lei.</td></tr>
<tr><td rowspan="2">Poder de Polícia</td><td colspan="2">Conceito: O poder de polícia decorre da supremacia geral do Estado, o que lhe confere a possibilidade de limitar o exercício da liberdade ou das faculdades dos administrados, sem necessidade de prévio vínculo jurídico de natureza especial, em prol do interesse público e nos limites da lei.</td></tr>
<tr><td>Poder de polícia em sentido amplo e em sentido estrito</td><td>Sentido amplo: o poder de polícia representa a atividade estatal de condicionar a liberdade e a propriedade, ajustando-as aos interesses coletivos, que pode decorrer tanto de atos do Executivo quanto do Legislativo.</td></tr>
</table>

<table>
<tr><td rowspan="5">Poder de Polícia</td><td></td><td>Sentido estrito: o poder de polícia relaciona-se com as intervenções concretas da Administração Pública, quer gerais ou específicas, que objetivam a prevenção e o impedimento do desenvolvimento de atividades particulares contrastantes com os interesses sociais (polícia administrativa).</td></tr>
<tr><td colspan="2">Competência: A competência para o exercício do poder de polícia é do ente político que pode legislar sobre o tema, conforme regras estabelecidas na Constituição.</td></tr>
<tr><td></td><td>Discricionariedade: A Administração avaliará a conveniência e oportunidade de sua atuação e em que medida o fará, principalmente no que se refere à definição das sanções que poderão ser aplicadas. Todavia, em algumas situações o poder de polícia é vinculado, uma vez que a própria norma explicita todos os requisitos exigidos do interessado, como ocorre, por exemplo, para a concessão das licenças em geral, como a licença para construir que, atendidos os requisitos legais, vincula o administrador.</td></tr>
<tr><td rowspan="2">Atributos</td><td>Autoexecutoriedade: O exercício do poder de polícia não depende de autorização do Poder Judiciário, podendo a Administração executar diretamente as medidas e sanções decorrentes da polícia administrativa. Pressupõe prévia autorização legal, mas pode ser exercida independentemente de lei em situações de emergência. As multas aplicadas em razão do poder de polícia são uma exceção ao atributo da autoexecutoriedade.</td></tr>
<tr><td>Coercibilidade: A medida adotada pela Administração no exercício do poder de polícia é imposta de forma coercitiva e unilateral ao administrado que desrespeita os limites impostos ao exercício de seu direito de liberdade e propriedade.</td></tr>
</table>

<table>
<tr><td rowspan="2">Poder de Polícia</td><td colspan="2">Limites: os limites do poder de polícia administrativa são demarcados pelo interesse social em conciliação com os direitos fundamentais do indivíduo, de modo que a imposição de restrições aos particulares só é legítima na medida em que o poder público comprove a necessidade da medida, a sua proporcionalidade e eficácia.</td></tr>
<tr><td colspan="2">Prescrição: prescreve em cinco anos a ação punitiva da Administração Pública Federal, direta e indireta, no exercício do poder de polícia, objetivando apurar infração à legislação em vigor, contados da data da prática do ato ou, no caso de infração permanente ou continuada, do dia em que tiver cessado.</td></tr>
<tr><td rowspan="2">Abuso de Poder</td><td>Excesso de Poder</td><td>Atuação fora dos limites de competência</td></tr>
<tr><td>Desvio de Poder ou Finalidade</td><td>Deixa de observar a finalidade estabelecida em lei para o ato</td></tr>
</table>

Capítulo

V

ATOS ADMINISTRATIVOS

Leia a lei:

- *CF, art. 5.º, XXXV; Código Penal, art. 328; Lei 4.717/65, Código Tributário Nacional, arts. 101, I e 103, I, art. 2.º; Lei 9.784/99, arts. 11 a 17, 42, 50, 53, 54 e 55; Lei 12.016/09, art. 1.º, § 2.º;*

1. NOÇÕES

Em sua atuação a Administração exterioriza sua vontade de várias maneiras, praticando atos que são regidos ora pelo direito público ora pelo direito privado, todos incluídos no gênero **atos da Administração Pública**.

A doutrina não é unânime na definição do que sejam os **atos da Administração**. Sem pretensão de esgotar o tema, podemos arrolar as seguintes espécies mais recorrentes nas diversas classificações doutrinárias:

a) **Atos administrativos:** é a declaração do Estado ou de quem o represente, que produz efeitos jurídicos imediatos, com observância da lei, sob regime jurídico de direito público e sujeita a controle pelo Poder Judiciário (DI PIETRO, 2010, p. 196). A Administração atua com supremacia em relação ao particular (*ius imperii).* Esta categoria de atos da Administração será objeto de estudo detalhado neste capítulo.

b) **Atos privados, de gestão ou de direito privado**: neste caso, excepcionalmente a Administração pratica atos regidos prevalentemente pelo direito privado, colocando-se em igualdade de condições com o particular no que se refere ao regime que rege a relação jurídica entre ambos (*ius gestionis*). Exemplo desta situação é a atuação do Estado na exploração de atividade econômica por meio de empresas públicas e sociedades de economia mista.

POSIÇÃO DO STJ

"(...) os atos de gestão não possuem o requisito da supremacia, por isso são meros atos da administração e não atos administrativos, sendo que a Administração e o Particular encontram-se em igualdade de condições, em que o ato praticado não se submete aos princípios da atividade administrativa, tampouco exercido no exercício de função pública, não se vislumbrando ato de autoridade" (REsp 1078342/PR, Relator(a) Ministro LUIZ FUX, 1.ª Turma, j. em 09/02/2010)

A lei 12.016/2009 não admite a impetração de mandado de segurança contra ato de gestão, ao dispor em seu art. 1º, § 2º que "não cabe mandado de segurança contra os atos de gestão comercial praticados pelos administradores de empresas públicas, de sociedade de economia mista e de concessionária de serviço público."

c) **Atos políticos:** estes atos, como o próprio nome diz, gozam de grande carga política quando são emanados, vez que dizem respeito à definição das próprias diretrizes de gestão do Estado e são legitimados pela Constituição. Ex: veto pelo Presidente da República a um projeto de lei aprovado pelo Congresso Nacional. Cumpre ressaltar que José dos Santos Carvalho Filho discorda da inclusão dos atos políticos na categoria "atos da Administração". Segundo o autor, os atos da Administração emanam sempre da lei, ao passo que os atos políticos alcançam maior liberdade de ação e resultam de normas constitucionais, de modo que o caráter governamental sobreleva ao administrativo (Cf. CARVALHO FILHO, 2012, p. 97).

d) **Atos materiais**: são condutas administrativas, de mera execução, que não se destinam à produção de um efeito jurídico preordenado. Alguns autores chamam estes atos de **fatos administrativos**, tendo em vista que não existe manifestação jurídica de vontade. Ex: varredura de ruas, construção de um edifício público etc.

e) **Contratos administrativos**: são **ajustes bilaterais** celebrados entre a Administração e o particular, visando à execução de obras, prestação serviços, realização de compras, alienações e locações. Distinguem-se dos atos administrativos, na medida em que estes são **declarações unilaterais de vontade** da Administração.

ATENÇÃO

Conforme já dito, o tema em estudo é alvo das mais variadas concepções e classificações doutrinárias. Alguns autores defendem que os atos da administração seriam os atos jurídicos que não se enquadram no conceito de atos administrativos. É importante que o candidato se atente a isso, haja vista que a banca examinadora pode adotar doutrinador que siga tal linha de pensamento.

2. ANATOMIA DO ATO ADMINISTRATIVO

O tema em estudo talvez seja dos mais importantes em direito administrativo, ponto de partida para a compreensão de diversos institutos. Além disso, é de um dos temas mais cobrados em concursos públicos, de modo que o leitor deve ter muita atenção em seu estudo.

Analisemos as partes essenciais do conceito trazido no tópico anterior, de autoria de MARIA SYLVIA ZANELLA DI PIETRO, segundo o qual o ato administrativo "é a declaração do Estado ou de quem o represente, que produz efeitos jurídicos imediatos, com observância da lei, sob regime jurídico de direito público e sujeita a controle pelo Poder Judiciário"

2.1. Declaração do Estado ou de quem o represente

O ato administrativo, por excelência, é praticado pela Administração Pública Direta, incluindo-se neste conceito o Executivo, o Legislativo e o Judiciário, quando estiverem no exercício da **função administrativa**, bem como pelas entidades integrantes da Administração Pública Indireta, como autarquias, fundações etc.

É possível que, em determinadas situações, entidades não integrantes da Administração Pública pratiquem atos jurídicos que serão considerados atos administrativos, como os delegatários de serviços públicos (concessionários, permissionários, notários e registradores), assim como as instituições de ensino superior. Para que isto ocorra, o ato deve ser praticado no exercício de alguma das prerrogativas públicas que lhes foi delegada.

Por fim, surge a seguinte questão: o silêncio representa manifestação de vontade da Administração? **Depende**. O silêncio não é considerado um ato administrativo, de modo que, em regra, a omissão da Administração em se manifestar, quando deveria fazê-lo, não trará efeitos jurídicos imediatos. Todavia, "o silêncio pode significar forma de manifestação de vontade, quando a lei assim o prevê; normalmente ocorre quando a lei fixa um prazo, findo o qual o silêncio da Administração significa concordância ou discordância" (DI PIETRO, 2010, p. 208).

2.2. Produção imediata de efeitos jurídicos

Segundo Celso Antônio Bandeira de Mello o ato administrativo é "declaração unilateral do Estado no exercício de prerrogativas públicas, **manifestada mediante comandos concretos complementares da lei** (...)", de modo que, lastreados em **lei vigente**, seus efeitos serão em regra imediatos.

Aqui reside uma das diferenças entre os atos administrativos e os legislativos. Estes criam a lei, enquanto aqueles a cumprem.

Cumpre observar que o Código Tributário Nacional estabelece que os atos administrativos normativos entrarão em vigor **na data de sua publicação** (CTN, art. 103, I, c/c art. 101, I).

2.3. Regime jurídico de Direito Público

O grande objetivo na prática dos atos administrativos é o interesse coletivo, portanto, nada mais lógico que estes atos serem regidos pelo direito público.

Trata-se, conforme já estudado, do **regime jurídico-administrativo**, que confere à Administração prerrogativas e estabelece determinadas restrições em sua atuação, criando um desnivelamento nas relações jurídicas eventualmente entabuladas com particulares.

2.4. Sujeito a controle do judiciário

Segundo prevê o art. 5.º, XXXV da CF/88, "a lei não excluirá da apreciação do Poder Judiciário lesão ou ameaça a direito". Assim, a **legalidade** dos atos administrativos pode ser apreciada pelo Poder Judiciário, mediante provocação, prévia ou posteriormente à sua prática.

Conforme estudado, o Brasil adotou o sistema inglês da **jurisdição una**, em que todas as causas são julgadas pelo mesmo Poder Judiciário, independentemente das partes envolvidas no litígio.

3. REQUISITOS OU ELEMENTOS DOS ATOS ADMINISTRATIVOS

Os requisitos ou elementos referem-se à própria estrutura do ato administrativo. A clássica definição dos elementos ou requisitos dos atos administrativos é baseada no que dispõe o art. 2º da Lei 4.717/65 (Lei de Ação Popular).

Apesar de haver certa divergência doutrinária, comumente se adota a classificação proposta por HELY LOPES MEIRELLES, que enumera os seguintes elementos do ato: **competência**, **finalidade**, **forma**, **motivo** e **objeto** (lembre-se do tradicional mnemônico COMFIFORMOB).

Todos os atos administrativos devem possuir os cinco elementos citados, pois fazem parte de sua estrutura.

O que pode acontecer é a lei conferir maior liberdade decisória ao agente público da definição de alguns destes elementos, conforme critérios de **conveniência** e **oportunidade** (**discricionariedade administrativa**). Em outras situações, por outro lado, o legislador determinará de antemão o conteúdo do ato, observando o regramento que lhe foi imposto (**vinculação**).

Assim, está atualmente pacificado entendimento no sentido de que a **competência**, a **finalidade** e a **forma** sempre serão **elementos**

vinculados em todos os atos administrativo, ao passo que o **motivo** e o **objeto** poderão ser **vinculados ou discricionários**, conforme decisão do legislador. Esquematizando-se o raciocínio:

Elementos	
Competência **Finalidade** **Forma**	**Vinculados**
Motivo **Objeto**	**Vinculados ou Discricionários**

Feitas tais considerações, analisemos cada um dos elementos do ato administrativo.

3.1. Competência

O agente público deve possuir atribuição legal ou competência para a prática do ato e atuar dentro dos limites que lhe foram postos. Alguns autores chegam a se referir a este requisito como "sujeito competente".

A competência seria, assim, um conjunto de atribuições conferidas pelo ordenamento jurídico às entidades, os órgãos ou agentes, para que estes, nos limites conferidos, possam exercer suas funções.

A distribuição das competências é essencial para a organização da Administração Pública, tornando a prestação dos serviços públicos racional, especializada e eficiente.

Quanto à fonte, a competência pode ser **primária**, quando é estabelecida diretamente pela Constituição ou pelas leis, ou **secundária**, quando, emanada por quem detém a competência primária, as atribuições são estabelecidas em atos normativos de hierarquia infralegal, como decretos, resoluções, portarias etc.

3.1.1. Características da competência

As principais características da competência estão estabelecidas na Lei 9.784/99. São elas:

a) **Irrenunciabilidade**: o exercício da competência é um poder-dever, não podendo o agente negar-se a fazê-lo. Exceções a esta característica são a **delegação** e **avocação de competência**, estudadas mais à frente.

b) **Inderrogabilidade**: não pode existir modificação de competências por acordo de vontades dos agentes ou de terceiros, mas apenas pelo mesmo meio pelo qual foi estabelecida a competência e pela autoridade competente para fazê-lo.

c) **Improrrogabilidade:** os agentes devem atuar dentro dos limites de suas competências, não podendo ir além do que foi estabelecido. Não há prorrogação de competência como ocorre no Processo Civil, ou seja, incompetência não se transmuda em competência. Exceções a esta característica são a **delegação** e **avocação**.

d) **Intransferibilidade**: os agentes e órgãos não podem transferir suas competências a outrem, salvo nas hipóteses autorizadas de **delegação** e **avocação**.

e) **Imprescritibilidade**: as competências não se perdem em razão do seu não exercício, independentemente do tempo de inatividade.

3.1.2. Delegação e avocação de competência

Conforme já estudado, tanto a delegação quanto a avocação decorrem do **poder hierárquico**.

A **delegação** e a **avocação** são **exceções** à regra de **irrenunciabilidade da competência**. As principais regras destes dois institutos são trazidas pela Lei 9.784/99, em seus artigos 11-17 (leitura obrigatória para quem presta concursos públicos!).

Delegação é o ato **discricionário, revogável a qualquer tempo**, mediante o qual um agente ou órgão confere o exercício temporário de parte de suas atribuições a outro agente ou órgão, em razão de circunstâncias de índole técnica, social, econômica, jurídica ou territorial (art. 12 da Lei 9.784/99).

Em regra, a delegação de competência representa um fluxo de atribuições do nível hierárquico superior para o inferior. Porém, a lei 9.784/99, em seu art. 12, autoriza que um órgão e seu titular delegue parte da sua competência a outros órgãos ou titulares, **ainda que estes não lhe sejam hierarquicamente subordinados** e **desde que não haja impedimento legal**. Logo, a delegação de competência não necessariamente partirá de uma relação de hierarquia entre delegante e delegado.

Tomando por base o conceito trazido e valendo-nos da doutrina de IRENE PATRÍCIA NOHARA (2012, p. 195), podemos estabelecer as seguintes características para a delegação de competência:

a) **Parcialidade**: não pode haver transferência total das atribuições do agente ou órgão por meio de delegação (art. 12 da Lei 9.784/99), que as mantém como deveres também no desempenho de suas atribuições institucionais. A propósito, vale ressaltar que o delegante continua competente para o exercício das funções transferidas concomitantemente com o delegado;

b) **Motivação**: o § 1.º do art. 14 da Lei 9.784/99 exige que o ato especifique o objeto e os objetivos da delegação;

c) **Publicidade**: o ato de delegação e sua revogação devem ser publicados por meio oficial (art. 14, *caput* da Lei 9.784/99);

d) **Limitação**: recairá sobre matérias e poderes que admitem ressalva do exercício pela autoridade delegante;

e) **Precariedade**: a duração da delegação deve estar prevista no ato que a autorizar ou deve durar até que sejam alcançados seus objetivos ou cessados seus efeitos; e

f) **Revogabilidade**: o ato de delegação pode ser revogado a qualquer tempo pela autoridade delegante (art. 14, § 2.º da Lei 9.784/99). A delegação é, portanto, **ato discricionário**.

O ato de delegação especificará as matérias e poderes transferidos, os limites da atuação do delegado, a duração e os objetivos da delegação e o recurso cabível, podendo conter ressalva de exercício da atribuição delegada (art. 14, § 1.º da Lei 9.784/99).

As decisões adotadas por delegaçao devem mencionar explicitamente esta qualidade e considerar-se-ão editadas pelo delegado (art. 14, § 3.º da Lei 9.784/99).

POSIÇÃO DO STF

Súmula 510. *Praticado o ato por autoridade, no exercício de competência delegada, contra ela cabe o mandado de segurança ou a medida judicial.*

Em regra, pode haver delegação de competências. As ressalvas à delegação devem estar previstas em lei, como se sucede com o art. 13 da Lei 9.784/99, que não admite delegação para as seguintes matérias:

i) a **edição de atos de caráter normativo**;

ii) a **decisão de recursos administrativos**;

iii) as **matérias de competência exclusiva** do órgão ou autoridade (mas a competência **privativa** pode ser delegada).

Avocação é o ato discricionário mediante o qual o **superior hierárquico** traz para si, em caráter excepcional e por motivos relevantes devidamente justificados, o exercício temporário de determinada competência atribuída por lei a um subordinado seu (art. 15 da Lei 9.784/99).

Diferentemente do que ocorre com a delegação, a avocação pressupõe a existência de relação hierárquica.

ATENÇÃO

Não se deve confundir avocação com revogação da delegação. Enquanto na avocação a competência é originariamente da autoridade ou órgão subordinados, que dela são afastados excepcional e justificadamente por ato de autoridade ou órgão superior, na revogação as atribuições discricionariamente delegadas pertenciam anteriormente ao delegante, deixando o delegado de exercê-las após o ato de revogação.

Apesar de ser um ato **excepcional**, a possibilidade se avocar competência é a **regra** na Administração Pública, em razão de a avocação ser uma decorrência lógica do poder hierárquico. Não há contradição neste raciocínio. O que se quer dizer é que abstratamente a autoridade ou órgão superior pode avocar competências de seus subordinados, em razão da **verticalização administrativa**. Por outro lado, não poderão tomar esta medida ao seu próprio talante, mas sim, deverão fazê-lo em caráter **excepcional** e **justificar o ato**.

Apesar de a lei não limitar o conteúdo da matéria que pode ser avocada, a doutrina vem considerando que as matérias de **competência exclusiva** de autoridade ou órgão não podem ser avocadas, à semelhança do que ocorre com a delegação. E faz sentido o raciocínio adotado, uma vez que a decisão quanto a titularidade exclusiva do exercício da competência foi previamente tomada por aquele que a instituiu, amoldando esta situação à toda sistemática da organização administrativa, de modo que a avocação seria uma burla a esta decisão fundamental. Não raro, a atribuição de competências exclusivas visa dar maior autonomia e independência de atuação a órgãos e agentes, como costuma acontecer nos órgãos de controle interno.

3.1.3. Vícios de competência

Vícios de competência são as patologias que podem contaminar este elemento do ato administrativo. Podemos enumerar os seguintes vícios relacionados à competência:

a) **Usurpação de função**: trata-se do crime previsto no art. 328 do Código Penal, configurando-se na hipótese de o sujeito **passar-se dolosamente por agente público**, sem que tenha recebido a devida investidura para o cargo ou função pública. A doutrina tem considerado que os atos praticados por este falso agente são **inexistentes**. Ex: cidadão que se passa por policial civil e promove revistas em pessoas.

b) **Excesso de poder**: conforme já estudado, o excesso de poder ocorre quando o agente excede os limites de sua competência na prática do ato administrativo. O **excesso de poder**, uma das formas de **abuso de poder**, poderá ser considerado **sanável** ou **insanável**, conforme se admita ou não a convalidação deste vício que inquina a competência, tema que será estudado mais à frente. Ex: guarda de trânsito municipal que decide dar uma "blitz" e aplicar multas em uma rodovia federal.

c) **Funcionário ou agente de fato**: caracteriza-se por não ter uma investidura normal e regular em um cargo ou função pública ou possui algum impedimento jurídico, e mesmo assim exerce uma função pública em nome do Estado. Dois exemplos ilustram bem as situações descritas, sucessivamente: servidor que toma posse e exerce suas atribuições por força de liminar posteriormente revogada (investidura irregular) e servidor público cumprindo penalidade de suspensão (impedimento jurídico).

Neste tema deverá ser aplicada a **teoria da aparência**, haja vista que aos olhos de todos os cidadãos de boa-fé o funcionário de fato exercia legitimamente as funções de seu cargo. Assim, os atos praticados pelo funcionário de fato serão considerados válidos, a fim de se evitar que **terceiros de boa-fé** sejam prejudicados, primando-se também pela boa-fé objetiva, uma vez que tais atos foram praticados com aparência de legalidade.

3.2. Finalidade

No capítulo reservado ao regime jurídico-administrativo foi estudado o **princípio da finalidade**, que impõe à Administração buscar sempre um **fim legal**, coincidente com os interesses da coletividade (**interesse público primário**).

Os atos administrativos devem satisfazer uma **finalidade pública**, que se configura em dois aspectos principais:

a) **finalidade geral ou em sentido amplo**: o ato deve buscar o interesse público, o bem comum (objeto mediato do ato);

b) **finalidade específica ou em sentido estrito**: é a finalidade prevista implícita ou explicitamente em lei para determinada situação concreta abrangida pelo ato (objeto imediato do ato), que alguns autores entendem tratar-se do atributo da **tipicidade**.

ATENÇÃO

Para fim de concurso público, tem prevalecido entendimento de que a finalidade é elemento ***vinculado*** *de todos os atos administrativos. Porém, cumpre ressaltar que alguns doutrinadores, a exemplo de Maria Sylvia Zanella Di Pietro, entendem que a* ***finalidade em sentido amplo*** *seria discricionária, ao passo que a* ***finalidade em sentido estrito*** *seria vinculada. Este posicionamento já foi cobrado em prova do CESPE, no concurso da Magistratura Federal, tendo o examinador o cuidado de mencionar que o entendi-*

mento é defendido por parte da doutrina. Entendemos que é mais seguro o candidato orientar-se, ao menos para provas objetivas e se a questão vier com redação genérica, pelo entendimento de que a finalidade é elemento vinculado do ato administrativo. Se a banca examinadora desejar cobrar o entendimento aqui trazido, como o fez o CESPE, provavelmente trará elementos para o candidato julgar adequadamente a questão, até porque, se não o fizer, abrirá espaço para recursos.

Caso o administrador se desvie destes propósitos, o ato estará inquinado de vício de **desvio de poder ou finalidade**, vício insanável que leva à sua **nulidade**, independentemente de o desvio estar **formalmente expresso** ou **implícito** no ato. Atos com **desvio de finalidade** não podem ser convalidados.

O desvio de finalidade é analisado de forma **objetiva**, de modo que a **nulidade** será reconhecida independentemente de o responsável pela prática do ato estar ou não de boa-fé. No clássico exemplo de concursos, se ocorrer de ofício de servidor público como punição por algum ato por ele praticado, o ato será nulo, porque a remoção não está no rol das penalidades previstas em lei. Observe que, mesmo que a autoridade acredite que sua conduta estava certa, por erroneamente pensar que poderia aplicar a remoção como forma de punição, o ato será considerado **nulo**. Por outro lado, comprovando-se que a autoridade atuou intencionalmente para prejudicar servidor que é desafeto seu, além da decretação da nulidade do ato, responderá também pela prática de ato de **improbidade administrativa.**

Conforme já dito, a finalidade é elemento **vinculado** do ato administrativo. Não raro, a finalidade é deturpada nos atos discricionários, podendo ser objeto de controle por parte do Judiciário por se tratar de controle de **legalidade**, e não de **mérito**.

POSIÇÃO DO STF

"(...) embora não caiba ao Poder Judiciário apreciar o mérito dos atos administrativos, a análise de sua discricionariedade seria possível para a verificação de sua regularidade em relação às ***causas****, aos* ***motivos*** *e à* ***finalidade*** *que ensejam". (STF, Informativo 468, maio/2007).*

Por fim, cumpre observar que o desvio de finalidade não é um vício privativo dos atos administrativos, podendo advir da atividade **legislativa** e **jurisdicional**. Segundo CELSO ANTÔNIO BANDEIRA DE MELLO "leis e decisões judiciais são igualmente suscetíveis de incorrerem no aludido vício, porquanto umas e outras são, também, emanações das competências públicas às quais impõe fidelidade às finalidades que as presidem. Assim, se o legislador ou o juiz delas fizerem uso impróprio, a dizer, direcionado do sentido e direcionamento que lhes concerne, haverão traído as competências que os habilitavam e os atos que produzirem resultarão enodoados pela indelével jaça do desvio de poder".

3.3. Forma

Forma é o **modo de exteriorização do ato administrativo**, como este se manifesta para todos. Alguns autores consideram como forma, além da exteriorização do ato, o cumprimento de todas as formalidades de formação do ato.

Tem-se seguido para os atos administrativos a orientação trazida pelo art. 22, *caput*, da Lei 9.784/99, segundo o qual "os atos do processo administrativo não dependem de forma determinada senão quando a lei expressamente a exigir". Por outro lado, apesar de não se exigir, como regra, a observância de solenidades especiais para a prática do ato, ao menos deverá assumir a **forma escrita** (art. 22, § 1º da Lei 9.784/99), o que leva à conclusão de que foi adotado o princípio do **formalismo moderado**.

Assim, a regra é que o ato administrativo assuma **forma escrita**, até mesmo para que possa controlar a atuação do administrador.

Admite-se, ainda, que alguns atos sejam manifestados **verbalmente** (ordem dada por um policial para organizar uma passeata), por **gestos** (guardas de trânsito), **sinais eletromecânicos e sonoros** (semáforos, apitos) e **meios pictóricos** (placas de trânsito).

Sempre que a lei expressamente exigir determinada forma para que um ato administrativo seja considerado válido, a inobservância dessa exigência acarretará a **nulidade do ato.**

O vício de forma **pode ou não ser convalidado**, dependendo do caso concreto e da relevância que a legislação atribuir a este elemento do ato. Se descaracterizar a própria essência do ato, não se admitirá convalidação. Ex: enviar carta-convite aos licitantes em uma concorrência pública. Por outro lado, se o revestimento do ato puder ser alterado sem alteração de seu conteúdo, o vício de forma poderá ser sanado. Ex: o administrador se equivoca e concede licença em vez de autorização.

3.4. Motivo

Motivo é o **pressuposto de direito e de fato** que serve de fundamento para a produção do ato administrativo.

O **pressuposto de direito** está presente na previsão abstrata trazida pela norma de situações que autorizam ou levam à prática do ato. Por seu turno, **pressuposto de fato** é a efetiva ocorrência no mundo real dos eventos previstos na norma. Assim, o motivo conjuga um elemento abstrato a outro concreto.

O motivo pode estar inquinado de vícios, o que pode se dar nas situações em que o mesmo é **inexistente**, **falso** ou **inadequado** (desproporção entre o motivo do ato e seu resultado). O vício de motivo é **insanável**, levando à **nulidade** do ato administrativo.

3.4.1. Vinculação e Discricionariedade

O motivo do ato administrativo poderá ser **vinculado** ou **discricionário**.

No **ato vinculado**, a lei determina sua prática se o motivo se verificar, valendo-se o legislador de conceitos precisos, aptos a eliminar apreciações subjetivas por parte do administrador. A conduta a ser adotada estará regrada pelo legislador. Exemplo: afastamento do serviço por motivo de casamento (conhecido como licença GALA).

Por outro lado, no **ato discricionário**, a lei não informa o motivo ou propositalmente traz conceitos vagos (conceitos jurídicos indeterminados), deixando a critério e prudência do administrador sua definição, conforme juízo de conveniência e oportunidade. Exemplo: cargos em comissão demissíveis *ad nutum* (a lei não define os motivos para que haja nomeação e exoneração, sendo tais atos livres ao administrador).

3.4.2. Motivo, motivação e teoria dos motivos determinantes

Não se deve confundir o **motivo** com a **motivação**. O **motivo** é **elemento ou requisito** do ato administrativo, ao passo que a **motivação** *é a* **declaração por escrito dos motivos** do ato administrativo. A **motivação** integra a **forma** do ato administrativo.

Mas, afinal, todo administrativo deve ser motivado? Este é um tema bastante controverso na doutrina e na jurisprudência.

O STJ tem entendido que, **em regra**, os atos administrativos vinculados ou discricionários devem ser motivados, ainda que de forma sucinta, sob pena de serem declarados **nulos**. Observa-se, em alguns julgados, a elevação da motivação ao *status* de **princípio**. Em algumas situações pontuais, porém, o STJ tem admitido a validade do ato mesmo sem motivação, como na exoneração de servidor ocupante de cargo em comissão, de livre nomeação e exoneração. Conforme já alertado, o tema é muito nebuloso, fugindo ao propósito desta obra um aprofundamento neste aspecto.

Para fins de concurso público, principalmente provas objetivas, o porto seguro para o candidato é o art. 50 da Lei 9.784/99. Vale a pena sua transcrição:

> Art. 50. Os atos administrativos deverão ser motivados, com indicação dos fatos e dos fundamentos jurídicos, quando:
>
> I - neguem, limitem ou afetem direitos ou interesses;
>
> II - imponham ou agravem deveres, encargos ou sanções;
>
> III - decidam processos administrativos de concurso ou seleção pública;
>
> IV - dispensem ou declarem a inexigibilidade de processo licitatório;
>
> V - decidam recursos administrativos;
>
> VI - decorram de reexame de ofício;
>
> VII - deixem de aplicar jurisprudência firmada sobre a questão ou discrepem de pareceres, laudos, propostas e relatórios oficiais;
>
> VIII - importem anulação, revogação, suspensão ou convalidação de ato administrativo.
>
> § 1º A motivação deve ser explícita, clara e congruente, podendo consistir em declaração de concordância com fundamentos de anteriores pareceres, informações, decisões ou propostas, que, neste caso, serão parte integrante do ato.
>
> § 2º Na solução de vários assuntos da mesma natureza, pode ser utilizado meio mecânico que reproduza os fundamentos das

> decisões, desde que não prejudique direito ou garantia dos interessados.
>
> § 3º A motivação das decisões de órgãos colegiados e comissões ou de decisões orais constará da respectiva ata ou de termo escrito.

As questões sobre **motivação do ato administrativo**, ou exigem o conhecimento puro e simples do texto legal, ou apresentam uma situação concreta para que o candidato analise, mas sempre com foco no art. 50 da Lei 9.784/99.

Ainda dentro desta temática, cabe ainda o estudo da chamada **teoria dos motivos determinantes**, muito recorrente em provas de concursos públicos. Segundo esta teoria, o motivo invocado pelo administrador para a prática do ato condiciona sua **validade**, na medida em que vincula a Administração à sua existência. Logo, é correto afirmar que os motivos que determinaram a vontade do agente e que serviram de suporte à sua decisão integram o plano da validade do ato administrativo.

A teoria dos motivos determinantes é aplicada, inclusive, aos **atos discricionários**. Um exemplo recorrente desta situação é a exoneração de servidor ocupante de cargo em comissão demissível *ad nutum*. O administrador não é obrigado a motivar o ato que decreta a exoneração, mas se o fizer, estará vinculado aos motivos invocados, podendo o ato ser anulado se o interessado comprovar algum vício no motivo.

POSIÇÃO DO STJ

(...) Ao motivar o ato administrativo, a Administração ficou vinculada aos motivos ali expostos, para todos os efeitos jurídicos. ***Tem aí aplicação a denominada teoria dos motivos determinantes, que preconiza a vinculação da Administração aos motivos ou pressupostos que serviram de fundamento ao ato. A motivação é que legitima e confere validade ao ato administrativo discricionário. Expostos os motivos, a validade do ato fica na dependência da efetiva existência do motivo.*** *Presente e real o motivo, não poderá a Administração desconstituí-lo a seu capricho. Por outro lado, se inexistente o motivo declarado na formação do ato, o mesmo não tem vitalidade jurídica. (RMS 10.165/DF, 6.ª Turma, DJ de 04/03/2002)*

Porém, se vários motivos foram invocados para a prática do ato, a invalidade de um deles não implicará na nulidade do ato administrativo, se os demais derem suporte à decisão tomada pelo administrador.

POSIÇÃO DO STJ

(...) 3. Ato administrativo motivado por diversas circunstâncias: praxe viciosa, inexistência de norma legal específica a obrigar o Juízo a prestar informações processuais via telefone, acesso às informações pela internet e acúmulo de serviço nas secretarias de juízos das Comarcas do Estado. 4. Invalidade do ato que não se decreta se apenas um dos motivos determinantes não se adequa à realidade fática. (RMS 17.898/MG, Rel. Ministra Eliana Calmon, 2.ª Turma, julgado em 21/09/2004).

Exceção a esta teoria apresenta-se na chamada **tredestinação lícita**, que ocorre na desapropriação. Admite-se, assim, que o motivo que deu origem à expropriação seja alterado, desde que continue atendendo a uma **finalidade pública**. Ex: Poder Público desapropria uma área para a construção de um hospital, mas depois resolve construir no local uma escola.

3.5. Objeto

Objeto, também chamado de **conteúdo** por alguns autores, é o efeito jurídico imediato que o ato efetivamente produz, ou seja, "é a própria alteração no mundo jurídico que o ato provoca" (ALEXANDRINO, PAULO, 2007, p. 246), é a situação jurídica que se revela. Ex: o objeto do ato de demissão de um servidor público será a própria demissão.

DI PIETRO assevera que, à semelhança do direito privado, o objeto do ato administrativo pode ser **natural** ou **acidental**. "Objeto **natural** é o efeito jurídico que o ato produz, sem necessidade de expressa menção; ele decorre da própria natureza do ato, tal como definido na lei. Objeto **acidental** é o efeito jurídico que o ato produz em decorrência de cláusulas acessórias apostas ao ato pelo sujeito que o pratica; ele traz alguma alteração no objeto natural; compreende o **termo**, o **modo ou encargo** e a **condição**" (DI PIETRO, 2014, p. 216). Vale relembrar estes conceitos de direito civil, trazidos no quadro abaixo:

Elemento acidental	Significado no Direito Civil	Aplicação ao Objeto dos Atos Administrativos
Termo	Elemento do negócio jurídico que submete sua eficácia a evento **futuro** e **certo**. Ou seja, o termo condiciona o começo (**termo inicial** ou *a quo*) ou o fim (**termo final** ou *ad quem*) da produção de efeitos do negócio jurídico.	O termo é bastante comum nos atos administrativos. Se ocorre um evento público fomentado pelo Município, por exemplo, este ente pode autorizar a utilização temporária de espaços públicos para exploração comercial, com fixação de prazo de início e do fim da autorização concedida.
Modo ou encargo	O modo ou encargo representa um ônus imposto ao beneficiário de uma liberalidade, como a doação.	Exemplo de ato administrativo com encargo é a concessão de direito de uso de bem público, com fixação de obrigações ao interessado, como promover edificações, realizar melhorias locais etc.
Condição	Elemento do negócio jurídico que submete sua eficácia a evento **futuro** e **incerto**. Pode ser **suspensiva** (suspende o exercício e a aquisição do direito) ou **resolutiva** (se verificada, cessa a eficácia do negócio jurídico).	O ato administrativo pode ser conferido sob condição, como a autorização exploração de determinado espaço público condicionada a obtenção e manutenção do licenciamento ambiental do órgão competente. Enquanto o interessado não obtiver o licenciamento, não poderá explorar o bem. Da mesma forma, se não houver a renovação da licença ambiental, haverá resolução automática da autorização de uso do bem público.

O objeto do ato administrativo deverá ser **lícito** (de acordo com o ordenamento), **possível** (que pode ser cumprido, física e juridicamente), **certo** (determinado ou determinável) e **moral** (conforme preceitos éticos aceitáveis). Não cumprindo estes requisitos, o objeto deverá ser declarado **nulo**.

3.5.1. Vinculação e discricionariedade

O objeto, assim como o motivo do ato, pode ser **vinculado** ou **discricionário**.

Será considerado **vinculado**, quando a lei estabelecer apenas um efeito jurídico principal que o ato produzirá, como se sucede com a aplicação da pena de demissão ao servidor público faltoso nas hipóteses em que a lei determinar (art. 132 da Lei 8.112/90).

Por outro lado, o objeto será **discricionário** quando houver mais de um efeito jurídico possível. Exemplo desta situação é a substituição da penalidade disciplinar de suspensão pela de multa, ser for conveniente para o serviço (art. 130, § 2.º da Lei 8.112/90).

3.6. Elementos do ato segundo Celso Antônio Bandeira de Mello

CELSO ANTÔNIO BANDEIRA DE MELLO desenvolveu sistemática peculiar de estruturação do ato administrativo.

Tendo em vista que esta classificação ocasionalmente é cobrada em concursos públicos, inclusive questões objetivas, inserimos no quadro seguinte resumo das lições doutrinárias do referido autor:

<table>
<tr><td rowspan="2">Elementos</td><td>Conteúdo: é aquilo que o ato dispõe, isto é, o que o ato decide, enuncia, certifica, opina ou modifica na ordem jurídica. É, em suma, a própria medida que produz a alteração na ordem jurídica.</td></tr>
<tr><td>Forma: revestimento exterior do ato; portanto, o modo pelo qual este aparece e revela sua existência. Pode ser que a forma do ato não seja determinada, o que não significa dizer que existe ato sem forma. Ao contrário, sem forma não há ato.</td></tr>
<tr><td rowspan="2">Pressupostos de Existência</td><td>Objeto: é aquilo sobre o que o ato dispõe, devendo ser material e juridicamente possível. Não se confunde com conteúdo. Um conteúdo exteriorizado deve incidir sobre um objeto existente. Ex: ato que declara imóvel de interesse social para fim de desapropriação tem como objeto o próprio imóvel.</td></tr>
<tr><td>Pertinência à Função Administrativa: o ato deve ser praticado no exercício da função administrativa estatal, sob pena de se caracterizar a emanação de vontade como um mero ato jurídico.</td></tr>
<tr><td rowspan="4">Pressupostos de Validade</td><td>Sujeito: coincide com a noção clássica de "competência" ou "sujeito competente". Seria um pressuposto subjetivo do ato.</td></tr>
<tr><td>Motivo: é um pressuposto objetivo, que se refere à situação fática que autoriza a prática do ato.</td></tr>
<tr><td>Requisitos Procedimentais: seriam atos jurídicos prévios e indispensáveis para a prática do ato administrativo. Ex: a nomeação de um servidor depende de uma série de atos que compõem o concurso público para o qual o interessado se classificou. É um pressuposto objetivo do ato.</td></tr>
<tr><td>Finalidade: o autor chama de pressuposto teleológico do ato. É o resultado a ser alcançado pelo administrador, ou seja, o fim público exigido em todo o ato administrativo. Ex: a finalidade do ato que dissolve passeata tumultuosa é a proteção da ordem pública, da paz pública.</td></tr>
</table>

Pressupostos de Validade	**Causa:** trata-se do **pressuposto lógico** do ato. Seria uma espécie de adequação entre o motivo e o conteúdo do ato administrativo.
	Formalização: É chamado de **pressuposto formalístico** e se relaciona à maneira como o ato deve ser praticado. Enquanto forma significa a exteriorização, a formalização significa o modo específico, o modo próprio desta exteriorização, ou seja, uma dada solenização requerida para o ato.

4. ATRIBUTOS DOS ATOS ADMINISTRATIVOS

Não há em nosso ordenamento uma sistematização legal específica sobre o ato administrativo, de modo que é muito comum que se utilize a **teoria do fato jurídico** desenvolvida pelo direito civil. Os atos administrativos enquadram-se na categoria dos **atos jurídicos,** porém, regidos por normas de direito público, conforme visto anteriormente.

Em razão deste regime jurídico público, os atos administrativos possuem **atributos** ou **qualidades** que permitem diferenciá-los dos atos jurídicos de direito privado e lhes conferem uma dinâmica diferenciada para que atinjam seus objetivos.

A doutrina não é uniforme na nomenclatura utilizada para os atributos dos atos administrativos. Sintetizamos as principais terminologias utilizadas no seguinte quadro:

Hely Lopes Meirelles	Celso Antônio Bandeira de Mello	Maria Sylvia Z. Di Pietro	José dos Santos Carvalho Filho
Presunção de legitimidade e veracidade	Presunção de legitimidade	Presunção de legitimidade e veracidade	Presunção de legitimidade
Imperatividade	Imperatividade	Imperatividade	Imperatividade
Autoexecutoriedade	Exigibilidade	Autoexecutoriedade	Autoexecutoriedade
	Executoriedade	Tipicidade	

Analisemos os atributos dos atos administrativos, segundo terminologia mais adotada em concursos públicos.

ATENÇÃO

É importante salientar que nem sempre os atos administrativos reunirão simultaneamente todos os atributos, mas nem por isso deixarão de ser considerados atos administrativos. Esta é uma pegadinha recorrente em concursos públicos.

4.1. Presunção de legitimidade e veracidade

Uma vez praticado, presume-se que o ato está de acordo a lei (**legítimo**) e que os fatos ocorreram da forma como foram descritos pelo agente (**veracidade**). Enquanto a presunção de legitimidade relaciona-se ao **direito**, a de veracidade diz respeito aos **fatos** constatados.

O atributo da presunção de legitimidade e veracidade está presente em todos os atos administrativos.

Esta presunção é, todavia, **relativa** (*juris tantum*), podendo ser afastada mediante prova em sentido contrário. Desta afirmação decorrem duas consequências.

Em primeiro lugar, enquanto não declarado nulo, o ato administrativo continuará produzindo efeitos.

Em segundo lugar, haverá **inversão do ônus da prova**, cumprindo ao particular interessado a comprovação de que o ato contém vícios.

4.2. Imperatividade ou coercibilidade

Os atos administrativos devem ser observados independentemente da anuência do administrado, decorrendo da supremacia do interesse público sobre o privado. Assim, este é um atributo inerente aos atos que impõem unilateralmente alguma obrigação ao administrado (**poder extroverso do Estado**).

O atributo da imperatividade não se manifesta em todos os atos administrativos. Os **atos negociais**, por exemplo, não são dotados desse atributo, haja vista que dependem da manifestação do particular para se desencadearem. Exemplo: concessão de licença para construir.

4.3. Autoexecutoriedade

É o atributo segundo o qual o ato poderá ser exigido e executado sem a necessidade de a Administração se socorrer ao Poder Judiciário, desde que haja **previsão legal** para tanto ou **situação de urgência**.

Logo, os atos não apenas se impõem aos particulares (imperatividade), mas também podem ser executados, isto é, realizar modificações e alterações no mundo dos fatos, sem que se necessite de autorização judicial. Um exemplo da autoexecutoriedade é a apreensão de produtos vencidos em estabelecimentos comerciais.

A autoexecutoriedade tem por objetivo o atendimento imediato das necessidades da coletividade contra interesses que lhes são contrários, fundando-se, para tanto, na presunção de legalidade dos atos administrativos. Em síntese, a **autoexecutoriedade** possui como principais **fundamentos:** a) **a supremacia do interesse público sobre o privado**; b) **a presunção de legalidade dos atos administrativos**.

Alguns autores preferem se valer de dois atributos distintos quando tratam autoexecutoriedade dos atos administrativos, quais sejam, a **exigibilidade** e a **executoriedade.** A **exigibilidade** seria a aptidão que a Administração tem de valer-se de **meios indiretos** para a realização de sua pretensão, ao passo que a **executoriedade** seria a possibilidade de utilização de **meios diretos** para a consecução de seus objetivos.

Exceções a este atributo são as **multas e tributos**, que exigem a intervenção judicial para sua cobrança, por meio de execução fiscal.

> **ATENÇÃO**
>
> *As multas administrativas aplicadas por adimplemento irregular, pelo particular, de contrato administrativo em que tenha havido prestação de garantia poderão ser executadas diretamente pela Administração. Neste caso, o valor da multa será subtraído da garantia prestada, independentemente da anuência do contratado, após a observância do contraditório e ampla defesa.*

Vale relembrar que a desnecessidade de autorização judicial para agir nas situações em que se admite a autoexecutoriedade do ato, não impede que a conduta do administrador seja posteriormente apreciada pelo Judiciário quanto à sua legalidade, caso seja contestada pelo particular interessado.

4.4. Tipicidade

Segundo DI PIETRO (2010, p. 201) tipicidade "é o atributo pelo qual o ato administrativo deve corresponder a figuras definidas previamente pela lei como aptas a produzir determinados resultados".

Ou seja, a tipicidade está ligada à própria ideia de legalidade. Isso impede, por exemplo, que a Administração pratique atos que não tenham previsão legal, ao mesmo tempo em que afasta a possibilidade de se praticar um ato totalmente discricionário (já que a própria lei define os limites da discricionariedade), o que inegavelmente representa uma garantia para o administrado.

4.5. Quadro comparativo: elementos e atributos do ato administrativo

Conforme estudado nos tópicos anteriores, elementos e atributos do ato administrativo são coisas distintas.

Ciente de que o tema é pleno de detalhes e que alguns candidatos acabam estudando este assunto sem a devida atenção (principalmente os menos afetos ao Direito Administrativo), as bancas examinadoras já elaboraram diversas questões trocando elementos com atributos e vice-versa. Com os concursos cada vez mais concorridos, esse é o tipo de questão que não se pode mais errar!

A fim de facilitar o estudo, elaboramos o quadro abaixo comparando as duas situações:

Atributos	Elementos
– **Presunção de Legitimidade e Veracidade**: presume-se que o ato está de acordo a lei (**legítimo**) e que os fatos ocorreram da forma como foram descritos pelo agente (**veracidade**); – **Imperatividade**: o ato deve ser observado independentemente da concordância do administrado; – **Autoexcutoriedade**: os atos podem ser executados pela própria Administração, sem necessidade de intervenção do Judiciário; – **Tipicidade**: o ato administrativo deve corresponder a figuras definidas previamente pela lei como aptas a produzir determinados resultados	– **Competência:** conjunto de atribuições conferidas pelo ordenamento jurídico às entidades, os órgãos ou agentes, para que estes, nos limites conferidos, possam exercer suas funções; – **Finalidade:** o ato deve buscar o interesse público, o bem comum; – **Forma:** é o **modo de exteriorização do ato administrativo**, como este se manifesta para todos; – **Motivo:** é o **pressuposto de direito e de fato** que serve de fundamento para a produção do ato administrativo; – **Objeto:** *é* o efeito jurídico imediato que o ato efetivamente produz.

5. FORMAÇÃO E EFEITOS DOS ATOS ADMINISTRATIVOS

O ato administrativo, assim como ocorre com os atos jurídicos, observa um processo de formação que define os elementos que o compõem, a fim de que possa produzir os efeitos almejados.

Neste contexto de formação, o ato deverá observar as seguintes fases:

a) **Perfeição**: é a característica do ato que concluiu o seu ciclo de formação, ou seja, atendeu todos os trâmites previstos em lei para sua constituição. Em contraposição, o **ato imperfeito** é o que ainda não cumpriu todos os estágios para sua constituição regular;

b) **Validade**: corresponde ao atendimento de todas as exigências legais para a edição do ato, ou seja, quando seu processo de formação guarda compatibilidade com o ordenamento jurídico. Em oposição, o **ato inválido** não respeita as prescrições legais de observância necessária para sua formação;

c) **Eficácia**: é a aptidão para produzir efeitos no mundo jurídico imediatamente. Em algumas situações, são impostos **termos iniciais** (eventos futuros e certos) ou **condições suspensivas** (eventos futuros e incertos) que tornarão o ato ineficaz enquanto não observada a situação que lhe confira eficácia plena. Tais atos são denominados **atos administrativos pendentes**.

Combinando estas situações, poderemos ter o seguinte cenário para o ato administrativo após sua formação:

i) **Ato perfeito**, **válido** e **eficaz**: nesta situação, o ato cumpriu plena e regularmente seu ciclo de formação e está apto para produzir os efeitos pretendidos.

ii) **Ato perfeito**, **inválido** e **eficaz**: o ato completou seu ciclo de formação e está produzindo efeitos, porém, está inquinado de algum vício de legalidade. Continuará produzindo efeitos até que a invalidade seja decretada, em razão do atributo da presunção de legitimidade.

iii) **Ato perfeito**, **válido** e **ineficaz**: nesta situação, o ato cumpriu todas as fases de sua formação e está regular (conforme a lei), mas ainda não está apto a produzir efeitos em razão da existência de **termo**, **condição** ou por estar pendente de

publicação. Exemplo: contrato administrativo ainda não publicado (art. 61, parágrafo único da Lei 8.666/93).

iv) **Ato perfeito, inválido e ineficaz**: apesar de ter cumprido seu ciclo de formação, o ato possui vício de legalidade e ainda não pode produzir imediatamente seus efeitos. Ex.: celebração de contrato sem licitação, em situação que não a dispensa ou a torna inexigível, e sem publicação do extrato.

O ato administrativo objetiva a produção de efeitos que lhe são **próprios**, ou seja, as consequências ou efeitos naturais que dele se esperam. Conforme vimos, os efeitos jurídicos integram o **objeto** dos atos administrativos.

Porém, eventualmente os atos administrativos podem produzir efeitos **impróprios** ou **anormais**, que são aqueles efeitos **indiretos** ou **mediatos**, ainda que não estejam inseridos objeto do ato. Subdividem-se em:

a) **Efeitos preliminares ou prodrômicos:** quando o ato começa a produzir efeitos antes de completar seu ciclo de formação, ou seja, ainda que não esteja perfeito. Esta situação é muito comum nos atos complexos e compostos. Ex: a aposentadoria do servidor público. O ato começa a produzir efeitos tão logo seja publicado, mas ainda será apreciado pelo Tribunal de Contas (art. 71, III da CF/88). Tanto os atos válidos quanto os atos inválidos podem produzir efeitos preliminares ou prodrômicos.

b) **Efeitos em face de terceiros**: quando os efeitos atingem pessoa estranha à relação jurídica principal inaugurada pelo ato administrativo. Exemplo: locatário de imóvel que foi desapropriado. O contrato de locação não será respeitado, ainda que tenha tido sua vigência registrada na matrícula do imóvel.

Uma vez que o ato tenha produzido seus efeitos exauridos, tem-se o **ato administrativo consumado**.

6. CLASSIFICAÇÃO DOS ATOS ADMINISTRATIVOS

São variadas as classificações doutrinárias dos atos administrativos.

Visando à otimização do tempo de estudos do candidato, elaboramos a tabela abaixo, que resume as classificações mais recorrentes e exigidas em concursos públicos:

Quanto aos destinatários	a) **atos gerais ou regulamentares**: são editados sem destinatários específicos, determinados ou determináveis, sendo aplicáveis a todos os que se enquadrarem nas hipóteses reguladas pelo ato. São chamados por alguns doutrinadores de **atos normativos**, em razão da generalidade de seu alcance. Ex: instrução normativa que regula o procedimento de requerimento de benefícios junto ao INSS; b) **atos especiais ou individuais**: possuem destinatários determinados ou determináveis. Serão **singulares**, se destinados a um único sujeito. Ex: concessão de licença por motivo de saúde a servidor público. Serão **plúrimos**, se destinados a um grupo ou pluralidade de sujeitos determinados. Ex: nomeação de candidatos aprovados em concurso público de provas e títulos.
Quanto ao alcance	a) **ato interno**: restringe-se à Administração Pública e, logicamente, destina-se a seus agentes e órgãos. Ex: ordem de serviço. b) **ato externo:** destina-se aos administrados que estejam abrangidos por sua incidência ou que devam produzir efeitos fora da organização administrativa. Ex: instruções normativas.
Quanto ao objeto ou quanto às prerrogativas da Administração	a) **atos de império**: são os atos em que a Administração atua valendo-se de sua **supremacia sobre o particular**, em nome do interesse coletivo. Ex: interdição de restaurante que não atende condições de higiene. b) **atos de gestão:** geralmente se refere aos atos de administração de bens e de serviços públicos e atos negociais firmados com particulares, sem que haja supremacia da Administração. Apesar de esta modalidade estar inserida em algumas classificações doutrinárias, conforme visto na introdução do capítulo, **atos de gestão não são atos administrativos**, mas atos da administração. Mesmo assim, algumas bancas cobram o tema desta forma, de modo que preferimos manter esta categoria. c) **atos de expediente**: são atos que visam dar tramitação aos procedimentos em curso na administração pública, visando prepara-los para a decisão da autoridade competente. Ex: intimação do interessado para sanar irregularidade no procedimento.
Quanto à margem de liberdade de atuação do agente	a) **vinculados ou regrados**: a lei preestabelece os requisitos e condições para a atuação do agente, não deixando margem de discricionariedade para sua decisão. Logo, as imposições legais absorvem quase que por completo a liberdade do administrador. Ex: licença para construir. b) **discricionários**: são os atos em que o agente tem, segundo critérios de conveniência e oportunidade e nos limites da lei, certa liberdade para definir os elementos motivo e objeto (**mérito administrativo**), além de permitir, conforme lições doutrinárias, a definição, os destinatários, o momento de sua prática e o modo de sua realização. Os demais elementos do ato serão **vinculados**. Ex: decretação de utilidade pública de imóvel para fins de desapropriação.

Quanto à estrutura	a) **ato concreto**: destina-se a regular um caso específico. Uma vez praticado, seus efeitos são esgotados. Ex: exoneração de um servidor. b) **ato abstrato ou normativo**: aplica-se a várias situações concretas. Possuem aplicação contínua, mesmo que já tenha sido aplicado a determinadas situações. Ex: regulamentos administrativos.
Quanto à formação da vontade	a) **ato simples**: representa a manifestação de um único agente ou órgão (mesmo que seja colegiado). Ex: multa de trânsito. b) **ato complexo**: decorre da **manifestação de duas ou mais vontades** produzidas por **mais de um órgão** ou **agente**, em patamar de igualdade e importância, que se fundem para formar um único ato. Ex: nomeação de Ministro do STF. Há autores, como DI PIETRO, que defendem que atos de nomeação de agentes públicos sujeitos à aprovação prévia do Poder Legislativo seria exemplo de **ato composto**, visto que a nomeação seria o ato principal e a aprovação seria ato secundário. Parece-nos, todavia, que a doutrina majoritária defende que se trata mesmo de ato complexo. Vale ficar atento a este detalhe! c) **ato composto**: decorre da **manifestação de duas ou mais vontades**, sendo **uma instrumental à outra**, ou seja, há um **ato principal** e outro **acessório**. Ex: aprovação de um parecer, tornando-o vinculante. Alguns autores defendem que a manifestação das vontades deve ocorrer dentro do mesmo órgão. **Atenção: atos complexos** e **compostos** não se confundem com **procedimento administrativo**, que se configura em uma sequência de atos administrativos independentes e que seguem um encadeamento lógico rumo a um objetivo.
Quanto aos efeitos	a) **ato constitutivo**: cria uma situação jurídica. Ex: admissão de um servidor aprovado em concurso público. b) **ato extintivo** ou **desconstitutivo**: põe fim a uma relação jurídica. Ex: exoneração de um servidor. c) **ato declaratório**: destina-se a declarar uma situação preexistente. Ex: certidões. d) **ato alienativo**: transfere bens ou direitos a terceiros. Ex: venda de um bem público. e) **ato modificativo**: promove a modificação de uma situação existente, mas sem suprimir direitos ou obrigações. Ex: alteração do horário de atendimento de uma repartição. f) **ato abdicativo**: o titular abre mão de um direito em caráter irretratável e incondicional. Ex: renúncia.

7. ESPÉCIES DE ATOS ADMINISTRATIVOS

São variadas as espécies de atos administrativos existentes, conforme visto no item anterior.

De um modo geral, as bancas examinadoras têm se baseado na classificação proposta por HELY LOPES MEIRELLES, da qual nos valeremos no estudo do tema com algumas ponderações pontuais e breve explicação sobre cada espécie enumerada nos exemplos. Conforme ser verá, referido autor aprofundou um pouco mais a classificação proposta no item anterior, trazendo maior especialização ao estudo do tema.

7.1. Atos Gerais ou Normativos

São atos dotados das características de **generalidade e abstração**, ou seja, visam atingir sujeitos indeterminados e disciplinam hipóteses de aplicação. São também chamados de **atos gerais** e possuem eficácia externa à organização administrativa.

Enquadram-se nesta categoria:

a) **decretos**: os decretos foram analisados no estudo do poder regulamentar. Nesta hipótese se enquadram os **decretos gerais**, que instruem a correta aplicação de uma lei. São espécies de decretos gerais o decreto **independente ou autônomo** como o **regulamentar ou de execução**, ambos já estudados. Ex: Decreto 3.048/99, que regulamenta as Leis 8.213/91 e 8.212/91, relacionadas à Previdência Social.

> **ATENÇÃO**
>
> *Os **decretos individuais ou específicos** tratam de situações especiais, como o que declara a utilidade pública de um bem para fins de desapropriação. Tais decretos disciplinam casos concretos, de modo **que não possuem caráter normativo.***

b) **regulamentos**: conforme ensinado em capítulo anterior, o regulamento é o conteúdo do ato, detalhando e determinando a forma de cumprimento da lei, e são postos em vigência principalmente por meio de decreto, daí porque se usa a expressão **decreto regulamentar**. O regulamento também pode se exteriorizar por meio de outros atos normativos. Ex: o Decreto 3.048/99 contém o regulamento do pagamento de prestações e benefícios previdenciários e do regime de recolhimento das contribuições previdenciárias para custeio do Regime Geral de Previdência Social.

c) **instruções normativas**: são atos expedidos por **Ministro de Estado** para a execução das leis, decretos e regulamentos. Mas não tem sido adotado rigor na definição da autoridade competente para a expedição de instruções normativas, tendo-se admitido que autoridades de escalão inferior expeçam instruções normativas. Ex: Instrução Normativa INSS/PRES 77/2015, editada pela presidente do INSS com o objetivo de detalhar no âmbito administrativo a aplicação do Decreto 3.048/99.

d) **regimentos**: são atos normativos que visam reger o funcionamento de órgãos da Administração. Por ter **força interna**, o regimento vincula apenas os agentes públicos sujeitos à sua disciplina, não se aplicando aos particulares. Ex: regimento interno do INSS.

d) **resoluções**: são atos expedidos pelas altas autoridades do Executivo ou por presidentes de tribunais, órgãos legislativos e colegiados administrativos, para disciplinar matéria de sua competência específica. Ex: resoluções do CNJ.

e) **deliberações**: são os atos normativos ou decisórios emanados de órgãos colegiados por meio de deliberação de seus membros. Apesar de haver uma conjugação de vontades, o ato será considerado simples, porquanto imputado ao próprio órgão, e não aos agentes que deliberaram sobre o tema.

ATENÇÃO

A deliberação nem sempre será utilizada na legislação como sendo o ato que exterioriza a vontade de um órgão colegiado. Como exemplo pode-se citar o art. 43, VI da Lei 8.666/93 que prevê a "deliberação da autoridade competente quanto à homologação e adjudicação da licitação".

7.2. Atos Ordinatórios

Como o próprio nome diz, visam dar ordem à Administração, ou seja, organizar o seu funcionamento e regular a conduta de seus agentes. Possuem **eficácia interna** e decorrem do **poder hierárquico**.

Enquadram-se nesta categoria:

a) **portarias**: ato por meio do qual os superiores hierárquicos expedem determinações gerais ou especiais a seus subordinados, designam servidores para funções e cargos secundários e também iniciam sindicâncias e processos administrativos.

b) **instruções**: ordens escritas e gerais a respeito do modo e forma de execução de determinado serviço público, expedidas por superior hierárquico com o escopo de orientar os subalternos.

c) **circulares**: possuem menor generalidade que as instruções, mas possuem o mesmo objetivo: ordenamento do serviço.

d) **avisos**: atos expedidos pelos Ministros de Estado a respeito de assuntos afetos a seus ministérios, assim como dar conhecimento sobre tema administrativo.

e) **ordens de serviço**: são determinações especiais dirigidas aos responsáveis por obras ou serviços públicos, autorizando seu início ou estabelecendo especificações técnicas de como se dará sua realização.

f) **provimentos**: atos internos, geralmente expedidos por corregedorias ou tribunais, cuja finalidade é a regularização e uniformização dos serviços.

g) **ofícios**: comunicações oficiais escritas que as autoridades fazem entre si, entre subalternos e superiores e entre Administração e particulares.

h) **despachos**: decisões tomadas pelas autoridades executivas frente a requerimentos e processos sujeitos à sua apreciação.

7.3. Atos Negociais

Em tais atos a manifestação de vontade da Administração coincide com o interesse de um particular, visando à concretização de negócios jurídicos públicos ou à atribuição de certos direitos ou vantagens ao interessado.

São atos unilaterais, mas que possuem conteúdo tipicamente negocial por atenderem interesses recíprocos da Administração e do particular. Diferenciam-se, assim, dos contratos administrativos, que são atos bilaterais.

ATENÇÃO

JOSÉ DOS SANTOS CARVALHO FILHO critica a utilização da terminologia "atos negociais", que é derivada da doutrina italiana (atti amministrativi negoziali), por não vislumbrar a existência propriamente dita de um negócio jurídico, mas sim, de um interessado que pede o consentimento, de um lado, e, de outro, a Administração que concede ou nega o consentimento. Além disso, os atos de aprovação, visto e homologação, tradicionalmente incluídos no rol dos atos negociais, não representam uma conjugação de vontades que caracteriza um negócio jurídico. Registrada a crítica do ilustre doutrinador, cumpre ressaltar que preferimos manter a classificação de HELY LOPES MEIRELLES, porque é a que vem sendo cobrada em concursos públicos.

Enquadram-se nesta categoria:

a) **licença**: *é o ato administrativo* **vinculado** e **definitivo** pelo qual o Poder Público, verificando que o interessado atendeu a todas as exigências legais, faculta-lhe o desempenho de atividades ou a realização de fatos materiais antes vedados ao particular. A licença é uma forma expressão do **poder de polícia**. Ex: licença de localização de estabelecimento.

A licença poderá ter sua eficácia **temporária**, se assim a lei determinar. Logo, serão definitivas as licenças que a lei não estabelecer prazo para sua eficácia.

ATENÇÃO

A licença para construir tem sido considerada como mera faculdade de agir, podendo ser revogada enquanto não iniciada a obra licenciada, sem prejuízo de o interessado buscar indenização pelos prejuízos causados pela revogação. O particular não poderá, portanto, alegar direito adquirido. Este entendimento está consolidado há bastante tempo na jurisprudência do STF e do STJ.

POSIÇÃO DO STJ

ADMINISTRATIVO. LICENÇA PARA CONSTRUIR DEFERIDA PELA AUTORIDADE MUNICIPAL. RESTRIÇÃO SUPERVENIENTE DA LEGISLAÇÃO ESTADUAL. OBRA AINDA NÃO INICIADA. Se a obra ainda não foi iniciada, a restrição é válida. Precedentes do Supremo Tribunal Federal. Recurso especial não conhecido (REsp 103298/PR, Rel. Min. Ari Pargendler, j. em 17.11.1998)

b) **autorização**: ato administrativo **discricionário** e **precário** pelo qual o Poder Público torna possível ao pretendente a realização de certa **atividade**, **serviço** ou **utilização** de determinados bens particulares ou públicos, de seu **exclusivo ou predominante interesse**, que a lei condiciona à aquiescência prévia da Administração. Ex: autorizações para exploração do serviço de táxi.

c) **permissão**: ato administrativo **discricionário** e **precário**, pelo qual o Poder Público faculta ao particular a execução de serviços de interesse coletivo, ou o uso especial de bens públicos, a título gratuito ou remunerado, nas condições estabelecidas pela Administração. Este é o conceito que se extrai da doutrina clássica de Direito Administrativo.

Porém, deve ser feita uma ressalva: conforme bem pontuado por JOSÉ DOS SANTOS CARVALHO FILHO, este conceito de **permissão** deve ser analisado com cuidado, face às inúmeras modificações realizadas no ordenamento jurídico relativamente aos serviços públicos.

Conforme sistemática do art. 175, da CF/88 e da Lei 8.987/95, a **permissão de serviço público** possui **natureza contratual**, ou seja, não existe mais como ato administrativo.

Portanto, como espécie de **ato administrativo**, restou no sistema apenas a **permissão de uso de bem público**.

d) **aprovação**: ato pelo qual o Poder Público verifica a legalidade e o mérito de outro ato ou situações praticadas por órgãos, agentes, entidades e particulares.

e) **admissão**: ato vinculado pelo qual se defere situação jurídica de exclusivo ou predominante interesse do particular que preencheu os requisitos legais, como no caso de ingresso em curso superior após aprovação em vestibular.

f) **visto**: ato pelo qual se controla outro ato da própria Administração ou do administrado, aferindo sua legitimidade formal para dar-lhe exequibilidade.

g) **homologação**: ato administrativo de controle pelo qual a autoridade superior examina a legalidade e a conveniência de ato anterior da própria Administração, de outra entidade ou particular, para dar-lhe eficácia. Não altera o conteúdo, podendo determinar o retorno a quem o praticou para sanar eventual irregularidade.

h) **dispensa**: exime o particular do cumprimento de determinada obrigação exigida em lei.

i) **renúncia**: extinção de crédito ou de direito próprio por parte da Administração, liberando o particular.

j) **protocolo administrativo**: ato pelo qual o Poder Público acerta com particular a realização de determinado empreendimento ou atividade ou a abstenção de certa conduta, no interesse recíproco de ambos.

7.4. Atos Enunciativos

São aqueles em que a Administração atesta ou certifica determinado fato, ou emite sua opinião sobre determinado tema, sem se vincular ao seu conteúdo. São, portanto, considerados atos administrativos apenas em sentido formal, porquanto não há uma manifestação de vontade da Administração. Estes atos não gozam de imperatividade, pois não tem o condão de criar obrigações ou impor obrigações aos administrados.

Nesta modalidade estão:

a) **atestados**: expressam a comprovação de um fato ou uma situação da qual a Administração tenha conhecimento. Diferem-se das certidões por se tratar de situações ou fatos transitórios.

b) **certidões:** é uma cópia ou fotocópia autenticada de atos ou fatos constantes de processo, livro ou documento que se encontre em repartições públicas. Este conceito tradicional sofreu uma repaginada pela crescente informatização e, por conseguinte, na forma que vem sendo adotada para as certidões, podendo ser de **inteiro teor**, em **resumo** e até mesmo em forma de resposta a **quesitos** elaborados pelo particular relativamente a informações contidas em arquivos e bancos de dados públicos.

c) **pareceres**: manifestações, de caráter opinativo, de órgãos técnicos sobre assuntos submetidos à sua consideração.

A Lei 9.784/99 estabelece que, quando deva ser obrigatoriamente ouvido um órgão consultivo, o parecer deverá ser emitido no prazo máximo de **quinze dias**, salvo norma especial ou comprovada necessidade de maior prazo (art. 42).

Porém, em algumas situações o parecer deixará de ser meramente opinativo e será de observância obrigatória. No julgamento do MS 24.631, o STF fez essa diferenciação.

POSIÇÃO DO STJ

EMENTA: CONSTITUCIONAL. ADMINISTRATIVO. CONTROLE EXTERNO. AUDITORIA PELO TCU. RESPONSABILIDADE DE PROCURADOR DE AUTARQUIA POR EMISSÃO DE PARECER TÉCNICO-JURÍDICO DE NATUREZA OPINATIVA. SEGURANÇA DEFERIDA. I. Repercussões da natureza jurídico-administrativa do parecer jurídico: ***(i) quando a consulta é facultativa, a autoridade não se vincula ao parecer proferido, sendo que seu poder de decisão não se altera pela manifestação do órgão consultivo; (ii) quando a consulta é obrigatória, a autoridade administrativa se vincula a emitir o ato tal como submetido à consultoria, com parecer favorável ou contrário, e se pretender praticar ato de forma diversa da apresentada à consultoria, deverá submetê-lo a novo parecer; (iii) quando a lei estabelece a obrigação de decidir à luz de parecer vinculante, essa manifestação de teor jurídica deixa de ser meramente opinativa e o administrador não poderá decidir senão nos termos da conclusão do parecer ou, então, não decidir****. II. No caso de que cuidam os autos, o parecer emitido pelo impetrante não tinha caráter vinculante. Sua aprovação pelo superior hierárquico não desvirtua sua natureza opinativa, nem o torna parte de ato administrativo posterior do qual possa eventualmente decorrer dano ao erário, mas apenas incorpora sua fundamentação ao ato. III. Controle externo: É lícito concluir que é abusiva a responsabilização do parecerista à luz de uma alargada relação de causalidade entre seu parecer e o ato administrativo do qual tenha resultado dano ao erário. Salvo demonstração de culpa ou erro grosseiro, submetida às instâncias administrativo-disciplinares ou jurisdicionais próprias, não cabe a responsabilização do advogado público pelo conteúdo de seu parecer de natureza meramente opinativa. Mandado de segurança deferido (MS 24.631, rel. Min. Joaquim Barbosa j. 09/08/2007).*

d) **apostilas**: atos enunciativos ou declaratórios correspondentes a uma averbação em um documento oficial de uma situação anterior criada por lei.

7.5. Atos Punitivos

São os atos que contêm uma sanção imposta pela Administração àqueles que infringem disposições legais, regulamentares ou ordinatórias dos bens ou serviços públicos. Ex: **multa**, **interdições de atividade**, **destruição de coisas** etc. Decorrem do poder de império da Administração.

HELY LOPES MEIRELLES também menciona os **atos punitivos internos**, relativos à aplicação de penalidades aos servidores públicos. Estes atos, decorrentes do **poder hierárquico** e **disciplinar**, serão estudados em capítulo reservado aos Agentes Públicos.

8. EXTINÇÃO DO ATO ADMINISTRATIVO

O ato administrativo tende a um fim, salvo se tiver sido editado com o objetivo de produzir efeitos continuados. Analisemos as principais formas de extinção dos atos administrativos.

8.1. Cumprimento de seus efeitos

Conforme já dito, o ato é editado visando à produção de efeitos jurídicos. Uma vez cumpridos os efeitos desejados, o ato se extingue. Esta é uma situação de **extinção natural** do ato administrativo.

O cumprimento dos efeitos do ato poderá levar a uma das seguintes situações:

a) **esgotamento** do conteúdo jurídico do ato. Exemplo: gozo de férias por parte do servidor público.

b) a **execução material** do que o ato originalmente determinava. Exemplo: demolição de uma construção irregular.

c) o advento de **condição resolutiva** ou **termo final**. A **condição resolutiva**, conforme visto, submete a eficácia do ato a evento **futuro** e **incerto** que, se verificado, extingue a relação jurídica. Exemplo: autorização para um bar utilizar calçadas para instalação de telão, mesas e cadeiras durante os jogos do Brasil na Copa (a eliminação do Brasil em alguma das fases atuaria como condição resolutiva). Por seu turno, o **termo final** estabelece prazo determinado para que o ato produza seus efeitos ou indica condição que se tem certeza que vai ocorrer, mas que não se sabe ao certo a data em que o fato ocorrerá. Ou seja, no termo final o ato estará condicionado a ocorrência de evento **futuro** e **certo**, que poderá ser **determinado** (com data certa) ou **indeterminado** (sabe-se que vai ocorrer, mas não ao certo quando ocorrerá). Exemplo: autorização de uso de bem público pelo prazo de um ano para exploração de comércio informal (camelôs) ou até que seja construído espaço apropriado para tal atividade (os populares "camelódromos").

8.2. Renúncia

Na renúncia o administrado deixa de ter interesse na situação jurídica benéfica estabelecida pelo ato e o renuncia. Obviamente a renúncia não tem cabimento em atos que implicam em obrigações para os administrados. Exemplo: servidor que renuncia à aposentadoria para poder assumir outro cargo efetivo (art. 37, § 10 da CF/88).

8.3. Desaparecimento do sujeito ou do objeto

Nesta hipótese de extinção, o sujeito ou objeto deixam de existir durante a produção de efeitos do ato administrativo. Exemplo: morte de servidor que estava cumprindo penalidade de suspensão ou a tomada pelo mar de um imóvel de marinha levando à extinção de uma enfiteuse.

8.4. Contraposição ou derrubada

Ocorre quando há prática de outro ato administrativo contrário ao primeiro, extinguindo os efeitos deste. Exemplo: exoneração de um servidor (o ato é contrário ao de nomeação do mesmo servidor).

8.5. Cassação

É a extinção de um ato válido em virtude de falta de observância por parte do administrado de condições que deveriam permanecer atendidas a fim de poder continuar desfrutando da situação jurídica. Exemplo: cassação do alvará de funcionamento de restaurante que não mantém condições de higiene.

8.6. Caducidade

Ocorre quando sobrevém norma jurídica que tornou inadmissível situação antes permitida pelo direito e outorgada ao particular pelo ato administrativo precedente. Em síntese, a norma não mais permite determinada situação jurídica autorizada por ato antecedente, ou seja, é a extinção do ato por invalidade superveniente. Ex: lei que proíbe o funcionamento de comércio ambulante em determinada área. As autorizações eventualmente concedidas estarão extintas por caducidade.

ATENÇÃO

O art. 35, III, da Lei 8.987/95 (regime jurídico de concessões e permissões da prestação de serviços públicos) enumera a ***caducidade*** *como* ***forma de extinção*** *do contrato de concessão de serviços públicos. Porém, o termo* ***caducidade*** *foi empregado com sentido próprio por esta lei, podendo ser declarada em determinadas hipóteses em que se constatar a* ***inexecução parcial ou total do contrato de concessão****, conforme previsão do art. 38 da referida lei. Ou seja, esta caducidade trazida pela Lei 8.987/95 não se confunde com a caducidade do ato administrativo, muito mais se aproximando da hipótese de cassação do ato.*

8.7. Anulação ou Invalidação

Anulação ou invalidação é a forma de extinção de um ato administrativo por outro ato (poder de autotutela) ou por decisão judicial, por motivo de **ilegalidade** ou **ilegitimidade**, em regra com retroação para desconstituição de seus efeitos (*ex tunc*). Ex: anulação de benefício previdenciário concedido mediante fraude.

POSIÇÃO DO STF

Súmula 346*: A Administração Pública pode declarar a nulidade dos seus próprios atos.*

Vale relembrar que a noção de legalidade em Direito Administrativo tem sido ampliada, de modo que o ato administrativo deve ser contrastado com todo o ordenamento jurídico, e não somente com previsão legal que fundamentou sua edição (legalidade em sentido estrito). Daí porque se usa a expressão **ilegitimidade** para se designar essa análise contextual do ato administrativo. Em resumo: a anulação não se refere apenas à violação literal da lei (legalidade), mas também ao ordenamento jurídico como um todo, principalmente os princípios.

A anulação pode atingir tanto atos vinculados quanto atos discricionários, sendo declarada pela própria Administração (de ofício ou por provocação) ou pelo Judiciário (por provocação).

Em regra, o ato de anulação produz **efeitos retroativos** (*ex tunc*), retirando do mundo jurídico o ato anulado desde sua edição. Porém, em algumas situações serão mantidos os efeitos do ato administrativo entre a data de sua edição e sua anulação.

CELSO ANTÔNIO BANDEIRA DE MELLO sustenta que nos **atos ampliativos de direito** haveria uma exceção a esta regra. Se a Administração reconhece erroneamente determinado direito ao particular ou a um agente público e este estava de boa-fé, sustenta o autor que o **princípio da segurança jurídica** recomenda que a declaração de nulidade produza efeitos prospectivos (*ex nunc*). Este tema foi abordado no capítulo reservado ao **Regime Jurídico Administrativo**, valendo trazer como exemplo o entendimento jurisprudencial no sentido de que vantagens pagas a servidores públicos a partir de errônea interpretação da legislação por parte da Administração não deverão ser ressarcidas (são **irrepetíveis**), se percebidas de boa-fé, entendimento que foi adotado no âmbito federal por súmula editada pela Advocacia-Geral da União (AGU) e aceito pelo Tribunal de Contas da União (TCU). O ato será anulado, mas os efeitos produzidos serão preservados.

POSIÇÃO DA AGU

Súmula 34. *Não estão sujeitos à repetição os valores recebidos de boa-fé pelo servidor público, em decorrência de errônea ou inadequada interpretação da lei por parte da Administração Pública.*

POSIÇÃO DO TCU

Súmula 249. *É dispensada a reposição de importâncias indevidamente percebidas, de boa-fé, por servidores ativos e inativos, e pensionistas, em virtude de erro escusável de interpretação de lei por parte do órgão/entidade, ou por parte de autoridade legalmente investida em função de orientação e supervisão, à vista da presunção de legalidade do ato administrativo e do caráter alimentar das parcelas salariais.*

De acordo com o art. 54, da Lei 9.784/99, aplicável no âmbito federal, "O direito da Administração de anular os atos administrativos de que decorram efeitos favoráveis para os destinatários decai em cinco anos, contados da data em que foram praticados, **salvo comprovada**

má-fé". Trata-se de **prazo decadencial**, porquanto há extinção do próprio direito de anular.

No caso de relação jurídica de efeitos patrimoniais contínuos, o prazo de decadência contar-se-á da percepção do **primeiro pagamento** (art. 54, § 1.º).

Considera-se exercício do direito de anular qualquer medida de autoridade administrativa que importe impugnação à validade do ato (art. 54, § 2.º). Assim, impede a ocorrência de decadência o **ato declaratório da nulidade**, em si, ou o **exercício do direito de anular**, consistente na adoção de medida que impugne a validade do ato eivado de nulidade ou inconstitucionalidade – como a instauração de procedimento administrativo de revisão do ato –, desde que verificados no **prazo quinquenal de decadência.**

Anteriormente à Lei 9.784/99 não havia previsão de prazo decadencial para se anular atos administrativos. A jurisprudência do STJ firmou-se no sentido de que tais atos também estão sujeitos ao prazo previsto no art. 54 da Lei 9.784/99, porém, o prazo decadencial iniciou-se com a vigência desta lei.

POSIÇÃO DO STJ

"(...) Tendo sido o ato acoimado de ilegalidade praticado antes da promulgação da Lei n.º 9.784/99, a Administração tem o prazo de cinco anos a contar da vigência da aludida norma para anulá-lo; caso tenha sido praticado após a edição da mencionada Lei, o prazo quinquenal da Administração contar-se-á da prática do ato, sob pena de decadência, nos termos do art. 54 da Lei n.º 9.784/99. Precedentes". (REsp 550478 / RS, 5.ª T, Rel. Min. Laurita Vaz, j. 12/05/2005, DJ 06/02/2006)

O prazo previsto no art. 54 da Lei 9.784/99 será aplicável aos Estados que não possuírem legislação regulando procedimento administrativo, conforme decidido pelo STJ (AgRg no Ag 683234). Logo, nada impede que o Estado estabeleça prazo diferente de decadência para revisão de seus atos. Por seu turno, se os municípios não possuírem lei disciplinando o processo administrativo, aplicar-se-á a legislação do Estado ao qual fazem parte (RMS 21.784).

Os Tribunais têm entendido que se a decisão anulatória **limita direitos do particular**, deve-se assegurar a este o contraditório e a ampla defesa.

POSIÇÃO DO STF

"Tratando-se da anulação de ato administrativo cuja formalização haja repercutido no campo de interesses individuais, a anulação não prescinde da observância do contraditório, ou seja, da instauração de processo administrativo que enseje a audição daqueles que terão modificada situação já alcançada. Presunção de legitimidade do ato administrativo praticado, que não pode ser afastada unilateralmente, porque é comum à Administração e ao particular". (RE 158.543/RS, 2.ª T., Rel. Min. Marco Aurélio, j. 30/08/1994, DJ 06.10.1995).

Da anulação do ato pode decorrer o dever de a Administração indenizar o particular. Para que isto ocorra, o erro deve ter sido ocasionado pela própria Administração e o prejuízo deve ser comprovado pelo particular. É o mesmo raciocínio utilizado na decretação de nulidade do contrato administrativo (art. 59, da Lei 8.666/93).

8.8. Revogação

Revogação é a forma de extinção de um ato administrativo legal por outro ato, efetuada somente pela Administração, em razão da existência de fato novo que o torne **inconveniente** ou **inoportuno** (razões de **mérito administrativo**), com **efeitos prospectivos** (*ex nunc*). Assim, correto afirmar que ao Poder Judiciário, no exercício de sua função típica (jurisdicional), é vedado revogar atos administrativos emanados pela Administração Pública.

A revogação somente se dará em relação aos atos válidos e praticados dentro de uma competência discricionária.

Não há previsão de prazo para a revogação de atos administrativos, uma vez que o interesse público pode ser modificado em qualquer tempo. Logo, não há decadência para revogação de ato discricionário.

A revogação encontra alguns limites, não podendo atingir atos: a) que gerem direitos adquiridos: b) cujos efeitos já se tenham exauridos (atos consumados); c) de conteúdo meramente enunciativo (certidões e atestados, por exemplo); d) vinculados, pois seu conteúdo é todo estabelecido em lei; e) atos complexos; f) atos cuja lei determina serem irrevogáveis; g) atos integrantes de fases processuais já acobertados pela preclusão.

ATENÇÃO

De um modo geral, as licenças são consideradas como atos administrativos ***vinculados****, de modo que, preenchendo o interessado os requisitos legais, a Administração Pública deverá concedê-las. Todavia, pode ocorrer de o legislador considerar a licença um ato* ***discricionário****. É o que ocorre com a* ***licença para tratar de interesse particular****, prevista no artigo 91 da Lei 8.112/90, que, por ser ato discricionário da Administração, poderá revogado caso haja interesse do serviço público.*

Em regra, **a revogação não cria o dever de indenizar**, mas em algumas situações o administrado poderá ser ressarcido dos prejuízos causados pelo ato de revogação, caso tenha realizado gastos, esteja de boa-fé e não tenha concorrido para a revogação.

Muitas questões de concurso versam sobre **anulação** e **revogação** do ato administrativo, devendo tais conceitos ser bem assimilados e diferenciados pelo candidato. Para facilitar a memorização do tema, elaboramos o seguinte quadro comparativo:

Forma de extinção	Razão	Atos atingidos	Quem pode decretar?	Efeitos
Anulação	Ilegalidade do ato	Atos **Inválidos** → Vinculados ou Discricionários	Administração Pública e Poder Judiciário	*Ex tunc*
Revogação	Razões de Mérito Administrativo	Atos **Válidos** → Somente Atos Discricionários	Somente a Administração Pública	*Ex nunc*

POSIÇÃO DO STF

Súmula 473: *A Administração pode anular seus próprios atos, quando eivados de vícios que os tornam ilegais, porque deles não se originam direitos; ou revogá-los, por motivo de conveniência ou oportunidade, respeitados os direitos adquiridos, e ressalvada, em todos os casos, a apreciação judicial.*

9. CONVALIDAÇÃO DO ATO ADMINISTRATIVO

Pela **convalidação**, também chamada de **aperfeiçoamento, saneamento** ou **sanatória**, a Administração aproveita atos administrativos com **vícios sanáveis**, de forma a confirmá-los, no todo ou em parte por meio da edição de um novo ato. Assim, a convalidação restringe-se aos **atos anuláveis** e possui **efeitos** *ex tunc*, ou seja, retroage à data da prática do ato.

Além disso, a convalidação não poderá implicar em prejuízo a terceiros.

No âmbito federal, a convalidação está prevista no art. 55 da Lei 9.784/99, segundo o qual "Em decisão na qual se evidencie não acarretarem lesão ao interesse público nem prejuízo a terceiros, os atos que apresentarem defeitos sanáveis poderão ser convalidados pela própria Administração".

O legislador optou pela **teoria dualista**, que admite a existência de atos administrativos **nulos** e **anuláveis**, cujos vícios são, respectivamente, **insanáveis** e **sanáveis**. A **teoria monista**, defendida por Hely Lopes Meirelles, não fazia distinção entre atos nulos e anuláveis, perfilhando entendimento de que ambos seriam insanáveis.

Apesar de a redação do dispositivo dar a impressão de que se trata de uma discricionariedade do Poder Público, doutrina majoritária entende que a convalidação é um **dever** da Administração Pública, tendo em vista a tutela da **segurança jurídica**, o **interesse público** e a necessidade de produção do **menor prejuízo possível**, principalmente a terceiros de boa-fé. Ressalvam-se desta situação os **atos discricionários** com **vício sanável de competência**, situação em que a autoridade competente poderá fazer novo juízo de conveniência e oportunidade sobre a manutenção ou não do ato.

Mas nem sempre será possível realizar a convalidação de um ato administrativo. De um modo geral, a doutrina tem admitido a convalidação se o vício do ato estiver relacionado aos elementos **competência** e **forma**.

O vício de competência será sanável quando houver **excesso de poder**, mas apenas se a incompetência for **em razão da pessoa** (autoridade incompetente pratica ato de competência de outra pessoa ou órgão), não se admitindo convalidação em caso de **competência exclusiva** ou **em razão da matéria** (neste caso também há exclusividade de atribuições).

Não se admite também a convalidação em caso de ato praticado por **usurpador de função**, cujos atos são considerados **inexistentes**.

Com relação ao **funcionário de fato**, incidirá a **teoria da aparência**, conforme visto anteriormente. Existe apenas uma pequena divergência doutrinária – mas que não altera a solução dada à hipótese – que se refere à necessidade ou não de convalidação dos atos do funcionário de fato. Alguns entendem desnecessária a convalidação dos atos do funcionário de fato, resolvendo-se a situação com a aplicação pura e simples da **teoria da aparência**, uma vez que os atos foram considerados válidos quando praticados. Outros defendem a necessidade de tais atos serem objeto de sanatória, sendo imperioso ao agente competente fazê-lo.

Em relação à **forma**, a convalidação é a regra, salvo se a lei determinar o cumprimento de certa solenidade ou a adoção de forma especial para que o ato seja considerado válido.

Dito isto, além das situações excepcionadas em que não se admite conversão de atos com vícios de competência e forma, acima explanados, tem-se que **não poderá existir convalidação** nas seguintes hipóteses:

a) atos com **desvio de finalidade**;

b) atos com **vício no motivo**;

c) atos com **vício no objeto**, quando este for único;

d) atos que **não guardem congruência entre motivo e objeto**.

9.1. Conversão do Ato Administrativo

A par do instituto da **convalidação**, existe a possibilidade de o ato administrativo ser objeto de **conversão**.

A conversão representa a possibilidade de substituição de um ato que não cumpriu os requisitos legais, considerado **nulo**, em outro de categoria e requisitos distintos, para o qual a nulidade deixará de existir. Exemplo desta situação é a concessão de uso de bem público outorgada sem licitação, quando a lei o exige, que pode ser convertida em permissão de uso precária, conferindo-se validade ao uso do bem.

A conversão se diferencia da convalidação, porquanto nesta o ato será **anulável** e resultará em ato da **mesma espécie**; na conversão o ato será **nulo** e será convertido em outro de **espécie distinta**.

10. TÓPICO-SÍNTESE

TÓPICO-SÍNTESE: ATOS ADMINISTRATIVOS	
Noções: Atos da Administração	São atos da Administração: a) **Atos administrativos**: é a declaração do Estado ou de quem o represente, que produz efeitos jurídicos imediatos, com observância da lei, sob regime jurídico de direito público e sujeita a controle pelo Poder Judiciário. b) **Atos privados, de gestão ou de direito privado**: a Administração pratica atos regidos prevalentemente pelo direito privado, colocando-se em igualdade de condições com o particular no que se refere ao regime que rege a relação jurídica entre ambos (*ius gestionis*). c) **Atos políticos**: gozam de grande carga política quando são emanados, vez que dizem respeito à definição das próprias diretrizes de gestão do Estado e são legitimados pela Constituição. d) **Atos materiais:** são condutas administrativas, de mera execução, que não se destinam à produção de um efeito jurídico preordenado. São chamados de **fatos administrativos**. e) **Contratos administrativos**: são **ajustes bilaterais** celebrados entre a Administração e o particular, visando à execução de obras, prestação serviços, realização de compras, alienações e locações.
Anatomia do Ato Administrativo	• **Declaração do Estado ou de quem o represente**: o ato administrativo é praticado pela Administração Pública Direta e Indireta. Mas também pode ser praticado por quem exerça delegação de serviço público e por instituições de ensino superior. **Observação:** o silêncio administrativo não é considerado um ato administrativo, mas poderá significar uma manifestação de vontade quando a lei assim o prevê.
	• **Produção imediata de efeitos jurídicos:** o Código Tributário Nacional estabelece que os atos administrativos normativos entrarão em vigor na data de sua publicação (CTN, art. 103, I, c/c art. 101, I).
	• **Regime Jurídico de Direito Público**: trata-se do regime jurídico-administrativo, que confere à Administração prerrogativas e estabelece determinadas restrições em sua atuação, criando um desnivelamento nas relações jurídicas eventualmente entabuladas com particulares.
	• **Sujeito a controle do judiciário**: a **legalidade** dos atos administrativos pode ser apreciada pelo Poder Judiciário, mediante provocação, prévia ou posteriormente à sua prática.

<table>
<tr>
<td>Requisitos ou Elementos dos Atos Administrativos</td>
<td>
COMPETÊNCIA: O agente público deve possuir atribuição legal ou competência para a prática do ato e atuar dentro dos limites que lhe foram postos. Alguns autores chegam a se referir a este requisito como "sujeito competente".
<ul>
<li>Características: a) irrenunciabilidade; b) inderrogabilidade; c) improrrogabilidade; d) intransferibilidade; e) imprescritibilidade.</li>
<li>Delegação de competência: é o ato discricionário, revogável a qualquer tempo, mediante o qual um agente ou órgão confere o exercício temporário de parte de suas atribuições a outro agente ou órgão, ainda que não sejam hierarquicamente subordinados, em razão de circunstâncias de índole técnica, social, econômica, jurídica ou territorial (art. 12 da Lei 9.784/99).</li>
</ul>
O ato de delegação especificará as matérias e poderes transferidos, os limites da atuação do delegado, a duração e os objetivos da delegação e o recurso cabível, podendo conter ressalva de exercício da atribuição delegada (art. 14, § 1.º da Lei 9.784/99).
As decisões adotadas por delegação devem mencionar explicitamente esta qualidade e considerar-se-ão editadas pelo delegado (art. 14, § 3.º da Lei 9.784/99).
Não pode haver delegação de competência para as seguintes matérias: i) a edição de atos de caráter normativo; ii) a decisão de recursos administrativos; iii) as matérias de competência exclusiva do órgão ou autoridade (mas a competência privativa pode ser delegada).
<ul>
<li>Avocação de competência: é o ato discricionário mediante o qual o superior hierárquico traz para si, em caráter excepcional e por motivos relevantes devidamente justificados, o exercício temporário de determinada competência atribuída por lei a um subordinado seu (art. 15 da Lei 9.784/99). Pressupõe a existência de relação hierárquica.</li>
<li>Vícios de competência: são as patologias que podem contaminar este elemento do ato administrativo. São elas:</li>
</ul>
a) Usurpação de função: o sujeito passa-se dolosamente por agente público, sem que tenha recebido a devida investidura para o cargo ou função pública. É crime previsto no art. 329 do CP e os atos praticados serão considerados inexistentes.
b) Excesso de poder: ocorre quando o agente excede os limites de sua competência na prática do ato administrativo.
c) Funcionário ou agente de fato: caracteriza-se por não ter uma investidura normal e regular ou possui algum impedimento jurídico, e mesmo assim exerce uma função pública em nome do Estado. Nesta situação, será aplicada a teoria da aparência e os atos serão considerados válidos, desde que o destinatário do ato esteja de boa-fé.
</td>
</tr>
</table>

	FINALIDADE: a Administração busca sempre um **fim legal**, coincidente com os interesses da coletividade (**interesse público primário**). A finalidade pode ser **geral ou em sentido amplo** (o ato deve buscar o interesse público) ou **específica ou em sentido estrito** (é a finalidade prevista implícita ou explicitamente em lei para determinada situação concreta abrangida pelo ato). O desvio de finalidade é **nulo**, não permitindo, assim, convalidação do ato.
	FORMA: **Forma** é o **modo de exteriorização do ato administrativo**, como este se manifesta para todos. Alguns autores consideram como forma, além da exteriorização do ato, o cumprimento de todas as formalidades de sua formação. Aplica-se o princípio do **formalismo moderado:** os atos não dependem de forma determinada senão quando a lei expressamente a exigir, mas ao menos devem assumir a **forma escrita**. Porém, admite-se que alguns atos sejam manifestados **verbalmente,** por **gestos¸ sinais eletromecânicos** e **sonoros** e por **meios pictóricos**. Sempre que a lei expressamente exigir determinada forma para que um ato administrativo seja considerado válido, a inobservância dessa exigência acarretará a **nulidade do ato**. O vício de forma **pode ou não ser convalidado**, dependendo do caso concreto e da relevância que a legislação atribuir a este elemento do ato.
	MOTIVO: é o **pressuposto de direito e de fato** que serve de fundamento para a produção do ato administrativo. O pressuposto de direito está presente na previsão abstrata trazida pela norma de situações que autorizam ou levam à prática do ato. Por seu turno, pressuposto de fato é a efetiva ocorrência no mundo real dos eventos previstos na norma. Assim, o motivo conjuga um elemento abstrato a outro concreto. O motivo do ato administrativo poderá ser **vinculado** ou **discricionário**. • **Motivo, motivação e teoria dos motivos determinantes:** não se deve confundir o **motivo** com a **motivação**. O **motivo** é **elemento ou requisito** do ato administrativo, ao passo que a **motivação** *é a* **declaração por escrito dos motivos** do ato administrativo. A **motivação** integra a **forma** do ato administrativo. Segundo prescreve a **teoria dos motivos determinantes**, o motivo invocado pelo administrador para a prática do ato condiciona sua **validade**, na medida em que vincula a Administração à sua existência. Logo, é correto afirmar que os motivos que determinaram a vontade do agente e que serviram de suporte à sua decisão integram o plano da validade do ato administrativo. Exceção: **tredestinação lícita**.

<table>
<tr><td></td><td>OBJETO: é o efeito jurídico imediato que o ato efetivamente produz. O objeto deverá se lícito, possível, certo e moral, sob pena de nulidade.</td></tr>
<tr><td rowspan="5">Atributos do Ato Administrativo</td><td>Presunção de legitimidade e veracidade: presume-se que o ato está de acordo a lei (legítimo) e que os fatos ocorreram da forma como foram descritos pelo agente (veracidade). Enquanto a presunção de legitimidade relaciona-se ao direito, a de veracidade diz respeito aos fatos constatados. A presunção é relativa (juris tantum).</td></tr>
<tr><td>Imperatividade ou coercibilidade: atos administrativos devem ser observados independentemente da anuência do administrado, decorrendo da supremacia do interesse público sobre o privado. Este atributo não está presente em todos os atos administrativos.</td></tr>
<tr><td>Autoexecutoriedade: o ato poderá ser exigido e executado sem a necessidade de a Administração se socorrer ao Poder Judiciário, desde que haja previsão legal para tanto ou situação de urgência. Possui como principais fundamentos: a) a supremacia do interesse público sobre o privado; b) a presunção de legalidade dos atos administrativos. Exceções: multas e tributos, que exigem a intervenção judicial para sua cobrança, por meio de execução fiscal.</td></tr>
<tr><td>Tipicidade: é o atributo pelo qual o ato administrativo deve corresponder a figuras definidas previamente pela lei como aptas a produzir determinados resultados.</td></tr>
<tr><td style="display:none"></td></tr>
<tr><td>Formação e efeitos dos atos administrativos</td><td>O ato administrativo, assim como ocorre com os atos jurídicos, observa um processo de formação que define seus elementos que o compõem, a fim de que possa produzir os efeitos almejados. A formação deverá observar as seguintes fases:
a) Perfeição: é a característica do ato que concluiu o seu ciclo de formação, ou seja, atendeu todos os trâmites previstos em lei para sua constituição.
b) Validade: corresponde ao atendimento de todas as exigências legais para a edição do ato, ou seja, quando seu processo de formação guarda compatibilidade com o ordenamento jurídico.
c) Eficácia: é a aptidão para produzir efeitos no mundo jurídico imediatamente.
O ato poderá produzir efeitos que lhe são próprios ou naturais ou impróprios ou anormais. Nesta segunda situação, os efeitos serão:
a) Preliminares ou prodrômicos: quando o ato começa a produzir efeitos antes de completar seu ciclo de formação, ou seja, ainda que não esteja perfeito.
b) Em face de terceiros: quando os efeitos atingem pessoa estranha à relação jurídica principal inaugurada pelo ato administrativo.</td></tr>
</table>

Classificação dos Atos Administrativos	Critério	Espécies
Classificação dos Atos Administrativos	**Quanto aos destinatários**	a) **atos gerais ou regulamentares:** são editados sem destinatários específicos, determinados ou determináveis, sendo aplicáveis a todos os que se enquadrarem nas hipóteses reguladas pelo ato. b) **atos especiais ou individuais:** possuem destinatários determinados ou determináveis.
	Quanto ao alcance	a) **atos internos:** restringe-se à Administração Pública e, logicamente, destina-se a seus agentes e órgãos. b) **atos externos:** destina-se aos administrados que estejam abrangidos por sua incidência ou que devam produzir efeitos fora da organização administrativa.
	Quanto ao objeto ou quanto às prerrogativas da Administração	a) **atos de império**: são os atos em que a Administração atua valendo-se de sua **supremacia sobre o particular**, em nome do interesse coletivo. b) **atos de gestão:** geralmente se refere aos atos de administração de bens e de serviços públicos e atos negociais firmados com particulares, sem que haja supremacia da Administração. Apesar de esta modalidade estar inserida em algumas classificações doutrinárias, **atos de gestão não são atos administrativos**, mas atos da administração. c) **atos de expediente**: são atos que visam dar tramitação aos procedimentos em curso na administração pública, visando prepara-los para a decisão da autoridade competente.
	Quanto à margem de liberdade de atuação do agente	a) **vinculados ou regrados**: a lei preestabelece os requisitos e condições para a atuação do agente, não deixando margem de discricionariedade para sua decisão. Logo, as imposições legais absorvem quase que por completo a liberdade do administrador. b) **discricionários**: são os atos em que o agente tem, segundo critérios de conveniência e oportunidade e nos limites da lei, certa liberdade para definir os elementos motivo e objeto (**mérito administrativo**), além de permitir, conforme lições doutrinárias, a definição os destinatários, o momento de sua prática e o modo de sua realização.

<table>
<tr>
<td rowspan="3">Classificação dos Atos Administrativos</td>
<td>Quanto à estrutura</td>
<td>a) ato concreto: destina-se a regular um caso específico. Uma vez praticado, seus efeitos são esgotados.
b) ato abstrato ou normativo: aplica-se a várias situações concretas. Possuem aplicação contínua, mesmo que já tenha sido aplicado a determinadas situações.</td>
</tr>
<tr>
<td>Quanto à formação da vontade</td>
<td>a) ato simples: representa a manifestação de um único agente ou órgão (mesmo que seja colegiado).
b) ato complexo: decorre da manifestação de duas ou mais vontades produzidas por mais de um órgão ou agente, em patamar de igualdade e importância, que se fundem para formar um único ato. Ex: nomeação de Ministro do STF. Há autores, como DI PIETRO, que defendem que atos de nomeação de agentes públicos sujeitos à aprovação prévia do Poder Legislativo seria exemplo de ato composto, visto que a nomeação seria o ato principal e a aprovação seria ato secundário. Parece-nos, todavia, que a doutrina majoritária defende que se trata mesmo de ato complexo.
c) ato composto: decorre da manifestação de duas ou mais vontades, sendo uma instrumental à outra, ou seja, há um ato principal e outro acessório. Ex: aprovação de um parecer, tornando-o vinculante. Alguns autores defendem que a manifestação das vontades deve ocorrer dentro do mesmo órgão.
Atenção: atos complexos e compostos não se confundem com procedimento administrativo, que se configura em uma sequência de atos administrativos independentes e que seguem um encadeamento lógico rumo a um objetivo.</td>
</tr>
<tr>
<td>Quanto aos efeitos</td>
<td>a) ato constitutivo: cria uma situação jurídica.
b) ato extintivo ou desconstitutivo: põe fim a uma relação jurídica.
c) ato declaratório: destina-se a declarar uma situação preexistente.</td>
</tr>
</table>

Classificação dos Atos Administrativos	**Quanto aos efeitos**	d) **ato alienativo**: transfere bens ou direitos a terceiros. e) **ato modificativo**: promove a modificação de uma situação existente, mas sem suprimir direitos ou obrigações. f) **ato abdicativo**: o titular abre mão de um direito em caráter irretratável e incondicional.
Espécies de Atos Administrativos	**Atos Gerais ou Normativos**	São atos dotados das características de **generalidade e abstração**, ou seja, visam atingir sujeitos indeterminados e disciplinam hipóteses de aplicação. Enquadram-se nesta categoria: a) **Decretos**: enquadram-se os **decretos gerais**, que instruem a correta aplicação de uma lei. São espécies de decretos gerais o decreto **independente ou autônomo** como o **regulamentar ou de execução**. b) **Regulamentos**: é o conteúdo do ato, detalhando e determinando a forma de cumprimento da lei, e são postos em vigência principalmente por meio de decreto, mas também pode se exteriorizar por meio de outros atos normativos. c) **Instruções normativas**: são atos expedidos por **Ministro de Estado** para a execução das leis, decretos e regulamentos. d) **Regimentos**: são atos normativos que visam reger o funcionamento de órgãos da Administração. Sua eficácia é interna. e) **Deliberações**: são os atos normativos ou decisórios emanados de órgãos colegiados por meio de deliberação de seus membros.
	Atos Ordinatórios	Visam dar ordem à Administração, ou seja, organizar o seu funcionamento e regular a conduta de seus agentes. Possuem **eficácia interna** e decorrem do **poder hierárquico**. Enquadram-se nesta categoria: a) **portarias**: ato por meio do qual os superiores hierárquicos expedem determinações gerais ou especiais a seus subordinados, designam servidores para funções e cargos secundários e também iniciam sindicâncias e processos administrativos.

Espécies de Atos Administrativos	**Atos Ordinatórios**	b) **instruções**: ordens escritas e gerais a respeito do modo e forma de execução de determinado serviço público, expedidas por superior hierárquico com o escopo de orientar os subalternos. c) **circulares**: possuem menor generalidade que as instruções, mas possuem o mesmo objetivo: ordenamento do serviço. d) **avisos**: atos expedidos pelos Ministros de Estado a respeito de assuntos afetos a seus ministérios, assim como dar conhecimento sobre tema administrativo. e) **ordens de serviço**: são determinações especiais dirigidas aos responsáveis por obras ou serviços públicos, autorizando seu início ou estabelecendo especificações técnicas de como se dará sua realização. f) **provimentos**: atos internos, geralmente expedidos por corregedorias ou tribunais, cuja finalidade é a regularização e uniformização dos serviços. g) **ofícios**: comunicações oficiais escritas que as autoridades fazem entre si, entre subalternos e superiores e entre Administração e particulares. h) **despachos**: decisões tomadas pelas autoridades executivas frente a requerimentos e processos sujeitos à sua apreciação.
	Atos Negociais	Em tais atos a manifestação de vontade da Administração coincide com o interesse de um particular, visando à concretização de negócios jurídicos públicos ou à atribuição de certos direitos ou vantagens ao interessado. Enquadram-se nesta categoria: a) **licença**: *é o ato administrativo* **vinculado** e **definitivo** pelo qual o Poder Público, verificando que o interessado atendeu a todas as exigências legais, faculta-lhe o desempenho de atividades ou a realização de fatos materiais antes vedados ao particular. A licença poderá ter sua eficácia **temporária**, se assim a lei determinar.

Espécies de Atos Administrativos	Atos Negociais	b) **autorização**: ato administrativo **discricionário** e **precário** pelo qual o Poder Público torna possível ao pretendente a realização de certa **atividade**, **serviço** ou **utilização** de determinados bens particulares ou públicos, de seu **exclusivo ou predominante interesse**, que a lei condiciona à aquiescência prévia da Administração. c) **permissão**: ato administrativo negocial, **discricionário** e **precário**, pelo qual o Poder Público faculta ao particular a execução de serviços de interesse coletivo, ou o uso especial de bens públicos, a título gratuito ou remunerado, nas condições estabelecidas pela Administração. d) **aprovação**: ato pelo qual o Poder Público verifica a legalidade e o mérito de outro ato ou situações praticadas por órgãos, agentes, entidades e particulares. e) **admissão**: ato vinculado pelo qual se defere situação jurídica de exclusivo ou predominante interesse do particular que preencheu os requisitos legais, como no caso de ingresso em curso superior após aprovação em vestibular. f) **visto**: ato pelo qual se controla outro ato da própria Administração ou do administrado, aferindo sua legitimidade formal para dar-lhe exequibilidade. g) **homologação**: ato administrativo de controle pelo qual a autoridade superior examina a legalidade e a conveniência de ato anterior da própria Administração, de outra entidade ou particular, para dar-lhe eficácia. Não altera o conteúdo, podendo determinar o retorno a quem o praticou para sanar eventual irregularidade. h) **dispensa**: exime o particular do cumprimento de determinada obrigação exigida em lei. i) **renúncia**: extinção de crédito ou de direito próprio por parte da Administração, liberando o particular.
Espécies de Atos Administrativos	Atos Negociais	j) **protocolo administrativo**: ato pelo qual o Poder Público acerta com particular a realização de determinado empreendimento ou atividade ou a abstenção de certa conduta, no interesse recíproco de ambos.

<table>
<tr>
<td rowspan="5">Espécies de Atos Administrativos</td>
<td>Atos Enunciativos</td>
<td>São aqueles em que a Administração atesta ou certifica determinado fato, ou emite sua opinião sobre determinado tema, sem se vincular ao seu conteúdo. Enquadram-se nesta categoria:
a) atestados: expressam a comprovação de um fato ou uma situação da qual a Administração tenha conhecimento. Diferem-se das certidões por se tratar de situações ou fatos transitórios.
b) certidões: é uma cópia ou fotocópia autenticada de atos ou fatos constantes de processo, livro ou documento que se encontre em repartições públicas. Este conceito tradicional sofreu uma repaginada pela crescente informatização e, por conseguinte, na forma que vem sendo adotada para as certidões, podendo ser de inteiro teor, em resumo e até mesmo em forma de resposta a quesitos elaborados pelo particular relativamente a informações contidas em arquivos e bancos de dados públicos.
c) pareceres: manifestações, de caráter opinativo, de órgãos técnicos sobre assuntos submetidos à sua consideração.
d) apostilas: atos enunciativos ou declaratórios correspondentes a uma averbação em um documento oficial de uma situação anterior criada por lei.</td>
</tr>
<tr>
<td>Atos Punitivos</td>
<td>São os atos que contêm uma sanção imposta pela Administração àqueles que infringem disposições legais, regulamentares ou ordinatórias dos bens ou serviços públicos. Ex: multa, interdições de atividade, destruição de coisas etc. Decorrem do poder de império da Administração.</td>
</tr>
<tr>
<td colspan="2">Cumprimento de seus efeitos: situação de extinção natural do ato administrativo, por meio do esgotamento de seu conteúdo jurídico, execução material da determinação original contida no ato ou advento de condição resolutiva ou termo final.</td>
</tr>
<tr>
<td colspan="2">Renúncia: o administrado deixa de ter interesse na situação jurídica benéfica estabelecida pelo ato e o renuncia.</td>
</tr>
<tr>
<td colspan="2">Desaparecimento do sujeito ou do objeto: o sujeito ou objeto deixam de existir durante a produção de efeitos do ato administrativo.
Contraposição ou derrubada: ocorre quando há prática de outro ato administrativo contrário ao primeiro, extinguindo os efeitos deste.</td>
</tr>
</table>

Extinção do Ato Administrativo	**Cassação:** extinção de um ato válido em virtude de falta de observância por parte do administrado de condições que deveriam permanecer atendidas a fim de poder continuar desfrutando da situação jurídica.
	Caducidade: ocorre quando sobrevém norma jurídica que tornou inadmissível situação antes permitida pelo direito e outorgada ao particular pelo ato administrativo precedente. Não confundir com a caducidade aplicada ao contrato de concessão.
	Anulação ou Invalidação: a forma de extinção de um ato administrativo por outro ato (poder de autotutela) ou por decisão judicial, por motivo de **ilegalidade** ou **ilegitimidade**, em regra com retroação para desconstituição de seus efeitos (*ex tunc*).
	Revogação: é a forma de extinção de um ato administrativo legal por outro ato, efetuada somente pela Administração, em razão da existência de fato novo que o torne **inconveniente** ou **inoportuno** (razões de **mérito administrativo**), com **efeitos prospectivos** (*ex nunc*). Assim, correto afirmar que ao Poder Judiciário, no exercício de sua função típica (jurisdicional), é vedado revogar atos administrativos emanados pela Administração Pública.
Convalidação	Pela **convalidação**, também chamada de **aperfeiçoamento, saneamento** ou **sanatória**, a Administração aproveita atos administrativos com **vícios sanáveis**, de forma a confirmá-los, no todo ou em parte por meio da edição de um novo ato. Assim, a convalidação restringe-se aos **atos anuláveis** e possui **efeitos** *ex tunc*, ou seja, retroage à data da prática do ato. Parcela respeitável da doutrina entende que a convalidação é um **dever** da Administração Pública,. Ressalvam-se os **atos discricionários** com vícios sanáveis de competência, em que a autoridade competente poderá fazer novo juízo de conveniência e oportunidade sobre a manutenção ou não do ato. Admite-se a convalidação de vícios relacionados aos elementos **competência** e **forma**. Não admitem convalidação: a) atos com **desvio de finalidade**;
Convalidação	b) atos com **vício no motivo**; c) atos com **vício no objeto**, quando este for único; d) atos que **não guardem congruência entre motivo e objeto**. Além da **convalidação**, existe a possibilidade de o ato administrativo ser objeto de **conversão**, que representa a possibilidade de substituição de um ato que não cumpriu os requisitos legais, considerado **nulo**, em outro de categoria e requisitos distintos, para o qual a nulidade deixará de existir. A conversão se diferencia da convalidação, porquanto nesta o ato será **anulável** e resultará em ato da **mesma espécie**; na conversão o ato será **nulo** e será convertido em outro de **espécie distinta**.

Capítulo

VI

ORGANIZAÇÃO DA ADMINISTRAÇÃO PÚBLICA

Leia a lei: CF,

- *Arts. 37, XVI, XVII, XIX, §§ 6.º, 8.º e 9.º, 48, XI, 61, § 1.º, II, "e", 71, II, 84, VI, "a", 109, I e VIII, 150, § 2.º, 173, 175, 241; Decreto-Lei 200/67; Código de Defesa do Consumidor, art. 82, III; Lei 8.429/92, arts. 1.º e 2.º; Lei 9.427/96; Lei 9.472/97; Lei 9.478/97; Lei 9.637/98; Lei 9.649/98, art. 49; Lei 9.782/99; Lei 9.784/1999, art. 1.º, § 2.º; Lei 9.790/99; Lei 9.961/00; Lei 9.984/00; Lei 9.986/00; MP 2.156-5/01; MP 2.157-5/01; Lei 10.233/01; Código Civil, Art. 41; Lei 10.871/04; Lei 11.107/05; Lei 12.154/09; Lei Complementar 124/07; Lei Complementar 125/07; Lei 13.303/16*

1. NOÇÕES

Conforme já visto, o termo administração pública admite dois sentidos, um **objetivo** e outro **subjetivo**. Neste capítulo, analisaremos a organização da Administração Pública (grafada com letras maiúsculas), ou seja, em seu **sentido subjetivo**.

A organização administrativa refere-se, assim, à **estruturação da Administração Pública**, identificando seus elementos constitutivos e a forma como se inter-relacionam.

O processo de organização da Administração Pública baseia-se principalmente na distribuição de **competências administrativas** que visam ao pleno desempenho da **função administrativa**. Tais competências são atribuídas, normalmente por meio de lei, aos **agentes públicos**, aos **órgãos públicos** e aos **entes políticos** e **entidades administrativas**.

A organização administrativa tende à **especialização** de estruturas e agentes, de modo interno e hierarquizado, como também através da criação de pessoas jurídicas para desempenhar determinados serviços ou explorar determinado setor do mercado.

Em algumas situações, o exercício de determinadas atividades administrativas é delegado, por meio de contrato administrativo, a terceiros, visando à prestação de algum serviço público. Todavia, estes terceiros não fazem parte da Administração Pública, conquanto com esta mantenham relação jurídica.

2. ÓRGÃOS PÚBLICOS

2.1. Conceito

Para se compreender a organização administrativa, é necessária a correta fixação da ideia de órgão público.

A Administração Pública possui uma organização relativamente complexa, diante das inúmeras atribuições estabelecidas para o exercício da função administrativa. Mesmo que se adote uma visão de Estado com estrutura mais enxuta, não se pode conceber um modelo de organização administrativa em que todas as competências estejam reunidas em um único centro de poder.

Assim, visando a uma maior eficiência de organização e gestão, acontece a distribuição de competências em certos núcleos que, por sua vez, também podem ser subdivididos em outros núcleos menores, conforme haja necessidade maior especialização das variadas funções estatais. Através desse processo de escalonamento, conhecido como **desconcentração**, é que se originam os órgãos públicos.

Segundo dispõe o art. 1º, §2º da Lei 9.784/99, **órgão** é "a unidade de atuação integrante da estrutura da Administração direta e da estrutura da Administração indireta". Conforme lições de HELY LOPES MEIRELLES (2004, pp. 67-68), órgãos "são centros de competência instituídos para o desempenho de funções estatais, através de seus agentes, cuja atuação é imputada à pessoa jurídica a que pertencem. São unidades de ação com atribuições específicas na organização estatal".

Sendo o órgão um conjunto de atribuições ou competências, não se confunde com os agentes públicos que as exercem, o que leva à conclusão de que nosso ordenamento adotou a **teoria objetiva**. Assim, desaparecendo o agente público, o órgão continuará a existir e terá suas atribuições exercidas por outro agente público, o que não ocorreria se fosse adotada a **teoria subjetiva**, que apregoa serem órgãos e agentes uma única estrutura.

Pense, por exemplo, a estrutura do Poder Executivo Federal, na qual se tem a Presidência da República e os Ministérios. Por seu turno, estes órgãos também se subdividem em outros, como a Casa Civil, que integra a Presidência da República, e assim sucessivamente.

ATENÇÃO

Os órgãos públicos, como meros núcleos de competência administrativa, ***não possuem personalidade jurídica própria****, sendo destituídos também de* ***legitimidade para atuar em Juízo, em qualquer dos polos do processo****. Portanto, se algum órgão pratica ato que prejudica determinado particular, este somente poderá ingressar com ação judicial contra a pessoa jurídica em cuja estrutura o órgão está inserido, sob pena de extinção da ação sem julgamento de mérito por ilegitimidade de parte. Excepcionalmente os Tribunais admitem a legitimidade do órgão para a defesa de* ***competências, atribuições*** *e* ***prerrogativas*** *próprias, também chamada de* ***capacidade judiciária*** *ou* ***personalidade judiciária****, desde que sejam órgãos* ***independentes ou autônomos****. Ainda, o* ***Código de Defesa do Consumidor*** *admite uma espécie de legitimação extraordinária dos órgãos criados especificamente para a defesa do consumidor, visando à tutela dos interesses e direitos dos consumidores e das vítimas das relações de consumo. Por fim, não se pode esquecer que alguns órgãos, em razão de atribuições recebidas da própria Constituição, podem figurar no polo ativo de determinadas demandas judiciais, como o* ***Ministério Público*** *e a* ***Defensoria Pública****.*

POSIÇÃO DO STJ

"(...) despeito de sua capacidade processual para postular direito próprio (atos interna corporis) ou para defesa de suas prerrogativas, a Câmara de Vereadores não possui legitimidade para discutir em juízo a validade da cobrança de contribuições previdenciárias incidentes sobre a folha de pagamento dos exercentes de mandato eletivo, uma vez que desprovida de personalidade jurídica, cabendo ao Município figurar no polo ativo da referida demanda" (REsp 696.561/RN, Rel. Min. Luiz Fux, DJ de24/10/2005).

Vale ressaltar que a redação do art. 1º, § 2º da Lei 9.784/99 prevê a existência de órgãos tanto na Administração Pública Direta quanto na Indireta, tema que será analisado mais à frente.

Por fim, cumpre observar que os órgãos são integrados por agentes públicos, por meio dos quais as competências dos órgãos são exercitadas. O estudo dos agentes públicos será feito em capítulo separado.

2.2. Teoria do Órgão

O Estado, apesar de deter personalidade jurídica própria, necessita de seus agentes para exteriorizar sua vontade. Ao logo dos anos, a doutrina debruçou-se no estudo desta relação existente entre o Estado e seus agentes, surgindo algumas teorias a respeito do tema.

Em um primeiro momento, surgiu a **teoria do mandato**, baseada no contrato de mandato, regulado pelo Direito Civil, segundo o qual o mandante outorga a terceiro (mandatário), por meio de procuração, poderes para praticar atos em nome e sob a responsabilidade daquele. Aplicando-se esta mesma lógica, a teoria do mandato ensinava que o agente atuaria como mandatário do Estado. A principal crítica a esta teoria é não conseguir explicar quem outorgaria o mandato ao agente, uma vez que o Estado manifesta sua vontade exatamente por meio de seus agentes. Ainda, o Estado poderia tentar se esquivar de danos causados por seus agentes sob a alegação de que o agente público, mandatário, agiu com excesso de poderes, o que não se admite no atual estágio do Direito Administrativo.

Surgiu, então, a **teoria da representação**, que sustentava a atuação do agente público como representante do Estado, muito se assemelhando à figura do tutor e do curador de incapazes. Da mesma forma, esta teoria recebeu críticas, na medida em que a pessoa jurídica, na situação assemelhada a de um incapaz, estaria impossibilitada de outorgar validamente a sua própria representação, assim como não seria responsável em caso de excesso de poder do representante.

Face aos problemas acima apontados, surgiu a **teoria do órgão**, cujo precursor foi o alemão **Otto Von Gierke**. Segundo esta teoria, aceita atualmente pela doutrina e jurisprudência, as pessoas jurídicas expressam sua vontade através de seus próprios órgãos, titularizados por seus agentes (pessoas humanas), na forma de sua organização interna. Consequentemente, existe entre o agente público e o órgão uma **relação de imputação**, também designada como **princípio da imputação objetiva**, de modo que a atuação dos agentes públicos é atribuída diretamente ao Estado.

A teoria do órgão é bastante útil na caracterização do chamado **funcionário de fato** ou **função de fato**, em que ocorre a prática de atos por parte de agente que não possui investidura legítima em seu cargo ou emprego (Ex: agente empossado no cargo ou emprego com base em liminar judicial, que posteriormente é revogada). Neste caso, existindo a **aparência da investidura**, os atos praticados pelo agente serão considerados válidos e imputados ao órgão.

ATENÇÃO

*O mesmo não acontece com o **usurpador de função pública**, cuja conduta é enquadrada como crime (art. 328 do Código Penal). Nesta situação, os atos do usurpador **não são imputados ao Estado**, haja vista que seus atos são considerados **inexistentes** sob o ponto de vista jurídico.*

2.3. Classificação

O seguinte quadro contém as principais classificações doutrinárias dos órgãos públicos mais recorrentes em concursos públicos:

Quanto à posição estatal ou hierarquia	a) **independentes**: são representativos dos Poderes de Estado, recebendo suas atribuições diretamente da Constituição e não mantendo entre si relação de hierarquia (os mecanismos de controle são estabelecidos pela própria Constituição). Ocupam o ápice da estrutura organizacional, sendo também chamados de órgãos primários. Ex: Legislativo, Executivo e Judiciário. **Muita atenção:** a classificação em questão observa a independência sob o ponto de vista **administrativo**, ou seja, para o exercício da **função administrativa**. Logo, um juiz de direito é independente no exercício da **função jurisdicional**, mas está hierarquicamente subordinado às prescrições administrativas estabelecidas pelo Tribunal ao qual está vinculado. b) **autônomos**: são órgãos superiores, de cúpula, possuindo autonomia administrativa, financeira e técnica ou operacional, porém, atuam conforme diretrizes do órgão independente. Destacam-se no exercício das funções de planejamento, coordenação, supervisão e controle da atividade administrativa. Ex: Ministérios, Secretarias de Estado etc; c) **superiores**: possuem poder de decisão e direção na sua esfera de competência, mas sem autonomia administrativa e financeira; são subordinados hierarquicamente. Ex: gabinetes, departamentos, etc.; d) **subalternos:** geralmente possuem atribuições de mera execução, com reduzido poder decisório. Ex: seções de pessoal, expediente etc.

Quanto à estrutura	a) **simples** ou **unitários**: constituem-se em um único centro de competência, não havendo subdivisão de atribuições em sua estrutura. Ex: Conselho da República (art. 89 da CF/88); b) **compostos**: reúnem em sua estrutura mais de um órgão. Ex: Congresso Nacional, Ministério da Fazenda, etc.
Quanto à atuação funcional	a) **singulares** ou **unipessoais**: exteriorizam sua vontade por meio de um único agente. Ex: Presidência da República. b) **colegiados** ou **pluripessoais**: atuam por manifestação conjunta de vontade de seus membros. Ex: Conselho Nacional de Justiça.
Quanto à esfera ou âmbito de atuação	a) **Centrais:** possuem atuação em todo o espaço territorial do ente federativo. Ex: Ministérios, Secretaria de Governo Estadual e Municipal; b) **Locais**: possuem atuação restrita em determinada parte do território. Ex: Delegacias Regionais, Subprefeituras etc.;

2.4. Criação e extinção de órgãos

A **criação** ou **extinção** de órgãos depende de **lei** (art. 48, XI, CF), podendo sua estruturação e fixação de suas atribuições ocorrerem por **decreto do Chefe do Executivo** (art. 84, VI, "a", da CF). Na Administração Pública Federal, os projetos de lei nesta matéria são de **iniciativa privativa** do Presidente da República (arts. 61, § 1º, II, "e", da CF), aplicando-se tal previsão, por simetria, aos Estados e Municípios, ou seja, cabe aos Governadores e Prefeitos a iniciativa de projetos de lei sobre este tema.

ATENÇÃO

*A **transformação** de órgãos públicos poderá ocorrer por **ato privativo do Chefe do Executivo** (é, portanto, dispensada lei), quando tal fato administrativo se incluir no **mero processo de organização da administração pública**. Neste caso, a transformação não poderá implicar aumento de despesa nem criação ou extinção de órgãos públicos.*

A regra de criação, modificação e extinção de órgãos funciona perfeitamente para a Administração Pública Direta. No caso da Administração Pública Indireta a criação, extinção ou modificação de órgãos deve observar o que dispõem a lei de criação ou os atos constitutivos daquelas entidades cuja criação é autorizada por lei.

2.5. Concentração e desconcentração

Tanto a **concentração** quanto a **desconcentração** são **processos internos** de distribuição de competências na organização da Administração Pública Direta ou Indireta.

A **concentração** existe quando ocorre uma agregação ou convergência de atribuições em um **único órgão** no âmbito da Administração Direta ou Indireta, que passa a ter a natureza de **órgão concentrador**. Assim, possui natureza **restritiva** e ocorre dentro de uma mesma pessoa jurídica.

ATENÇÃO

A concentração geralmente é explicada como a função administrativa sendo exercida no âmbito do ente político ou da entidade administrativa ***por um único órgão****, sem divisão interna de competências, salientando os autores que o fenômeno é praticamente impossível nos dias atuais diante da complexidade da máquina estatal. Porém, se pensarmos na* ***concentração*** *como técnica de organização, em seu* ***aspecto dinâmico****, podemos concebê-la como o reverso da* ***desconcentração****, que será estudada a seguir. Por exemplo, a fusão de dois ministérios seria um fenômeno de* ***concentração,*** *na medida em que faria convergir, em um único órgão, competências que antes eram de órgãos que foram extintos.*

A **desconcentração** é um processo de natureza **ampliativa**, pela qual há uma **distribuição interna de atribuições** que antes eram conferidas a um ou mais órgãos a outros integrantes da **mesma estrutura administrativa**, geralmente com o objetivo de aperfeiçoar a gestão administrativa. Ex: criação da Secretaria da Receita Federal do Brasil no âmbito do Ministério da Fazenda.

A figura a seguir ilustra bem o que ocorre na **desconcentração**:

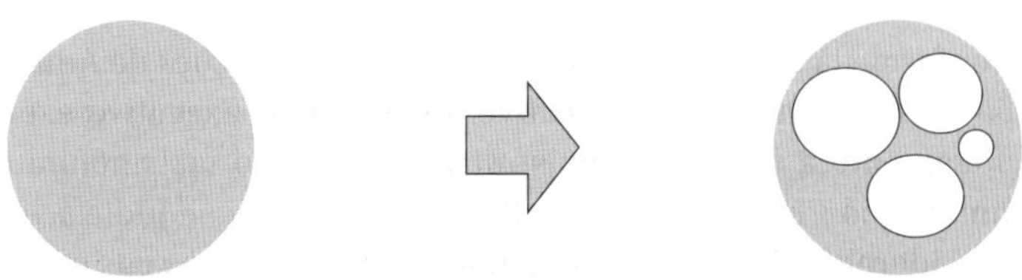

Segundo CELSO ANTÔNIO BANDEIRA DE MELLO (2006, p. 146), a **desconcentração** pode se dar em razão: a) da **matéria** ou **assunto** (Ex: Ministério da Justiça, da Saúde, da Educação, etc.); b) do **grau** ou **hierarquia**, ou seja, do nível de **responsabilidade decisória** conferido aos distintos escalões que corresponderão aos diversos **patamares de autoridade** (Ex: diretor de Departamento, diretor de Divisão, chefe de Seção, encarregado de Setor) e; c) do critério **territorial ou geográfico** (Ex: delegacia regional da Saúde em São Paulo, Minas Gerais, Rio de Janeiro etc.).

Na desconcentração existe relação de **hierarquia** entre os diversos órgãos, de modo que o controle da atividade administrativa se baseia na **autotutela**. Logo, esse **controle hierárquico** permitirá a análise da **legalidade dos atos** praticados pelos órgãos subordinados, assim como a **conveniência e oportunidade** de sua prática. Um exemplo de controle da atuação administrativa é a possibilidade de interposição de **recursos** às autoridades e órgãos superiores.

3. ADMINISTRAÇÃO PÚBLICA DIRETA E INDIRETA

3.1. Noções

O art. 37, *caput*, da CF/88 menciona a existência de uma Administração Pública Direta e Indireta em qualquer dos Poderes da União, dos Estados, do Distrito Federal e dos Municípios.

A **Administração Direta** é representada por uma **entidade política** que, por sua vez, é composta por um conjunto órgãos. Estas entidades políticas recebem suas atribuições e autonomia da própria CF/88. São a **União**, os **Estados**, **Distrito Federal** e **Municípios** (**entes federativos**).

Conforme já dito, é necessário se dissociar as noções de Administração Pública e de Poder Executivo. Apesar de o Executivo exercer precipuamente a função administrativa, isso não o faz sinônimo de Administração Pública. Assim, os Poderes Legislativo e Judiciário serão considerados Administração Pública Direta quando seus órgãos e agentes estiverem atuando de maneira atípica no exercício da função administrativa.

As **entidades políticas**, no exercício de sua capacidade de legislar, podem criar ou autorizar a criação de **entidades administrativas**, visando à adequada e eficiente prestação dos serviços públicos. A Administração Pública Indireta representa conjunto de tais entidades administrativas.

Assim, a **Administração Indireta** representa um conjunto de **entidades administrativas**, de direito público ou privado, que atuam de maneira **descentralizada** e com autonomia na prestação dos diversos serviços públicos. Nesta categoria estão enquadradas as **autarquias**, as **fundações públicas**, as **empresas públicas** e as **sociedades de economia mista**.

De um modo geral, a palavra **entidade** é empregada como sinônimo de **pessoa jurídica**. Deste modo, as entidades, tanto políticas quanto administrativas, detêm **capacidade jurídica para adquirir direitos e contrair obrigações em nome próprio**.

Importa observar que a redação do art. 37, *caput*, da CF/88 não impede que exista uma Administração Indireta nos Poderes Legislativo e Judiciário. Um exemplo são as TVs e rádios criadas, geralmente sob a forma de fundação, a fim de divulgar os trabalhos realizados pelos Poderes Legislativos.

As entidades que integram a Administração Pública Indireta **não estão subordinadas à Administração Pública Direta**. É importante não se esquecer, pois este é um tema muito recorrente em concursos públicos.

Entre a Administração Direita e Indireta há **relação de vinculação**. Existe um **controle externo** chamado de **tutela administrativa**, **controle finalístico** ou **supervisão ministerial**, que nada mais é do que uma fiscalização que os entes políticos e seus órgãos exercem sobre as entidades administrativas da administração indireta, visando ao cumprimento das suas **finalidades institucionais**, **harmonia com as diretrizes governamentais estabelecidas para o setor**, a **observância da eficiência administrativa** e **autonomia administrativa**, **operacional e financeira da entidade** (art. 26 do Decreto-Lei 200/67).

3.2. Centralização e descentralização

A atuação administrativa pode se dar por meio da Administração Direta ou Indireta.

Na **centralização**, o Estado (Administração Direta) executa **diretamente** seus serviços e atividades administrativas, fazendo-o com seus próprios recursos e por meio de órgãos e agentes públicos.

A **descentralização** representa a separação de determinado serviço público da Administração Pública Direta ou definição de setor de atividade econômica cuja exploração o Estado pretenda promover, para que sua execução ou atuação seja realizada de maneira **descentralizada** por uma **entidade administrativa**, com **personalidade jurídica própria** (de direito público ou privado), criada ou autorizada por lei para este fim específico e integrando a Administração Pública Indireta (**delegação legal**); ou, no caso dos serviços, por **particulares**, em **regime de delegação**, quando será precedida de licitação e formalizada em um contrato administrativo (**delegação negocial**).

A figura a seguir ilustra bem o que ocorre na **descentralização**:

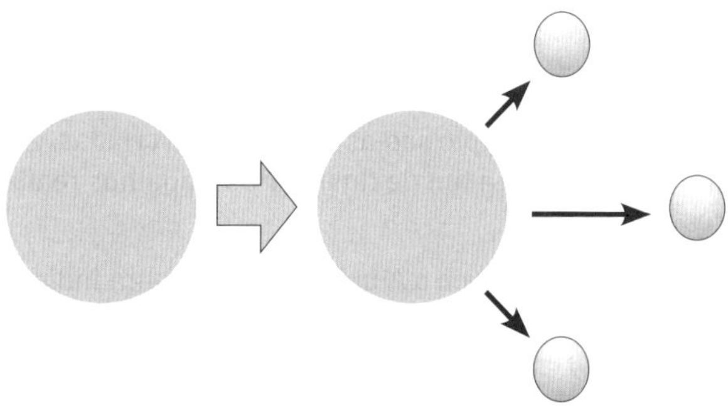

A doutrina comumente elenca três modalidades de **descentralização**:

a) **Territorial ou geográfica**: ocorre quando há a criação de uma pessoa jurídica de direito público, dotada de **capacidade administrativa genérica** (atuação em várias áreas), delimitada a um determinado território e para o exercício de funções típicas estatais. A doutrina cita como exemplo os **territórios federais** (arts. 18 e 33 da CF/88) que, conquanto não tenham sido criados, seguem este modelo de descentralização e são considerados **autarquias territoriais** ou **geográficas**.

b) **Por serviços, funcional ou técnica**: Nesta situação, a Administração Pública cria uma pessoa jurídica de direito público ou privado e lhe confere a **titularidade** e **execução** de determinado **serviço público** (daí ser denominada por alguns autores de **outorga de serviços públicos**) – somente retomando-o por meio de lei – ou para a exploração de atividade econômica. JOSÉ DOS SANTOS CARVALHO FILHO chama esta modalidade de **descentralização legal**, posto que formalizada através de lei e tem seu principal fundamento no art. 37, XIX, da CF. As entidades criadas formarão a chamada **Administração Pública Indireta**.

c) **Por colaboração ou por delegação negocial**: apenas a **execução ou exploração do serviço** é transferida ao delegatário, sendo que sua **titularidade** permanece com o ente delegante, ou seja, se o contrato é encerrado ou o ato revogado, o serviço é devolvido ao ente delegante. Esta modalidade de descentralização exterioriza-se por meio de:

   - **Negócio jurídico por prazo determinado** regrado pelo **direito público (contrato administrativo)**, mediante a **concessão** e a **permissão** de serviços públicos (art. 175, da CF/88), sempre antecedidos de licitação pública; ou
   - **Ato administrativo unilateral**, por meio de **autorização de serviço público** (art. 21, XI e XII da CF/88), que na verdade permite a **exploração** de determinado serviço público.

A descentralização administrativa corrobora o **princípio da especialidade**, segundo o qual as atividades administrativas, sempre que possível, devem ser realizadas por pessoas jurídicas autônomas, criadas ou autorizadas por lei para uma **finalidade específica**, tendo em mira a **eficiência** na prestação dos serviços públicos. Segundo previsão do Decreto-Lei 200/66, a **descentralização** é um dos princípios fundamentais da organização administrativa, no que se confundiria com o **princípio da especialidade** (alguns autores utilizam os princípios como sinônimos).

Por outro lado, o **princípio da especialidade** exige que as entidades criadas em razão da descentralização administrativa cumpram estritamente as finalidades para as quais foram criadas, vedando-se a assimilação de atividades estranhas ao seu objeto. Não poderia ser diferente, haja vista que em matéria de descentralização administrativa deve ser observado o **princípio da legalidade**.

A delegação por colaboração ou negocial será estudada no capítulo referente aos **serviços públicos**. Por ora, nos interessa o estudo das entidades criadas ou autorizadas por lei para o desempenho de determinado serviço público, integrantes da **Administração Pública Indireta**.

3.2.1. Centralização/Descentralização x Concentração/Desconcentração

É importante não confundir centralização/descentralização administrativa com concentração/desconcentração de competências. Vejamos o seguinte quadro comparativo, que ajuda a acentuar as diferenças:

Centralização	Concentração	Descentralização	Desconcentração
Entes estatais (Administração Direta) executam diretamente os serviços e as atividades administrativas, por meio de órgãos e agentes.	Processo de distribuição interna de competências, no âmbito de uma mesma pessoa jurídica, por meio do qual ocorre uma agregação de competências administrativas, antes dispersas, em um único centro.	Entes estatais delegam a outra pessoa, pública ou privada, o exercício de determinado serviço público ou constitui empresa estatal para exploração de atividade econômica (cria-se uma nova pessoa jurídica).	Processo de distribuição interna de competências, no âmbito de uma mesma pessoa jurídica, pela qual há uma distribuição interna de competências que anteriormente eram conferidas a um ou mais órgãos a outros integrantes da mesma estrutura administrativa (criam-se órgãos).

Conforme já dito, as entidades da Administração Indireta podem se subdividir em órgãos, de modo que podem suceder situações de concentração e desconcentração.

Dessa forma, têm surgido questões de concurso que conjugam os temas centralização/descentralização e concentração/desconcentração. Na tabela a seguir, resumimos as combinações que podem surgir:

Centralização Concentrada	As atividades administrativas são exercidas diretamente pelos **entes estatais**, por meio de um órgão concentrador, sem divisões internas. Esta concepção é meramente teórica, pois seria praticamente impossível que um ente federativo exercesse todas as suas atribuições sem subdivisões internas em órgãos públicos.
Centralização Desconcentrada	As atividades administrativas são exercidas diretamente pelos entes estatais, com apoio de vários órgãos especializados.
Descentralização Concentrada	Há a criação de uma pessoa jurídica para a prestação de determinado serviço público ou exploração de atividade econômica, que cumpre seus objetivos por meio de um órgão concentrador, ou seja, sem divisões internas de competência.
Descentralização Desconcentrada	Há a criação de uma pessoa jurídica para a prestação de determinado serviço público ou exploração de atividade econômica, com apoio de vários órgãos especializados.

4. ENTIDADES DA ADMINISTRAÇÃO PÚBLICA INDIRETA

4.1. Noções

Em linhas anteriores, trouxemos a definição de **Administração Pública Indireta**, que representa a **descentralização por serviço, funcional ou técnica.**

A partir do conceito trazido, é possível estabelecer as seguintes características **inerentes a todas as entidades** da Administração Pública Indireta:

a) **Personalidade jurídica própria**: neste aspecto, as entidades integrantes da Administração Indireta possuem personalidade jurídica distinta dos entes que as criaram. Ou seja, possuem capacidade jurídica, podendo adquirir direitos e contrair obrigações por si sós. Em decorrência da personalidade jurídica autônoma, tais entidades possuem patrimônio e receita próprios, assim como autonomia administrativa na gestão de seus objetivos.

b) **Criação e extinção por meio de lei específica**: segundo previsão do art. 37, XIX da CF, lei específica de cada ente federativo **cria** as autarquias e **autoriza** a criação das fundações públicas, empresas públicas e sociedades de economia mista. No primeiro caso, a aquisição da personalidade jurídica decorre da própria lei, ao passo que no segundo, a personalidade jurídica existirá a partir do **registro dos atos constitutivos** da entidade no registro público competente. A lei específica também determinará a **finalidade** da entidade criada. Por fim, observando-se o princípio do **paralelismo das formas**, somente por lei tais entidades poderão ser extintas, sendo que, no caso das entidades cuja criação é autorizada, será necessário também o arquivamento do ato extintivo perante o órgão de registro competente.

c) Possuem **patrimônio próprio**, distinto do ente que as criou.

d) **Finalidade pública**: a criação da entidade deve ter como fim alcançar o interesse público, sendo vedada a finalidade de obtenção de lucro, ainda que o objeto seja a exploração de atividade econômica. A entidade pode até obter lucro como consequência da atividade (como acontece com os bancos estatais), mas não poderá ser sua finalidade principal.

e) **Vinculação à Administração Direta**: conforme já visto, **não há hierarquia entre a Administração Pública Direta e Indireta**, mas sim, relação de **vinculação**. Porém, há uma espécie de controle que é exercido, chamado de **controle finalístico**, discutido em linhas anteriores.

O art. 4.º, II do Decreto-lei 200/67 prevê que a Administração Pública Indireta é composta de **autarquias, fundações públicas, empresas públicas** e **sociedades de economia mista**.

Os **consórcios públicos** assumem uma feição diferenciada, uma vez que podem adotar forma de pessoas jurídicas de direito público ou de direito privado. Os consórcios públicos que adotarem forma de **pessoa jurídica de direito público**, serão constituídos sob a forma de **associação pública**, integrarão a Administração Pública Indireta dos entes consorciados e lhes será aplicável o regime jurídico das autarquias (alguns autores os consideram espécies de autarquias). Por outro lado, se adotarem a forma de **pessoa jurídica de direito privado**, observarão os requisitos da lei civil, sendo aplicáveis as normas de direito público no que concerne à licitação, celebração de contratos, prestação de contas e admissão de pessoal, que será regido pela CLT (Lei 11.107/05, arts. 6.º, II e 2.º).

ATENÇÃO

A Lei 11.107/05 não prevê que os consórcios públicos de direito privado integrem a Administração Pública Indireta dos entes consorciados. Isso gerou divergência doutrinária dividindo-se os autores entre os que entendem que tais entidades mesmo assim integrariam a Administração Pública Indireta e os que pensam contrariamente.

Feitas tais considerações, passemos à análise de cada uma das entidades integrantes da Administração Pública Indireta.

4.2. Autarquias

4.2.1. Conceito

Autarquias são pessoas jurídicas de **direito público interno**, criadas por **lei específica** (art. 37, XIX, CF), às quais é atribuída, para seu melhor funcionamento, **autonomia administrativa**, **econômica** e **financeira** para o exercício de algum **serviço público típico do Estado**. Seus atos constitutivos não carecem de registro. Ex: INSS, IBAMA, INCRA, FUNAI etc.

As autarquias representam a **máxima especialização** na prestação de um determinado serviço público, uma vez que o legislador concluiu, ao criar a entidade, que a atividade administrativa não seria adequadamente prestada por meio de mera **desconcentração administrativa**.

ATENÇÃO

Conformejá ressaltado anteriormente, a CF/88 admite a existência das chamadas ***autarquias territoriais ou geográficas****, que são os territórios federais, atualmente inexistentes no Brasil, mas que podem vir a ser criados (art. 33, CF).*

Conforme veremos mais à frente, algumas autarquias possuem algumas particularidades em seu regime jurídico, daí porque são chamadas **autarquias de regime especial**. Esta situação se verifica basicamente com as **agências reguladoras** e com as **universidades**.

4.2.2. Características básicas das autarquias

Tendo por base o conceito trazido, podemos enumerar as seguintes características das autarquias:

a) **Personalidade jurídica**: as autarquias serão titulares de direitos e obrigações, pelas quais responderão, na medida em que gozam de personalidade jurídica própria (art. 41, IV da CF/88).

b) **Pessoas jurídicas de direito público:** significa dizer que será aplicável às autarquias o **regime jurídico-administrativo**. Em razão disso, as autarquias gozam, por exemplo, da chamada **imunidade recíproca**, que representa a imunidade tributária constitucional relativamente aos **impostos sobre renda, serviço e patrimônio** (art. 150, § 2º da CF/88). Por outro lado, deverão observar alguns deveres, como a necessidade de promover **licitação** para suas contratações, realizar **concurso** para o recrutamento de seu pessoal etc.

c) Criação e extinção por **lei específica**: esta previsão está contida no art. 37, XIX, da CF/88. A previsão da autarquia por meio de **lei específica** visa evitar que tais entidades sejam criadas aleatoriamente em razão de outros interesses que despontem em um projeto de lei qualquer. A personalidade jurídica das autarquias é conferida pela própria lei criadora, independendo de qualquer registro posterior.

ATENÇÃO

Na prática, a grande maioria das autarquias está vinculada ao Poder Executivo, competindo ao chefe deste poder a iniciativa de lei para sua criação e extinção (art. 61, § 1.º, II, "e" da CF/88). Porém, nada impede que Legislativo e Judiciário criem autarquias, cabendo a iniciativa do projeto de lei a cada um desses Poderes.

d) **Especialização** de seus fins: não se pode admitir a criação de autarquias para o atendimento de objetivos indeterminados, genéricos, com exceção dos **territórios federais**.

e) Prestação de um **serviço público típico do Estado**: trata-se de serviço que deve ser prestado pelo Estado e que este pode atuar no exercício de suas prerrogativas e privilégios (*ius imperii*). Ex: poder de polícia ambiental. Portanto, não se admite a criação de autarquia para a exploração de atividade econômica.

f) **Autonomia administrativa, econômica e financeira.**

g) **Capacidade processual.**

h) **Responsabilidade civil objetiva** pelos danos causados por seus agentes (art. 37, § 6.º da CF/88).

i) Seus **bens são considerados públicos**: logo, são dotados dos atributos da **impenhorabilidade, inalienabilidade** (enquanto afetados a finalidade pública) e **imprescritibilidade** (não podem ser adquiridos por meio de **usucapião**).

j) Gozam de **imunidade tributária recíproca** (art. 150, § 3.º, *in fine*, da CF/88) em relação ao patrimônio, à renda e aos serviços **vinculados a suas finalidades essenciais ou às delas decorrentes**. A imunidade abrange apenas os **impostos**.

4.2.3. Prerrogativas processuais

No que concerne às **prerrogativas processuais** concedidas ao Poder Público, temos as seguintes aplicadas às autarquias:

a) **remessa necessária** (art. 496, do CPC);

b) **prazo em dobro** para **todas as suas manifestações processuais**, cuja contagem terá início a partir da intimação pessoal, salvo previsão específica de prazo próprio para o ente público (art. 183, do CPC);

c) **desnecessidade de outorga de procuração** para representação em juízo se a representação decorrer diretamente de norma prevista na Constituição Federal ou em lei (art. 287, parágrafo único, inciso III, do CPC). **Observação**: se for defendida por advogado particular, há a necessidade de apresentação do instrumento de mandato em juízo;

d) Regras diferenciadas para **fixação de honorários de sucumbência** e **isenção de pagamento da verba honorária no cumprimento de sentença não impugnado** (art. 85, §§ 3.º e 7.º, do CPC);

e) **isenção de custas na Justiça Federal. Observação**: quando não isentas de custas, as autarquias têm a prerrogativa de realizar o pagamento de custas ao final do processo (art. 91, do CPC);

f) **desnecessidade de habilitação de créditos em falência, recuperação judicial** ou **inventário**;

g) **dispensa do depósito prévio** em sede de **ação rescisória** (art. 968, § 1.º, do CPC);

h) pagamento das condenações judiciais por meio do **regime de precatórios** ou **requisições de pequeno valor**, já que seus bens são impenhoráveis.

Cumpre ressaltar, por fim, que as autarquias federais, em regra, terão suas demandas julgadas pela Justiça Federal (art. 109, I da CF) – até mesmo nas que apenas manifestar interesse –, assim como os mandados de segurança e *habeas data* impetrados contra atos de seus agentes (art. 109, VIII da CF).

4.2.4. Regime jurídico

As autarquias serão regidas por **normas de direito público**. Logo, em decorrência deste regime deverão realizar, por exemplo, **concurso público** para admissão de seus agentes, **licitação** para a aquisição de bens e contratação de serviços e estão submetidas a **controle externo e interno** (não confundir com o **controle finalístico**).

4.2.4.1. Conselhos profissionais

Clama maior atenção, neste ponto, à situação dos **conselhos profissionais**, considerados pelo STF como **autarquias federais**, tendo em vista a natureza da fiscalização das profissões regulamentadas. Na ocasião, o STF apreciou previsões da Lei 9.649/98 que estabeleciam a aplicação de regime de direito privado aos conselhos profissionais, como sua personalidade jurídica de direito privado, completa desvinculação da Administração Pública e regime funcional regido pela CLT.

POSIÇÃO DO STF

"(...) a interpretação conjugada dos artigos 5°, XIII, 22, XVI, 21, XXIV, 70, parágrafo único, 149 e 175 da Constituição Federal, leva à conclusão, no sentido da indelegabilidade, a uma entidade privada, de atividade típica de Estado, que abrange até poder de polícia, de tributar e de punir, no que concerne ao exercício de atividades profissionais regulamentadas, como ocorre com os dispositivos impugnados" (ADI 1717-6/DF, Rel. Min. Sidney Sanches, j. em 07.11.2002).

Porém, **muita atenção com a OAB**, uma vez que o STF, no julgamento da ADI 3026-DF, classificou esta autarquia como "categoria ímpar no elenco das personalidades jurídicas existentes no direito brasileiro", **não integrante da administração indireta da União**.

POSIÇÃO DO STF

"(...) 3. A OAB não é uma entidade da Administração Indireta da União. A Ordem é um serviço público independente, categoria ímpar no elenco das personalidades jurídicas existentes no direito brasileiro. 4. A OAB não está incluída na categoria na qual se inserem essas que se tem referido como "autarquias especiais" para pretender-se afirmar equivocada independência das hoje chamadas "agências". 5. Por não consubstanciar uma entidade da Administração Indireta, a OAB não está sujeita a controle da Administração, nem a qualquer das suas partes está vinculada. Essa não-vinculação é formal e materialmente necessária. 6. A OAB ocupa-se de atividades atinentes aos advogados, que exercem função constitucionalmente privilegiada, na medida em que são indispensáveis à administração da Justiça [artigo 133 da CB/88]. É entidade cuja finalidade é afeita a atribuições, interesses e seleção de advogados. Não há ordem de relação ou dependência entre a OAB e qualquer órgão público. 7. A Ordem dos Advogados do Brasil, cujas características são autonomia e independência, não pode ser tida como congênere dos demais órgãos de fiscalização profissional. A OAB não está voltada exclusivamente a finalidades corporativas. Possui finalidade institucional. 8. Embora decorra de determinação legal, o regime estatutário imposto aos empregados da OAB não é compatível com a entidade, que é autônoma e independente. (...)" (ADI 3026-DF, Rel. Min. Eros Grau, j. em 08.06.2006).

Apesar de serem considerados **autarquias federais**, há que se ter muito cuidado em provas de concursos com relação a questões envolvendo o regime jurídico dos conselhos profissionais, que guarda algumas peculiaridades, conclusão a que se chega a partir de revisão jurisprudencial sobre o tema, com indicação a seguir dos principais pontos de vista que vem sendo adotados e mais suscetíveis de serem cobrados em provas:

a) As anuidades cobradas têm natureza de tributo, da espécie "contribuições de interesse das categorias profissionais" (REsp 1387415/SC);

b) Estão submetidos à fiscalização do TCU (STF, MS 28.469), com exceção da OAB (ADI 3026);

c) Necessitam realizar concurso público para contratação de seu pessoal (STF, MS 28.469) e instaurar prévio procedimento administrativo disciplinar para a demissão de seus funcionários (RE 838648), com exceção da OAB (ADI 3026);

d) Ainda que de âmbito nacional, não podem ajuizar ADI, ADC e ADPF, com exceção da OAB que figura no rol taxativo art. 103 da CF/88 (ADC 34, ADPF 264);

e) Não estão isentos do pagamento das custas processuais (RMS 33572);

f) Podem ajuizar ação civil pública (REsp 1388792/SE);

g) Não estão sujeitos ao regime de pagamento por meio de precatórios (RE 938837);

4.2.5. Agências Reguladoras

4.2.5.1. Noções

Na década de 90 o Estado iniciou processo de **desestatização**, que representava a transferência para a iniciativa privada de atividades indevidamente exploradas pelo poder público. Assim, diversas empresas estatais foram privatizadas, a fim de que o Estado se concentrasse em sua atividade típica.

Uma vez que o Estado se retirava gradativamente do setor produtivo, houve a necessidade de fortalecimento da função reguladora e fiscalizadora como mecanismos de intervenção estatal na economia, o que se efetivou através da criação de **agências reguladoras**.

Se em um primeiro momento a atuação das agências reguladoras focou nas atividades que foram desestatizadas, em um segundo momento elas tiveram seu objeto de atuação ampliado e passaram a abranger outros setores, como o da **aviação civil** e o **cinema**.

4.2.5.2. Conceito

As agências reguladoras são autarquias em **regime especial** que possuem como principais funções as atividades de **regulação de serviços** (ANEEL, ANATEL, ANTT, ANTAQ e ANAC), **fiscalização** (ANS, ANVISA), **controle de uso de bens públicos** (ANA) e **fomento de setores** (ANCINE) em suas respectivas áreas de atuação. Ou seja, pode-se observar que a função das agências reguladoras é bastante diversa daquelas tradicionalmente exercidas pelas entidades da administração indireta, sendo certo que algumas agências podem exercer mais de uma das atividades acima referidas.

Vale ressaltar que os Estados e Municípios também poderão criar agências reguladoras, relativamente aos serviços públicos que lhe são atribuídos pela CF/88.

As duas únicas Agências que têm previsão constitucional são a **ANP** (art. 177, § 2º, III, da CF/88) e a **ANATEL** (art. 21, XI, da CF/88).

4.2.5.3. Características

As agências reguladoras são criadas com **personalidade jurídica de direito público** e conservam as mesmas características e prerrogativas das demais autarquias.

> **ATENÇÃO**
>
> *Nem toda Agência Reguladora possui em seu nome o termo "agência". Exemplo disso é a Comissão de Valores Mobiliários (CVM), a Superintendência Nacional de Previdência Complementar (PREVIC) entre outras. Por outro lado, nem toda instituição que possui em seu nome o termo "agência" é considerada uma agência reguladora, como ocorre com a Agência de Inteligência (ABIN), Agência Espacial Brasileira (AEB) entre outras.*

Podemos destacar como características do **regime jurídico especial** destas autarquias:

a) **Maior autonomia econômico-financeira e decisória**: trata-se de garantia para que a agência reguladora não sofra ingerências indevidas por parte de órgãos da Administração Direta.

   A autonomia econômico-financeira assegura às agências reguladoras recursos próprios para o cumprimento de suas finalidades. Além de dotação específica do orçamento, as agências reguladoras geralmente são autorizadas em suas leis de criação a instituir taxas de regulação.

   A autonomia decisória indica que a própria agência reguladora resolverá, em última instância, os conflitos eventualmente existentes no setor regulado. Ou seja, em regra não cabe **recurso hierárquico impróprio** ao órgão da Administração Direta ao qual a agência reguladora está vinculada, cabendo ao interessado que não se conformar com a decisão o manejo de ação judicial.

b) **Estabilidade de seus dirigentes:** os dirigentes das agências reguladoras são nomeados pelo Presidente da República com aprovação pelo Senado Federal e terão estabilidade no cargo durante o prazo de duração de seu mandato. Vale ressaltar que dirigente será escolhido entre profissionais com amplo conhecimento sobre a matéria, sendo a estabilidade um importante mecanismo para que o dirigente atue com independência.

c) **Mandato fixo:** a lei de criação de cada agência estabelece o prazo de mandato de seus dirigentes, ou seja, não são demissíveis ad nutum. Dessa forma, os diretores das agências reguladoras somente poderão ser desligados nas hipóteses previstas em lei, quais sejam, **renúncia, condenação judicial transitada em julgado** ou **condenação em processo administrativo disciplinar.**

d) **poder normativo técnico**: as agências reguladoras expedem **normas técnicas** nas áreas que são objeto de regulação – normalmente **resoluções** – segundo as diretrizes gerais estabelecidas pelas leis pertinentes. Estas normas são de observância obrigatória por parte do setor regulado.

e) **quarentena**: trata-se de período de tempo, de 4 a 12 meses, em que os ex-dirigentes ficam vinculados à agência, mesmo após o encerramento de seus mandatos, impedidos de prestar serviços públicos no setor público ou a empresas do setor regulado. Durante o período de quarentena, o dirigente ficará vinculado à agência, percebendo remuneração integral, apesar de não prestar serviços à entidade. O dirigente que violar a quarentena incorrerá no crime de **advocacia administrativa** (art. 8.º, § 4.º da Lei 9.986/00), sem prejuízo de sanções civis e administrativas.

ATENÇÃO

*O prazo de quarentena não se aplica ao ex-dirigente **exonerado a pedido** se não houver cumprido ao menos **6 meses** de mandato (art. 8.º § 3.º da Lei 9.986/00).*

Podemos destacar também como característica peculiar das agências reguladoras federais a existência uma modalidade de licitação própria à sua atuação, denominada **consulta**.

4.2.6. Agências Executivas

Agência executiva nada mais é do que uma qualificação prevista no art. 37, § 8º da CF/88 conferida às **autarquias e fundações públicas integrantes da Administração Indireta** que hajam celebrado **contrato de gestão** com o Ministério Supervisor e possuam um **plano estratégico de reestruturação e desenvolvimento institucional**, voltado para a **melhoria da qualidade da gestão** e para a **redução de custos**, já concluído ou em andamento.

Além da maior autonomia, podemos apontar como vantagem de uma agência executiva a ampliação dos valores para contratação direta (art. 24, § 1.º da Lei 8.666/93). Todavia, as agências executivas **devem cumprir objetivos e metas fixados no contrato de gestão**, visando uma atuação mais eficiente.

O procedimento para qualificação das agências executivas é trazido pelo Decreto 2.487/98. Um exemplo de autarquia que recebeu a qualificação de agência executiva é o INMETRO.

Assim, as agências executivas não são uma espécie autônoma de entidade da Administração Pública Indireta, mas tão somente as entidades administrativas que recebem aquela qualificação.

4.3. Fundações Públicas

As fundações surgem quando um determinado patrimônio é destacado pelo fundador, ao qual é atribuída uma personalidade jurídica, visando ao atendimento de uma finalidade específica de intuito não lucrativo.

De um modo geral, a doutrina aceita a criação de **fundações públicas** ou **governamentais** sob o regime de **direito público** ou **privado**, voltadas ao atendimento de um **objetivo social**.

A **fundação pública de direito público** é criada por lei e tem natureza de **autarquia** (fundação autárquica ou autarquia fundacional), aplicando-se lhe as mesmas **prerrogativas materiais** e **processuais** conferidas às **autarquias**. Ex: FUNAI, IBGE etc. Tais fundações são comumente denominadas **fundações autárquicas** ou **autarquias fundacionais**.

A **fundação pública de direito privado**, cuja criação é autorizada em lei, possui regulamentação híbrida, com incidência de normas de direito público e privado. Ex: Fundação Padre Anchieta (mantenedora da TV Cultura).

Tem-se observado como principal critério de diferenciação entre os regimes jurídicos das fundações públicas a sua **forma de criação**: se a lei instituir a fundação, esta será de direito público; se a lei apenas autorizar a criação, a fundação pública será de direito privado, ocorrendo sua efetiva criação com o registro dos atos constitutivos no registro civil de pessoas jurídicas.

O art. 37, XIX estabelece que **lei complementar** definirá as áreas de atuação das fundações. Porém, a instituição ou autorização de instituição de fundação pública se darão por meio de **lei ordinária**.

4.3.1. Peculiaridades do regime jurídico das fundações públicas de direito privado

Conforme foi dito, as fundações públicas de direito público terão tratamento similar ao que é conferido às autarquias, razão pela qual remetemos o leitor ao estudo que já foi elaborado a respeito destas entidades.

As fundações públicas de direito privado observarão um regime híbrido, aplicando-se o regime de direito privado, porém, derrogado por algumas normas de direito público, valendo fazer as seguintes menções:

- Deverão se submeter à lei de **licitações e contratos**.
- Seus bens são considerados **privados**.
- Estão sujeitas à **tutela administrativa** (supervisão ministerial), por estarem vinculadas à Administração Direta.
- Estão sujeitas ao controle externo por parte do Poder Legislativo, exercido com auxílio do Tribunal de Contas.
- Não se sujeitam ao controle finalístico exercido pelo Ministério Público, estabelecido no art. 66 do Código Civil. Este controle já é exercido pelo ente criador.
- Segundo parcela respeitável da doutrina, aplica-se a Consolidação das Leis do Trabalho (CLT), uma vez que o regime de direito

privado demandaria maior flexibilidade para o quadro de pessoal destas fundações. Mas vale ressaltar que na ADI 2.135/DF o STF restaurou (com efeitos *ex nunc*) a redação do art. 39, *caput* da CF/88, que prevê o chamado **regime jurídico único**. Logo, como o dispositivo em questão não diferencia as fundações públicas, pode ser que o pessoal seja regido pelo regime estatutário ou celetista.

- Devem realizar **concurso público**.
- Aplica-se a vedação constitucional à **acumulação de cargos e empregos** (art. 37, XVII da CF/88).
- Não gozam de privilégios processuais.
- A responsabilidade é objetiva.
- Gozam de imunidade recíproca (art. 150, VI, "a" c/c art. 150, § 2.º).

4.4. Empresas Estatais: Empresas Públicas e Sociedades de Economia Mista

4.4.1. Noções

As empresas estatais, integrantes da Administração Indireta, congregam entidades tipicamente empresariais – logo, com personalidade de direito privado -, com dois objetivos, quais sejam, a **exploração de atividade econômica** ou **prestação de serviços públicos**.

Sob o rótulo empresas estatais a maior parte doutrina inclui as **empresas públicas** e **sociedades de economia mista**. Em razão de suas características em comum, faremos o estudo conjunto destas entidades, pontuando-se as eventuais diferenças.

A Lei 13.303/2016 disciplinou o **estatuto jurídico da empresa pública, da sociedade de economia mista e de suas subsidiárias, no âmbito da União, dos Estados, do Distrito Federal e dos Municípios**, ressalvando-se parcialmente de sua incidência, nos termos do art. 1.º, § 1.º, as empresas estatais e suas subsidiárias, que, no exercício social anterior, tiverem receita operacional bruta inferior a **R$ 90.000.000,00 (noventa milhões de reais)**. O Decreto 8.945, de 27/12/2016, regulamentou a aplicação Lei 13.303/16.

ATENÇÃO

No presente estudo, traremos as principais alterações trazidas para as empresas estatais, valendo ressaltar que aquelas que foram constituídas antes do Estatuto terão prazo de 24 (vinte e quatro) meses para promover as adaptações necessárias à nova sistemática trazida (art. 91).

*Alguns autores denominam estas entidades de "**empresas paraestatais**" ou simplesmente "**paraestatais**", mas estas terminologias estão em desuso. De qualquer modo, é importante que o leitor conheça tais terminologias, que poderão ser adotadas pelas bancas examinadoras.*

4.4.2. Espécies

Conforme já dito, incluem-se no conceito de **empresas estatais** as **empresas públicas** e as **sociedades de economia mista**.

Por variadas razões, o Estado participa da formação do capital social de algumas empresas que, porém, **não integram a Administração Indireta**. Um exemplo desta situação é a EMBRAER, cuja participação a União manteve mesmo após sua privatização em 1994, o que lhe garante um assento no Conselho de Administração da companhia e o poder de veto em determinadas matérias (ações do tipo *golden shares*), mas com poderes bastante limitados na definição da política empresarial que será adotada pela empresa de aviação.

Empresas Públicas (EP) são pessoas jurídicas de **direito privado**, constituída com capital **exclusivamente público**, cuja criação é **autorizada por lei**, sob qualquer forma jurídica admitida (LTDA, S.A. etc.), que objetivam a **prestação de serviços públicos** ou a **exploração de atividade econômica**. Ex: Caixa Econômica Federal, Infraero, Embrapa etc.

A Lei 13.303/16 trouxe o seguinte conceito de **empresa pública** (art. 3.º): empresa pública é a entidade dotada de personalidade jurídica de direito privado, com criação autorizada por lei e com patrimônio próprio, cujo capital social é integralmente detido pela União, pelos Estados, pelo Distrito Federal ou pelos Municípios.

A Lei 13.303/16 permite que do capital da empresa pública, participem outras pessoas jurídicas de direito público interno, bem como de entidades da administração indireta da União, dos Estados, do Distrito Federal e dos Municípios, **desde que a maioria do capital votante permaneça em propriedade da União, do Estado, do Distrito Federal ou do Município**.

Sociedades de Economia Mista (SEM) são pessoas jurídicas de **direito privado**, instituídas pelo Poder Público após **autorização em lei específica**, sob a forma de **sociedade anônima**, com **capitais públicos e privados** (maioria pública), visando à **exploração de atividades de natureza econômica** ou **execução de serviços públicos**. Ex: Banco do Brasil, Petrobras, Eletrobrás etc.

A lei 13.303/16 trouxe o seguinte conceito de **sociedade de economia mista** (art. 4.º): sociedade de economia mista é a entidade dotada de personalidade jurídica de direito privado, com criação autorizada por lei, sob a forma de sociedade anônima, cujas ações com direito a voto pertençam em sua maioria à União, aos Estados, ao Distrito Federal, aos Municípios ou a entidade da administração indireta.

4.4.3. Criação e extinção

A criação das empresas estatais é **autorizada** por **lei específica**, sendo que a **aquisição da personalidade jurídica** decorre do **registro dos atos constitutivos no registro competente**. Por seu turno, a extinção deve ocorrer após publicação de lei, com a respectiva baixa no registro.

A criação de subsidiárias das empresas estatais ou sua participação em empresas privadas também exige autorização legislativa, conforme dispõe o art. 37, XX, da CF/88. A doutrina e a jurisprudência do STF fixaram entendimento de que a lei que autoriza a criação da entidade poderá também permitir a constituição de subsidiárias, não sendo necessária a edição de uma nova lei específica para cada nova subsidiária.

4.4.4. Objeto

Conforme já mencionado anteriormente, as empresas estatais podem ter como objeto a **prestação de um serviço público** ou **exploração de uma atividade econômica** de interesse da sociedade.

O regime jurídico de prestação de serviços públicos será estudado em capítulo próprio.

No tocante à **exploração da atividade econômica**, é bom lembrar que a CF/88 somente autoriza **excepcionalmente** que o Estado ingresse no domínio econômico, competindo com os particulares, quando a atuação for necessária para atender **imperativos da segurança nacional** ou a **relevante interesse coletivo**, conforme definidos em lei (art. 173, *caput* da CF/88). Segundo previsão do art. 2.º, § 2.º da Lei 13.303/2016, a constituição de empresa pública ou de sociedade de economia mista, visando à exploração de atividade econômica, dependerá de **prévia autorização legal** que indique, **de forma clara**, relevante interesse coletivo ou imperativo de segurança nacional, nos termos do caput do art. 173 da Constituição Federal.

A exploração da atividade econômica consistirá na **produção ou comercialização de bens** ou de **prestação de serviços próprios da iniciativa privada** (art. 173, § 1º da CF/88).

Em algumas situações, a CF/88 permite que o Estado atue em regime de **monopólio** (art. 177) em alguns setores da economia ou na prestação de determinados serviços públicos.

4.4.5. Regime jurídico

Apesar de adotarem a personalidade jurídica de direito privado, as empresas estatais podem receber a incidência de normas de direito público ou privado, conforme o objeto explorado.

Quando explorarem **atividade econômica**, as empresas estatais serão regidas principalmente por normas de **direito privado**, parcialmente derrogadas por normas de direito público, como, por exemplo, a realização de concursos públicos. No que se refere à incidência de normas de direito privado, as empresas estatais equiparam-se às demais empresas da iniciativa privada quanto aos direitos e **obrigações comerciais**, **civis**, **trabalhistas** e **tributários**, conforme dispõe o **art. 173 da CF/88**. Além disso, empresas públicas e as sociedades de economia mista não poderão gozar de privilégios fiscais não extensivos às do setor privado, para que não haja um desequilíbrio com relação aos particulares que atuam o mesmo setor econômico.

Quando atuam na prestação de **serviços públicos**, as empresas estatais subordinam-se a uma maior incidência de **normas de direito público**, face ao **princípio da continuidade dos serviços públicos**. Por esta razão, o STF vem aplicando o regime da **impenhorabilidade dos bens** e até mesmo o privilégio da **imunidade recíproca** (art. 150, VI, "a" da CF/88) para as empresas estatais que prestem serviço público. Apesar de ainda não existir um consenso doutrinário, é possível observar-se uma tendência jurisprudencial de aproximar as empresas estatais exploradoras de serviço público do regime jurídico aplicado às autarquias, principalmente quando atuam sob o regime de monopólio, como no caso dos Correios.

Em resumo, as empresas estatais atuam sob um **regime jurídico híbrido ou misto**, com maior ou menor incidência de normas de direito público e privado conforme o objeto que explorem. Nos tópicos a seguir pode-se evidenciar este balanceamento de normas públicas e privadas.

A Lei 13.303/16 trouxe previsão no sentido de que o estatuto das empresas estatais deverá observar regras de governança corporativa, de transparência e de estruturas, práticas de gestão de riscos e de controle interno, composição da administração e, havendo acionistas, mecanismos para sua proteção. Estas ideias já são conhecidas e valorizadas pela iniciativa privada, agora aplicáveis às empresas estatais por determinação legal.

4.4.5.1. Licitação

O art. 173, § 1º, III da CF/88 prevê um **regime especial de contratação** para as emprestas estatais exploradoras de atividade econômica e prestadoras de serviços públicos, a ser instituído em um estatuto jurídico próprio. A Lei 13.303/2016 trouxe essa regulamentação, assim como casos de licitação dispensada, dispensável e inexigível, que serão estudados no capítulo de **licitações**.

4.4.5.2. Regime de pessoal

Aplica-se a **CLT** aos agentes das empresas estatais. Logo, eventuais lides que surgirem a partir da relação de emprego serão resolvidas pela Justiça do Trabalho.

Deverão observar, ainda, as seguintes regras:

a) a investidura no emprego público deve ser precedida de **concurso público** (art. 37, II da CF/88);

b) incidem as regras de **acumulação de cargos e empregos** (art. 37, XVI e XVII da CF/88);

c) observam o **teto remuneratório** se as empresas estatais receberem recursos públicos para pagamento de despesas de pessoal ou de custeio em geral (art. 37, XI e § 9.º da CF/88);

d) seus funcionários poderão praticar ato de **improbidade administrativa** (art. 2.º da Lei 8.429/92);

e) seus agentes são considerados funcionários públicos para **fins penais** (art. 327, § 1.º do Código Penal).

Os empregados públicos das empresas estatais estarão vinculados ao **Regime Geral de Previdência Social (RGPS)**.

Apesar de não possuírem **estabilidade** no emprego, nos moldes estabelecidos no art. 41 para os servidores públicos, a demissão dos empregados públicos deverá ser **motivada**, conforme já decidiu o STF.

POSIÇÃO DO STF

EMPRESA BRASILEIRA DE CORREIOS E TELÉGRAFOS – ECT. DEMISSÃO IMOTIVADA DE SEUS EMPREGADOS. IMPOSSIBILIDADE. NECESSIDADE DE MOTIVAÇÃO DA DISPENSA. RE PARCIALMENTE PROVIDO. I – Os empregados públicos não fazem jus à estabilidade prevista no art. 41 da CF, salvo aqueles admitidos em período anterior ao advento da EC nº 19/1998. Precedentes. II – Em atenção, no entanto, aos princípios da impessoalidade e isonomia, que regem a admissão por concurso público, a dispensa do empregado de empresas públicas e sociedades de economia mista que prestam serviços públicos deve ser motivada, assegurando-se, assim, que tais princípios, observados no momento daquela admissão, sejam também respeitados por ocasião da dispensa. III – A motivação do ato de dispensa, assim, visa a resguardar o empregado de uma possível quebra do postulado da impessoalidade por parte do agente estatal investido do poder de demitir. IV – Recurso extraordinário parcialmente provido para afastar a aplicação, ao caso, do art. 41 da CF, exigindo-se, entretanto, a motivação para legitimar a rescisão unilateral do contrato de trabalho (RE 589998/PI, rel. Min. RICARDO LEWANDOWSKI, j. em 20.03.2013).

4.4.5.3. Recrutamento de seus dirigentes

Uma das mais festejadas inovações trazidas pela Lei 13.303/16 foi o estabelecimento de critérios para a contratação dos dirigentes das empresas estatais. O art. 17 estabelece uma série de requisitos que os integrantes do Conselho de Administração e dos cargos da Diretoria deverão preencher, valendo destacar, dentre outros, a necessidade de comprovação de **experiência profissional por 10 (dez) anos**, no setor público ou privado, na área de atuação da empresa pública ou da sociedade de economia mista ou em área conexa àquela para a qual forem indicados em função de direção superior.

Por outro lado, a fim de evitar que a excessiva ingerência política nas estatais prejudique o escopo empresarial, o legislador vedou a participação de determinadas pessoas no Conselho de Administração, quais sejam:

I. De representante do órgão regulador ao qual a empresa pública ou a sociedade de economia mista está sujeita, de Ministro de Estado, de Secretário de Estado, de Secretário Municipal, de titular de cargo, sem vínculo permanente com o serviço público, de natureza especial ou de direção e assessoramento superior na administração pública, de dirigente estatutário de partido político e de titular de mandato no Poder Legislativo de qualquer ente da federação, ainda que licenciados do cargo, bem como de seus parentes consanguíneos e afins até o terceiro grau;

II. De pessoa que atuou, nos últimos 36 (trinta e seis) meses, como participante de estrutura decisória de partido político ou em trabalho vinculado a organização, estruturação e realização de campanha eleitoral;

III. De pessoa que exerça cargo em organização sindical;

IV. De pessoa que tenha firmado contrato ou parceria, como fornecedor ou comprador, demandante ou ofertante, de bens ou serviços de qualquer natureza, com a pessoa político-administrativa controladora da empresa pública ou da sociedade de economia mista ou com a própria empresa ou sociedade em período inferior a 3 (três) anos antes da data de nomeação;

V. De pessoa que tenha ou possa ter qualquer forma de conflito de interesse com a pessoa político-administrativa controladora da empresa pública ou da sociedade de economia mista ou com a própria empresa ou sociedade.

4.4.5.4. Controle

As empresas estatais estão sujeitas a controle, seja ele interno ou externo, independentemente do objeto explorado. Assim, as empresas estatais devem se submeter ao controle do Tribunal de Contas (art. 71 da CF/88) e do Congresso Nacional (art. 49, X da CF/88), entendimento este confirmado pelo STF no julgamento do MS 26.117/DF.

A Lei 13.303/16 ressaltou a necessidade de maior **controle interno** das empresas estatais, a ponto de prever que os estatutos das empresas públicas, das sociedades de economia mista e de suas subsidiárias deverá observar regras de governança corporativa, de transparência e de estruturas, práticas de gestão de riscos e de **controle interno**, composição da administração e, havendo acionistas, mecanismos para sua proteção, previstos na referida lei (art. 6.º).

Dentre outros mecanismos de controle, o art. 9.º da Lei 13.303/16 estabelece que as empresas estatais adotarão regras de estruturas e práticas de gestão de riscos e controle interno que abranjam: I – ação dos administradores e empregados, por meio da implementação cotidiana de práticas de controle interno; II – área responsável pela verificação de cumprimento de obrigações e de gestão de riscos; III – auditoria interna e Comitê de Auditoria Estatutário. Noutro giro, deverá ser elaborado e divulgado Código de Conduta e Integridade, contendo, no mínimo, as matérias estabelecidas nos incisos do § 1.º do art. 9.º.

4.4.5.5. Bens

Em regra, os bens das empresas estatais são considerados **privados**, logo, não incidem as prerrogativas aplicadas aos bens públicos.

Porém, no que se refere às empresas estatais **prestadoras de serviços públicos**, doutrina e jurisprudência inclinaram-se no sentido de atribuir aos **bens ligados diretamente à prestação do serviço** a mesma sistemática dos bens públicos, principalmente no que se refere à **impenhorabilidade**. Tal entendimento se fundamenta, principalmente, no **princípio da continuidade do serviço público**, que poderia ser violado se se admitisse a penhora e venda de bens vinculados diretamente à prestação do serviço, como, por exemplo, os trens da Companhia de Metrô.

Por outro lado, o STF, não vem permitindo que empresas estatais prestadoras de serviços públicos que atuem no mercado em **regime de concorrência** e que **distribuam lucros aos acionistas** se beneficiem da impenhorabilidade de seus bens.

POSIÇÃO DO STF

FINANCEIRO. SOCIEDADE DE ECONOMIA MISTA. PAGAMENTO DE VALORES POR FORÇA DE DECISÃO JUDICIAL. INAPLICABILIDADE DO REGIME DE PRECATÓRIO. ART. 100 DA CONSTITUIÇÃO. CONSTITUCIONAL E PROCESSUAL CIVIL. MATÉRIA CONSTITUCIONAL CUJA REPERCUSSÃO GERAL FOI RECONHECIDA. Os privilégios da Fazenda Pública são inextensíveis às sociedades de economia mista que executam atividades em regime de concorrência ou que tenham como objetivo distribuir lucros aos seus acionistas. Portanto, a empresa Centrais Elétricas do Norte do Brasil S.A. – Eletronorte não pode se beneficiar do sistema de pagamento por precatório de dívidas decorrentes de decisões judiciais (art. 100 da Constituição). Recurso extraordinário ao qual se nega provimento (RE 599628/DF, Repercussão Geral, Rel. p/ acórdão Min. Joaquim Barbosa, j. em 25/05/2011).

É aplicável o regime dos precatórios às sociedades de economia mista prestadoras de serviço público próprio do Estado e de natureza não concorrencial (ADPF 387/PI, Rel. Min. Gilmar Mendes, j. 23/03/2017, inf. 858)

4.4.5.6. *Responsabilidade civil*

A responsabilidade civil das empresas estatais dependerá de seu objeto: se explorarem **atividade econômica**, a responsabilidade civil será regulada pelo **direito privado** (em regra, **subjetiva**); se atuarem na **prestação de serviços públicos**, a responsabilidade civil será **objetiva** (art. 37, § 6º da CF/88).

4.4.6. *Função social das empresas estatais*

O art. 173, § 1.º, I da CF/88 estabelece a necessidade de as empresas estatais cumprirem sua **função social**, o que veio disciplinado na Lei 13.303/16 (art. 27).

A empresa pública e a sociedade de economia mista terão a função social de realização do interesse coletivo ou de atendimento a imperativo da segurança nacional expressa no instrumento de autorização legal para a sua criação, orientando-se para o alcance do bem-estar econômico e para a alocação socialmente eficiente dos recursos geridos, bem como para o seguinte: I – Ampliação economicamente sustentada do acesso de consumidores aos produtos e serviços da empresa pública ou da sociedade de economia mista; II – Desenvolvimento ou emprego de tecnologia brasileira para produção e oferta de produtos e serviços da empresa pública ou da sociedade de economia mista, sempre de maneira economicamente justificada.

Além disso, as empresas estatais deverão, nos termos da lei, adotar práticas de sustentabilidade ambiental e de responsabilidade social corporativa compatíveis com o mercado em que atuam, assim como poderão celebrar convênio ou contrato de patrocínio com pessoa física ou com pessoa jurídica para promoção de atividades culturais, sociais, esportivas, educacionais e de inovação tecnológica, desde que comprovadamente vinculadas ao fortalecimento de sua marca, observando-se, no que couber, as normas de licitação e contratos previstos na Lei 13.303/16.

4.4.6.1. Regime Tributário

A CF/88 estabelece expressamente que as empresas estatais se submetem ao regime jurídico próprio das empresas privadas, inclusive quanto aos direitos e obrigações civis, comerciais, trabalhistas e **tributários** (art. 173, § 1.º, II). Ainda, as empresas públicas e as sociedades de economia mista não poderão gozar de privilégios fiscais não extensivos às do setor privado (art. 173, § 2.º).

As empresas estatais não fazem jus, igualmente, à **imunidade recíproca**, que somente é aplicável às **autarquias** e **fundações públicas** (art. 150, VI, "a", e § 2.º da CF/88). Ocorre que nos últimos anos o STF firmou entendimentos que estenderam a imunidade recíproca às empresas estatais e sociedades de economia mista prestadoras de serviços públicos essenciais, cuja prestação é obrigatória por parte do Estado.

POSIÇÃO DO STF

(...) I. – As empresas públicas prestadoras de serviço público distinguem-se das que exercem atividade econômica. A Empresa Brasileira de Correios e Telégrafos é prestadora de serviço público de prestação obrigatória e exclusiva do Estado, motivo por que está abrangida pela imunidade tributária recíproca: C.F., art. 150, VI, a. II. – R.E. conhecido em parte e, nessa parte, provido (RE 407099/RS, rel. Min. Carlos Velloso, j. em 22.06.2004)

Uma situação bastante peculiar se deu com a Empresa Brasileira de Correios e Telégrafos (EBCT). No ano de 2013 o STF proferiu julgamento no sentido de que até mesmo os serviços **não exclusivos** prestados pela EBCT, como o banco postal, estariam abrangidos pela imunidade recíproca. A EBCT comprovou que o serviço postal e o correio aéreo nacional, de competência da União (art. 21, X), era deficitário na maior parte do Brasil, o que exigiria que a empresa buscasse novas formas de financiamento da atividade e promovesse a universalização do serviço em todo o território nacional.

POSIÇÃO DO STF

Recurso extraordinário com repercussão geral. 2. Imunidade recíproca. Empresa Brasileira de Correios e Telégrafos. 3. Distinção, para fins de tratamento normativo, entre empresas públicas prestadoras de serviço público e empresas públicas exploradoras de atividade. Precedentes. 4. Exercício simultâneo de atividades em regime de exclusividade e em concorrência com a iniciativa privada. Irrelevância. Existência de peculiaridades no serviço postal. Incidência da imunidade prevista no art. 150, VI, "a", da Constituição Federal. 5. Recurso extraordinário conhecido e provido (RE 601392 / PR, rel. p/ o acórdão Min. Gilmar Mendes, j. em 28.02.2013).

4.4.6.2. Falência

As empresas estatais não se submetem ao regime da Lei de Falências, por expressa previsão do **art. 2º, I, da Lei 11.101/05**.

4.4.6.3. Comparativo entre empresas públicas e sociedades de economia mista

De modo a facilitar o estudo do candidato, elaboramos o seguinte quadro comparativo contendo as principais **semelhanças** e **diferenças** existentes entre as empresas públicas e sociedades de economia mista:

	EMPRESAS PÚBLICAS (EP)	SOCIEDADES DE ECONOMIA MISTA (SEM)
Regime Jurídico	Direito Privado	Direito Privado
Autorização para Criação	Lei	Lei
Finalidade	Prestar serviços públicos ou explorar atividades econômicas	Prestar serviços públicos ou explorar atividades econômicas

	EMPRESAS PÚBLICAS (EP)	SOCIEDADES DE ECONOMIA MISTA (SEM)
Forma de Organização	Qualquer forma de organização civil ou comercial	Sociedade Anônima
Composição do Capital	Exclusivamente Público	Misto (Público e Privado)
Foro Competente	Art. 109, I, CF (EP federais)	Justiça Comum Estadual
Recuperação Judicial, Extrajudicial e Falências	Não se aplica (art. 2.º, I)	Não se aplica (art. 2.º, I)
Privilégios Tributários	Não gozam Exceção: EBCT (Correios)*	Não gozam
Regime Jurídico Funcional	CLT; necessidade de realização de concurso público; incide a regra de inacumulatividade de empregos com cargos ou funções públicas (art. 37, XVII, CF); os empregados são equiparados a **funcionários públicos** para fins penais (art. 327, § 1.º, CP) e considerados **agentes públicos** para fins de incidência da Lei de Improbidade Administrativa (Lei 8.429/92).	CLT; necessidade de realização de concurso público; incide a regra de inacumulatividade de empregos com cargos ou funções públicas (art. 37, XVII, CF); os empregados são equiparados a **funcionários públicos** para fins penais (art. 327, § 1.º, CP) e considerados **agentes públicos** para fins de incidência da Lei de Improbidade Administrativa (Lei 8.429/92).
Responsabilidade Civil	Prestadoras de serviços públicos: objetiva. Desempenho de atividade econômica: subjetiva.	Prestadoras de serviços públicos: objetiva. Desempenho de atividade econômica: subjetiva.

*** Após o precedente favorável aos Correios, observou-se uma verdadeira "enxurrada" de ações de empresas públicas e sociedades de economia mista que prestam serviços públicos, buscando idêntico tratamento. Tem-se observado uma análise bastante pontual do STF nestes casos, pelo que sugerimos o constante acompanhamento dos informativos de jurisprudência daquela Corte.**

4.4.6.4. Principais entendimentos relativos à Empresa Brasileira de Correios e Telégrafos (EBCT)

Considerando-se que a **Empresa Brasileira de Correios e Telégrafos** foi alvo de intensa discussão jurisprudencial nos últimos anos e que estes julgamentos são constantemente exigidos em concursos públicos, sintetizamos abaixo as principais conclusões consolidadas pelo STF:

a) seus bens são **impenhoráveis** (RE 220.906);

b) submete-se ao regime constitucional de **precatórios** no pagamento de suas dívidas judiciais (RE 220.906);

c) goza de **imunidade tributária recíproca** (ACO 765 - informativo 546), inclusive para os serviços não-exclusivos, como o banco postal (RE 601392);

d) possui **monopólio** para exploração de serviços postais (ADPF 46 - informativo 554).

e) seus empregados não gozam da estabilidade prevista no art. 41, mas sua demissão deve ser sempre motivada (RE - 589998 e RE - 559937 - informativos 699 e 576).

4.5. Consórcios Públicos

4.5.1. Definição

A Lei 11.107/05 regulamentou o art. 241 da CF/88 disciplinando a constituição e organização dos consórcios públicos.

De acordo com o conceito trazido pelo Decreto 6.017/07, consórcio público é "pessoa jurídica formada exclusivamente por entes da Federação, na forma da Lei nº 11.107/05, para estabelecer relações de cooperação federativa, inclusive a realização de objetivos de interesse comum, constituída como associação pública, com personalidade jurídica de direito público e natureza autárquica, ou como pessoa jurídica de direito privado sem fins econômicos".

Os consórcios somente podem ser integrados pelos entes federados, sendo certo que a União somente participará dos consórcios públicos em que também façam parte todos os Estados em cujos territórios estejam situados os Municípios consorciados (art. 1.º, § 2.º da Lei 11.107/05). Noutro giro, Estados não poderão consorciar-se com Municípios que não estejam localizados em seu território.

4.5.2. Espécies

Os consórcios públicos podem assumir **personalidade jurídica de direito público ou privado**.

Constituindo-se sob a forma de **associação pública**, o consórcio assumirá personalidade jurídica de **direito público** e terá **natureza de autarquia**, observando as prerrogativas destas entidades administrativas e **integrando a Administração Pública Indireta de todos os entes consorciados**.

O consórcio público também pode se constituir sob a forma pessoa jurídica de **direito privado**, observando-se o que a legislação civil dispõe sobre o tema. Porém, mesmo neste caso, o consórcio público **observará as normas de direito público** no que concerne à realização de **licitação**, celebração de **contratos**, **prestação de contas** e **admissão de pessoal**, que será regido pela Consolidação das Leis do Trabalho – CLT.

4.5.3. Etapas de criação e extinção

A criação de um consórcio público seguirá os seguintes passos:

a) subscrição de **protocolo de intenções** entre os entes interessados na constituição do consórcio: o protocolo de intenções é o **contrato preliminar** que, ratificado pelos entes da Federação interessados, converte-se em **contrato de consórcio público**. Os requisitos essenciais do protocolo de intenções estão previstos no art. 4.º da Lei 11.107/05;

b) publicação do protocolo de intenções na imprensa oficial;

c) promulgação de lei por cada um dos entes integrantes ratificando o protocolo, salvo se existir lei prévia autorizando a subscrição (art. 5.º, § 4.º da Lei 11.107/05);

d) celebração do correspondente contrato.

A alteração ou a extinção de contrato de consórcio público dependerá de instrumento aprovado pela assembleia geral, ratificado mediante lei por todos os entes consorciados (art. 12 da Lei 11.107/05).

4.5.4. *Prerrogativas*

Os consórcios públicos poderão gozar dos seguintes privilégios:

a) firmar **convênios**, **contratos**, **acordos** de qualquer natureza, receber **auxílios**, **contribuições** e **subvenções** sociais ou econômicas de outras entidades e órgãos do governo;

b) promover **desapropriações** e instituir **servidões**;

c) na definição das modalidades de licitação adequadas, os valores poderão ser duplicados ou triplicados, a depender do número de entes consorciados (art. 23, § 8º da Lei 8.666/93);

d) podem ser contratados diretamente, com **dispensa de licitação** quando celebrarem **contrato de programa** com ente da federal ou com entidade de sua administração indireta, para a prestação de serviços públicos de forma associada nos termos do autorizado em contrato de consórcio público ou em convênio de cooperação (art. 24, XXVI da Lei 8.666/93);

e) observam o **dobro** dos limites para contratação direta com **dispensa de licitação em razão do valor** (art. 24, § 1.º da Lei 8.666/93);

f) emitir documentos de cobrança e exercer atividades de **arrecadação de tarifas** e **outros preços públicos** pela prestação de serviços ou pelo uso ou outorga de uso de bens públicos por eles administrados ou, mediante autorização específica, pelo ente da Federação consorciado;

g) outorgar concessão, permissão ou autorização de obras ou serviços públicos mediante autorização prevista no contrato de consórcio público, que deverá indicar de forma específica o objeto da concessão, permissão ou autorização e as condições a que deverá atender, observada a legislação de normas gerais em vigor.

4.5.5. *Contrato de rateio e de programa*

Além do próprio contrato de criação, há a previsão de duas modalidades de contratos firmados entre os entes consorciados, quais sejam, os contratos de rateio e programa.

O **contrato de rateio** é o instrumento por meio do qual os entes consorciados assumem o compromisso de transferir recursos financeiros ao consórcio, para que este possa atingir os objetivos estabelecidos no ato de criação. Estes recursos devem integrar o orçamento do ente consorciado, sob pena de configuração de ato de improbidade administrativa (art. 10, XV da Lei 8.429/92).

O **contrato de programa** é "instrumento pelo qual devem ser constituídas e reguladas as obrigações que um ente da Federação, inclusive sua administração indireta, tenha para com outro ente da Federação, ou para com consórcio público, no âmbito da prestação de serviços públicos por meio de cooperação federativa" (art. 2º, XVI do Decreto 6.017/07). Assim, há uma prévia definição das obrigações dos participantes, visando à adequada gestão associada dos serviços públicos. O contrato de programa continuará existindo mesmo que extinto o consórcio.

5. ENTIDADES PARAESTATAIS

5.1. Noções

Apesar de sua complexa estrutura, o Estado não possui condições de atender a todas as demandas sociais, contando com o apoio de entidades de direito privado.

O **terceiro setor** é composto por entidades da sociedade civil, **sem fins lucrativos**, que se destinam à prestação de serviços de interesse coletivo e social não exclusivos do Estado, podendo receber incentivo estatal (também chamado de **fomento**) para o desempenho de tais atividades. Tais entidades são chamadas de **entes de cooperação** ou **entidades paraestatais** ("ao lado do Estado").

Vale relembrar que o **primeiro setor** é integrado pelo Estado (Administração Pública Direta e Indireta), o **segundo setor** é ocupado pela iniciativa privada atuando no **mercado** e o **terceiro setor**, como visto acima, é composto das entidades paraestatais que atuam sem intuito lucrativo.

O crescimento de parcerias do Estado com entidades do **Terceiro Setor** intensificou-se a partir da chamada **Reforma Administrativa**, que se iniciou na década de 90 e culminou com as emendas constitucionais 19 e 20 de 1998, por meio da **publicização dos serviços estatais não exclusivos**, como a educação, saúde, cultura e pesquisa científica.

Apesar das parcerias celebradas com o **Terceiro Setor**, cumpre esclarecer que as entidades paraestatais **não integram a Administração Pública**.

Quando receberem recursos públicos estas entidades estarão sujeitas ao controle por parte da Administração e do Tribunal de Contas, daí se afirmar que preponderantemente recebem o influxo de normas de direito privado, parcialmente derrogadas por normas de direito público (regime jurídico híbrido).

Apesar de existir alguma divergência na doutrina quanto à nomenclatura, o Terceiro Setor engloba basicamente os **serviços sociais autônomos**, as **entidades de apoio**, as **organizações sociais** (OS) e as **organizações da sociedade civil de interesse público** (OSCIP).

5.2. Serviços Sociais Autônomos

Os **serviços sociais autônomos** são autorizados por lei e destinados a prestar serviços sociais não exclusivos a determinadas **categorias sociais** ou **profissionais**.

Nos serviços sociais autônomos estão incluídas as chamadas entidades integrantes do sistema "S" (SESI, SENAI, SESC etc.), bem como pelas confederações que os abrangem.

O financiamento destas entidades se dá por arrecadação de **contribuições parafiscais**, autorizada em lei, e/ou diretamente por **recursos públicos**. Por esta razão, submetem-se ao controle e fiscalização do TCU.

No tocante aos serviços sociais autônomos vale destacar ainda que: a) não precisam realizar licitação para suas contratações; b) não se submetem à regra do concurso público para recrutamento de seus funcionários, mas devem manter um padrão de objetividade e eficiência na contratação e gastos com pessoal (RE 789874); c) seus funcionários são regidos pela CLT; d) não se submetem ao teto remuneratório aplicável aos agentes públicos; e) gozam de imunidade tributária prevista no art. 150, VI, "c" da CF (RE 470520); f) não possuem as prerrogativas processuais da Fazenda Pública quando atua em juízo (STF, AI 841548); g) em regra, a competência para julgar causas envolvendo os serviços sociais autônomos é da **justiça comum estadual** (RE 414375/SC e Súmula 516-STF).

5.3. Entidades de Apoio

Segundo MARIA SYLVIA DI PIETRO (2010, p. 493) "entidades de apoio podem-se entender as pessoas jurídicas de direito privado, sem fins lucrativos, instituídas por servidores públicos, porém em nome próprio, sob a forma de fundação, associação ou cooperativa, para a prestação, em caráter privado, de serviços sociais não exclusivos do Estado, mantendo vínculo jurídico com entidades da administração direta ou indireta, em regra por meio de convênio". Sua atuação se dá nas áreas de ciência, pesquisa, saúde e educação.

Apenas uma pequena correção deve ser feita no conceito acima: a partir da entrada em vigor da Lei 13.019/14, os convênios somente podem ser utilizados entre entes federativos ou a pessoas jurídicas a eles vinculadas e entidades que prestam serviços de saúde, nos termos do art. 199, § 1.º da CF/88 (art. 84-A). Segundo a sistemática desta Lei, as entidades de apoio poderiam celebrar **termos de colaboração ou de fomento** com o Poder Público ou, eventualmente, serem contratadas por **dispensa de licitação**, nos termos do art. 24, XIII da Lei 8.666/93.

As fundações de apoio são bastante comuns nas instituições públicas de ensino superior, mas nada impede que sejam constituídas em outros setores.

5.4. Organizações Sociais (OS)

O termo **organização social** nada mais é do que uma **qualificação** discricionariamente conferida a **pessoas jurídicas de direito privado, sem fins lucrativos**, cujas atividades sejam dirigidas ao **ensino**, à **pesquisa científica**, ao **desenvolvimento tecnológico**, à **proteção e preservação do meio ambiente**, à **cultura** e à **saúde**, desde que observadas as disposições da Lei 9.637/98, visando ao auxílio do setor público em sua atuação nestas áreas. Esta lei é aplicável apenas no âmbito federal, de modo que Estados e Municípios que eventualmente queriam qualificar entidades como organizações sociais deverão editar suas próprias leis.

Para que seja qualificada como **organização social**, a entidade deverá atender cumulativamente aos seguintes requisitos (art. 1.º da Lei 9.637/98):

a) Entidade de **direito privado:** poderão se constituir sob a forma de associação civil ou fundação de direito privado;

b) **Sem fins lucrativos**: mas nada impede que as entidades aufiram receitas para a satisfação de seus objetivos. O que se impede é que visem ao lucro, estando impedidas, inclusive, de distribuir bens ou parcelas de seu patrimônio líquido em qualquer hipótese.

c) Objeto vinculado ao **ensino**, à **pesquisa científica**, ao **desenvolvimento tecnológico**, à **proteção e preservação do meio ambiente**, à **cultura** e à **saúde**: tem-se entendido que o rol de atividades trazido pela Lei 9.637/98 é **taxativo**. É bom prestar bastante atenção neste rol, pois em concurso público o examinador poderá incluir dentre as atividades, por exemplo, a **assistência social**, que não autorizará a qualificação de entidade como OS se desenvolver unicamente este objeto.

Além destes requisitos gerais, o art. 2.º da Lei 9.637/98 estabelece uma série de requisitos específicos, cuja análise foge ao escopo desta obra. Recomendamos, assim, uma leitura atenta do dispositivo.

Vale ressaltar que a qualificação da entidade como OS é **ato discricionário** do Ministro ou titular de órgão supervisor ou regulador da área de atividade correspondente ao seu objeto social e do Ministro do Planejamento, Orçamento e Gestão.

Uma vez conferido o título de organização à entidade privada, é firmado com o Poder Público um instrumento de parceria denominado **contrato de gestão**, em que é autorizada a prestação de **serviços não exclusivos do Estado**, em regime de parceria que poderá implicar na cessão de **bens públicos**, **servidores públicos** e destinação **recursos orçamentários**. É bastante comum, por exemplo, as Santas Casas de Saúde receberem esta qualificação, bem como recursos humanos, materiais e financeiros do Poder Público.

O contrato de gestão deverá observar os princípios da legalidade, impessoalidade, moralidade, publicidade, economicidade, assim como os requisitos estabelecidos pelo art. 7.º da lei 9.637/98. Os Ministros de Estado ou autoridades supervisoras da área de atuação da entidade devem definir as demais cláusulas dos contratos de gestão de que sejam signatários.

ATENÇÃO

*Não se deve confundir o contrato de gestão celebrado por órgãos ou entidades da Administração Pública (art. 37, § 8.º da CF/88) com os contratos de gestão celebrados entre a Administração Pública e as entidades qualificadas como organizações sociais. Enquanto o primeiro visa conferir maior autonomia gerencial e eficiência de gestão a órgãos e entidades da Administração Pública Direta e Indireta, o segundo representa o ajuste firmado entre o Poder Público e entidade qualificada como **organização social**, visando à mútua colaboração para o desenvolvimento de projetos ligados ao **ensino**, à **pesquisa científica**, ao **desenvolvimento tecnológico**, à **proteção e preservação do meio ambiente**, à **cultura** e à **saúde**.*

O Estado permanecerá executando o serviço público objeto da parceria com a OS e fiscalizará o cumprimento do **contrato de gestão**.

A Administração Pública poderá celebrar contrato com as **OS** com dispensa de licitação para as atividades previstas no contrato de gestão (art. 24, XXIV da Lei 8.666/93).

A execução do contrato de gestão celebrado por organização social será fiscalizada pelo órgão ou entidade supervisora da área de atuação correspondente à atividade fomentada (art. 8.º da Lei 9.637/98). Os responsáveis pela fiscalização da execução do contrato de gestão, ao tomarem conhecimento de qualquer irregularidade ou ilegalidade na utilização de recursos ou bens de origem pública por organização social, dela darão ciência ao Tribunal de Contas da União, sob pena de **responsabilidade solidária** (art. 9.º da Lei 9.637/98).

O Poder Executivo poderá proceder à **desqualificação** da entidade como organização social, quando constatado o descumprimento das disposições contidas no contrato de gestão. A desqualificação será precedida de **processo administrativo**, assegurado o direito de ampla defesa, respondendo os dirigentes da organização social, **individual e solidariamente**, pelos danos ou prejuízos decorrentes de sua ação ou omissão. A desqualificação importará **reversão dos**

bens permitidos e dos **valores entregues à utilização da organização social**, sem prejuízo de outras sanções cabíveis (art. 16 da Lei 9.637/98).

5.5. Organizações da Sociedade Civil de Interesse Público (OSCIP)

Pessoas jurídicas de **direito privado, sem fins lucrativos**, podem receber **qualificação de OSCIP**, desde que os respectivos objetivos sociais e normas estatutárias atendam aos requisitos instituídos pela Lei 9.790/99. A Lei 13.019/14 acrescentou mais uma exigência para a qualificação: as entidades devem ter **sido constituídas** e se encontrarem em **funcionamento regular** há, no mínimo, **3 (três) anos**.

Uma vez conferida a qualificação, poderá ser firmado instrumento denominado **termo de parceria**, que é destinado à formação de **vínculo de cooperação** entre as partes, para o **fomento e a execução das atividades de interesse público**.

Serão consideradas atividades de interesse público: **I** – promoção da assistência social; **II** – promoção da cultura, defesa e conservação do patrimônio histórico e artístico; **III** - promoção gratuita da educação, observando-se a forma complementar de participação das organizações de que trata esta Lei; **IV** – promoção gratuita da saúde, observando-se a forma complementar de participação das organizações de que trata esta Lei; **V** - promoção da segurança alimentar e nutricional; **VI** – defesa, preservação e conservação do meio ambiente e promoção do desenvolvimento sustentável; **VII** – promoção do voluntariado; **VIII** – promoção do desenvolvimento econômico e social e combate à pobreza; **IX** – experimentação, não lucrativa, de novos modelos sócio-produtivos e de sistemas alternativos de produção, comércio, emprego e crédito; **X** – promoção de direitos estabelecidos, construção de novos direitos e assessoria jurídica gratuita de interesse suplementar; **XI** – promoção da ética, da paz, da cidadania, dos direitos humanos, da democracia e de outros valores universais; **XII** – estudos e pesquisas, desenvolvimento de tecnologias alternativas, produção e divulgação de informações e conhecimentos técnicos e científicos que digam respeito às atividades mencionadas neste artigo; **XIII** - estudos e pesquisas para o desenvolvimento, a disponibilização e a implementação de tecnologias voltadas à mobilidade de pessoas, por qualquer meio de transporte.

A Lei **9.790/99** veda expressamente que algumas entidades se qualifiquem como OSCIP, ainda que desenvolvam as atividades anteriormente enumeradas, como, por exemplo, sociedades comerciais, sindicatos, instituições religiosas, organizações partidárias etc. O conhecimento deste rol é constantemente cobrado em concursos públicos, de modo que recomendamos a leitura atenta do art. 2º da referida lei.

A Lei 9.790/99 não permite que uma mesma entidade seja qualificada simultaneamente como OSCIP e OS.

Os requisitos para que a entidade se qualifique como OSCIP estão previstos no art. 4.º da Lei 9.790/99. Uma vez atendidos os requisitos legais, deve ser formulado requerimento ao **Ministério da Justiça**, que conterá os documentos arrolados no art. 5.º da Lei 9.790/90. Nesta situação, o ato será **vinculado**, ou seja, uma vez preenchidos os requisitos legais, a entidade faz jus à qualificação como OSCIP.

Tendo sido conferida a qualificação como OSCIP, a entidade poderá firmar **termo de parceria** com o Poder Público, para o fomento e a execução das atividades de interesse público previstas no art. 3.º da Lei 9.790/99. As cláusulas essenciais do termo de parceria estão previstas no art. 10, § 2.º da Lei 9.790/99.

A execução do objeto do Termo de Parceria será acompanhada e fiscalizada por órgão do Poder Público da área de atuação correspondente à atividade fomentada, e pelos Conselhos de Políticas Públicas das áreas correspondentes de atuação existentes, em cada nível de governo. Os responsáveis pela fiscalização do Termo de Parceria, ao tomarem conhecimento de qualquer irregularidade ou ilegalidade na utilização de recursos ou bens de origem pública pela organização parceira, darão imediata ciência ao Tribunal de Contas respectivo e ao Ministério Público, sob pena de **responsabilidade solidária** (art. 12 da Lei 9.790/99).

5.5.1. Quadro comparativo entre OS e OSCIP

Elaboramos o seguinte quadro contendo as principais diferenças existentes entre as OS e as OSCIP:

Característica	Organizações Sociais (OS)	Organizações da Sociedade Civil de Interesse Público (OSCIP)
Participação do Poder Público no Conselho de Administração	Obrigatória	Não obrigatória
Instrumento de Formalização	Contrato de Gestão	Termo de Parceria
Requisitos Legais Diferenciados para a Qualificação	Não exigíveis	Apresentação do balanço patrimonial, demonstrativo de resultados do exercício e declaração de isenção do IR
Discricionariedade e Vinculação do Ato de Qualificação	Ato Discricionário	Ato Vinculado
Órgão Responsável pela Qualificação	Ministério relacionado à área de atuação da OS	Ministério da Justiça
Delegação para a Gestão de Serviço Público	Podem receber	Não podem receber
Prazo de Constituição e Funcionamento	Não há tal exigência	**3 (três) anos**, no mínimo

6. TÓPICO-SÍNTESE

<table>
<tr><th colspan="2">TÓPICO-SÍNTESE</th></tr>
<tr><td rowspan="3">Órgãos Públicos</td><td>• Conceito: órgão é “a unidade de atuação integrante da estrutura da Administração direta e da estrutura da Administração indireta” (art. 1º, §2º da Lei 9.784/99). Segundo HELY LOPES MEIRELLES, órgãos “são centros de competência instituídos para o desempenho de funções estatais, através de seus agentes, cuja atuação é imputada à pessoa jurídica a que pertencem. São unidades de ação com atribuições específicas na organização estatal”.
• Teoria do Órgão: Segundo esta teoria, as pessoas jurídicas expressam sua vontade através de seus próprios órgãos, titularizados por seus agentes, na forma de sua organização interna.</td></tr>
<tr><td>CLASSIFICAÇÃO</td></tr>
<tr><td>➔ QUANTO À POSIÇÃO ESTATAL OU HIERARQUIA:
a) independentes;
b) autônomos;
c) superiores;
d) subalternos.</td></tr>
</table>

<table>
<tr><td rowspan="5">Órgãos Públicos</td><td colspan="2">➔ QUANTO À ESTRUTURA:
a) simples ou unitários;
b) compostos.
➔ QUANTO À ATUAÇÃO FUNCIONAL:
a) singulares ou unipessoais;
b) colegiados ou pluripessoais.
➔ QUANTO À ESFERA OU ÂMBITO DE ATUAÇÃO:
a) Centrais;
b) Locais.</td></tr>
<tr><td colspan="2">CRIAÇÃO E EXTINÇÃO</td></tr>
<tr><td colspan="2">• A criação ou extinção de órgãos depende de lei (art. 48, XI, CF);
• Sua estruturação e fixação de atribuições podem ser determinadas por decreto do Chefe do Executivo (art. 84, VI, “a”, da CF).</td></tr>
<tr><td>CONCENTRAÇÃO</td><td>DESCONCENTRAÇÃO</td></tr>
<tr><td>• Existe quando ocorre uma agregação de competências administrativas, antes dispersas, em um único centro, que passa a ter a natureza de órgão concentrador.
• Possui natureza restritiva e ocorre dentro de uma mesma pessoa jurídica.</td><td>• Processo de natureza ampliativa, pela qual há uma distribuição de competências que anteriormente eram conferidas de um ou mais órgãos a outros integrantes da mesma estrutura administrativa, geralmente com o objetivo de aperfeiçoar a gestão administrativa.</td></tr>
<tr><td rowspan="3">ADMINISTRAÇÃO PÚBLICA DIRETA E INDIRETA</td><td colspan="2">• Administração Direta é representada por uma entidade política que, por sua vez, é composta por um conjunto órgãos para o desempenho de suas atribuições. Os entes federativos são: a União, os Estados, Distrito Federal e Municípios.
• Administração Indireta representa um conjunto de entidades administrativas, de direito público ou privado, que atuam de maneira descentralizada e com autonomia na prestação dos diversos serviços públicos. Nesta categoria estão enquadradas as autarquias, as fundações públicas, as empresas públicas e as sociedades de economia mista.</td></tr>
<tr><td>CENTRALIZAÇÃO</td><td>DESCENTRALIZAÇÃO</td></tr>
<tr><td>Entes estatais (Administração Direta) exercem diretamente as atividades administrativas, por meio de órgãos e agente.</td><td>Entes estatais delegam a outra pessoa, pública ou privada, o exercício de determinado serviço público ou constitui empresa estatal para exploração de atividade econômica (cria-se uma nova pessoa jurídica)</td></tr>
</table>

<table>
<tr><td rowspan="2">ADMINISTRAÇÃO PÚBLICA DIRETA E INDIRETA</td><td>AUTARQUIAS</td></tr>
<tr><td>➔ CARACTERÍSTICAS:
a) pessoas jurídicas de direito público interno;
b) possuem patrimônio próprio;
c) criadas e extintas por lei específica;
d) possuem autonomia administrativa, econômica e financeira;
e) prestam um serviço público típico do Estado;
f) possuem capacidade processual;
g) responsabilidade civil objetiva;
h) seus bens são considerados públicos;
i) gozam de personalidade jurídica própria;
j) gozam de imunidade tributária recíproca em relação ao patrimônio, à renda e aos serviços vinculados a suas finalidades essenciais ou às delas decorrente.</td></tr>
<tr><td rowspan="6">ENTIDADES DA ADMINISTRAÇÃO PÚBLICA INDIRETA</td><td>AUTARQUIAS</td></tr>
<tr><td>➔ PRERROGATIVAS PROCESSUAIS: a) remessa necessária; b) prazo em dobro para todas as manifestações processuais; c) desnecessidade de outorga de procuração; d) Regras diferenciadas para fixação de honorários de sucumbência e isenção de pagamento da verba honorária no cumprimento de sentença não impugnado; e) isenção de custas na Justiça Federal; f) desnecessidade de habilitação de créditos em falência, recuperação judicial ou inventário; g) dispensa do depósito prévio em sede de ação rescisória; h) pagamento das condenações judiciais por meio do regime de precatórios ou requisições de pequeno valor, já que seus bens são impenhoráveis.
➔ REGIME JURÍDICO: serão regidas por normas de direito público.</td></tr>
<tr><td>AGÊNCIAS REGULADORAS</td></tr>
<tr><td>• Conceito: são autarquias em regime especial que possuem como principais funções as atividades de regulação de serviços, fiscalização, controle de uso de bens públicos e fomento de setores em suas respectivas áreas de atuação.
• Características: a) Maior autonomia econômico-financeira e decisória; b) Estabilidade de seus dirigentes; c) Mandato fixo; d) poder normativo técnico; e) quarentena para os seus ex-dirigentes.</td></tr>
<tr><td>AGÊNCIAS EXECUTIVAS</td></tr>
<tr><td>Qualificação conferida às autarquias e fundações públicas integrantes da Administração Indireta que hajam celebrado contrato de gestão com o Ministério Supervisor e possuam um plano estratégico de reestruturação e desenvolvimento institucional, voltado para a melhoria da qualidade da gestão e para a redução de custos, já concluído ou em andamento.</td></tr>
</table>

<table>
<tr><td rowspan="2">**ENTIDADES DA ADMINISTRAÇÃO PÚBLICA INDIRETA**</td><td>**FUNDAÇÕES PÚBLICAS**</td></tr>
<tr><td>

- Surgem quando um determinado patrimônio é destacado pelo fundador, ao qual é atribuído uma personalidade jurídica, visando ao atendimento de uma finalidade específica de intuito não-lucrativo.
- **Fundação pública de direito público** → criada por lei → tem natureza de **autarquia** → aplicando-se-lhe as mesmas **prerrogativas materiais** e **processuais** conferidas às **autarquias**.
- **Fundação pública de direito privado** → criação autorizada em lei → regulamentação híbrida, com incidência de normas de direito público e privado.
- **Empresas Públicas (EP):** a) pessoas jurídicas de direito privado; b) constituída com capital exclusivamente público; c) criação é autorizada por lei, sob qualquer forma jurídica admitida; d) objetivam a prestação de serviços públicos ou a exploração de atividade econômica.
- **Sociedades de Economia Mista (SEM):** a) são pessoas jurídicas de direito privado; b) instituídas pelo Poder Público após autorização em lei específica; c) sob a forma de sociedade anônima; d) com capitais públicos e privados (maioria pública); e) visando à exploração de atividades de natureza econômica ou execução de serviços públicos.
- **Criação:** as empresas estatais são autorizadas por lei, sendo que sua criação efetiva ocorre com o registro dos atos constitutivos no registro competente.
- **Extinção:** ocorre após publicação de lei, com a respectiva baixa no registro.
- **Objeto:** as empresas estatais podem ter como objeto a exploração de um serviço público ou de uma atividade econômica.
- **Regime Jurídico:** as empresas estatais atuam sob um regime jurídico híbrido ou misto, com maior ou menor incidência de normas de direito público e privado conforme o objeto que explorem. Segundo a Lei 13.303/16, o estatuto das empresas estatais deverá observar regras de governança corporativa, de transparência e de estruturas, práticas de gestão de riscos e de controle interno, composição da administração e, havendo acionistas, mecanismos para sua proteção.
- **Licitação:** O art. 173, § 1º, III da CF/88 prevê um **regime especial de contratação** para as empresas estatais exploradoras de atividade econômica e prestadoras de serviços públicos, a ser instituído em um estatuto jurídico próprio. A Lei 13.303/2016 trouxe essa regulamentação, assim como casos de licitação dispensada, dispensável e inexigível.

</td></tr>
</table>

<table>
<tr><td rowspan="6">ENTIDADES DA ADMINISTRAÇÃO PÚBLICA INDIRETA</td><td>EMPRESAS ESTATAIS:
EMPRESAS PÚBLICAS E SOCIEDADES DE ECONOMIA MISTA</td></tr>
<tr><td>• Regime de pessoal: aplica-se a CLT aos agentes das empresas estatais. Deverão observar, ainda, as seguintes regras: a) a investidura no emprego público deve ser precedida de concurso público; b) incidem as regras de acumulação de cargos e empregos; c) observam o teto remuneratório se as empresas estatais receberem recursos públicos para pagamento de despesas de pessoal ou de custeio em geral; d) seus funcionários poderão praticar ato de improbidade administrativa; e) seus agentes são considerados funcionários públicos para fins penais.</td></tr>
<tr><td>• Controle: as empresas estatais estão sujeitas a controle, seja ele interno ou externo, independentemente do objeto explorado.
• Bens: Em regra, os bens das empresas estatais são considerados privados, logo, não incidem as prerrogativas aplicadas aos bens públicos.
• Responsabilidade civil: a) subjetiva se explorarem atividade econômica; b) objetiva se atuarem na prestação de serviços públicos.
• Falência: as empresas estatais não se submetem ao regime da Lei de Falências, por expressa previsão do art. 2º, I, da Lei 11.101/05.</td></tr>
<tr><td>CONSÓRCIOS PÚBLICOS</td></tr>
<tr><td>• Definição: é “pessoa jurídica formada exclusivamente por entes da Federação, na forma da Lei nº 11.107/05, para estabelecer relações de cooperação federativa, inclusive a realização de objetivos de interesse comum, constituída como associação pública, com personalidade jurídica de direito público e natureza autárquica, ou como pessoa jurídica de direito privado sem fins econômicos”. (Decreto 6.017/07)
• Espécies: podem assumir personalidade jurídica de direito público ou privado.
• Etapas de criação: a) subscrição de protocolo de intenções entre os entes interessados na constituição do consórcio; b) publicação do protocolo de intenções na imprensa oficial; c) promulgação de lei por cada um dos entes integrantes ratificando o protocolo, salvo se existir lei prévia autorizando a subscrição; d) celebração do correspondente contrato.</td></tr>
<tr><td>• Extinção: A alteração ou a extinção de contrato de consórcio público dependerá de instrumento aprovado pela assembleia geral, ratificado mediante lei por todos os entes consorciados.</td></tr>
</table>

ENTIDADES DA ADMINISTRAÇÃO PÚBLICA INDIRETA	• **Prerrogativas:** a) firmar convênios, contratos, acordos de qualquer natureza, receber auxílios, contribuições e subvenções sociais ou econômicas de outras entidades e órgãos do governo; b) promover desapropriações e instituir servidões; c) na definição das modalidades de licitação adequados, os valores para cada modalidade poderão ser duplicados ou triplicados, a depender do número de entes consorciados (art. 23, § 8º da Lei 8.666/93); d) podem ser contratados diretamente, com dispensa de licitação (art. 24, XXVI da Lei 8.666/93); e) observam o dobro dos limites para contratação direta com dispensa de licitação em razão do valor (art. 24, § 1.º da Lei 8.666/93); f) emitir documentos de cobrança e exercer atividades de arrecadação de tarifas e outros preços públicos pela prestação de serviços ou pelo uso ou outorga de uso de bens públicos por eles administrados ou, mediante autorização específica, pelo ente da Federação consorciado; g) outorgar concessão, permissão ou autorização de obras ou serviços públicos mediante autorização prevista no contrato de consórcio público, que deverá indicar de forma específica o objeto da concessão, permissão ou autorização e as condições a que deverá atender, observada a legislação de normas gerais em vigor. • **Contrato de rateio e de programa:** além do próprio contrato de criação, há a previsão de duas modalidades de contratos firmados entre os entes consorciados: os contratos de rateio e programa. • **Serviços Sociais Autônomos:** autorizados por lei e destinados a prestar serviços sociais não exclusivos a determinadas categorias sociais ou profissionais. Nos serviços sociais autônomos estão incluídas as chamadas entidades integrantes do sistema "S" (SESI, SENAI, SESC etc.), bem como pelas confederações que os abrangem. O financiamento destas entidades se dá por arrecadação de contribuições parafiscais, autorizada em lei, e/ou diretamente por recursos públicos. • **Entidades de Apoio:** segundo MARIA SYLVIA DI PIETRO "entidades de apoio podem-se entender as pessoas jurídicas de direito privado, sem fins lucrativos, instituídas por servidores públicos, porém em nome próprio, sob a forma de fundação, associação ou cooperativa, para a prestação, em caráter privado, de serviços sociais não exclusivos do Estado, mantendo vínculo jurídico com entidades da administração direta ou indireta, em regra por meio de convênio".
ENTIDADES PARAESTATAIS	• Atuantes nas áreas de ciência, pesquisa, saúde e educação. Com a entrada em vigor da Lei 13.019/14, os convênios somente podem ser utilizados entre entes federativos ou a pessoas jurídicas a eles vinculadas e entidades que prestam serviços de saúde, nos termos do art. 199, § 1.º da CF/88 (art. 84-A). Segundo a sistemática desta Lei, as entidades de apoio poderiam celebrar **termos de colaboração ou de fomento** com o Poder Público ou, eventualmente, serem contratadas por **dispensa de licitação**.

ENTIDADES PARAESTATAIS	• **Organizações Sociais (OS):** o termo organização social nada mais é do que uma qualificação discricionariamente conferida a pessoas jurídicas de direito privado, sem fins lucrativos, cujas atividades sejam dirigidas ao ensino, à pesquisa científica, ao desenvolvimento tecnológico, à proteção e preservação do meio ambiente, à cultura e à saúde, desde que observadas as disposições da Lei 9.637/98, visando ao auxílio do setor público em sua atuação nestas áreas. Conferido o título de organização à entidade privada, é firmado com o Poder Público um contrato de gestão, em que é autorizada a prestação de serviços não exclusivos do Estado, que poderá ser acompanhada da cessão de bens públicos, servidores públicos e destinação recursos orçamentários. A Administração Pública poderá celebrar contrato com as OS com dispensa de licitação para as atividades previstas no contrato de gestão (art. 24, XXIV da Lei 8.666/93). • **Organizações da Sociedade Civil de Interesse Público (OSCIP):** pessoas jurídicas de direito privado, sem fins lucrativos, podem receber qualificação de OSCIP, desde que os respectivos objetivos sociais e normas estatutárias atendam aos requisitos instituídos pela Lei 9.790/99. A Lei 13.019/14 acrescentou mais uma exigência para a qualificação: as entidades devem ter sido constituídas e se encontrarem em funcionamento regular há, no mínimo, 3 (três) anos. Uma vez conferida a qualificação, poderá ser firmado instrumento denominado termo de parceria, que é destinado à formação de vínculo de cooperação entre as partes, para o fomento e a execução das atividades de interesse público.

Capítulo

VII

AGENTES PÚBLICOS

Leia a lei:

- *Art. 37-41, 169 CF e 19 ADCT CF, a Lei 8.745/93, Lei 9.962/00.*

1. NOÇÕES

Os agentes públicos representam um importante pilar na organização da Administração Pública. Em razão disso, este é um dos temas mais detalhados pelo texto constitucional.

Neste capítulo analisaremos os principais temas jurídicos envolvendo os agentes públicos e cobrados em concursos.

2. AGENTE PÚBLICO

2.1. Conceito

Pode-se definir agente público como "todo aquele que exerce, ainda que transitoriamente ou sem remuneração, por eleição, nomeação, designação, contratação ou qualquer forma de investidura ou vínculo, mandato, cargo emprego ou função pública" (ALEXANDRINO, PAULO, 2007, p. 73).

Trata-se de designação geral de todos aqueles que, ao menos de modo transitório, vinculam-se à Administração e prestam atividade voltada à satisfação do interesse público.

Conforme já estudado, a atuação dos agentes públicos é imputada ao Estado. Logo, os atos dos agentes públicos estão sujeitos ao regime jurídico da responsabilidade civil do Estado e estão sujeitos ao controle judicial, em especial, pelos remédios constitucionais, como o mandado de segurança, ação popular e mandado de injunção.

2.2. Classificação

A classificação de agentes públicos mais tradicional e cobrada em concursos públicos envolve as seguintes categorias:

a) **Agentes políticos**: recebem suas atribuições diretamente da CF/88 (**funções típicas de governo**) e são responsáveis pela definição e direcionamento das políticas públicas estatais. Possuem uma relação jurídico-institucional transitória com o Estado, diversa dos demais agentes públicos, e geralmente são investidos em seus cargos por meio de **eleição**, **nomeação** ou **designação**. Exemplo: presidente, governadores, prefeitos, ministros, etc.

ATENÇÃO

Alguns autores incluem nesta categoria os membros da Magistratura, Ministério Público e Tribunais de Contas, em razão de tais agentes exercerem, com autonomia, atribuições recebidas diretamente da Constituição e que representam verdadeiras parcelas da soberania do Estado. Acreditamos que a bancas tendem a evitar adotar este ponto de vista, porque se trata de posição minoritária na doutrina. De qualquer modo, é importante o candidato conhecer este entendimento, que pode ser cobrado nos concursos das referidas carreiras.

b) **Servidores públicos**: em **sentido amplo**, são todas as pessoas físicas que prestam serviços ao Estado em decorrência de algum vínculo de trabalho e mediante remuneração paga pelos cofres públicos (DI PIETRO, p. 513).

Subdividem-se os **Servidores Públicos** em:

i. **Servidores estatutários ou servidores públicos em sentido estrito**: regidos por um regime estatutário, são titulares de cargos públicos. No âmbito federal, o estatuto dos servidores públicos em sentido estrito é estabelecido pela

Lei 8.112/90. Esta lei atribuiu a expressão servidor público como sinônimo de titular de cargo público (art. 2.º).

ii. **Empregados públicos**: a relação contratual é regida pela CLT, tendo natureza de emprego público. Ex: empregados da Caixa Econômica Federal. A contratação de empregados públicos está regulada, no âmbito federal, pela Lei 9.962/00.

iii. **Servidores temporários**: estão submetidos a regime jurídico especial, desempenhando uma mera função. Ex: agentes de combates a endemias. No âmbito federal, a Lei 8.745/93 regulamenta a contratação por tempo determinado para atender à necessidade temporária de excepcional interesse público.

c) **Militares**: neste grupo se enquadram as pessoas físicas que prestam serviços às Forças Armadas – Marinha, Exército e Aeronáutica (art. 142, caput, e § 3º, da Constituição) – e às Polícias Militares e Corpos de Bombeiros Militares dos Estados, Distrito Federal e dos Territórios (art. 42), com vínculo estatutário sujeito a regime jurídico próprio, mediante remuneração paga pelos cofres públicos (DI PIETRO, p. 517).

ATENÇÃO

*Compete à **União** organizar e manter a polícia civil, a polícia militar e o corpo de bombeiros militar do Distrito Federal (art. 21, XIV da CF/88). Este assunto é recorrente em questões objetivas de concursos.*

POSIÇÃO DO STF

***Súmula Vinculante 39:** Compete privativamente à União legislar sobre vencimentos dos membros das polícias civil e militar e do corpo de bombeiros militar do Distrito Federal.*

Em razão das especificidades da função militar, sua organização de pessoal é baseada na **hierarquia** e **disciplina**. Vale destacar que não são imediatamente extensíveis aos militares os direitos e as prerrogativas concedidas aos servidores públicos.

Estes, contudo, têm, por expressa previsão constitucional, direito ao décimo terceiro salário, ao salário família, licença gestante e paternidade, gozo de férias anuais remuneradas com um terço de acréscimo e assistência gratuita aos filhos e dependentes desde o nascimento até 5 (cinco) anos de idade em creches e pré-escolas (art. 142, § 3.º, VIII da CF/88). Além disso, podem gozar de outros direitos estabelecidos por lei.

Porém, não é possível aos militares a filiação partidária, a formação de sindicatos e a realização de greve. No tocante a esta última vedação, em julgamento realizado em sede de repercussão geral o STF ratificou a impossibilidade do exercício do direito de greve por parte dos militares e de todos os servidores que atuem na área de segurança pública, tornando, porém, obrigatória a participação do poder público em mediação instaurada por órgãos de classe das respectivas carreiras.

POSIÇÃO DO STF

"1 - O exercício do direito de greve, sob qualquer forma ou modalidade, é vedado aos policiais civis e a todos os servidores públicos que atuem diretamente na área de segurança pública. 2 - É obrigatória a participação do Poder Público em medi-ação instaurada pelos órgãos classistas das carreiras de segurança pública, nos termos do art. 165 do CPC, para vocalização dos interesses da categoria" (ARE 654432/GO, rel. para o acórdão Min. Alexandre de Moraes, j. 05/04/2017, repercussão geral, inf. 860).

d) **particulares em colaboração com o poder público**: Compreendem as pessoas físicas que prestam serviço ao Estado, sem vínculo empregatício, com ou sem remuneração. Podem atuar por:

i) **delegação do Poder Público**: exercem função em nome próprio, sob fiscalização do Poder Público, e recebem remuneração de terceiros usuários do serviço público. Ex: notários, registradores, leiloeiros, tradutores etc.;

ii) **requisição, nomeação ou designação**: exercício de funções públicas relevantes, não tem vínculo empregatício e em geral não recebem remuneração. Ex: jurados, mesários, comissários de menores, etc.;

iii) **gestores de negócios**: espontaneamente assumem função pública em momento de emergência, como epidemia, enchente, etc.

HELY LOPES MEIRELLES arrola **como particulares em colaboração com o poder Público** os: a) **agentes honoríficos**: prestam, transitoriamente e normalmente sem remuneração, um múnus público ou um serviço público relevante. Ex: jurados, mesários, etc.; b) **agentes delegados**: exercem função em nome próprio, sob fiscalização do Poder Público, e recebem remuneração de terceiros usuários do serviço público; c) **agentes credenciados**: representam a Administração em determinado ato ou praticam determinada atividade específica.

A Constituição não emprega o termo funcionário público, ainda mencionado por legislação esparsa, que antes da CF/88 era utilizado no sentido de servidor público estatutário. O termo funcionário público é utilizado no âmbito penal e possui ampla abrangência, nos termos definidos pelo art. 327 do Código Penal.

Para evitar confusões de terminologia, vale se atentar ao seguinte quadro, que se baseia em definições legais:

Dispositivo	Conteúdo	Acepção
Lei 8.112/90 – art. 2.º	"Para os efeitos desta Lei, servidor é a pessoa legalmente investida em cargo público".	**Estrita**
Lei 8.429/92 (Improbidade Administrativa) – art. 2.º	"Reputa-se agente público, para os efeitos desta lei, todo aquele que exerce, ainda que transitoriamente ou sem remuneração, por eleição, nomeação, designação, contratação ou qualquer outra forma de investidura ou vínculo, mandato, cargo, emprego ou função nas entidades mencionadas no artigo anterior".	**Ampla**
Código Penal – art. 327	"Considera-se funcionário público, para os efeitos penais, quem, embora transitoriamente ou sem remuneração, exerce cargo, emprego ou função pública".	**Ampla**

2.3. Regime Jurídico

A expressão **regime jurídico**, quando relacionada ao tema Agentes Públicos, refere-se ao tipo de relação que se estabelece entre a Administração e seus servidores em sentido amplo. Cada ente federativo é competente para estabelecer, por lei, este regime jurídico.

Quando a CF/88 foi promulgada, havia a exigência de que União, Estados, Distrito Federal e Municípios adotassem um **regime jurídico único** para regular a situação funcional de seus agentes (art. 39, caput). A União, por exemplo, desde o início adotou o **regime estatutário** (regido pela Lei 8.112/90).

Com a EC 19/98, deixou de existir o regime jurídico único, permitindo-se que os entes adotassem concomitantemente mais de um regime. No âmbito federal o regime de emprego público chegou a ser regulamentado pela Lei 9.962/00.

Todavia, foi proposta ação direta de inconstitucionalidade questionando, principalmente, a validade formal da EC 19/98 (ADI 2135), sob o argumento de que não houve aprovação da emenda pela necessária maioria de 3/5 da Câmara dos Deputados. O plenário do STF, em 02.08.2007, concedeu liminar, suspendendo a nova redação dada ao art. 39, *caput* da CF/88, restabelecendo-se, assim, a redação original do dispositivo e, logicamente, a previsão do regime jurídico único.

Entretanto, a medida liminar foi concedida com **efeitos *ex nunc***, esclarecendo a Ministra Ellen Gracie que, por ora, a suspensão valeria a partir do julgamento plenário que apreciou o pedido de liminar, ou seja, toda a legislação editada durante a vigência do artigo 39, *caput*, com a redação da EC 19/98, permanece ainda válida. Desta forma, o STF resguardou as situações consolidadas após a alteração constitucional, até que haja o julgamento do mérito da ADI, o que ainda não ocorreu.

Assim, no momento, vige o Regime Jurídico Único, resguardados os casos consolidados entre a promulgação da EC/98 e a liminar concedida pelo STF em 02.08.2007.

Vale fazer menção à situação dos servidores temporários que, conforme veremos, exercem **funções públicas**, mas não titularizam cargos ou empregos públicos. Tais agentes são regidos por um **regime jurídico especial**, criado por meio de lei específica de cada ente da federação, e estão vinculados ao **Regime Geral de Previdência Social**, no tocante ao sistema de previdência.

3. CARGOS, EMPREGOS E FUNÇÕES

É muito comum a confusão em relação aos referidos termos, que, contudo, têm sentidos diversos, sendo todos muito importantes para a compreensão da dinâmica administrativa em relação ao seu corpo de agentes.

Logo, atente-se a estas três expressões citadas constantemente no texto da CF/88, a seguir analisadas.

3.1. Cargo Público

Cargo público é a unidade mais simples e indivisível de competência administrativa, estando presentes apenas em pessoas jurídicas de Direito Público.

Os **cargos públicos** representam um conjunto de atribuições e responsabilidades, **criadas por lei ou resolução** (só para o Poder Legislativo - Art. 51, inciso IV, e Art. 52, inciso XIII), previstas na estrutura organizacional de determinado ente e regidas por um regime jurídico estatutário, para que sejam exercidas por um agente público legalmente investido e mediante remuneração.

O provimento dos cargos pode se dar em caráter **efetivo** - mediante concurso público - ou **em comissão -** de livre nomeação e exoneração. As ações envolvendo os servidores e a Administração serão processadas perante a Justiça Comum federal ou estadual, conforme o ente que figure na lide.

A iniciativa de lei que cria, extingue ou transforma cargos do Poder Executivo compete ao chefe deste poder (CF/88, art. 61, § 1.º, II, "a"). Com relação aos cargos do Poder Judiciário, dos Tribunais de Contas e do Ministério Público, a iniciativa do projeto de lei caberá aos respectivos Tribunais ou aos Procuradores-gerais. O Poder Legislativo, como visto, cria, extingue ou transforma seus cargos por meio de **resolução**, cabendo a iniciativa do projeto à respectiva Mesa Diretora.

Vale relembrar que o art. 84, VI, "b", da CF/88, com redação dada pela EC 32/2001, admite que o **Presidente da República** extinga **funções** ou **cargos públicos vagos** por meio de **decreto.** Por simetria, Governadores e Prefeitos também podem tomar a mesma providência se houver idêntica previsão nas respectivas Constituições Estaduais e Leis Orgânicas.

3.1.1. Principais Classificações dos Cargos Públicos

Podemos utilizar dois critérios principais para classificar os cargos públicos:

Quanto à Organização	**Cargos de carreira**: ou de **estrutura escalonada**, são distribuídos e organizados em **classes** (conjunto de cargos de uma mesma instituição com mesmas funções e mesma remuneração que podem constituir em etapa de determinada carreira), em sentido de progressão, há possibilidade de crescimento funcional (carreira).
	Cargos isolados: são os que não são organizados em classes. O conjunto de **cargos de carreira** e **isolados** é chamado de **quadro funcional**.
Quanto à garantia de permanência	**Efetivos**: a nomeação para tais cargos possui caráter definitivo, dependendo o ingresso de prévia aprovação em concurso público e sendo garantida estabilidade aos seus ocupantes após três anos, se aprovados no estágio probatório. Nesse caso, apenas pode o servidor perder o cargo por decisão em processo administrativo ou processo judicial.
Quanto à garantia de permanência	**Em comissão**: são de livre **nomeação e exoneração** e reservados às funções de **direção**, **chefia** e **assessoramento** (art. 37, V da CF/88). São popularmente conhecidos como "cargos de confiança", uma vez que o recrutamento de seus integrantes é feito de maneira ampla, sem necessidade de realização de concurso público. Porém, a Constituição determina que a lei precisa reservar um percentual mínimo de cargos em comissão que só podem ser ocupados por servidores de carreira. O STF entende que deve existir proporcionalidade entre as quantidades de cargos efetivos e cargos em comissão, sob pena de violação do art. 37, II e V da CF e ao princípio da moralidade (RE 365.368-AgR e ADI 4.125).
	Vitalícios: nesta modalidade, o elemento permanência é ainda mais intenso, uma vez que seus ocupantes só podem perdê-lo por meio de **sentença transitada em julgado**. São privativos da **Magistratura**, **Ministério Público** e **Ministros dos Tribunais de Contas**. Seu provimento pode ou não depender de concurso público. A vitaliciedade ocorre após dois anos de exercício, se o ingresso foi por concurso (juízes e promotores), ou logo após a posse, se por indicação (Ministros dos Tribunais Superiores, p. ex.).

ATENÇÃO

*Os cargos comissionados, assim como todas as demais espécies de cargos acima mencionados, são regidos por **estatuto específico**, e não pela CLT.*

3.2. Emprego Público

No **emprego público** há um vínculo contratual entre o agente e a Administração, que será regido pela **Consolidação das Leis do Trabalho** (CLT) e provido obrigatoriamente por meio de concurso público. Os ocupantes de empregos públicos são chamados de **empregados públicos** ou **celetistas**.

O regime de emprego público é obrigatório para as empresas estatais e suas subsidiárias que explorem atividade econômica (art. 173, § 1º da CF/88).

As ações envolvendo os empregados públicos e Administração serão processadas perante **a Justiça do Trabalho**.

Como o regime jurídico do emprego público é ditado por norma do **direito do trabalho**, apenas a União pode legislar neste âmbito, **não é possível que os Estados e Municípios estabeleçam normas sobre o assunto**, são, assim, seus empregados regidos pela CLT. Logo, estes entes podem estabelecer – e alguns efetivamente o fizeram – o regime de emprego público, o que implicará na aplicação da CLT, não cabendo a complementação das normas trabalhistas.

No âmbito da União, como se apontou, o emprego público é disciplinado pela Lei nº 9.962/00 e pela própria CLT.

3.3. Função

São as atribuições ou competências conferidas a um órgão, **cargo**, **emprego** ou **diretamente ao agente**. Todo cargo ou emprego possui uma função, mas nem toda função equivale a um cargo ou emprego.

As funções podem ser **autônomas**, como ocorre nas **funções temporárias ou gratificadas**, pelas quais o agente público, mesmo sem vínculo permanente, percebe remuneração pelo desempenho de atividade. Trata-se de **hipótese excepcional** relacionada atualmente apenas servidores temporários contratados nos termos do art. 37, IX da CF/88.

No entanto, como regra o termo função está relacionado à **função de confiança** (art. 37, V), que é uma modalidade de atribuição, **criada por lei**, que só pode ser conferida a servidores de **cargo efetivo** pelo exercício de atribuições de **direção**, **chefia** e **assessoramento** (ex: chefia de secretaria judicial), gerando direito à **gratificação**.

Não há obrigatoriedade de realização de concurso público nestes casos. As ações envolvendo os agentes que exerçam função e a Administração serão processadas perante a **Justiça Comum federal ou estadual**, conforme o ente que figure na lide.

4. ACESSO A CARGOS EMPREGOS E FUNÇÕES

De acordo com o art. 37, I da CF/88 "os cargos, empregos e funções públicas são acessíveis aos brasileiros que preencham os requisitos estabelecidos em lei, assim como aos estrangeiros, na forma da lei".

Quando o dispositivo menciona "brasileiros", o dispositivo não faz distinção entre brasileiros **natos** e **naturalizados**.

Vale ressaltar, todavia, que a própria CF/88 ressalva alguns cargos que somente podem ser ocupados por brasileiros **natos** (art. 12, § 3.º), quais sejam:

a) Presidente e Vice-Presidente da República;

b) Presidente da Câmara dos Deputados;

c) Presidente do Senado Federal;

d) Ministro do Supremo Tribunal Federal;

e) carreira diplomática;

f) oficial das Forças Armadas;

g) Ministro de Estado da Defesa.

No tocante ao acesso de estrangeiros aos cargos, empregos e funções públicas do Brasil, a norma constitucional é de **eficácia limitada**, uma vez que carece de lei regulamentadora.

Vale ressaltar que o art. 207, § 1.º da CF/88 faculta às universidades admitir professores, técnicos e cientistas estrangeiros, na forma da lei. Atualmente, os professores e pesquisadores estrangeiros são contratados com base na Lei 8.745/93, que disciplina as situações necessidade temporária de excepcional interesse público.

4.1. Concurso Público

A necessidade de realização de concurso público como regra para preenchimento de cargos e empregos públicos é estabelecida pelo art. 37, II da CF/88: "a investidura em cargo ou emprego público depende de aprovação prévia em concurso público de provas ou de provas e títulos, de acordo com a natureza e a complexidade do cargo ou emprego, na forma prevista em lei, ressalvadas as nomeações para cargo em comissão declarado em lei de livre nomeação e exoneração".

Trata-se de proteção ao **princípio da isonomia**, prestigiado pela Constituição no momento de traçar as normas gerais que regem as relações da Administração Pública com os particulares que desejam ingressar em seus quadros. O concurso, desse modo, procura se mostrar como forma de dar oportunidades a todos para que se escolha com base no mérito demonstrado pelos candidatos.

ATENÇÃO

O concurso público previsto no art. 37, II da CF/88 não se confunde com a modalidade de licitação denominada concurso, cujo objetivo é selecionar trabalho técnico, científico ou artístico, mediante a instituição de prêmios ou remuneração aos vencedores (art. 22, § 4.º da Lei 8.666/93).

A realização de concurso público será **obrigatória** para a Administração Pública Direta e Indireta, inclusive para as empresas estatais, regidas por normas de direito privado.

Para os cargos públicos, portanto, vige a previsão do art. 37, II, da CF/88 que traz a regra do **recrutamento amplo**.

POSIÇÃO DO STF

Súmula 684: *É inconstitucional o veto não motivado à participação de candidato a concurso público.*

Neste contexto, as restrições de acesso a cargos públicos deverão ser "excepcionais em razão de conteúdo que viole valores constitucionais" (RE 898450/SP, j. 17/08/2016 – inf. 835). A partir desta premissa, o STF firmou entendimento de que editais de concurso não podem estabelecer restrição a pessoas com tatuagem.

Há, todavia, uma exceção à regra do recrutamento amplo em matéria de concursos públicos trazida no próprio texto constitucional, **mas que não se refere a cargo ou emprego público**. Trata-se da previsão do art. 236, § 3.º, que trata do ingresso na atividade notarial e de registro, que exige concurso público de provas e títulos para a delegação da atividade a particulares, que a exercem em caráter privado.

Nesta situação, a própria CF/88 estabelece a possibilidade de realização de **concurso de remoção** para delegação de uma parcela das serventias que se encontrem vagas, as quais serão disputadas apenas por quem já detém por determinado tempo a titularidade de um serviço notarial ou registral.

O art. 16 da Lei 8.935/94 regulamentou o dispositivo, prevendo que as serventias extrajudiciais vagas serão preenchidas alternadamente, duas terças partes por concurso público de provas e títulos e uma terça parte por meio de remoção. Logo, os concursos para ingresso na atividade notarial e registral observarão um critério híbrido, reservando-se parte das vagas ao **recrutamento amplo** (**provimento**) e parte a **recrutamento restrito** (**remoção**). O art. 17 da Lei 8.935/94 exige, ainda, que o titular tenha exercido a atividade por no mínimo **2 anos** para que possa concorrer na modalidade **remoção**.

4.1.1. Exceções à regra de concurso público e situações de ilegalidade

As exceções à contratação sem concurso público são estabelecidas pela própria CF/88, valendo mencionar os **cargos de mandato eletivo**, **cargos em comissão** e **contratações temporárias por excepcional interesse público**.

> **ATENÇÃO**
>
> *Além das hipóteses arroladas, podemos mencionar como **exceções à regra dos concursos públicos** a previsão do art. 53, I do ADCT (aproveitamento no serviço público, sem a exigência de concurso, com estabilidade, de ex-combatente que tenha efetivamente participado de operações bélicas durante a Segunda Guerra Mundial) e as nomeações previstas no texto constitucional para cargos em órgãos superiores do Judiciário (quinto constitucional etc.) e Ministros ou Conselheiros dos Tribunais de Contas.*

O ingresso em **cargo de mandato eletivo** se dá por meio de **eleição.**

Os **cargos em comissão**, conforme já estudado, serão preenchidos livremente pela autoridade competente. Contudo, deverá a autoridade evitar o **nepotismo** no preenchimento de tais cargos, conforme já assentado pelo STF.

POSIÇÃO DO STF

***Súmula Vinculante 13**: A nomeação de cônjuge, companheiro ou parente, em linha reta, colateral ou por afinidade, até o terceiro grau, inclusive, da autoridade nomeante ou de servidor da mesma pessoa jurídica investido em cargo de direção, chefia ou assessoramento, para o exercício de cargo em comissão ou de confiança ou, ainda, de função gratificada na administração pública direta e indireta em qualquer dos Poderes da União, dos Estados, do Distrito Federal e dos Municípios, compreendido o ajuste mediante designações recíprocas, viola a Constituição Federal.*

ATENÇÃO

*O próprio STF diminuiu o âmbito de incidência da Súmula Vinculante 13, ao consolidar entendimento de que o verbete se aplica apenas às nomeações feitas para **cargos de natureza administrativa**, não se aplicando aos de **natureza política** (Rcl 6.650-MC-AgR, Rel. Min. Ellen Gracie, j. em 16.10.2008).*

No tocante às **contratações temporárias por excepcional interesse público**, a CF/88 prevê em seu art. 37, IX que "a lei estabelecerá os casos de contratação por tempo determinado para atender a necessidade temporária de excepcional interesse público".

A contratação de tais **servidores temporários** está regulamentada no âmbito federal pela Lei 8.745/93, que previu a contratação por meio de **processo seletivo simplificado**.

No que diz respeito aos agentes comunitários de saúde e agentes de combate às endemias, também enquadrados na categoria dos **servidores temporários**, o § 4 º do art. 198 da CF/88 apresenta a possibilidade de admissão de tais profissionais **por processo seletivo público**, de acordo com a natureza e complexidade de suas atribuições e requisitos específicos para sua atuação, o que foi regulamentado pela lei 11.350/06.

Ocorre que a regra prevista no art. 37, II foi recorrentemente violada após a promulgação da CF/88, tendo-se utilizado como subterfúgio a previsão da contratação temporária por excepcional interesse público (art. 37, IX), em vez de se realizar concurso público.

Algumas demandas judiciais questionaram a legalidade do recrutamento de servidores temporários para o atendimento de **demandas permanentes** da Administração

O STF possui precedentes no sentido de que o art. 37, IX da CF/88 permite que a Administração leve a cabo contratações de pessoas, sem concurso público, tanto para desempenho de atividades de caráter eventual, temporário ou excepcional, como também para atividades de caráter regular e permanente, desde que indispensáveis ao atendimento de **necessidade temporária de excepcional interesse público**. Ou seja, não é a natureza da atividade que será determinante, mas sim se a **transitoriedade da contratação** que se mostrou necessária e se há um **excepcional interesse público** que a justifique.

POSIÇÃO DO STF

(...) 1. A natureza permanente de algumas atividades públicas - como as desenvolvidas nas áreas da saúde, educação e segurança pública – não afasta, de plano, a autorização constitucional para contratar servidores destinados a suprir demanda eventual ou passageira. Necessidade circunstancial agregada ao excepcional interesse público na prestação do serviço para o qual a contratação se afigura premente autoriza a contratação nos moldes do art. 37, inc. IX, da Constituição da República. 2. A contratação destinada a atividade essencial e permanente do Estado não conduz, por si, ao reconhecimento da alegada inconstitucionalidade. Necessidade de exame sobre a transitoriedade da contratação e a excepcionalidade do interesse público que a justifica (ADI 3247/MA, rel. Min. Cármen Lúcia, 26.3.2014, inf. 740)

Quaisquer contrações que fujam dos requisitos anteriormente analisados são **nulas**, logo, não admitem convalidação. Porém, é indiscutível que o contrato de trabalho celebrado de maneira ilegal produziu seus efeitos com a prestação regular dos serviços, o que levou o STF a firmar entendimento de que os contratados fazem jus aos salários referentes ao período efetivamente trabalhado, bem como levantar os depósitos do FGTS (art. 19-A da lei 8.036/90).

POSIÇÃO DO STF

(...) 1. Conforme reiteradamente afirmado pelo Supremo Tribunal Federal, a Constituição de 1988 reprova severamente as contratações de pessoal pela Administração Pública sem a observância das normas referentes à indispensabilidade da prévia aprovação em concurso público, cominando a sua nulidade e impondo sanções à autoridade responsável (CF, art. 37, § 2º). 2. No que se refere a empregados, essas contratações ilegítimas não geram quaisquer efeitos jurídicos válidos, a não ser o direito à percepção dos salários referentes ao período trabalhado e, nos termos do art. 19-A da Lei 8.036/90, ao levantamento dos depósitos efetuados no Fundo de Garantia por Tempo de Serviço – FGTS (RE 705140/RS, rel. Min. Teori Zavascki, j. em 28.8.2014, inf. 779)

O Tribunal Superior do Trabalho (TST) chegou a pacificar este entendimento sobre a matéria antes mesmo de o STF se posicionar, em razão de muitas dessas demandas serem ajuizadas perante a Justiça do Trabalho. Porém, após anos de divergência nos tribunais, o STF consolidou posição no sentido de que é a **justiça comum** (estadual ou federal) a competente para processar e julgar causas e que se discuta a validade do vínculo jurídico-administrativo entre o poder público e servidores temporários (Rcl 4351 MC-AgR/PE, rel. orig. Min. Marco Aurélio, red. para o acórdão Min. Dias Toffoli, j. em 11/11/2015, inf. 807).

POSIÇÃO DO TST

Súmula 363: *A contratação de servidor público, após a CF/1988, sem prévia aprovação em concurso público, encontra óbice no respectivo art. 37, II e § 2º, somente lhe conferindo direito ao pagamento da contraprestação pactuada, em relação ao número de horas trabalhadas, respeitado o valor da hora do salário mínimo, e dos valores referentes aos depósitos do FGTS.*

4.1.2. Prazo de Validade

O prazo de validade do concurso público será de **até dois anos**, prorrogável uma vez, por **igual período** (art. 37, III da CF/88).

O prazo de validade do concurso poderá ser fixado por qualquer período, desde que não extrapole dois anos. O período que for inicialmente fixado servirá de base também para a prorrogação. Assim, por exemplo, se um concurso teve sua data de validade fixada em 6 meses, sua prorrogação, se acontecer, somente poderá ser por outros 6 meses.

Porém, a prorrogação deverá ocorrer ainda na vigência do primeiro prazo fixado. Logo, não pode haver prorrogação de concurso cujo prazo de validade inicial já esteja vencido.

Não há direito subjetivo à prorrogação do concurso, estando no juízo de discricionariedade da autoridade competente a decisão de prorrogar ou não o certame.

Durante o prazo improrrogável previsto no edital de convocação, aquele aprovado em concurso público de provas ou de provas e títulos será convocado com prioridade sobre novos concursados para assumir cargo ou emprego, na carreira (art. 37, IV da F/88).

POSIÇÃO DO STF

Súmula 15: *Dentro do prazo de validade do concurso, o candidato aprovado tem o direito à nomeação, quando o cargo for preenchido sem observância da classificação.*

4.1.3. Igualdade de oportunidades em concursos públicos

Quando se fala em isonomia no acesso aos cargos públicos, há que se ter em mira que o concurso público deverá permitir que os candidatos disputem as vagas em condições de igualdade, o que implicará no estabelecimento de condições diferenciadas para determinados grupos sociais, geralmente com a reserva de vagas.

A CF/88 garante a reserva de percentual dos cargos e empregos públicos para as pessoas portadoras de deficiência por meio de lei reguladora, que definirá ainda os critérios de sua admissão. O Decreto 3.298/99, que regulamentou a Lei 7.853/89, estabeleceu que serão reservados aos portadores de deficiência **5% (cinco por cento)** das vagas oferecidas no concurso (art. 37, § 1º). A Lei 8.112/90, por seu turno, assegura aos portadores de deficiência o direito de se inscrever em concurso público para provimento de cargo cujas atribuições sejam compatíveis com a deficiência de que são portadoras; a estes serão reservadas **até 20% (vinte por cento)** das vagas oferecidas no concurso (art. 5º, § 2º).

POSIÇÃO DO STJ

Súmula 377: *O portador de visão monocular tem direito de concorrer, em concurso público, às vagas reservadas aos deficientes.*

POSIÇÃO DA AGU

Súmula 45: *Os benefícios inerentes à Política Nacional para a Integração da Pessoa Portadora de Deficiência devem ser estendidos ao portador de visão monocular, que possui direito de concorrer, em concurso público, à vaga reservada aos deficientes.*

Na prática a exigência é atendida reservando determinadas vagas aos portadores de deficiência, como por exemplo, a 10ª, a 20ª, 30ª vaga, assim em diante, a depender do percentual que está reservado dentro dos parâmetros legais acima apontados.

Deve-se destacar, contudo, que o cargo ou emprego precisa ser compatível com a deficiência, de modo a ser possível que alguns cargos ou empregos não tenham a possibilidade de acesso em relação a portadores de certas deficiências.

Em matéria de **políticas afirmativas**, a Lei 12.990/14 estabeleceu reserva de **20% (vinte por cento)** das vagas oferecidas nos concursos públicos para provimento de cargos efetivos e empregos públicos no âmbito da Administração Pública Federal Direta e Indireta. Para que a reserva seja efetivada, o concurso deverá oferecer no mínimo **três vagas**. Os candidatos negros concorrerão concomitantemente às vagas reservadas e às vagas destinadas à ampla concorrência, de acordo com a sua classificação no concurso, sendo que os aprovados dentro das vagas para ampla concorrência não serão computados para efeito do preenchimento das vagas reservadas.

No caso da reserva de cargos a candidatos negros, a Lei estabeleceu expressamente o prazo de **10 (dez) anos** para sua vigência, o que se coaduna à concepção original das políticas afirmativas, diferentemente do que acontece com as vagas reservadas às pessoas com deficiência que não possuem prazo para se exaurir.

4.1.4. Questões envolvendo o exame psicotécnico

O Supremo Tribunal Federal fixou jurisprudência no sentido de que **o exame psicotécnico pode ser estabelecido para concurso público** desde que **por lei, tendo por base critérios objetivos de reconhecido caráter científico, devendo existir, inclusive, a possibilidade de reexame**. (RE 473.719-AgR, Eros Grau, julgamento em 17-6-2008, Segunda Turma, DJE de 1º-8-2008.)

Assim, para a validade de tal exame além de sua exigência por lei da objetividade e do reconhecimento dos critérios utilizados, é preciso que o candidato tenha conhecimento de razões de sua avaliação e a possibilidade de recurso.

POSIÇÃO DO STF

Súmula 686: *Só por lei se pode sujeitar a exame psicotécnico a habilitação de candidato a cargo público.*

***Súmula Vinculante 44**: Só por lei se pode sujeitar a exame psicotécnico a habilitação de candidato a cargo público.*

POSIÇÃO DA AGU

***Súmula 35:** O exame psicotécnico a ser aplicado em concurso público deverá observar critérios objetivos, previstos no edital, e estará sujeito a recurso administrativo.*

4.1.5. Direito subjetivo à nomeação e outras questões jurídicas

A busca pelo direito à nomeação em concurso público responde pela maior parte das demandas envolvendo o acesso a cargos e empregos públicos, existindo farta jurisprudência a respeito do tema.

Uma leitura superficial do texto constitucional levaria a uma precipitada conclusão de que apenas se resguardaria o direito de não ser preterido em sua ordem de classificação conforme a Administração nomeie os aprovados.

Ocorre que uma série de ilegalidades começou a ser praticada pelos gestores, havendo notícia de concursos que não chegaram a convocar um único candidato aprovado durante seu prazo de validade ou mesmo a contratação de pessoal temporário para desempenhar funções de candidatos aprovados, mas ainda não convocados.

Por se tratar de tema que sempre despertou bastante polêmica, o STF assentou alguns entendimentos em sede de repercussão geral. No julgamento do RE 837311 (em 14.10.2015), que discutiu a nomeação de candidatos classificados fora das vagas previstas em edital, antes da convocação dos aprovados em concurso posterior, o STF entendeu que o candidato terá direito subjetivo à nomeação nas seguintes situações:

1 – Quando a aprovação ocorrer dentro do número de vagas dentro do edital;

2 – Quando houver preterição na nomeação por não observância da ordem de classificação;

3 – Quando surgirem novas vagas, ou for aberto novo concurso durante a validade do certame anterior, e ocorrer a preterição

de candidatos de forma arbitrária e imotivada por parte da administração nos termos acima.

Por fim, vale mencionar que o STJ fixou entendimento de que **o candidato nomeado tardiamente por decisão judicial não faz jus à indenização pelo período em que ficou aguardando a tramitação processual e sem exercer as funções do cargo ou emprego público, pois essa situação levaria a seu enriquecimento ilícito** em face da inexistência da prestação de serviços à Administração Pública (AgRg nos EDcl nos EDcl no RMS 30.054-SP, Rel. Min. Og Fernandes, julgado em 19/2/2013. 6ª Turma. Info. 515).

4.1.6. Momento de comprovação do preenchimento dos requisitos legais

A comprovação do preenchimento dos requisitos legais para o exercício do cargo público deverá ocorrer na **posse** do candidato aprovado.

POSIÇÃO DO STJ

***Súmula 266**: O diploma ou habilitação legal para o exercício do cargo deve ser exigido na posse e não na inscrição para o concurso público.*

POSIÇÃO DA AGU

***Súmula 22:** Não se exigirá prova de escolaridade ou habilitação legal para inscrição em concurso público destinado ao provimento de cargo público, salvo se a exigência decorrer de disposição legal ou, quando for o caso, na segunda etapa de concurso que se realize em duas etapas.*

A **idade máxima** para ingresso no cargo poderá ser exigida, desde que prevista em lei e se justifique diante da natureza dos cargos a ser preenchido. O momento para a observância da exigência será o da **inscrição** no concurso.

POSIÇÃO DO STF

***Súmula 683**: O limite de idade para a inscrição em concurso público só se legitima em face do art. 7º, XXX, da Constituição, quando possa ser justificado pela natureza das atribuições do cargo a ser preenchido;*

(...) A comprovação do requisito etário estabelecido na lei deve ocorrer no momento da inscrição no certame, e não no momento da inscrição do curso de formação (RE 685870 AgR/MG, Rel. Min. Cármen Lúcia, j. 17.12.2013)

4.2. Acumulação Remunerada De Cargos, Empregos e Funções

Em regra, é vedada a acumulação remunerada de cargos e empregos públicos. Em algumas situações, todavia, a CF/88 admite a acumulação:

a) de dois cargos de professor (art. 37, XVI, "a");

b) de um cargo de professor com outro técnico ou científico (art. 37, XVI, "b");

c) de dois cargos ou empregos privativos de profissionais de saúde, com profissões regulamentadas (art. 37, XVI, "c");

d) de um cargo, emprego ou função pública com a função de vereador (art. 38, III);

e) de um cargo de magistrado com outro de magistério (art. 95, parágrafo único, I);

f) de um cargo de membro do ministério público com outro de magistério (art. 128, § 5º, II, "d").

A emenda constitucional 77/2014 permitiu que os militares possam cumular, na **forma da lei** e com **prevalência da atividade militar**, dois cargos ou empregos privativos de profissionais de saúde, com profissões regulamentadas.

Vale lembrar que as exceções à regra de vedação de acumulação de cargos públicos, previstas na Constituição Federal, **são taxativas**.

A acumulação somente será possível se houver **compatibilidade de horários**.

O art. 37, XVI também determina a observância do inciso XI deste mesmo dispositivo, que trata do teto aplicável à remuneração e subsídios dos agentes. O art. 37, XVI também determina a observância do inciso XI deste mesmo dispositivo, que trata do **teto** aplicável à remuneração e subsídios dos agentes.

A CF/88 trouxe algumas regras específicas aplicáveis aos **cargos de mandato eletivo** (art. 38). Conforme visto acima, a função de vereador pode ser acumulada com cargo, emprego ou função pública, **se houver compatibilidade de horários**, podendo perceber cumulativamente as remunerações. Se não houver compatibilidade, será afastado de seu cargo, emprego ou função e poderá optar por sua remuneração. Além desta situação, a CF/88 cuidou de disciplinar as seguintes situações:

- Tratando-se de **mandato eletivo federal, estadual ou distrital**, ficará **afastado de seu cargo**, emprego ou função.
- Investido no mandato de Prefeito, será afastado do cargo, emprego ou função, sendo-lhe facultado optar pela sua remuneração.

A CF/88 garante, em qualquer caso que exija o afastamento para o exercício de mandato eletivo, que seu tempo de serviço será contado para todos os efeitos legais, exceto para promoção por merecimento e que, para efeito de benefício previdenciário, no caso de afastamento, os valores serão determinados como se no exercício estivesse (art. 38, IV e V).

5. PROVIMENTO

Provimento é o ato administrativo da autoridade competente de cada Poder que designa alguém para titularizar um cargo público vago.

O ato de **provimento** pode ser classificado em:

a) **Provimento originário**: ocorre com a nomeação do agente para o cargo vago, sem depender de um vínculo institucional anterior entre o sujeito e o Estado, pelo menos com relação ao cargo para o qual foi nomeado. Pressupõe a realização concurso público, salvo os cargos em comissão de livre nomeação e exoneração. A única forma de provimento originário reconhecida e compatível com a CF/88 é a **nomeação**.

b) **Provimento derivado**: pressupõe um vínculo anterior (ou um provimento originário) entre o agente e a Administração. O provimento derivado pode ser subdividido em:

i) **vertical**: consiste na atribuição de um novo cargo ao servidor, de classe superior à que ocupava e dentro da carreira em que está inserido. Atualmente se admite como forma de provimento derivado vertical a **promoção**. Trata-se, em suma, de mudança de cargo com evolução na carreira. Vale transcrever a previsão do art. 39, § 2.º da CF/88: "A União, os Estados e o Distrito Federal manterão escolas de governo para a formação e o aperfeiçoamento dos servidores públicos, constituindo-se a participação nos cursos um dos requisitos para a promoção na carreira, facultada, para isso, a celebração de convênios ou contratos entre os entes federados".

ATENÇÃO

Alguns estatutos diferenciam promoção e progressão. Esta seria a mera alteração dos padrões de vencimentos do servidor público, com o consequente aumento, mas sem alteração do cargo ocupado.

ii) **horizontal**: não há elevação funcional, mas o servidor passa a ocupar outro cargo. Atualmente admite-se como espécie desta modalidade a **readaptação**, que é a modalidade de investidura do servidor em cargo de **atribuições e responsabilidades compatíveis** com a limitação que o mesmo tenha sofrido em sua **capacidade física ou mental**, verificada em inspeção médica, devendo ser respeitada a habilitação exigida, o nível de escolaridade e a equivalência dos vencimentos.

POSIÇÃO DO STF

Súmula 566: *Enquanto pendente, o pedido de readaptação fundado em desvio funcional não gera direitos para o servidor, relativamente ao cargo pleiteado.*

iii) **por reingresso**: o servidor retorna ao cargo que não mais ocupava. A Lei 8.112/90 prevê quatro espécies: **reversão**, **aproveitamento**, **reintegração** e **recondução**:

- **Reversão** é o retorno do servidor aposentado à ativa, no mesmo cargo ou no cargo resultante de sua transformação. Este retorno pode acontecer:

  a) **De ofício**: quando junta médica oficial declarar que são insubsistentes os motivos que levaram à aposentadoria do servidor por invalidez. Encontrando-se provido o cargo, o servidor exercerá suas atribuições como excedente, até a ocorrência de vaga, uma vez que a reversão será **obrigatória** nesta situação; ou

b) **A pedido**: por interesse da Administração (decisão discricionária), desde que: i) tenha solicitado a reversão; ii) a aposentadoria tenha sido voluntária; iii) o servidor era estável quando em atividade; iv) a aposentadoria tenha ocorrido nos cinco anos anteriores à solicitação; v) haja cargo vago. O servidor que retornar à atividade por interesse da administração perceberá, em substituição aos proventos da aposentadoria, a remuneração do cargo que voltar a exercer, inclusive com as vantagens de natureza pessoal que percebia anteriormente à aposentadoria.

- O **aproveitamento** consiste no retorno à atividade de servidor estável, que estava em disponibilidade, sendo obrigatório que ocorra em cargo de atribuições e vencimentos compatíveis com o anteriormente ocupado. Será tornado sem efeito o aproveitamento e cassada a disponibilidade se o servidor não entrar em exercício no prazo legal, salvo doença comprovada por junta médica oficial.
- **Reintegração** é a reinvestidura do servidor estável no cargo anteriormente ocupado, ou no cargo resultante de sua transformação, quando invalidada a sua demissão por decisão administrativa ou judicial, com ressarcimento de todas as vantagens. Na hipótese de o cargo ter sido extinto, o servidor ficará em disponibilidade. Encontrando-se provido o cargo, o seu eventual ocupante será reconduzido ao cargo de origem, sem direito à indenização ou aproveitado em outro cargo, ou, ainda, posto em disponibilidade.
- A **recondução** configura-se quando o servidor estável retorna ao cargo que antes titularizava, por ter sido inabilitado em estágio probatório de outro cargo ou por ter sido desconstituído do exercício de cargo em virtude da reintegração do titular do mesmo (reintegração do anterior ocupante). O STF ampliou a primeira hipótese para consolidar o entendimento de que a desistência, durante o estágio probatório, do exercício das funções do novo cargo ocupado também dá

ao servidor direito a ser reconduzido ao cargo ocupado anteriormente no serviço público (Confira: MS 22.933-DF, rel. Min. Octavio Gallotti, 26.6.98, inf. 117; MS 23.577-DF, rel. Min. Carlos Velloso, 15.5.2002, inf. 268). Este entendimento do STF foi internalizado na Administração Pública Federal por meio de súmula da Advocacia-Geral da União (AGU).

POSIÇÃO DA AGU

Súmula 16: *O servidor estável investido em cargo público federal, em virtude de habilitação em concurso público, poderá desistir do estágio probatório a que é submetido com apoio no art. 20 da Lei nº 8.112, de 11 de dezembro de 1990, e ser reconduzido ao cargo inacumulável de que foi exonerado, a pedido.*

ATENÇÃO

Originalmente a Lei 8.112/90 previa duas outras formas de provimento: a ascensão e a transferência. A ascensão, também chamada de transposição ou acesso, permitia ao servidor ocupar cargo de carreira distinta de seu cargo e sem prévia aprovação em concurso público, o que feria a CF/88. A transferência consistia na passagem do servidor estável de um cargo efetivo para outro de igual denominação, pertencente a quadro de pessoal diverso, de órgão ou instituição do mesmo Poder. Ambas foram declaradas inconstitucionais pelo STF e posteriormente retiradas do texto da Lei 8.112/90 a partir da edição da Lei 9.527/97. É preciso ter atenção, porque o examinador constantemente insere tais formas de provimento, que não existem mais, entre as alternativas das questões objetivas.

POSIÇÃO DO STF

Súmula 685: *É inconstitucional toda modalidade de provimento que propicie ao servidor investir-se, sem prévia aprovação em concurso público destinado ao seu provimento, em cargo que não integra a carreira na qual anteriormente investido.*

Súmula Vinculante 43*: É inconstitucional toda modalidade de provimento que propicie ao servidor investir-se, sem prévia aprovação em concurso público destinado ao seu provimento, em cargo que não integra a carreira na qual anteriormente investido.*

5.1. Quadro Comparativo das Diversas Modalidades de Provimentos Previstos na Lei 8.112/90

Dada a importância de fixação do tema, elaboramos o quadro abaixo contendo as principais características das espécies de provimento trazidas pela Lei 8.112/90:

Modalidade	Previsão	Significado
Nomeação	Arts. 8º, I, 9º e 10	Ato administrativo que materializa o provimento originário. Pode ocorrer em cargos **em comissão**, **vitalícios** ou em caráter **efetivo**, dependendo, neste último caso, de prévia habilitação em concurso público de provas ou de provas e títulos, obedecidos a ordem de classificação e o prazo de sua validade.
Promoção	Arts. 8º, II, 10, p. u.	Passagem para um cargo de classe mais elevada da carreira (não há promoção em cargo de provimento isolado).
Readaptação	Arts. 8º, V, e 24	Investidura do servidor em cargo de atribuições e responsabilidades compatíveis com a limitação que tenha sofrido em sua capacidade física ou mental verificada em inspeção médica.
Reversão	Arts. 8º, VI, e 25-27	É o retorno do servidor aposentado à ativa, no mesmo cargo ou no cargo resultante de sua transformação. Pode ser **de ofício** ou **a pedido**.
Aproveitamento	Arts. 8º, VII, e 30-32	Ocorre com o retorno à atividade de servidor em disponibilidade em cargo de atribuições e vencimentos compatíveis com o anteriormente ocupado.
Reintegração	Arts. 8º, VIII, e 28	Reinvestidura do servidor estável no cargo anteriormente ocupado, ou no cargo resultante de sua transformação, quando invalidada a sua demissão por decisão administrativa ou judicial, com ressarcimento de todas as vantagens.
Recondução	Arts. 8º, IX, e 29	Retorno do servidor estável ao cargo anteriormente ocupado, nas hipóteses de inabilitação ou desistência em estágio probatório relativo a outro cargo ou reintegração do anterior ocupante.

6. INVESTIDURA, POSSE E EXERCÍCIO

A **investidura** ocorre com a posse, momento em que o agente se investe em suas funções.

É no momento da posse que o candidato deve demonstrar que preenche todos os requisitos específicos para o exercício do Cargo.

Os requisitos básicos para investidura em cargo público são estabelecidos no art. 5º da Lei 8.112/90:

a) A nacionalidade brasileira;

b) O gozo dos direitos políticos;

c) A quitação com as obrigações militares e eleitorais;

d) O nível de escolaridade exigido para o exercício do cargo;

e) A idade mínima de dezoito anos;

f) Aptidão física e mental.

Cumpre ressaltar que as atribuições do cargo podem justificar a exigência de outros requisitos estabelecidos em lei, como a comprovação de três anos atividade jurídica para ingresso na Magistratura (art. 93, I da CF/88).

Havendo lei que autorize a investidura de estrangeiro, este pode passar a fazer parte dos quadros da Administração Pública, como já há tempos se admite no âmbito das universidades públicas (art. 5.º, § 3.º da Lei 8.112/90).

Posse é a aceitação formal do servidor da nomeação, com assunção do compromisso funcional. Com a posse, a pessoa passa a integrar oficialmente o quadro de servidores da pessoa jurídica de direito público. A posse só ocorrerá nos casos de provimento de cargo por nomeação (Lei 8.112/90, art. 13, § 4.º).

Após o ato de **nomeação**, o interessado terá **30 (trinta) dias de prazo**, contados do ato de provimento, para **tomar posse**. A posse poderá dar-se mediante procuração específica. Não havendo a posse no prazo legal por omissão do nomeado, torna-se sem efeito a nomeação.

A posse em cargo público dependerá de prévia inspeção médica oficial. Só poderá ser empossado aquele que for julgado apto física e mentalmente para o exercício do cargo.

A posse dar-se-á pela assinatura do respectivo termo, no qual deverão constar as atribuições, os deveres, as responsabilidades e os direitos inerentes ao cargo ocupado, que não poderão ser alterados unilateralmente, exceto por meio de lei.

O **exercício** se refere ao início material das atribuições do cargo, de modo que entrar em exercício significa efetivamente passar a desempenhar as atividades do cargo e ter responsabilidade em relação às questões com que o cargo se relaciona.

É de **quinze dias** o prazo para o servidor empossado em cargo público entrar em exercício, contados da data da posse. Caso o servidor não entre em exercício no prazo legal, deve haver, como consequência, a sua exoneração.

Diferentemente do que ocorre com a posse, o exercício não pode se dar por procuração.

7. ESTÁGIO PROBATÓRIO, EFETIVIDADE, ESTABILIDADE E DISPONIBILIDADE

7.1. Estágio probatório

Após ser aprovado em concurso público, ser investido e entrar em exercício, o servidor público deve cumprir o chamado **estágio probatório**, visando conquistar a estabilidade no cargo ocupado. Assim, estágio probatório é o período de **três anos** dentro do qual o servidor é avaliado quanto à sua aptidão e capacidade para o desempenho do cargo, observando-se sua **assiduidade**, **disciplina**, **capacidade de iniciativa**, **produtividade** e **responsabilidade**.

Caso não cumpra os requisitos estabelecidos no estágio probatório após o cumprimento das formalidades legais de apuração de sua capacidade (o que inclui a abertura de oportunidade para que o mesmo apresente sua defesa em caso de avaliação negativa), o servidor poderá ser **exonerado**.

POSIÇÃO DO STF

Súmula nº 21: *Funcionário em estágio probatório não pode ser exonerado nem demitido sem inquérito ou sem as formalidades legais de apuração de sua capacidade.*

ATENÇÃO

*O art. 20 da Lei 8.112/90 informa o prazo de **dois anos** para a duração do estágio probatório. Todavia, o art. 41, caput da CF/88, alterado pela EC 19/98, estabeleceu o prazo de **três anos** para que o servidor pudesse ser considerado estável no cargo. O STF pacificou a divergência existente, decidindo que "(...) a EC 19/1998, que alterou o art. 41 da CF, elevou para três anos o prazo para a aquisição da estabilidade no serviço público e, por interpretação lógica, o prazo do estágio probatório" (STA 263-AgR, Rel. Min. Presidente Gilmar Mendes, julgamento em 4-2-2010, Plenário, DJE de 26-2-2010).*

7.2. Efetividade

Trata-se de um **atributo do cargo**, relacionada à **forma de provimento**. Diz-se, assim, que o cargo é efetivo, e não o servidor. Os cargos efetivos pressupõem a realização de **concurso público** e partem do princípio ou expectativa de que o servidor terá um vínculo duradouro, diferentemente dos cargos em comissão, que não exigem concurso público para ingresso e cujo vínculo do agente é eminentemente transitório.

Desse modo, cargo efetivo é aquele que não admite a livre nomeação ou exoneração de seu ocupante, prestigiando o concurso público, garantindo a isonomia e o mérito no momento da admissão.

7.3. Estabilidade

A **estabilidade** (art. 41, caput da CF/88) é um **atributo pessoal** do ocupante do cargo, ou seja, configurando-se numa **garantia de permanência no serviço público** adquirida após **três anos de efetivo exercício** e aprovação do servidor em **avaliação especial de desempenho** por comissão instituída para essa finalidade.

É importante ressaltar que a estabilidade não gera direito adquirido ao servidor de permanecer eternamente no cargo, podendo perdê-lo nas seguintes situações: 1) em virtude de **sentença judicial transitada em julgado** (art. 41, § 1º, I); 2) mediante **processo administrativo** em que lhe seja assegurada ampla defesa (art. 41, § 1º, II); 3) mediante **procedimento de avaliação periódica de desempenho**, na forma de **lei complementar**, assegurada ampla defesa (art. 41, § 1º, III); 4) **adequação dos gastos da Administração com pessoal**, se insuficientes as providências determinadas no art. 169, § 3º, da CF (art. 169, § 4º), que possui a seguinte redação:

> "§ 3º Para o cumprimento dos limites estabelecidos com base neste artigo, durante o prazo fixado na lei complementar referida no caput, a União, os Estados, o Distrito Federal e os Municípios adotarão as seguintes providências:
>
> I – redução em pelo menos vinte por cento das despesas com cargos em comissão e funções de confiança;
>
> II – exoneração dos servidores não estáveis.

> § 4º Se as medidas adotadas com base no parágrafo anterior não forem suficientes para assegurar o cumprimento da determinação da lei complementar referida neste artigo, o servidor estável poderá perder o cargo, desde que ato normativo motivado de cada um dos Poderes especifique a atividade funcional, o órgão ou unidade administrativa objeto da redução de pessoal".

Existe estabilidade conferida a agentes não concursados. O art. 19 ADCT conferiu estabilidade no serviço público aos servidores públicos civis da União, dos Estados, do Distrito Federal e dos Municípios, da administração direta, autárquica e das fundações públicas, em exercício na data da promulgação da Constituição, **há pelo menos cinco anos continuados**. O constituinte, todavia, determinou que a estabilidade **não se aplicaria** a duas situações: a) aos ocupantes de cargos, funções e empregos de confiança ou em comissão, nem aos que a lei declare de livre exoneração, exceto se o ocupante já era servidor (§ 2º); b) professores de nível superior, nos termos da lei (§ 3º).

7.4. Disponibilidade

De acordo com o art. 41, § 3º, extinto o cargo ou declarada a sua desnecessidade, o servidor estável ficará em disponibilidade, com remuneração proporcional ao tempo de serviço, até seu adequado aproveitamento em outro cargo.

Assim, a disponibilidade representa garantia do servidor público de gozar de inatividade remunerada de modo proporcional no caso de extinção de seu cargo ou de declaração de sua desnecessidade.

> **POSIÇÃO DO STF**
>
> ***Súmula 39:*** *À falta de lei, funcionário em disponibilidade não pode exigir, judicialmente, o seu aproveitamento; que fica subordinado ao critério de conveniência da Administração.*

8. VACÂNCIA

Ocorre vacância quando determinado cargo público se encontrar sem um agente regularmente investido (o cargo fica vago).

Diversas situações podem ocasionar a vacância de um cargo público, sendo as mais comuns a **exoneração** e a **demissão**. Há outras situações que também implicam na vacância de um cargo, como a **promoção**, a **readaptação**, a **aposentadoria**, a **posse em outro cargo inacumulável** e o **falecimento do servidor**.

No caso da **demissão** e da **exoneração**, ocorre a extinção do vínculo existente entre o servidor e a Administração.

No entanto, **demissão** é ato de **caráter punitivo**, representado uma penalidade aplicada ao servidor, após regular processo administrativo disciplinar, em razão do cometimento de uma infração funcional grave.

Por outro lado, **exoneração** é a **dispensa por interesse do próprio servidor ou da Administração**, sem intenção punitiva.

Em síntese, a demissão do servidor público tem natureza punitiva, enquanto a exoneração não.

A exoneração de cargo efetivo poderá ocorrer a pedido do servidor ou de ofício. A exoneração de ofício ocorrerá (art. 34, p. u., da Lei 8.112/90): a) quando não satisfeitas as condições do estágio probatório; b) quando, tendo tomado posse, o servidor não entrar em exercício no prazo estabelecido.

A exoneração de cargo em comissão e a dispensa de função de confiança dar-se-á a juízo da autoridade competente (poder discricionário) ou a pedido do próprio servidor.

Fatos Administrativos que importam em Vacância			
Exoneração	Demissão	Promoção	Aposentadoria
Readaptação	Posse em outro cargo inacumulável		Falecimento

9. REMOÇÃO E REDISTRIBUIÇÃO

Remoção é o deslocamento do servidor, a pedido ou de ofício, no âmbito do mesmo quadro, com ou sem mudança de sede (art. 36 da Lei 8.112/90).

A remoção poderá ocorrer nas seguintes situações:

I) De ofício, no interesse da Administração;

II) A pedido, a critério da Administração;

III) A pedido, para outra localidade, independentemente do interesse da Administração:

a) Para acompanhar cônjuge ou companheiro, também servidor público civil ou militar, de qualquer dos Poderes da União, dos Estados, do Distrito Federal e dos Municípios, **que foi deslocado no interesse da Administração**;

b) Por motivo de saúde do servidor, cônjuge, companheiro ou dependente que viva às suas expensas e conste do seu assentamento funcional, condicionada à comprovação por junta médica oficial;

c) Em virtude de processo seletivo promovido, na hipótese em que o número de interessados for superior ao número de vagas, de acordo com normas preestabelecidas pelo órgão ou entidade em que aqueles estejam lotados.

A Lei 11.340/06 (Lei Maria da Penha) prevê que o juiz assegurará à mulher em situação de violência doméstica e familiar, para preservar sua integridade física e psicológica, acesso prioritário à remoção quando servidora pública, integrante da administração direta ou indireta (art. 9.º, § 2.º, I).

A **Redistribuição** é o deslocamento **de cargo de provimento efetivo**, ocupado ou vago no âmbito do quadro geral de pessoal, para outro órgão ou entidade do mesmo Poder, com prévia apreciação do órgão de pessoal competente.

A redistribuição é uma técnica de organização administrativa, em que há o deslocamento do cargo para outro órgão ou entidade, e não do servidor. Ocorrerá *ex officio* para ajustamento de lotação e da força de trabalho às necessidades dos serviços, inclusive nos casos de reorganização, extinção ou criação de órgão ou entidade.

Para que ocorra a redistribuição, devem ser atendidos os seguintes requisitos:

I – Interesse da administração;

II – Equivalência de vencimentos;

III – Manutenção da essência das atribuições do cargo;

IV – Vinculação entre os graus de responsabilidade e complexidade das atividades;

V – Mesmo nível de escolaridade, especialidade ou habilitação profissional;

VI – Compatibilidade entre as atribuições do cargo e as finalidades institucionais do órgão ou entidade.

Nos casos de reorganização ou extinção de órgão ou entidade, extinto o cargo ou declarada sua desnecessidade no órgão ou entidade, o servidor estável que não for redistribuído será colocado em disponibilidade, até seu aproveitamento.

O servidor que não for redistribuído ou colocado em disponibilidade poderá ser mantido sob responsabilidade do órgão central de pessoal, e ter exercício provisório, em outro órgão ou entidade, até seu adequado aproveitamento.

A fim de fixar a matéria, vejamos o quadro a seguir contendo as principais diferenças entre **remoção** e **redistribuição:**

Remoção	Redistribuição
Diz respeito ao **servidor**	Diz respeito ao **cargo**
Somente ocorre se o cargo estiver ocupado	O cargo pode estar ocupado ou vago
Pode ser a pedido do servidor	Somente de ofício
O servidor leva consigo o cargo que ocupa	O cargo leva o servidor que eventualmente o ocupe

10. SISTEMA REMUNERATÓRIO

10.1. Remuneração e subsídio

Em regra, não se admite a prestação de serviços gratuitos, salvo os casos previstos em lei (art. 4º da Lei 8.112/90), como os mesários e os jurados.

Atualmente existem dois regimes de pagamento dos **servidores públicos** pelos serviços prestados: **remuneração ou vencimentos** (no plural) e **subsídio**.

A **remuneração** é o **vencimento** do **cargo efetivo**, acrescido das **vantagens pecuniárias permanentes** estabelecidas em lei.

Vencimento – também chamado de vencimento-base ou vencimento-padrão – é a retribuição pecuniária pelo exercício de cargo público, com valor fixado em lei.

As **vantagens pecuniárias permanentes** são acréscimos fixados em lei, geralmente pagos em razão do desempenho das atribuições do cargo, como a gratificação natalina. Em resumo temos:

VENCIMENTO	+	VANTAGENS PERMANENTES	=	REMUNERAÇÃO ou VENCIMENTOS

Os **subsídios**, por seu turno, são pagos em **parcela única**, vedado o acréscimo de qualquer gratificação, adicional, abono, prêmio, verba de representação ou outra espécie remuneratória (art. 39, § 4º da CF/88), ressalvados os direitos sociais previstos no art. 39, § 3.º, que devem ser acrescidos à parcela única. Cabe, contudo, o pagamento de verbas indenizatórias como ajuda de custo e diárias.

Os agentes que devem receber por subsídios são fixados pela própria CF/88 e são:

- Chefes do Executivo (Presidente, Governadores e Prefeitos) e seus vices;
- Membros do Judiciário (Ministros de Tribunais Superiores, Desembargadores e Juízes);
- Detentores de mandato eletivo (senadores, deputados federais, estaduais e distritais e vereadores);
- Ministros de Estado e os Secretários Estaduais e Municipais;
- Membros do Ministério Público;
- Membros da Advocacia-Geral da União, das Procuradorias dos Estados e do Distrito Federal (as Procuradorias dos Municípios não foram incluídas neste rol) e das Defensorias Públicas;
- Membros das polícias federal, rodoviária federal, ferroviária federal, civis, militares e corpo de bombeiros militares;
- Membros dos Tribunais de Contas.

A CF/88 admite que a remuneração dos servidores públicos organizados em carreira seja fixada em regime de subsídios (art. 39, § 8.º).

Por fim, os empregados públicos recebem **salários** como contraprestação pelos seus serviços.

10.2. Peculiaridades Relacionadas à Remuneração e ao Subsídio

O sistema remuneratório (em sentido amplo) possui algumas peculiaridades, das quais destacamos:

- A remuneração dos servidores públicos e o subsídio dos agentes que recebem por este regime somente poderão ser fixados ou alterados por **lei específica**, assegurada **revisão geral anual**, sempre na mesma data e sem distinção de índices (art. 37, X da CF/88).

POSIÇÃO DO STF

Súmula Vinculante 37*: Não cabe ao Poder Judiciário, que não tem função legislativa, aumentar vencimentos de servidores públicos sob o fundamento de isonomia.*

Súmula Vinculante 42*: É inconstitucional a vinculação do reajuste de vencimentos de servidores estaduais ou municipais a índices federais de correção monetária.*

Por outro lado, se o servidor for mantido em desvio de função, fará jus às diferenças salariais entre o cargo que ocupa e o que efetivamente exerce.

POSIÇÃO DO STJ

Súmula 378*: Reconhecido o desvio de função, o servidor faz jus às diferenças salariais decorrentes.*

- A fixação do subsídio dos Deputados Federais, Senadores, Presidente e Vice-Presidente da República e Ministros de Estado é de competência exclusiva do Congresso Nacional e será feita por **decreto legislativo** (não sujeito à sanção presidencial).
- Os vencimentos dos cargos do Poder Legislativo e do Poder Judiciário não poderão ser superiores aos pagos pelo Poder Executivo (art. 37, XII da CF/88).
- É vedada a vinculação ou equiparação de quaisquer espécies remuneratórias para o efeito de remuneração de pessoal do

serviço público (art. 37, XIII da CF/88). A intenção é evitar reajustes "em cascata". Os reajustes automáticos também são vedados, como os que vinculam a remuneração a índice de inflação.

POSIÇÃO DO STF

Súmula 681: *É inconstitucional a vinculação do reajuste de vencimentos de servidores estaduais ou municipais a índices federais de correção monetária.*

Em algumas situações, todavia, a própria CF/88 estabelece situações de vinculação, podendo-se informar as seguintes:

a) Equiparação de vencimentos e vantagens entre Ministros do TCU e do STJ (Art. 73, § 3.º);

b) Vinculação entre o subsídio dos Ministros de Tribunais Superiores e o subsídio mensal fixado para os Ministros do STF (art. 93, V).

- O subsídio e os vencimentos dos ocupantes de cargos e empregos públicos são irredutíveis, ressalvado o disposto nos incisos XI e XIV do art. 37 e nos arts. 39, § 4º, 150, II, 153, III, e 153, § 2º, I da CF/88.

10.3. Teto Remuneratório

A remuneração e os subsídios dos ocupantes de cargos, funções e empregos públicos da administração direta, autárquica e fundacional, dos membros de qualquer dos Poderes da União, dos Estados, do Distrito Federal e dos Municípios, dos detentores de mandato eletivo e dos demais agentes políticos e os proventos, pensões ou outra espécie remuneratória, percebidos cumulativamente ou não, incluídas as vantagens pessoais ou de qualquer outra natureza e os proventos dos agentes públicos respeitarão um limite máximo, conhecido como **teto** (art. 37, XI da CF/88).

O **teto geral ou nacional**, que será observado por todos os agentes públicos é o **subsídio dos Ministros do Supremo Tribunal Federal**. Todos os subsídios e remunerações não poderão extravasar este valor. Além deste teto geral, a CF/88 estabeleceu outros **tetos específicos ou subtetos** que devem ser observados no âmbito de outros Poderes:

a) **Municípios**: subsídios do Prefeito;

b) **Estados e Distrito Federal**: b.1) **Poder Executivo**: o subsídio mensal do Governador; b.2) **Poder Legislativo**: subsídio dos Deputados Estaduais e Distritais; b.3) **Poder Judiciário, Ministério Público, Procuradores e Defensores**: subsídio dos Desembargadores do Tribunal de Justiça, limitado a **90,25%** do subsídio mensal, em espécie, dos Ministros do STF. A CF/88 faculta a Estados e Distrito Federal, em seu âmbito, mediante emenda às respectivas Constituições e Lei Orgânica, fixar como **limite único**, o **subsídio mensal dos Desembargadores do respectivo Tribunal de Justiça**, limitado a noventa inteiros e vinte e cinco centésimos por cento do subsídio mensal dos Ministros do Supremo Tribunal Federal, **não se aplicando a previsão aos subsídios dos Deputados Estaduais e Distritais e dos Vereadores** (art. 37, § 12).

No tocante às **empresas públicas** e às **sociedades de economia mista**, e suas subsidiárias, o teto remuneratório aplica-se apenas àquelas **que receberem recursos da União, dos Estados, do Distrito Federal ou dos Municípios** para **pagamento de despesas de pessoal ou de custeio em geral** (art. 37, § 9.º da CF/88).

Não serão computadas, para efeito dos limites remuneratórios: a) as **parcelas de caráter indenizatório previstas em lei** (art. 37, § 11 da CF) Ex: ajuda de custo, as diárias, indenização de transporte e auxílio-moradia (Cf. arts. 51 a 60-E da Lei 8.112/90); b) direitos sociais reconhecidos aos servidores por força do art. 39, § 3.º da CF Ex: décimo-terceiro salário, terço de férias etc.; c) quantia paga a título de **abono de permanência em serviço** (art. 40, § 19 da CF/88),

Além das situações anteriores, pode-se acrescentar como mais uma exceção a **acumulação lícita de cargos públicos**. Nesta situação, o teto será considerado para **cada cargo**, e não para a somatória da remuneração de ambos. Essa questão gerava muita divergência, mas foi pacificada pelo STF, que reconheceu a inconstitucionalidade da expressão "percebidos cumulativamente ou não" contida no art. 1º da Emenda Constitucional 41/2003, que alterou a redação do art. 37, XI, da CF, por violação à irredutibilidade de vencimentos, desrespeito ao princípio da estabilidade, desvalorização do valor do trabalho e ferimento ao princípio da igualdade.

POSIÇÃO DO STF

"Nos casos autorizados constitucionalmente de acumulação de cargos, empregos e funções, a incidência do art. 37, inciso XI, da Constituição Federal pressupõe consideração de cada um dos vínculos formalizados, afastada a observância do teto remuneratório quanto ao somatório dos ganhos do agente público" (RE 612975/MT e 602043/MT, rel. Min. Marco Aurélio, j. em 26 e 27.4.2017, repercussão geral, inf. 863).

10.4. Pagamento de vantagens

A lei 8.112/90 prevê o pagamento de algumas vantagens ao servidor, além de seu vencimento, quais sejam, **indenizações**, **gratificações** e **adicionais**.

Enquanto as **indenizações não se incorporam ao vencimento ou provento** para qualquer efeito, as **gratificações** e os **adicionais** incorporam-se ao vencimento ou provento, nos casos e condições indicados em lei (art. 49, §§ 1.º e 2.º).

As vantagens pecuniárias não serão computadas, nem acumuladas, para efeito de concessão de quaisquer outros acréscimos pecuniários ulteriores, sob o mesmo título ou idêntico fundamento.

10.4.1. Indenizações

O objetivo das indenizações é ressarcir os servidores de gastos que eventualmente tenha despendido em razão do exercício de suas funções.

No quadro seguinte, trazemos um resumo das principais indenizações previstas na Lei 8.112/90, algumas das quais foram alteradas pela Medida Provisória 805/2017, ainda não convertida em lei na data de fechamento desta edição e devidamente destacadas no texto para acompanhamento posterior de sua tramitação:

Ajuda de Custo (arts. 53 a 55)	• Objetiva compensar as despesas de instalação do servidor que, no interesse do serviço, passar a ter exercício em nova sede, com mudança de domicílio em caráter permanente. • É vedado o duplo pagamento de indenização, a qualquer tempo, no caso de o cônjuge ou companheiro que detenha também a condição de servidor, vier a ter exercício na mesma sede.

Ajuda de Custo (arts. 53 a 55)	• Correm por conta da administração as despesas de transporte do servidor e de sua família, compreendendo passagem, bagagem e bens pessoais. • À família do servidor que falecer na nova sede são assegurados ajuda de custo e transporte para a localidade de origem, dentro do prazo de 1 (um) ano, contado do óbito. • Não será concedida ajuda de custo nas hipóteses de remoção a pedido (art. 36, parágrafo único, II e III da Lei 8.112/90). • A ajuda de custo corresponderá ao valor de **um mês de remuneração** do servidor na origem ou, na hipótese de ocupar cargo em comissão com mudança de domicílio, ao valor de uma remuneração mensal do cargo em comissão (art. 54, com redação dada pela MP 805/2017) • Não será concedida ajuda de custo ao servidor que se afastar do cargo, ou reassumi-lo, em virtude de mandato eletivo. • Será concedida ajuda de custo àquele que, não sendo servidor da União, for nomeado para cargo em comissão, com mudança de domicílio. Em caso de cessão para exercício em outro órgão ou entidade dos Poderes da União, dos Estados, ou do Distrito Federal e dos Municípios, para o exercício de cargo em comissão ou função de confiança, a ajuda de custo será paga pelo órgão cessionário, quando cabível. • O servidor ficará obrigado a restituir a ajuda de custo quando, injustificadamente, não se apresentar na nova sede no prazo de **30 (trinta) dias**.
Diárias (arts. 58 e 59)	• O servidor que, a serviço, afastar-se da sede **em caráter eventual ou transitório** para outro ponto do território nacional ou para o exterior, fará jus a passagens e diárias destinadas a indenizar as parcelas de **despesas extraordinária** com **pousada, alimentação** e **locomoção urbana**, conforme dispuser em regulamento. • A diária será concedida **por dia de afastamento**, sendo devida pela **metade** quando o deslocamento **não exigir pernoite fora da sede**, ou quando a União custear, por meio diverso, as despesas extraordinárias cobertas por diárias. • Nos casos em que o deslocamento da sede constituir exigência permanente do cargo, o servidor não fará jus a diárias.

Diárias (arts. 58 e 59)	• Também não fará jus a diárias o servidor que se deslocar dentro da mesma região metropolitana, aglomeração urbana ou microrregião, constituídas por municípios limítrofes e regularmente instituídas, ou em áreas de controle integrado mantidas com países limítrofes, cuja jurisdição e competência dos órgãos, entidades e servidores brasileiros considera-se estendida, salvo se houver pernoite fora da sede, hipóteses em que as diárias pagas serão sempre as fixadas para os afastamentos dentro do território nacional. • O servidor que receber diárias e não se afastar da sede, por qualquer motivo, fica obrigado a restituí-las integralmente, no prazo de 5 (cinco) dias. • Na hipótese de o servidor retornar à sede em prazo menor do que o previsto para o seu afastamento, restituirá as diárias recebidas em excesso, no prazo de 5 (cinco) dias.
Indenização de Transporte (art. 60)	• Conceder-se-á indenização de transporte ao servidor que realizar despesas com a utilização de meio próprio de locomoção para a execução de serviços externos, por força das atribuições próprias do cargo, conforme se dispuser em regulamento.
Auxílio-moradia (arts. 60-A a 60-D)	• O auxílio-moradia consiste no ressarcimento das **despesas comprovadamente realizadas** pelo servidor com **aluguel de moradia** ou com **meio de hospedagem administrado por empresa hoteleira**, no prazo de dois meses após a comprovação da despesa pelo servidor (art. 60-A com redação dada pela MP 805/2017). • Para perceber auxílio-moradia, o servidor deverá atender os seguintes requisitos: I. Não existir imóvel funcional disponível para uso pelo servidor; II. O cônjuge ou companheiro do servidor não ocupar imóvel funcional; III. O servidor ou seu cônjuge ou companheiro não pode ser ou já ter sido proprietário, promitente comprador, cessionário ou promitente cessionário de imóvel no Município aonde for exercer o cargo, incluída a hipótese de lote edificado sem averbação de construção, nos doze meses que antecederem a sua nomeação; IV. Nenhuma outra pessoa que resida com o servidor receber auxílio-moradia;

Auxílio-moradia (arts. 60-A a 60-D)	V. O servidor ter se mudado do local de residência para ocupar cargo em comissão ou função de confiança do Grupo-Direção e Assessoramento Superiores – DAS, níveis 4, 5 e 6, de Natureza Especial, de Ministro de Estado ou equivalentes; VI. O Município no qual assuma o cargo em comissão ou função de confiança não pode se enquadrar nas hipóteses do art. 58, § 3º, em relação ao local de residência ou domicílio do servidor; VII. O servidor não pode ter sido domiciliado ou ter residido no Município, nos últimos doze meses, aonde for exercer o cargo em comissão ou função de confiança, desconsiderando-se prazo inferior a **sessenta dias** dentro desse período. Não será considerado o prazo no qual o servidor estava ocupando outro cargo em comissão relacionado no inciso V; VIII. O deslocamento não pode sido por força de alteração de lotação ou nomeação para cargo efetivo. IX. O deslocamento deve ter ocorrido após 30 de junho de 2006, data em que o benefício foi criado. • O valor mensal do auxílio-moradia é limitado a **25% (vinte e cinco por cento)** do valor do cargo em comissão, da função de confiança ou cargo de Ministro de Estado ocupado (art. 60-D com redação alterada pela MP 805/2017) • O valor do auxílio-moradia não poderá superar **25% (vinte e cinco por cento)** da remuneração de Ministro de Estado. • O valor do auxílio-moradia será reduzido em vinte e cinco pontos percentuais a cada ano, a partir do segundo ano de recebimento, e deixará de ser devido após o quarto ano de recebimento. Este prazo não terá sua contagem suspensa ou interrompida na hipótese de exoneração ou mudança de cargo ou função. Porém, transcorrido o prazo de quatro anos após encerrado o pagamento do auxílio-moradia, o pagamento poderá ser retomado se novamente vierem a ser atendidos os requisitos do art. 60-B (redação do art. 60, §§ 2.º a 4.º dada pela MP 805/2017) • No caso de falecimento, exoneração, colocação de imóvel funcional à disposição do servidor ou aquisição de imóvel, o auxílio-moradia poderá ser mantido por um mês, limitado ao valor pago no mês anterior (redação do art. 60-E dada pela MP 805/2017)

10.4.2. *Retribuições, gratificações e adicionais*

O art. 61 da Lei 8.112/90 prevê que, além do vencimento e das vantagens previstas nesta Lei, serão deferidos aos servidores as seguintes retribuições, gratificações e adicionais:

Retribuição pelo exercício de função de direção, chefia e assessoramento (arts 62 a 62-A)	• Ao servidor ocupante de cargo efetivo investido em função de direção, chefia ou assessoramento, cargo de provimento em comissão ou de Natureza Especial é devida retribuição pelo seu exercício, a ser estabelecida em lei específica.
Gratificação natalina (arts. 63 a 66)	• A gratificação natalina corresponde a 1/12 (um doze avos) da remuneração a que o servidor fizer jus no mês de dezembro, por mês de exercício no respectivo ano. A fração igual ou superior a 15 (quinze) dias será considerada como mês integral. • A gratificação será paga até o dia 20 (vinte) do mês de dezembro de cada ano. • O servidor exonerado perceberá sua gratificação natalina, proporcionalmente aos meses de exercício, calculada sobre a remuneração do mês da exoneração. • A gratificação natalina não será considerada para cálculo de qualquer vantagem pecuniária.
Adicional pelo exercício de atividades insalubres, perigosas ou penosas (arts. 68 a 72)	• Art. 68. Os servidores que trabalhem com **habitualidade** em **locais insalubres** ou **em contato permanente com substâncias tóxicas**, **radioativas** ou **com risco de vida**, fazem jus a um adicional sobre o vencimento do cargo efetivo. • O servidor que fizer jus aos adicionais de insalubridade e de periculosidade deverá optar por um deles. • O direito ao adicional de insalubridade ou periculosidade cessa com a eliminação das condições ou dos riscos que deram causa a sua concessão. • Haverá permanente controle da atividade de servidores em operações ou locais considerados penosos, insalubres ou perigosos. • A servidora gestante ou lactante será afastada, enquanto durar a gestação e a lactação, das operações e locais considerados penosos, insalubres ou perigosos, exercendo suas atividades em local salubre e em serviço não penoso e não perigoso.

Adicional pelo exercício de atividades insalubres, perigosas ou penosas (arts. 68 a 72)	• Na concessão dos adicionais de atividades penosas, de insalubridade e de periculosidade, serão observadas as situações estabelecidas em legislação específica. • O adicional de atividade penosa será devido aos servidores em exercício em zonas de fronteira ou em localidades cujas condições de vida o justifiquem, nos termos, condições e limites fixados em regulamento. • Os locais de trabalho e os servidores que operam com Raios X ou substâncias radioativas serão mantidos sob controle permanente, de modo que as doses de radiação ionizante não ultrapassem o nível máximo previsto na legislação própria. Estes servidores serão submetidos a exames médicos a cada 6 (seis) meses.
Adicional pela prestação de serviço extraordinário (arts. 73 e 74)	• O serviço extraordinário será remunerado com acréscimo de **50% (cinquenta por cento)** em relação à hora normal de trabalho. • Somente será permitido serviço extraordinário para atender **a situações excepcionais e temporárias**, respeitado o **limite máximo de 2 (duas) horas por jornada**.
Adicional noturno (art. 75)	• O serviço noturno, prestado em horário compreendido entre **22 (vinte e duas) horas de um dia e 5 (cinco) horas do dia seguinte**, terá o valor-hora acrescido de **25% (vinte e cinco por cento)**, computando-se cada hora como **cinquenta e dois minutos e trinta segundos**. • Em se tratando de serviço extraordinário, o adicional noturno incidirá também sobre o adicional de serviço extraordinário.
Adicional de férias (art. 76)	• Independentemente de solicitação, será pago ao servidor, por ocasião das férias, um adicional correspondente **a 1/3 (um terço) da remuneração do período das férias**. • No caso de o servidor exercer função de direção, chefia ou assessoramento, ou ocupar cargo em comissão, a respectiva vantagem será considerada no cálculo do adicional de que trata este artigo.

Gratificação por encargo de curso ou concurso (art. 76-A)	• A Gratificação por Encargo de Curso ou Concurso é devida ao servidor que, em caráter eventual: I. Atuar como instrutor em curso de formação, de desenvolvimento ou de treinamento regularmente instituído no âmbito da administração pública federal; II. Participar de banca examinadora ou de comissão para exames orais, para análise curricular, para correção de provas discursivas, para elaboração de questões de provas ou para julgamento de recursos intentados por candidatos; III. Participar da logística de preparação e de realização de concurso público envolvendo atividades de planejamento, coordenação, supervisão, execução e avaliação de resultado, quando tais atividades não estiverem incluídas entre as suas atribuições permanentes; IV. Participar da aplicação, fiscalizar ou avaliar provas de exame vestibular ou de concurso público ou supervisionar essas atividades. • Os critérios de concessão e os limites da gratificação serão fixados em regulamento, observados os parâmetros fixados na Lei 8.112/90. • A Gratificação por Encargo de Curso ou Concurso somente será paga se as atividades referidas nos incisos do caput deste artigo forem exercidas sem prejuízo das atribuições do cargo de que o servidor for titular, devendo ser objeto de compensação de carga horária quando desempenhadas durante a jornada de trabalho. • A Gratificação por Encargo de Curso ou Concurso não se incorpora ao vencimento ou salário do servidor para qualquer efeito e não poderá ser utilizada como base de cálculo para quaisquer outras vantagens, inclusive para fins de cálculo dos proventos da aposentadoria e das pensões.

11. DIREITOS SOCIAIS ASSEGURADOS AOS SERVIDORES PÚBLICOS

11.1. Extensão de direitos previstos no art. 7º da CF/88

O art. 39, § 3º da CF estende aos servidores públicos alguns dos direitos sociais previstos no art. 7º, quais sejam:

- Percepção de **salário mínimo** fixado em lei (inclusive para os que percebem remuneração variável), nacionalmente unificado, capaz de atender a suas necessidades vitais básicas e às de sua família com moradia, alimentação, educação, saúde, lazer, vestuário, higiene, transporte e previdência social, com reajustes periódicos que lhe preservem o poder aquisitivo, sendo vedada sua vinculação para qualquer fim (art. 7º IV e VII).

Esta garantia deverá ser observada com relação a **toda remuneração** paga, e não com relação ao vencimento isoladamente.

Não se garante salário-mínimo a quem está prestando serviço militar obrigatório nas Forças Armadas.

POSIÇÃO DO STF

Súmula Vinculante 16: *Os artigos 7º, IV, e 39, § 3º (redação da EC 19/98), da Constituição, referem-se ao total da remuneração percebida pelo servidor público.*

Súmula Vinculante 6: *Não viola a Constituição da República o estabelecimento de remuneração inferior ao salário mínimo para os praças prestadores de serviço militar inicial.*

- **Décimo terceiro salário** com base na remuneração integral ou no valor da aposentadoria (art. 7.º VIII).

O STF **admitiu** o pagamento de décimo-terceiro e terço de férias aos agentes mencionados no art. 39, § 4.º da CF/88, cuja remuneração observa o regime dos subsídios (RE 650898/RS, rel. orig. Min. Marco Aurélio, red. p/ o ac. Min. Roberto Barroso, julgamento em 1º.2.2017, repercussão geral, inf. 852).

- Remuneração do **trabalho noturno superior à do diurno** (art. 7º, IX).
- **Salário-família** pago em razão do dependente do **trabalhador de baixa renda** nos termos da lei (art. 7º, XII).
- Duração do **trabalho normal não superior a oito horas diárias e quarenta e quatro semanais**, facultada a compensação de horários e a redução da jornada, mediante acordo ou convenção coletiva de trabalho (art. 7º, XIII).

A Lei 8.112/90 permite a concessão de horário especial ao servidor estudante, quando comprovada a incompatibilidade entre o horário escolar e o da repartição, mediante compensação de horário e respeitada a duração semanal do trabalho (art. 98, *caput* e § 1.º).

Será igualmente concedido horário especial, vinculado à compensação de horário a ser efetivada no prazo de até 1 (um) ano, ao servidor que desempenhe atividade prevista nos incisos I e II do *caput* do art. 76-A da Lei 8.112/90 (art. 98, § 4.º).

Também será concedido horário especial ao servidor portador de deficiência, quando comprovada a necessidade por junta médica oficial, **independentemente de compensação de horário**. O horário especial, independentemente de compensação, também será concedido ao servidor que tenha **cônjuge**, **filho** ou **dependente** com deficiência (art. 98, §§ 3.º e 4.º).

- **Repouso semanal remunerado**, preferencialmente aos domingos (art. 7º, XV).
- **Remuneração do serviço extraordinário** superior, no mínimo, em **cinquenta por cento** à do normal (art. 7º, XVII).
- Gozo de **férias anuais remuneradas** com, pelo menos, **um terço a mais do que o salário normal** (art. 7º, XVI).
- **Licença à gestante**, sem prejuízo do emprego e do salário, com a duração de cento e vinte dias (art. 7º, XVIII).

A licença à gestante para as servidoras públicas federais lotadas ou em exercício nos órgãos e entidades integrantes da Administração Pública federal direta, autárquica e fundacional poderá ser de **até 180 dias consecutivos**, conforme previsão do art. 2º do Decreto 6.690/08, que regulamentou a Lei 11.770/08. A regra dos 120 dias consecutivos de afastamento continua vigendo (art. 207 da Lei 8.112/90), podendo este prazo ser prorrogado em sessenta dias se houver requerimento da interessada até o final do primeiro mês após o parto.

- **Licença-paternidade**, nos termos fixados em lei (art. 7º, XIX).

A Lei 8.112/90 estabelece que, pelo nascimento ou adoção de filhos, o servidor terá direito à licença-paternidade de **5 (cinco) dias** consecutivos (art. 208). Além desse período, o Decreto 8.737/16, que regulamentou a aplicação das alterações efetuadas pelo art. 38 da Lei 13.257/16 na Lei 11770/08, permitiu a prorrogação da licença-paternidade pelo prazo de **quinze dias**, desde que requerida no prazo de **dois dias úteis** após o nascimento ou adoção. Ou seja, a licença-paternidade poderá ser de até **20 (vinte) dias**.

O beneficiado pela prorrogação da licença-paternidade não poderá exercer qualquer atividade remunerada durante a prorrogação da licença-paternidade, sob pena de cancelamento da prorrogação da licença e o registro da ausência como falta ao serviço.

- **Proteção do mercado de trabalho da mulher**, mediante incentivos específicos, nos termos da lei (art. 7º, XX).
- **Redução dos riscos inerentes ao trabalho**, por meio de normas de saúde, higiene e segurança (art. 7º, XXII).
- **Proibição de diferença de salários**, de exercício de funções e de critério de admissão por motivo de sexo, idade, cor ou estado civil (art. 7º, XXX).

Este rol de direitos significa um **conteúdo mínimo** que é assegurado aos servidores públicos. Nada impede, assim, que outros direitos previstos no art. 7º da CF/88 sejam assegurados aos servidores por seus estatutos, como o uso do nome social e o reconhecimento da identidade de gênero de pessoas travestis e transexuais no âmbito da administração pública federal direta, autárquica e fundacional, regulamentado pelo Decreto 8.727/16.

11.2. Sindicalização e Greve (art. 37, VI e VII da CF/88)

Há outros direitos assegurados ao trabalhador que são expressamente estendidos ao servidor público, como os direitos de **sindicalização** (art. 37, VI) e **greve** (art. 37, VI).

No caso do direito de greve, a norma constitucional condiciona sua regulamentação à lei específica (**norma constitucional de eficácia limitada**), que ainda não foi editada.

Neste contexto, o STF no julgamento dos **Mandados de Injunção 670/ES, 708/DF e 712/PA** declarou a **omissão legislativa** quanto ao dever constitucional em editar lei que regulamente o exercício do direito de greve no setor público e, por maioria, determinou a aplicação, no que couber, da lei de greve vigente no setor privado (Lei

7.783/1989). Este tem sido o entendimento atualmente adotado pela jurisprudência.

À míngua de regulamentação, uma questão que sempre despertou discussões era a possibilidade de desconto dos dias em que os servidores ficaram parados.

A questão chegou ao STF que, em sede de **repercussão geral**, firmou entendimento de que a administração pública deve proceder ao desconto dos dias de paralisação decorrentes do exercício do direito de greve pelos servidores públicos, em virtude da suspensão do vínculo funcional que dela decorre, admitindo-se acordo entre as partes para compensação dos dias parados. Todavia, ressaltou o STF que o desconto será incabível se ficar demonstrado que a greve foi provocada por **conduta ilícita do Poder Público** (RE 693456/RJ, Rel. Min. Dias Toffoli, julgado em 27/10/2016, inf. 845).

Ainda neste tema, o STJ possui julgado no sentido de que deve ser franqueado o parcelamento da restituição em pecúnia dos dias parados e não compensados, não podendo ser imposto ao servidor o desconto em parcela única em sua remuneração.

POSIÇÃO DO STJ

(...) 5. Falta razoabilidade e é contra legem normativo administrativo que impede o parcelamento em conformidade com a lei, por aplicação analógica do art 46, caput e § 1º, da Lei n. 8.112/90, a pedido do interessado, dos valores a serem restituídos à Administração Pública relativos ao desconto dos dias parados em razão do movimento paredista. (RMS 49.339SP, Rel. Min. Francisco Falcão, julgado em 6/10/2016, inf. 542)

No que se refere aos **empregados públicos** das empresas públicas e sociedades de economia, tais agentes sempre estiveram regidos pela Lei 7.783/1989 (art. 173, § 1.º, II da CF/88).

Apesar de ser assegurado o direito de sindicalização do servidor público, as negociações feitas entre o sindicato e a Administração para fins de aumento na remuneração somente terão eficácia após a edição de lei.

POSIÇÃO DO STF

Súmula 679: *A fixação de vencimentos dos servidores públicos não pode ser objeto de convenção coletiva.*

Por fim, vale ressaltar que o STF firmou entendimento compete à **Justiça Comum** (estadual ou federal) julgar causa relacionada ao **direito de greve** de servidor público, pouco importando se se trata de celetista ou estatutário.

POSIÇÃO DO STF

"A justiça comum, federal ou estadual, é competente para julgar a abusividade de greve de servidores públicos celetistas da Administração pública direta, autarquias e fundações públicas" (RE 846854/SP, rel. orig. Min. Luiz Fux, red. p/ o ac. Min. Alexandre de Moraes, j. em 25.5.2017, repercussão geral, inf. 866).

ATENÇÃO

A contrario sensu *da tese acima, a Justiça do Trabalho permanece competente para julgamento de causas relacionadas ao direito de greve de empregados públicos das empresas públicas e sociedades de economia mista.*

11.3. Outros direitos assegurados aos servidores públicos pela Lei 8.112/90

Além do conteúdo mínimo de direitos estabelecido pela CF/88, os servidores públicos também possuem assegurados direitos em seus estatutos. No âmbito federal, a Lei 8.112/90 prevê uma série de direitos, cujos principais serão a seguir estudados.

11.3.1. Férias

As férias, direito garantido constitucionalmente ao servidor público, possuem regulamentação na Lei 8.112/90, em seus arts. 77 a 80.

O servidor fará jus a **trinta dias de férias**, que podem ser acumuladas, até o máximo de dois períodos, no caso de necessidade do serviço, ressalvadas as hipóteses em que haja legislação específica.

Para o primeiro período aquisitivo de férias serão exigidos **12 (doze) meses de exercício**. **É vedado levar à conta de férias qualquer falta ao serviço.**

As férias poderão ser parceladas em **até três etapas**, desde que assim requeridas pelo servidor, e no interesse da administração pública. Em caso de parcelamento, a remuneração adicional da terça parte (1/3 de férias) será paga logo no primeiro período.

O pagamento da remuneração das férias será efetuado **até 2 (dois) dias** antes do início do respectivo período, não sendo possível converter 1/3 das férias em abono, como acontece com os trabalhadores regidos pela CLT.

O servidor exonerado do cargo efetivo, ou em comissão, perceberá indenização relativa ao período das férias a que tiver direito e ao incompleto, na proporção de **um doze avos por mês de efetivo exercício, ou fração superior a quatorze dias**. A indenização será calculada com base na remuneração do mês em que for publicado o ato exoneratório.

O servidor que opera direta e permanentemente com **Raios-X ou substâncias radioativas** gozará **20 (vinte) dias consecutivos de férias**, por semestre de atividade profissional, proibida em qualquer hipótese a acumulação.

As férias somente poderão ser interrompidas por motivo de **calamidade pública**, comoção **interna, convocação para júri, serviço militar ou eleitoral, ou por necessidade do serviço** declarada pela autoridade máxima do órgão ou entidade. O restante do período interrompido será gozado de uma só vez, observado o disposto no art. 77 da Lei 8.112/90.

11.3.2. Licenças e afastamentos

A lei 8.112/90 permite que eventualmente o servidor se afaste de suas funções. Estes afastamentos são chamados de **licenças** e podem ou não ser remunerados.

Há, ainda, a previsão de **afastamentos**, que parte da doutrina entende ter o mesmo conteúdo das licenças. Ou seja, a diferenciação seria meramente terminológica.

No quadro seguinte, sintetizamos o conteúdo das **licenças** e **afastamentos previstos na Lei 8.112/90**, a fim de facilitar o estudo:

	MOTIVO E NATUREZA DO ATO DE CONCESSÃO
LICENÇA POR MOTIVO DE DOENÇA EM PESSOA DA FAMÍLIA (ART. 83)	• Doença do cônjuge ou companheiro, dos pais, dos filhos, do padrasto ou madrasta e enteado, ou dependente que viva às suas expensas e conste do seu assentamento funcional, mediante comprovação por perícia médica oficial. • Ato vinculado.

LICENÇA POR MOTIVO DE DOENÇA EM PESSOA DA FAMÍLIA (ART. 83)	**PRAZO E REMUNERAÇÃO**
	• A licença e suas prorrogações poderá ser concedida **a cada período de doze meses** nas seguintes condições: I – Por até **60 (sessenta) dias**, consecutivos ou não, **mantida a remuneração do servidor**; e II – **Por até 90 (noventa) dias**, consecutivos ou não, **sem remuneração.** Obs.: 1) O início do interstício de 12 (doze) meses será contado a partir da data do deferimento da primeira licença concedida; 2) A soma das licenças remuneradas e das licenças não remuneradas, incluídas as respectivas prorrogações, concedidas em um mesmo período de 12 (doze) meses, observado o item 1 anterior, não poderá ultrapassar os limites de prazo estabelecidos em I e II.
	ESPECIFICIDADES
	• Somente será deferida se a assistência direta do servidor for indispensável e não puder ser prestada simultaneamente com o exercício do cargo ou mediante compensação de horário. • Se a licença for concedida **com remuneração** e **exceder 30 dias**, no período de 12 meses, o tempo da licença será computado apenas para efeito de **aposentadoria** e **disponibilidade** (art. 103, II). Se for concedida **sem remuneração**, o tempo não é contado.
DA LICENÇA POR MOTIVO DE AFASTAMENTO DO CÔNJUGE (ART. 84)	**MOTIVO E NATUREZA DO ATO DE CONCESSÃO**
	• Acompanhar cônjuge ou companheiro que foi deslocado para outro ponto do território nacional, para o exterior ou para o exercício de mandato eletivo dos Poderes Executivo e Legislativo. • Ato vinculado
	PRAZO E REMUNERAÇÃO
	• Por prazo indeterminado e sem remuneração.
	ESPECIFICIDADES
	• Se o cônjuge ou companheiro também for servidor público, civil ou militar, de qualquer dos Poderes da União, dos Estados, do Distrito Federal e dos Municípios, poderá haver exercício provisório em órgão ou entidade da Administração Federal direta, autárquica ou fundacional, desde que para o exercício de atividade compatível com o seu cargo.

<table>
<tr><td rowspan="6">DA LICENÇA PARA O SERVIÇO MILITAR (ART. 85)</td><td>MOTIVO E NATUREZA DO ATO DE CONCESSÃO</td></tr>
<tr><td>• Convocação do servidor para o serviço militar.
• Ato vinculado</td></tr>
<tr><td>PRAZO E REMUNERAÇÃO</td></tr>
<tr><td>• Enquanto durar o serviço militar. Concluído o serviço militar, o servidor terá até 30 (trinta) dias sem remuneração para reassumir o exercício do cargo.</td></tr>
<tr><td>ESPECIFICIDADES</td></tr>
<tr><td>• O tempo de serviço militar será considerado como tempo de efetivo exercício (art. 102, VII, “f”).</td></tr>
<tr><td rowspan="6">LICENÇA PARA ATIVIDADE POLÍTICA (ART. 86)</td><td>MOTIVO E NATUREZA DO ATO DE CONCESSÃO</td></tr>
<tr><td>• Candidatura a cargo eletivo do Poder Legislativo.
• Ato vinculado.</td></tr>
<tr><td>PRAZO E REMUNERAÇÃO</td></tr>
<tr><td>• Sem remuneração: durante o período que mediar entre a sua escolha em convenção partidária, como candidato a cargo eletivo, e a véspera do registro de sua candidatura perante a Justiça Eleitoral.
• Com remuneração (por 3 meses): A partir do registro da candidatura e até o décimo dia seguinte ao da eleição. Este período remunerado será computado para efeito de aposentadoria e disponibilidade (art. 103, III). Se o prazo de 3 meses for extravasado, o servidor continuará de licença, mas sem remuneração.</td></tr>
<tr><td>ESPECIFICIDADES</td></tr>
<tr><td>• O servidor candidato a cargo eletivo na localidade onde desempenha suas funções e que exerça cargo de direção, chefia, assessoramento, arrecadação ou fiscalização, dele será afastado, a partir do dia imediato ao do registro de sua candidatura perante a Justiça Eleitoral, até o décimo dia seguinte ao do pleito.</td></tr>
<tr><td rowspan="6">LICENÇA PARA CAPACITAÇÃO (ART. 87)</td><td>MOTIVO E NATUREZA DO ATO DE CONCESSÃO</td></tr>
<tr><td>• Participar de curso de capacitação profissional.
• Ato discricionário.</td></tr>
<tr><td>PRAZO E REMUNERAÇÃO</td></tr>
<tr><td>• Por 3 (três) meses e com a respectiva remuneração.</td></tr>
<tr><td>ESPECIFICIDADES</td></tr>
<tr><td>• Poderá ser concedida após cada quinquênio de efetivo exercício. Este período não é acumulável (10 anos de exercício do cargo, por exemplo, não dão direito a 6 meses de licença).</td></tr>
</table>

<table>
<tr><td rowspan="6">LICENÇA PARA TRATAR DE INTERESSES PARTICULARES (ART. 91)</td><td>MOTIVO E NATUREZA DO ATO DE CONCESSÃO</td></tr>
<tr><td>• Trato de assuntos particulares.
• Ato discricionário.</td></tr>
<tr><td>PRAZO E REMUNERAÇÃO</td></tr>
<tr><td>• Por até 3 anos consecutivos, sem remuneração.</td></tr>
<tr><td>ESPECIFICIDADES</td></tr>
<tr><td>• Somente para servidores ocupantes de cargo efetivo.
• A licença poderá ser interrompida, a qualquer tempo, a pedido do servidor ou no interesse do serviço.
• Não será computada como tempo de serviço.</td></tr>
<tr><td rowspan="6">LICENÇA PARA O DESEMPENHO DE MANDATO CLASSISTA (ART. 92)</td><td>MOTIVO E NATUREZA DO ATO DE CONCESSÃO</td></tr>
<tr><td>• Desempenho de mandato em confederação, federação, associação de classe de âmbito nacional, sindicato representativo da categoria ou entidade fiscalizadora da profissão ou, ainda, para participar de gerência ou administração em sociedade cooperativa constituída por servidores públicos para prestar serviços a seus membros.
• Ato Vinculado</td></tr>
<tr><td>PRAZO E REMUNERAÇÃO</td></tr>
<tr><td>• A licença não será remunerada e terá duração igual à do mandato, podendo ser renovada, no caso de reeleição.</td></tr>
<tr><td>ESPECIFICIDADES</td></tr>
<tr><td>• Somente poderão ser licenciados os servidores eleitos para cargos de direção ou de representação nas referidas entidades, desde que cadastradas no órgão competente.
• Tempo da licença será considerado como de efetivo exercício, exceto para promoção por merecimento (art. 102, VIII, “c”).</td></tr>
<tr><td rowspan="4">LICENÇA PARA TRATAMENTO DE SAÚDE (ARTS. 202 A 206-A)</td><td>MOTIVO E NATUREZA DO ATO DE CONCESSÃO</td></tr>
<tr><td>• Tratamento de saúde, a pedido ou de ofício, com base em perícia médica oficial.
• Ato vinculado.</td></tr>
<tr><td>PRAZO E REMUNERAÇÃO</td></tr>
<tr><td>• Enquanto durar a incapacidade do servidor e será remunerada.</td></tr>
</table>

LICENÇA PARA TRATAMENTO DE SAÚDE (ARTS. 202 A 206-A)	**ESPECIFICIDADES**
	• Licença que **exceder o prazo de 120 (cento e vinte) dias** no período de **12 (doze) meses** a contar do primeiro dia de afastamento será concedida mediante avaliação por **junta médica oficial**. • A licença para tratamento de saúde **inferior a 15 (quinze) dias**, dentro de **1 (um) ano**, poderá ser dispensada de perícia oficial, na forma definida em regulamento.
LICENÇA À GESTANTE, À ADOTANTE E LICENÇA-PATERNIDADE (ARTS. 207 A 210)	**MOTIVO E NATUREZA DO ATO DE CONCESSÃO**
	• Nascimento ou adoção de filhos. • Ato vinculado.
	PRAZO E REMUNERAÇÃO
	• À servidora gestante por **120 (cento e vinte) dias** consecutivos, sem prejuízo da remuneração. O prazo será prorrogado em mais **60 (sessenta) dias** se a servidora requerer o benefício até o final do primeiro mês após o parto. • **ATENÇÃO:** o STF entendeu ser inconstitucional a regra contida no texto legal que concede à servidora que adotar: **90 (noventa) dias** de licença remunerada, se criança tiver menos de um ano de idade, assim como o prazo de **30 (trinta) dias**, se a criança tiver mais de um ano de idade. No julgamento do RE 778889 (Rel. Min. Roberto Barroso, j. em 10.03.2016, repercussão geral), fixou-se a seguinte tese: "Os prazos da licença adotante não podem ser inferiores aos prazos da licença gestante, o mesmo valendo para as respectivas prorrogações. Em relação à licença adotante, não é possível fixar prazos diversos em função da idade da criança adotada". • Licença-paternidade: de **5 (cinco) dias consecutivos**, para adoção ou nascimento de filho, podendo ser estendida por **mais 15 dias**, se requerida a prorrogação no prazo de dois dias úteis após o nascimento ou a adoção.
	ESPECIFICIDADES
	• A licença à gestante poderá ter início no primeiro dia do nono mês de gestação, salvo antecipação por prescrição médica. • No caso de nascimento prematuro, a licença terá início a partir do parto. • No caso de natimorto, decorridos 30 (trinta) dias do evento, a servidora será submetida a exame médico, e se julgada apta, reassumirá o exercício. • No caso de aborto atestado por médico oficial, a servidora terá direito a 30 (trinta) dias de repouso remunerado.

<table>
<tr><td rowspan="6">LICENÇA POR ACIDENTE EM SERVIÇO (ARTS. 211 A 214)</td><td>MOTIVO E NATUREZA DO ATO DE CONCESSÃO</td></tr>
<tr><td>• Acidente no serviço.
• Ato vinculado</td></tr>
<tr><td>PRAZO E REMUNERAÇÃO</td></tr>
<tr><td>• Enquanto durar a incapacidade do servidor e com remuneração integral.</td></tr>
<tr><td>ESPECIFICIDADES</td></tr>
<tr><td>• Configura acidente em serviço o dano físico ou mental sofrido pelo servidor, que se relacione, mediata ou imediatamente, com as atribuições do cargo exercido.
• Equipara-se ao acidente em serviço o dano: I – decorrente de agressão sofrida e não provocada pelo servidor no exercício do cargo; II – sofrido no percurso da residência para o trabalho e vice-versa.</td></tr>
<tr><td rowspan="6">AFASTAMENTO PARA SERVIR A OUTRO ÓRGÃO OU ENTIDADE (ART. 93)</td><td>MOTIVO E NATUREZA DO ATO DE CONCESSÃO</td></tr>
<tr><td>• Cessão de servidor para ter exercício em outro órgão ou entidade dos Poderes da União, dos Estados, ou do Distrito Federal e dos Municípios de cargo em comissão ou função de confiança ou em casos previstos em leis específicas.
• Ato discricionário</td></tr>
<tr><td>PRAZO E REMUNERAÇÃO</td></tr>
<tr><td>• A lei não estabelece prazo para a cessão.
• A licença será remunerada.</td></tr>
<tr><td>ESPECIFICIDADES</td></tr>
<tr><td>• Se a cessão se der para o exercício de cargo em comissão ou função de confiança para órgãos ou entidades dos Estados, do Distrito Federal ou dos Municípios, o ônus da remuneração será do órgão ou entidade cessionária, mantido o ônus para o cedente nos demais casos.</td></tr>
<tr><td rowspan="4">AFASTAMENTO PARA EXERCÍCIO DE MANDATO ELETIVO (ART. 94)</td><td>MOTIVO E NATUREZA DO ATO DE CONCESSÃO</td></tr>
<tr><td>• Investidura em mandato eletivo.
• Ato vinculado.</td></tr>
<tr><td>PRAZO E REMUNERAÇÃO</td></tr>
<tr><td>• Enquanto durar o mandato, sendo aplicáveis as seguintes disposições:
I. Tratando-se de mandato federal, estadual ou distrital, ficará afastado do cargo;
II. Investido no mandato de Prefeito, será afastado do cargo, sendo-lhe facultado optar pela sua remuneração;</td></tr>
</table>

<table>
<tr><td rowspan="3">AFASTAMENTO PARA EXERCÍCIO DE MANDATO ELETIVO (ART. 94)</td><td>III. Investido no mandato de vereador:
a) Havendo compatibilidade de horário, perceberá as vantagens de seu cargo, sem prejuízo da remuneração do cargo eletivo;
b) Não havendo compatibilidade de horário, será afastado do cargo, sendo-lhe facultado optar pela sua remuneração.</td></tr>
<tr><td>ESPECIFICIDADES</td></tr>
<tr><td>• No caso de afastamento do cargo, o servidor contribuirá para a seguridade social como se em exercício estivesse.
• O servidor investido em mandato eletivo ou classista não poderá ser removido ou redistribuído de ofício para localidade diversa daquela onde exerce o mandato.</td></tr>
<tr><td rowspan="6">AFASTAMENTO PARA ESTUDO OU MISSÃO NO EXTERIOR (ARTS. 95 E 96)</td><td>MOTIVO E NATUREZA DO ATO DE CONCESSÃO</td></tr>
<tr><td>• Ausentar-se do País para estudo ou missão oficial.
• Ato discricionário.</td></tr>
<tr><td>PRAZO E REMUNERAÇÃO</td></tr>
<tr><td>• Não excederá a 4 (quatro) anos e será remunerada.
• Se for para servir em organismo internacional de que o Brasil participe ou com o qual coopere, a licença dar-se-á com perda total da remuneração.</td></tr>
<tr><td>ESPECIFICIDADES</td></tr>
<tr><td>• Deve haver autorização do Presidente da República, Presidente dos Órgãos do Poder Legislativo e Presidente do Supremo Tribunal Federal.
• Finda a missão ou estudo, somente depois de 4 anos será permitida nova ausência.
• Ao servidor beneficiado pelo disposto neste artigo não será concedida exoneração ou licença para tratar de interesse particular antes de decorrido período igual ao do afastamento, ressalvada a hipótese de ressarcimento da despesa havida com seu afastamento.</td></tr>
<tr><td rowspan="6">AFASTAMENTO PARA PARTICIPAÇÃO EM PROGRAMA DE PÓS-GRADUAÇÃO STRICTO SENSU NO PAÍS (ART. 96-A)</td><td>MOTIVO E NATUREZA DO ATO DE CONCESSÃO</td></tr>
<tr><td>• Participar em programa de pós-graduação stricto sensu em instituição de ensino superior no País.
• Ato discricionário.</td></tr>
<tr><td>PRAZO E REMUNERAÇÃO</td></tr>
<tr><td>• Observará a duração do curso e será remunerada.</td></tr>
<tr><td>ESPECIFICIDADES</td></tr>
<tr><td>• Para a concessão do afastamento, a participação não será possível de ocorrer simultaneamente com o exercício do cargo ou mediante compensação de horário.</td></tr>
</table>

12. SISTEMA DE RESPONSABILIZAÇÃO

No exercício de suas funções, os agentes públicos podem ser responsabilizados por eventuais faltas cometidas.

Esta responsabilização pode ocorrer nas esferas **cível**, **penal** e **administrativa**.

12.1. Responsabilidade Civil

A responsabilidade civil decorre da regra segundo a qual todo aquele que causa dano a outrem é obrigado a repará-lo (art. 186 do CC).

A responsabilidade civil decorre de ato omissivo ou comissivo, doloso ou culposo, que resulte em prejuízo ao erário ou a terceiros. Este prejuízo poderá ser apurado administrativamente, mediante processo administrativo próprio.

Alguns estatutos funcionais permitem, mediante autorização do servidor, o parcelamento do débito e a consequente dedução em sua remuneração ou subsídio, respeitado um limite máximo diante do caráter alimentar da remuneração ou subsídio.

POSIÇÃO DA AGU

Súmula 63: *A Administração deve observar o devido processo legal em que sejam assegurados os princípios da ampla defesa e do contraditório para proceder ao desconto em folha de pagamento de servidor público, para fins de ressarcimento ao erário.*

No caso do empregado público, o art. 562, § 1º da CLT autoriza o desconto somente com a anuência do empregado ou em caso de dolo. A obrigação de reparar o dano estende-se aos sucessores e contra eles será executada, até o limite do valor da herança recebida.

12.2. Responsabilidade Penal

O agente público responde penalmente ao praticar um crime ou contravenção que se relacione direta ou diretamente com suas funções. O Código Penal disciplina os chamados crimes contra a

Administração Pública a partir do art. 312, sem se desconsiderar os demais crimes previstos na legislação especial.

A responsabilidade criminal do servidor é apurada em processo judicial. Para fins criminais, o conceito de servidor público é bastante amplo (art. 327, CP).

12.3. Responsabilidade Administrativa: regime disciplinar

Os estatutos funcionais estabelecem deveres e responsabilidades dos servidores que, se violados, configuram infrações administrativas, que podem acarretar a aplicação de penalidades como advertência, suspensão e até mesmo demissão.

O enfoque, como já adiantado, será dado com base na Lei 8.112/90.

12.3.1. Deveres

O art. 116 da Lei 8.112/90 estabelece os seguintes deveres a serem observados pelos servidores públicos:

I – exercer com zelo e dedicação as atribuições do cargo;

II – ser leal às instituições a que servir;

III – observar as normas legais e regulamentares;

IV – cumprir as ordens superiores, exceto quando manifestamente ilegais;

V – atender com presteza:

a) ao público em geral, prestando as informações requeridas, ressalvadas as protegidas por sigilo;

b) à expedição de certidões requeridas para defesa de direito ou esclarecimento de situações de interesse pessoal;

c) às requisições para a defesa da Fazenda Pública.

VI – levar as irregularidades de que tiver ciência em razão do cargo ao conhecimento da autoridade superior ou, quando houver suspeita de envolvimento desta, ao conhecimento de outra autoridade competente para apuração; (Redação dada pela Lei nº 12.527, de 2011)

VII – zelar pela economia do material e a conservação do patrimônio público;

VIII – guardar sigilo sobre assunto da repartição;

IX – manter conduta compatível com a moralidade administrativa;

X – ser assíduo e pontual ao serviço;

XI – tratar com urbanidade as pessoas;

XII – representar contra ilegalidade, omissão ou abuso de poder.

Além desses deveres, outros estão dispersos em outras leis e regulamentos.

12.3.2. Penalidades

Juntamente com os deveres, a Lei 8.112/90 estabelece em seu art. 117 uma série de proibições que deverão ser observadas por parte dos servidores públicos.

Caso estas proibições sejam desrespeitadas, haverá a aplicação de uma sanção adequada, cujo rol vem previsto no art. 127, a saber:

I – Advertência;

II – Suspensão;

III – Demissão;

IV – Cassação de aposentadoria ou disponibilidade;

V – Destituição de cargo em comissão;

VI – Destituição de função comissionada.

Na aplicação das penalidades serão consideradas a natureza e a gravidade da infração cometida, os danos que dela provierem para o serviço público, as circunstâncias agravantes ou atenuantes e os antecedentes funcionais.

O ato de imposição da penalidade deverá sempre mencionar o fundamento legal e a causa da sanção disciplinar.

A descrição das infrações administrativas é mais aberta, de modo que a Administração possui certa margem de apreciação do caso concreto e seu enquadramento dentre os ilícitos previstos em lei.

12.3.2.1. Advertência

A advertência será aplicada por escrito, nos casos **de violação de proibição constantes do art. 117, incisos I a VIII e XIX** (quadro abaixo), e de **inobservância de dever funcional** previsto em lei, regulamentação ou norma interna, que não justifique imposição de penalidade mais grave.

Situações que justificam a aplicação da pena de advertência
• Ausentar-se do serviço durante o expediente, sem prévia autorização do chefe imediato;
• Retirar, sem prévia anuência da autoridade competente, qualquer documento ou objeto da repartição;
• Recusar fé a documentos públicos;
• Opor resistência injustificada ao andamento de documento e processo ou execução de serviço;
• Promover manifestação de apreço ou desapreço no recinto da repartição;
• Cometer a pessoa estranha à repartição, fora dos casos previstos em lei, o desempenho de atribuição que seja de sua
• Responsabilidade ou de seu subordinado;
• Coagir ou aliciar subordinados no sentido de filiarem-se a associação profissional ou sindical, ou a partido político;
• Manter sob sua chefia imediata, em cargo ou função de confiança, cônjuge, companheiro ou parente até o segundo grau civil;
• Recusar-se a atualizar seus dados cadastrais quando solicitado;

12.3.2.2. Suspensão

A suspensão será aplicada em caso de **reincidência das faltas punidas com advertência** e de violação das **demais proibições que não tipifiquem infração sujeita a penalidade de demissão**, não podendo exceder de **90 (noventa) dias.**

Situações que justificam a aplicação da pena de suspensão
• Cometer a outro servidor atribuições estranhas ao cargo que ocupa, exceto em situações de emergência e transitórias;
• Exercer quaisquer atividades que sejam incompatíveis com o exercício do cargo ou função e com o horário de trabalho;

A Lei 8.112/90 prevê, ainda, a pena de suspensão de **até 15 (quinze) dias** para o servidor que, injustificadamente, recusar-se a ser submetido a inspeção médica determinada pela autoridade competente, cessando os efeitos da penalidade uma vez cumprida a determinação.

Durante o período em que o servidor público cumprir a pena de **suspensão** não perceberá a remuneração correspondente.

Quando houver conveniência para o serviço, a penalidade de suspensão poderá ser convertida em multa, na base de 50% (cinquenta por cento) por dia de vencimento ou remuneração, ficando o servidor obrigado a permanecer em serviço.

As penalidades de advertência e de suspensão terão seus registros cancelados, após o decurso **de 3 (três) e 5 (cinco) anos de efetivo exercício**, respectivamente, se o servidor não houver, nesse período, praticado nova infração disciplinar. O cancelamento da penalidade não surtirá efeitos retroativos.

12.3.2.3. Demissão

Demissão, conforme já visto, é ato de **caráter punitivo**, representando uma penalidade aplicada ao servidor, após regular processo administrativo disciplinar, em razão do cometimento de uma infração funcional grave, que implica no fim do vínculo institucional existente com pessoa jurídica de direito público.

Situações que justificam a aplicação da pena de demissão
• Crime contra a administração pública;
• Abandono de cargo;
• Inassiduidade habitual;
• Improbidade administrativa;
• Incontinência pública e conduta escandalosa, na repartição;
• Insubordinação grave em serviço;
• Ofensa física, em serviço, a servidor ou a particular, salvo em legítima defesa própria ou de outrem;
• Aplicação irregular de dinheiros públicos;
• Revelação de segredo do qual se apropriou em razão do cargo;
• Lesão aos cofres públicos e dilapidação do patrimônio nacional;
• Corrupção;

Situações que justificam a aplicação da pena de demissão
• Acumulação ilegal de cargos, empregos ou funções públicas;
• Valer-se do cargo para lograr proveito pessoal ou de outrem, em detrimento da dignidade da função pública;
• Participar de gerência ou administração de sociedade privada, personificada ou não personificada, exercer o comércio, exceto na qualidade de acionista, cotista ou comanditário*;
• Atuar, como procurador ou intermediário, junto a repartições públicas, salvo quando se tratar de benefícios previdenciários ou assistenciais de parentes até o segundo grau, e de cônjuge ou companheiro;
• Receber propina, comissão, presente ou vantagem de qualquer espécie, em razão de suas atribuições;
• Aceitar comissão, emprego ou pensão de estado estrangeiro;
• Praticar usura sob qualquer de suas formas;
• Proceder de forma desidiosa;
• Utilizar pessoal ou recursos materiais da repartição em serviços ou atividades particulares
* não se aplica nos seguintes casos (art. 117, parágrafo único):
a) Participação nos conselhos de administração e fiscal de empresas ou entidades em que a União detenha, direta ou indiretamente, participação no capital social ou em sociedade cooperativa constituída para prestar serviços a seus membros; e
b) Gozo de licença para o trato de interesses particulares, observada a legislação sobre conflito de interesses.

12.3.2.4. Cassação de aposentadoria ou disponibilidade

Será cassada a aposentadoria ou a disponibilidade do inativo que houver praticado, na atividade, **falta punível com a demissão**.

12.3.2.5. Destituição de cargo em comissão ou de função comissionada

A destituição de cargo em comissão exercido por não ocupante de cargo efetivo será aplicada nos casos de infração sujeita às penalidades de suspensão e de demissão.

Se o servidor houver se exonerado do cargo antes da aplicação da sanção, a exoneração será convertida em destituição.

Estranhamente a Lei 8.112/90 não disciplinou a destituição de função comissionada, nem a destituição de cargo em comissão ocupado por servidor efetivo.

A demissão ou a destituição de cargo em comissão, nos casos dos incisos IV, VIII, X e XI do art. 132, implica a indisponibilidade dos bens e o ressarcimento ao erário, sem prejuízo da ação penal cabível (art. 136).

A demissão ou a destituição de cargo em comissão, por infringência do art. 117, incisos IX e XI, incompatibiliza o ex-servidor para nova investidura em cargo público federal, pelo prazo de **5 (cinco) anos** (art. 137). Não poderá retornar ao serviço público federal o servidor que for demitido ou destituído do cargo em comissão por infringência do art. 132, incisos I, IV, VIII, X e XI (art. 137, parágrafo único).

12.3.2.6. Prescrição

A Administração possui alguns prazos para responsabilizar o servidor público faltoso, sob pena de prescrever sua pretensão punitiva. Vejamos os prazos trazidos pela Lei 8.112/90:

Penalidade	Prazo
Advertência	**180 dias**
Suspensão	**2 anos**
Demissão	
Cassação de aposentadoria ou disponibilidade	**5 anos**
Destituição de cargo em comissão	
Infrações Disciplinares também capituladas como crimes	**Prazos de prescrição previstos na lei penal**

O prazo de prescrição começa a correr da data em que o fato se tornou conhecido. A abertura de sindicância ou a instauração de processo disciplinar interrompe a prescrição, até a decisão final proferida por autoridade competente. Interrompido o curso da prescrição, o prazo começará a correr a partir do dia em que cessar a interrupção.

12.4. Sindicância e processo administrativo disciplinar

A própria Administração promoverá a apuração da infração administrativa, instaurando o procedimento adequado e assegurando ao servidor o contraditório e a ampla defesa, quando for o caso.

As irregularidades são apuradas por dois instrumentos: a **sindicância** e o **processo administrativo disciplinar**.

As denúncias sobre irregularidades serão objeto de apuração, desde que contenham a identificação e o endereço do denunciante e sejam formuladas por escrito, confirmada a autenticidade. Quando o fato narrado não configurar evidente infração disciplinar ou ilícito penal, a denúncia será arquivada, por falta de objeto.

12.4.1. Sindicância

Sindicância é o **procedimento investigativo**, que poderá implicar no **arquivamento do processo**, na aplicação da **penalidade de advertência ou suspensão até 30 dias**, assegurada ampla defesa, ou na **instauração de processo administrativo disciplinar**, o qual é obrigatório sempre que ilícito praticado ensejar sanção mais grave.

A sindicância não excederá o prazo de **30 dias**, prorrogáveis por igual período, a critério da autoridade competente.

Os autos da sindicância integrarão o processo disciplinar, como peça informativa da instrução. Na hipótese de o relatório da sindicância concluir que a infração está capitulada como ilícito penal, a autoridade competente encaminhará cópia dos autos ao Ministério Público, independentemente da imediata instauração do processo disciplinar.

12.4.2. Processo Administrativo Disciplinar (PAD)

O processo disciplinar é o instrumento destinado a apurar responsabilidade de servidor por infração praticada no exercício de suas atribuições, ou que tenha relação com as atribuições do cargo em que se encontre investido (art. 148).

O processo disciplinar será conduzido por comissão composta de **três servidores estáveis** designados pela **autoridade competente**, que indicará, dentre eles, o seu **presidente**, que deverá ser ocupante de **cargo efetivo superior** ou de **mesmo nível**, ou ter **nível de escolaridade igual ou superior ao do indiciado** (art. 149) Eventualmente, por solicitação da autoridade a que se refere, poderá ser promovida por autoridade de órgão ou entidade diverso daquele em que tenha ocorrido a irregularidade, mediante competência específica para tal finalidade, delegada em caráter permanente ou temporário pelo Presidente da República, pelos presidentes das Casas do Poder Legislativo e dos Tribunais Federais e pelo Procurador-Geral da República, no âmbito do respectivo Poder, órgão ou entidade, preservadas as competências para o julgamento que se seguir à apuração (art. 143, § 3.º).

O processo disciplinar se desenvolve nas seguintes fases:

I – **Instauração**, com a publicação do ato que constituir a comissão;

II – **Inquérito administrativo**, que compreende **instrução, defesa** e **relatório**;

III – **Julgamento**.

Após a instauração do PAD, a comissão iniciará os trabalhos, sendo-lhe assegurado exercício de suas atividades com independência e imparcialidade, assegurado o sigilo necessário à elucidação do fato ou exigido pelo interesse da administração.

Durante o inquérito, serão assegurados ao servidor o contraditório e ampla defesa, com a utilização dos meios e recursos admitidos em direito.

Na fase do inquérito, a comissão promoverá a tomada de depoimentos, acareações, investigações e diligências cabíveis, objetivando a coleta de prova, recorrendo, quando necessário, a técnicos e peritos, de modo a permitir a completa elucidação dos fatos.

Tipificada a infração disciplinar, será formulada a indiciação do servidor, com a especificação dos fatos a ele imputados e das respectivas provas. O indiciado será **citado por mandado** expedido pelo presidente da comissão para apresentar **defesa escrita**, no **prazo de 10 (dez) dias**, assegurando-se-lhe vista do processo na repartição. Havendo **dois ou mais indiciados**, o prazo será **comum** e de **20 (vinte) dias**. O prazo de defesa poderá ser prorrogado pelo dobro, para diligências reputadas indispensáveis.

Se o indiciado se encontrar em lugar incerto e não sabido, será citado por edital, publicado no Diário Oficial da União e em jornal de grande circulação na localidade do último domicílio conhecido, para apresentar defesa. Neste caso, o prazo para defesa será de **15**

(quinze) dias a partir da última publicação do edital. Para defender o indiciado revel, a autoridade instauradora do processo designará um servidor como defensor dativo, que deverá ser ocupante de cargo efetivo superior ou de mesmo nível, ou ter nível de escolaridade igual ou superior ao do indiciado.

Apreciada a defesa, a comissão elaborará relatório minucioso, onde resumirá as peças principais dos autos e mencionará as provas em que se baseou para formar a sua convicção. O relatório será sempre conclusivo quanto à inocência ou à responsabilidade do servidor.

Reconhecida a responsabilidade do servidor, a comissão indicará o **dispositivo legal ou regulamentar transgredido**, bem como as **circunstâncias agravantes ou atenuantes**.

O processo disciplinar, com o relatório da comissão, será remetido à autoridade que determinou a sua instauração, para julgamento.

Passa-se, então, à fase de **julgamento.** No prazo de **20 (vinte) dias**, contados do recebimento do processo, a autoridade julgadora proferirá a sua decisão.

Reconhecida pela comissão a **inocência do servidor**, a autoridade instauradora do processo determinará o seu **arquivamento**, salvo se flagrantemente contrária à prova dos autos.

O julgamento **acatará o relatório da comissão**, salvo quando contrário às provas dos autos. Quando o relatório da comissão contrariar as provas dos autos, a autoridade julgadora poderá, **motivadamente**, **agravar a penalidade proposta** (*reformatio in pejus*), **abrandá-la** ou **isentar** o servidor de responsabilidade.

O julgamento fora do prazo legal não implica nulidade do processo.

Quando a infração estiver capitulada como crime, o processo disciplinar será remetido ao Ministério Público para instauração da ação penal, ficando trasladado na repartição.

O servidor que responder a processo disciplinar só poderá ser exonerado a pedido, ou aposentado voluntariamente, após a conclusão do processo e o cumprimento da penalidade, caso aplicada. Se já houver ocorrido exoneração, o ato será convertido em demissão, se for o caso.

O prazo para a conclusão do processo disciplinar não excederá **60 (sessenta) dias**, contados da data de publicação do ato que constituir a comissão, admitida a sua prorrogação por igual prazo, quando as circunstâncias o exigirem.

Como medida cautelar e a fim de que o servidor não venha a influir na apuração da irregularidade, a autoridade instauradora do processo disciplinar poderá determinar o seu afastamento do exercício do cargo, pelo prazo de até **60 (sessenta) dias, sem prejuízo da remuneração**. O afastamento poderá ser prorrogado por igual prazo, findo o qual cessarão os seus efeitos, ainda que não concluído o processo.

12.4.3. Revisão do processo

O processo disciplinar poderá ser revisto, a **qualquer tempo, a pedido** ou **de ofício**, quando se aduzirem **fatos novos** ou **circunstâncias suscetíveis de justificar a inocência do punido** ou a **inadequação da penalidade aplicada**.

Em caso de falecimento, ausência ou desaparecimento do servidor, qualquer pessoa da família poderá requerer a revisão do processo. No caso de incapacidade mental do servidor, a revisão será requerida pelo respectivo curador.

No processo revisional, o ônus da prova cabe ao requerente. A simples alegação de injustiça da penalidade não constitui fundamento para a revisão, que requer elementos novos, ainda não apreciados no processo originário.

O requerimento de revisão do processo será dirigido ao **Ministro de Estado** ou **autoridade equivalente**, que, se autorizar a revisão, encaminhará o pedido ao dirigente do órgão ou entidade onde se originou o processo disciplinar. Deferida a petição, a autoridade competente providenciará a constituição de comissão.

Na petição inicial, o requerente pedirá dia e hora para a produção de provas e inquirição das testemunhas que arrolar.

A comissão revisora terá **60 (sessenta)** dias para a conclusão dos trabalhos.

O julgamento caberá à autoridade que aplicou a penalidade. O prazo para julgamento será de **20 (vinte) dias**, contados do recebimento do processo, no curso do qual a autoridade julgadora poderá determinar diligências.

Julgada procedente a revisão, será declarada sem efeito a penalidade aplicada, restabelecendo-se todos os direitos do servidor, **exceto em relação à destituição do cargo em comissão, que será convertida em exoneração**.

Da revisão do processo **não poderá resultar agravamento de penalidade**.

12.5. (In)Comunicabilidade Entre as Instâncias de Responsabilização

Em regra, vige o princípio da incomunicabilidade ou independência entre as instâncias, de modo que o servidor pode sofrer condenações concomitantemente nas esferas cível, criminal e administrativa. Esta regra, todavia, comporta exceção, uma vez que o art. 126 da Lei 8.112/90 dispõe que a responsabilidade administrativa do servidor será afastada no caso de **absolvição criminal que negue a existência do fato ou sua autoria**.

A absolvição no Juízo Criminal por insuficiência de provas não afasta a possibilidade de responsabilização administrativa e cível do servidor. Assim, se servidor público foi acusado de corrupção passiva e peculato, respondeu a processo criminal e foi absolvido por ausência de provas, Administração Pública, no caso, permanece livre para punir o funcionário, desde que verifique haver desvios na conduta funcional do servidor.

13. REGIME DE PREVIDÊNCIA DOS AGENTES PÚBLICOS

13.1. Noções Gerais

Os agentes públicos podem estar submetidos a dois regimes públicos de previdência:

a) **Regime Geral de Previdência Social (RGPS)**: aberto aos trabalhadores de um modo geral, é regido pela Lei 8.213/91. A este regime estarão vinculados os **empregados públicos**, os **servidores temporários**, os ocupantes de **cargos em**

comissão de livre nomeação e exoneração, titulares de **mandato eletivo** e os **servidores efetivos que não estejam vinculados a regime próprio de previdência.**

b) **Regime Próprio de Previdência Social (RPPS)**: pode ser criado pelos entes federativos para beneficiar os servidores titulares de cargos efetivos da Administração Pública Direta ou Indireta.

O RGPS é objeto de estudos do Direito Previdenciário e está previsto no art. 201 da CF/88, de modo que faremos breves considerações apenas sobre o RPPS, que possui suas principais diretrizes estabelecidas no art. 40 da CF/88. Estudaremos os principais benefícios assegurados constitucionalmente aos servidores e a seus dependentes.

Prevê o art. 40, da CF, com a nova redação trazida pela EC 41/03, que aos servidores titulares de cargos efetivos da União, dos Estados, do Distrito Federal e dos Municípios, incluídas suas autarquias e fundações, é assegurado regime de previdência de **caráter contributivo e solidário**, mediante contribuição do respectivo ente público, dos servidores ativos e inativos e dos pensionistas, observados critérios que preservem o **equilíbrio financeiro e atuarial**.

Depois que se aposenta, o servidor deixa de receber remuneração ou subsídio e passa a receber proventos.

POSIÇÃO DO STF

Súmula 359: *Ressalvada a revisão prevista em lei, os proventos da inatividade regulam-se pela lei vigente ao tempo em que o militar, ou o servidor civil reuniu os requisitos necessários.*

13.2. Aposentadorias

As aposentadorias são devidas ao próprio servidor. O art. 41, § 1º da Constituição estabelece as modalidades a seguir estudadas.

13.2.1. Aposentadoria por Invalidez

A **aposentadoria por invalidez** será devida em caso de **invalidez permanente**, sendo os **proventos proporcionais ao tempo de**

contribuição, exceto se decorrente de **acidente em serviço, moléstia profissional** ou **doença grave, contagiosa** ou **incurável**, na forma da lei (art. 40, § 1.º, I da CF/88), situações estas em que **os proventos serão integrais.**

A EC 70/12 incluiu o art. 6-A nas disposições transitórias estabelecidas pela EC 41/03, prevendo que o servidor da União, dos Estados, do Distrito Federal e dos Municípios, incluídas suas autarquias e fundações, que tenha ingressado no serviço público até 19.12.2003 (data de publicação da EC 41/03) e que tenha se aposentado ou venha a se aposentar por invalidez permanente tem direito a proventos de aposentadoria, proporcionais ou integrais, **calculados com base na remuneração do cargo efetivo em que se der a aposentadoria**, na forma da lei, e não com base no tempo de contribuição, como preceitua a regra atual.

13.2.2. Aposentadoria compulsória

Nos termos do art. 40, § 1.º, II, da CF/88, com redação alterada pela EC 88/2015, o servidor público se aposenta compulsoriamente, com **proventos proporcionais ao tempo de contribuição**, aos **70 (setenta) anos de idade**, ou aos **75 (setenta e cinco) anos de idade, na forma de lei complementar**.

A Lei Complementar 152/2015 estabeleceu a aposentadoria compulsória aos 75 anos, em qualquer esfera federativa, aos seguintes agentes públicos:

> I – os servidores titulares de cargos efetivos da União, dos Estados, do Distrito Federal e dos Municípios, incluídas suas autarquias e fundações;
>
> II – os membros do Poder Judiciário;
>
> III – os membros do Ministério Público;
>
> IV – os membros das Defensorias Públicas;
>
> V – os membros dos Tribunais e dos Conselhos de Contas.

Os servidores do Serviço Exterior Brasileiro receberam tratamento específico, com o estabelecimento de norma de transição no art. 2.º, parágrafo único, da LC 152/2015.

Por fim, vale destacar que o STF decidiu que a regra da aposentadoria compulsória **não se aplica aos cargos em comissão de livre nomeação e exoneração**, de modo que não há impedimento para que servidores efetivos que tenham sido aposentados compulsoriamente ocupem tais cargos.

POSIÇÃO DO STF

Os servidores ocupantes de cargo exclusivamente em comissão não se submetem à regra da aposentadoria compulsória prevista no art. 40, § 1º, II, da CF/88. Este dispositivo atinge apenas os ocupantes de cargo de provimento efetivo. Por conta disso, não existe qualquer idade limite para fins de nomeação a cargo em comissão. Ressalvados impedimentos de ordem infraconstitucional, não há óbice constitucional a que o servidor efetivo aposentado compulsoriamente permaneça no cargo comissionado que já desempenhava ou a que seja nomeado para cargo de livre nomeação e exoneração, uma vez que não se trata de continuidade ou criação de vínculo efetivo com a Administração. (RE 786540, Rel. Min. Dias Toffoli, j. em 15/12/2016).

13.2.3. Aposentadoria voluntária

Caberá a concessão de **aposentadoria voluntária** ao servidor público desde que cumprido **tempo mínimo de dez anos de efetivo exercício no serviço público** e **cinco anos no cargo efetivo** em que se dará a aposentadoria, observadas as seguintes condições:

a) **Com proventos integrais**:

(I) homem: **sessenta anos de idade** e **trinta e cinco de contribuição**;

(II) mulher: **cinquenta e cinco anos de idade** e **trinta de contribuição**.

Os requisitos de idade e de tempo de contribuição serão **reduzidos em cinco anos** para o **professor** que comprove exclusivamente tempo de efetivo exercício das funções de magistério na **educação infantil e no ensino fundamental e médio** (art. 40, § 5º).

b) **Com proventos proporcionais ao tempo de contribuição**:

(I) homem: **sessenta e cinco anos de idade**;

(II) mulher: **sessenta anos de idade**.

13.2.3.1. Aposentadoria especial do servidor público

Em regra, a CF veda a adoção de requisitos e critérios diferenciados para a concessão de aposentadoria aos abrangidos pelo regime próprio de previdência dos servidores públicos, ressalvados, nos termos definidos em **leis complementares**, os casos de servidores portadores de deficiência, que exerçam atividade de risco ou cujas atividades sejam exercidas sob condições especiais que prejudiquem a saúde ou a integridade física (art. 40, *caput* e incisos).

Tais leis complementares não foram editadas até a presente data, o que ocasionou a judicialização da questão, com o objetivo de promover a efetivação do direito objeto da mora legislativa, principalmente no que se refere à hipótese do **art. 40, III**.

O STF, diante de tal cenário, determinou a aplicação da sistemática da Lei 8.213/91, que disciplina o Regime Geral de Previdência Social, aos servidores públicos enquadrados no art. 40, III da CF.

O tema pacificou-se de tal forma na jurisprudência da Suprema Corte ao ponto de ser objeto da **súmula vinculante 33**.

POSIÇÃO DO STF

Súmula Vinculante 33: *Aplicam-se ao servidor público, no que couber, as regras do regime geral da previdência social sobre aposentadoria especial de que trata o artigo 40, § 4º, inciso III da Constituição Federal, até a edição de lei complementar específica.*

13.2.4. Cálculo dos proventos de aposentadoria

A Emenda Constitucional 41/03 trouxe significativas mudanças para o RPPS, destacando-se o fim das aposentadorias com **proventos integrais**, calculada com base na última remuneração percebida pelo servidor.

A sistemática atual de cálculo muito se aproxima do cálculo realizado pelo RGPS, utilizando-se média aritmética simples das maiores remunerações, utilizadas como base para **as contribuições do servidor aos regimes de previdência a que esteve vinculado**, correspondentes a **80% (oitenta por cento) de todo o período contributivo** desde a competência julho de 1994 ou desde a do início da contribuição, se posterior àquela competência (art. 1.º da Lei 10.887/04). Ou seja, passa-se a considerar o histórico de contribuições do servidor público.

A fim de observar a garantia prevista no art. 40, § 17 da CF/88, a lei 10.887/04 prevê que as remunerações consideradas no cálculo do valor inicial dos proventos terão os seus **valores atualizados mês a mês** de acordo com a **variação integral do índice fixado para a atualização dos salários-de-contribuição considerados no cálculo dos benefícios do regime geral de previdência social**, que atualmente é o Índice Nacional de Preços ao Consumidor – INPC, calculado pela Fundação Instituto Brasileiro de Geografia e Estatística – IBGE (art. 29-B da Lei 8.213/91).

Por fim, o art. 40, § 11 da CF prevê que **a soma total dos proventos de inatividade**, inclusive quando decorrentes da acumulação de cargos ou empregos públicos, bem como de outras atividades sujeitas a contribuição para o regime geral de previdência social, e o **montante resultante da adição de proventos de inatividade com remuneração de cargo** acumulável na forma da CF/88, cargo em comissão declarado em lei de livre nomeação e exoneração, e de cargo eletivo, não poderão ser superiores ao limite fixado no art. 37, XI (art. 40, § 11), que trata do teto remuneratório dos servidores públicos.

ATENÇÃO

Apesar da literalidade do dispositivo, o julgamento do STF acerca do teto dos cargos licitamente acumuláveis, estudado em item anterior, deve ser aplicável a esta hipótese (RE 612975/MT e RE 602043/MT). Consignou-se que cabe idêntica conclusão do julgamento quanto ao art. 40, § 11, da CF, sob pena de criar situação desigual entre ativos e inativos, contrariando preceitos de envergadura maior, entre os quais a isonomia, a proteção dos valores sociais do trabalho — expressamente elencada como fundamento da República —, o direito adquirido e a irredutibilidade de vencimentos. Assim, se o servidor se apo-sentar em dois cargos acumuláveis, cada cargo será considerado individualmente, de modo que a soma dos proventos poderá ultrapassar o teto constitucional. Este entendimento já vinha sendo adotado pelo STJ (RMS 38.682-ES, r. Min. Herman Benjamin, j. 18/10/2012, inf. 508).

13.2.5. Vedações constitucionais em matéria de aposentadoria

O texto constitucional trouxe algumas vedações em matéria de aposentadoria, a seguir destacadas.

Os proventos de aposentadoria e as pensões, por ocasião de sua concessão, **não poderão exceder a remuneração do respectivo**

servidor, no cargo efetivo em que se deu a aposentadoria ou que serviu de referência para a concessão da pensão (art. 40, § 2º).

É vedada a adoção de requisitos e critérios diferenciados para a concessão de aposentadoria aos abrangidos pelo regime próprio de previdência dos servidores públicos, ressalvados, nos termos definidos em leis complementares, os casos de servidores (art. 40, § 4º):

a) Portadores de deficiência;

b) Que exerçam atividades de risco;

c) Cujas atividades sejam exercidas sob condições especiais que prejudiquem a saúde ou a integridade física.

Ressalvadas as aposentadorias decorrentes dos cargos acumuláveis na forma desta Constituição, **é vedada a percepção de mais de uma aposentadoria à conta do RPPS** (art. 40, § 6º).

A lei não poderá estabelecer qualquer forma de contagem de **tempo de contribuição fictício** (art. 40, § 10). Por muito tempo se admitiu a chamada contagem em dobro ou mesmo a conversão de licenças não gozadas em tempo de serviço para fins de aposentadoria, o que não é mais admitido. Nesta toada, a EC 20/98 substituiu a expressão "tempo de serviço" para constar "tempo de contribuição", indicando que as contribuições devem ser efetivas vertidas para que o tempo de trabalho seja computado.

13.2.6. Contagem Recíproca

Se antes de ingressar no serviço público o servidor tiver desempenhado alguma atividade remunerada abrangida pelo RGPS, poderá contar este tempo e ter incluído no cálculo de seus proventos as remunerações utilizadas como base para as contribuições para aquele regime (art. 40, § 3º). É o que se denomina **contagem recíproca**.

Bastará que o servidor apresente a chamada certidão de tempo de contribuição (CTC), que permitirá também que haja uma compensação financeira entre o RGPS e o RPPS, relativamente às contribuições vertidas ao primeiro regime.

13.3. Pensão por Morte

13.3.1. Requisitos

A **pensão por morte** é um benefício pago **dependentes** do servidor público que falecer, cujo detalhamento está previsto nos arts. 215 a 225 da lei 8.112/90.

A leitura destes dispositivos é recomendada para aqueles que prestarão concursos federais, valendo destacar as principais alterações promovidas pela Lei 13.135/15, resultante da Medida Provisória 664/2014:

- Observância do teto previsto no art. 37, XI da CF/88 e das regras da EC 41/2003 (art. 215, *caput*);
- Deixou de existir a distinção entre pensão por morte vitalícia e temporária, com a revogação do art. 216 da Lei 8.112/90;
- Com relação aos filhos deficientes, a redação do art. 217, IV foi melhorada para incluir, juntamente com os filhos inválidos, aqueles que tenham deficiência grave ou que tenham deficiência intelectual ou mental, nos termos do regulamento;
- Com relação ao irmão do servidor, de qualquer condição, quando comprovar dependência econômica e não houver dependente de classe superior habilitado ao benefício, observará as disposições do art. 217, IV;
- Para que seja beneficiário de pensão por morte, o cônjuge divorciado ou separado judicialmente ou de fato, deverá ter sua pensão alimentícia estabelecida judicialmente (art. 217, II);
- Estabelecimento de tempo de duração da pensão por morte para cônjuge ou companheiro, conformando-a à expectativa de vida do beneficiário. Porém, a partir de certo marco etário do beneficiário a pensão passa a ser vitalícia (art. 222, VII).
- O menor sob guarda não mais figura no rol dos beneficiários da pensão por morte (previsto anteriormente no art. 217, II, "b");
- O enteado e o menor tutelado passaram a figurar como possíveis benefícios, como se fossem filhos do servidor, desde que comprovem dependência econômica (art. 217, § 3º);

- Não é mais possível a concessão de pensão por morte a pessoa designada que viva na dependência econômica do servidor (previsto anteriormente no art. 217, II, "d").

13.3.2. Cálculo da pensão por morte

Nos últimos anos, a pensão por morte foi um dos benefícios que mais sofreu alterações, sendo que atualmente corresponderá ao valor da **totalidade dos proventos do servidor falecido** (servidor aposentado) ou **totalidade da remuneração do servidor no cargo efetivo em que se deu o falecimento** (servidor em atividade na data do óbito), em qualquer dos casos a**té o limite máximo estabelecido para os benefícios do Regime Geral de Previdência Social (RGPS)** de que trata o art. 201, acrescido de **setenta por cento da parcela excedente a este limite**.

Analisemos o exemplo abaixo, que ilustra bem como será feito o cálculo:

a) Valor da remuneração do servidor (se na ativa) ou de seus proventos (se aposentado): **R$ 10.000,00**

b) Limite máximo (teto) estabelecido para os benefícios do RGPS: **R$ 4.000,00**

c) Valor que excede o teto: **R$ 6.000,00**

d) Aplicação do redutor (70%): **R$ 6.000 x 0,7 = R$ 4.200,00 (70% de R$ 6.000,00)**

e) Valor da aposentadoria (b + d): **R$ 4.000,00 + R$ 4.200,00 = R$ 8.200,00**

13.4. Reajuste das aposentadorias e pensões

O art. 40, § 8º da CF em sua redação original estabelecia que os proventos de aposentadoria e as pensões seriam revistos na mesma proporção e na mesma data, **sempre que se modificasse a remuneração dos servidores em atividade**, sendo também estendidos aos aposentados e aos pensionistas quaisquer benefícios ou vantagens posteriormente concedidos aos servidores em atividade, inclusive quando decorrentes da transformação ou reclassificação do cargo ou função em que se deu a aposentadoria ou que serviu de referência para a concessão da pensão, na forma da lei.

A EC 41/03 extinguiu este reajuste automático, passando a assegurar, apenas, reajustamento dos benefícios para preservar-lhes, em caráter permanente, o valor real, conforme critérios estabelecidos em lei (art. 40, § 8.º).

As normas de transição, todavia, ressalvaram da nova regra os benefícios (aposentadorias e pensões) já concedidos até a data de promulgação da EC 41/03 (19.12.2003), assim como assegurou aos servidores que ingressaram antes desta mesma data a observância da regra antiga por ocasião de concessão de sua aposentadoria ou de pensão por morte a seus dependentes.

13.5. Contribuição dos aposentados e pensionistas

A EC 41/03 admitiu a instituição de contribuição dos aposentados e pensionistas do RPPS. Vale lembrar que a CF/88 veda este tipo de contribuição no âmbito do **RGPS** (art. 195, II da CF/88).

Conforme a nova sistemática inaugurada pela EC 41/03, "Incidirá contribuição sobre os proventos de aposentadorias e pensões concedidas pelo regime de que trata este artigo que superem o limite máximo estabelecido para os benefícios do regime geral de previdência social de que trata o art. 201, com percentual igual ao estabelecido para os servidores titulares de cargos efetivos" (art. 40, § 18 da CF/88).

Por outro lado, "Incidirá contribuição sobre os proventos de aposentadorias e pensões concedidas pelo regime de que trata este artigo que superem o limite máximo estabelecido para os benefícios do regime geral de previdência social de que trata o art. 201, com percentual igual ao estabelecido para os servidores titulares de cargos efetivos" (art. 40, § 21 da CF/88).

13.6. Abono de permanência

Segundo previsão do art. 40, § 19 da CF, o servidor público que tenha completado as exigências para aposentadoria voluntária integral e que opte por permanecer em atividade fará jus a um **abono de permanência equivalente ao valor da sua contribuição**

previdenciária até completar as exigências para aposentadoria compulsória.

13.7. Previdência Complementar

O art. 40, § 14 da CF/88 prevê que a União, os Estados, o Distrito Federal e os Municípios podem instituir **regime de previdência complementar** para os seus respectivos servidores titulares de cargo efetivo. Se isto ocorrer, tais entes poderão fixar, para o valor das aposentadorias e pensões o limite máximo (teto) estabelecido para os benefícios do regime geral de previdência social de que trata o art. 201.

O regime de previdência complementar será instituído por **lei de iniciativa do respectivo Poder Executivo**, observado o disposto no art. 202 da CF/88 e seus parágrafos, no que couber, por intermédio de entidades fechadas de previdência complementar, de natureza pública, que oferecerão aos respectivos participantes planos de benefícios somente na modalidade de **contribuição definida** (art. 40, § 15). A União editou a Lei 12.618/12 regulamentando o tema no âmbito federal.

O servidor que tiver ingressado no serviço público até a data de publicação do ato de instituição do regime de previdência complementar poderá optar em ingressar no novo sistema (art. 40, § 16), mas jamais será obrigado a adotar o regime de previdência complementar.

14. TÓPICO-SÍNTESE

TÓPICO-SÍNTESE	
Definição	Em um sentido amplo, pode-se definir agente público como "todo aquele que exerce, ainda que transitoriamente ou sem remuneração, por eleição, nomeação, designação, contratação ou qualquer forma de investidura ou vínculo, mandato, cargo emprego ou função pública" (PAULO ALEXANDRINO).
Classificação	• Agentes políticos: Possuem uma relação jurídico-institucional transitória com o Estado, diversa dos demais agentes públicos, e geralmente são investidos em seus cargos por meio de eleição, nomeação ou designação.

<table>
<tr>
<td>Classificação</td>
<td colspan="2">• Servidores públicos: em sentido amplo, são todas as pessoas físicas que prestam serviços ao Estado em decorrência de algum vínculo de trabalho e mediante remuneração paga pelos cofres públicos (Maria Sylvia Z. Di Pietro). Subdividem-se em: a) servidores estatutários: regidos por um regime estatutário estabelecido em lei (no âmbito federal, Lei 8.112/90), são titulares de cargos públicos. b) empregados públicos: a relação é contratual e regida pela CLT e pela Lei 9.962/00, tendo natureza de emprego público. c) servidores temporários: estão submetidos a regime jurídico especial (Lei 8.745/93), desempenhando uma mera função.
• Militares: se enquadram as pessoas físicas que prestam serviços às Forças Armadas – Marinha, Exército e Aeronáutica (art. 142, caput, e § 3º, da Constituição) – e às Polícias Militares e Corpos de Bombeiros Militares dos Estados, Distrito Federal e dos Territórios (art. 42), com vínculo estatutário sujeito a regime jurídico próprio, mediante remuneração paga pelos cofres públicos (Maria Sylvia Z. Di Pietro).
• Particulares em colaboração com o poder público: pessoas físicas que prestam serviço ao Estado, sem vínculo empregatício, com ou sem remuneração. Podem atuar por: a) delegação do Poder Público: exercem função em nome próprio, sob fiscalização do Poder Público, e recebem remuneração de terceiros usuários do serviço público. b) requisição, nomeação ou designação: exercem funções públicas relevantes, não tem vínculo empregatício e em geral não recebem remuneração. c) gestores de negócios: espontaneamente assumem função pública em momento de emergência, como epidemia, enchente, etc.</td>
</tr>
<tr>
<td rowspan="2">Cargos, empregos e funções</td>
<td rowspan="2">Cargo</td>
<td>• Representa um conjunto de atribuições e responsabilidades, criadas por lei ou resolução (só para o Poder Legislativo), previstas na estrutura organizacional de determinado ente e regidas por um regime jurídico estatutário, para que sejam exercidas por um agente público legalmente investido e mediante remuneração.</td>
</tr>
<tr>
<td>• O provimento pode se dar em caráter efetivo – mediante concurso público – ou em comissão.
• As ações envolvendo os servidores e a Administração serão processadas perante a Justiça Comum federal ou estadual, conforme o ente que figure na lide.</td>
</tr>
</table>

<table>
<tr>
<td rowspan="4">Cargos, empregos e funções</td>
<td>Emprego</td>
<td>• Há um vínculo contratual entre o agente e a Administração, que será regido pela CLT.
• O provimento será obrigatoriamente por concurso público.
• O regime de emprego público é obrigatório para as empresas estatais e suas subsidiárias que explorem atividade econômica (art. 173, § 1º da CF/88).
• As ações envolvendo os empregados públicos e Administração serão processadas perante a Justiça do Trabalho.</td>
</tr>
<tr>
<td>Função</td>
<td>• São as atribuições ou competências conferidas a um órgão, cargo, emprego ou diretamente ao agente.
• Todo cargo ou emprego possui uma função, mas nem toda função equivale a um cargo ou emprego.
• As funções podem ser autônomas, como ocorre nas funções temporárias ou gratificadas, pelas quais o agente público, mesmo sem vínculo permanente, percebe remuneração pelo desempenho de atividade (ex: servidores temporários contratados nos termos do art. 37, IX da CF/88), e de confiança (art. 37, V), que é uma modalidade de gratificação paga a servidores de cargo efetivo pelo exercício de atribuições de direção, chefia e assessoramento (ex: chefia de secretaria judicial).
• Não há obrigatoriedade de realização de concurso público nestes casos.
• As ações envolvendo os agentes que exerçam função e a Administração serão processadas perante a Justiça Comum federal ou estadual, conforme o ente que figure na lide.</td>
</tr>
<tr>
<td colspan="2">Acesso</td>
</tr>
<tr>
<td colspan="2">De acordo com o art. 37, I da CF/88 “os cargos, empregos e funções públicas são acessíveis aos brasileiros que preencham os requisitos estabelecidos em lei, assim como aos estrangeiros, na forma da lei”.
A necessidade de realização de concurso público como regra para preenchimento de cargos e empregos públicos é estabelecida pelo art. 37, II da CF/88.
Prazo de Validade: de até dois anos, prorrogável uma vez, por igual período (art. 37, III da CF/88).</td>
</tr>
</table>

<table>
<tr>
<td rowspan="6">Cargos, empregos e funções</td>
<td>A CF/88 garante a reserva de percentual dos cargos e empregos públicos para as pessoas portadoras de deficiência por meio de lei reguladora, que definirá ainda os critérios de sua admissão.
O Decreto 3.298/99, que regulamentou a Lei 7.853/89, estabeleceu que serão reservados aos portadores de deficiência 5% (cinco por cento) das vagas oferecidas no concurso (art. 37, § 1º).
A Lei 8.112/90, assegura aos portadores de deficiência o direito de se inscrever em concurso público para provimento de cargo cujas atribuições sejam compatíveis com a deficiência de que são portadoras; a estes serão reservadas até 20% (vinte por cento) das vagas oferecidas no concurso (art. 5º, § 2º).</td>
</tr>
<tr>
<td>Concurso Público</td>
</tr>
<tr>
<td>Lei 12.990/14 determinou a reserva aos negros de 20% (vinte por cento) das vagas oferecidas nos concursos públicos para provimento de cargos efetivos e empregos públicos no âmbito da administração pública federal, das autarquias, das fundações públicas, das empresas públicas e das sociedades de economia mista controladas pela União.</td>
</tr>
<tr>
<td>Acumulação Remunerada de Cargos, Empregos e Funções</td>
</tr>
<tr>
<td>Em regra, é vedada a acumulação remunerada de cargos e empregos públicos. Em algumas situações, todavia, a CF/88 admite a acumulação:
a) de dois cargos de professor (art. 37, XVI, "a");
b) de um cargo de professor com outro técnico ou científico (art. 37, XVI, "b");
c) de dois cargos ou empregos privativos de profissionais de saúde, com profissões regulamentadas (art. 37, XVI, "c");
d) de um cargo, emprego ou função pública com a função de vereador (art. 38, III);
e) de um cargo de magistrado com outro de magistério (art. 95, parágrafo único, I);
f) de um cargo de membro do ministério público com outro de magistério (art. 128, § 5º, II, "d").
As exceções à regra de vedação de acumulação de cargos públicos, previstas na Constituição Federal, são taxativas.</td>
</tr>
<tr>
<td></td>
</tr>
<tr>
<td>Provimento</td>
<td>Provimento e investidura: o provimento é o ato administrativo da autoridade competente de cada Poder que designa alguém para titularizar um cargo público. A investidura, por outro lado, ocorre com a posse (o agente investe-se em suas funções).
Requisitos para investidura em cargo público (art. 5º da Lei 8.112/90:
a) a nacionalidade brasileira;
b) o gozo dos direitos políticos;</td>
</tr>
</table>

<table>
<tr><td rowspan="5">Provimento</td><td>c) a quitação com as obrigações militares e eleitorais;
d) o nível de escolaridade exigido para o exercício do cargo;
e) a idade mínima de dezoito anos;
f) aptidão física e mental.</td></tr>
<tr><td>Modalidades de Provimento</td></tr>
<tr><td>Nomeação: Ato administrativo que materializa o provimento originário. Pode ser em comissão ou em caráter efetivo, dependendo, neste último caso, de prévia habilitação em concurso público de provas ou de provas e títulos, obedecidos a ordem de classificação e o prazo de sua validade.</td></tr>
<tr><td>Modalidades de Provimento</td></tr>
<tr><td>Promoção: Passagem para um cargo de classe mais elevada.
Readaptação: Investidura do servidor em cargo de atribuições e responsabilidades compatíveis com a limitação que tenha sofrido em sua capacidade física ou mental verificada em inspeção médica.
Reversão: Retorno à atividade de servidor aposentado, nas situações previstas nos incisos I e II do art. 25 (leitura obrigatória).
Aproveitamento: Ocorre com o retorno à atividade de servidor em disponibilidade em cargo de atribuições e vencimentos compatíveis com o anteriormente ocupado.
Reintegração: Reinvestidura do servidor estável no cargo anteriormente ocupado, ou no cargo resultante de sua transformação, quando invalidada a sua demissão por decisão administrativa ou judicial, com ressarcimento de todas as vantagens.
Recondução: Retorno do servidor estável ao cargo anteriormente ocupado, nas hipóteses de inabilitação ou desistência em estágio probatório relativo a outro cargo ou reintegração do anterior ocupante.</td></tr>
<tr><td>Estágio probatório, efetividade, estabilidade e disponibilidade</td><td>Estágio probatório: é o período de três anos dentro do qual o servidor é avaliado quanto à sua aptidão e capacidade para o desempenho do cargo, observando-se sua assiduidade, disciplina, capacidade de iniciativa, produtividade e responsabilidade. Caso não cumpra os requisitos estabelecidos no estágio probatório após o cumprimento das formalidades legais de apuração de sua capacidade (o que inclui a abertura de oportunidade para que o mesmo apresente sua defesa em caso de avaliação negativa), o servidor poderá ser exonerado (STF, Súmula 21).
Efetividade: é um atributo do cargo, relacionada à forma de provimento. Os cargos efetivos pressupõem a realização de concurso público e partem do princípio ou expectativa de que o servidor terá um vínculo duradouro.</td></tr>
</table>

Estágio probatório, efetividade, estabilidade e disponibilidade	Estabilidade: é um atributo pessoal do ocupante do cargo, ou seja, configurando-se numa garantia de permanência no serviço público adquirida após três anos de efetivo exercício e aprovação do servidor em avaliação especial de desempenho por comissão instituída para essa finalidade. Não gera direito adquirido ao servidor de permanecer eternamente no cargo, podendo perdê-lo nas seguintes situações: 1) em virtude de sentença judicial transitada em julgado (art. 41, § 1º, I); 2) mediante processo administrativo em que lhe seja assegurada ampla defesa (art. 41, § 1º, II); 3) mediante procedimento de avaliação periódica de desempenho, na forma de lei complementar, assegurada ampla defesa (art. 41, § 1º, III); 4) adequação dos gastos da Administração com pessoal, se insuficientes as providências determinadas no art. 169, § 3º, da CF (art. 169, § 4º).
	Disponibilidade: extinto o cargo ou declarada a sua desnecessidade, o servidor estável ficará em disponibilidade, com remuneração proporcional ao tempo de serviço, até seu adequado aproveitamento em outro cargo.
Vacância	Ocorre quando determinado cargo público encontrar-se sem um agente regulamente investido (o cargo fica vago). Diversas situações podem ocasionar a vacância de um cargo público, sendo as mais comuns a exoneração e a demissão. Há outras situações que também implicam na vacância de um cargo, como a promoção, a readaptação, a aposentadoria, a posse em outro cargo inacumulável e o falecimento do servidor.
Sistema remuneratório	Remuneração e Subsídio: a) Remuneração: é o vencimento do cargo efetivo, acrescido das vantagens pecuniárias permanentes estabelecidas em lei. Vencimento é a retribuição pecuniária pelo exercício de cargo público, com valor fixado em lei. As vantagens pecuniárias permanentes são acréscimos fixados em lei, geralmente pagos por meio de indenizações, gratificações ou adicionais. b) Subsídio: são pagos em parcela única, vedado o acréscimo de qualquer gratificação, adicional, abono, prêmio, verba de representação ou outra espécie remuneratória (art. 39, § 4º da CF/88).
Sistema remuneratório	Teto remuneratório: O teto geral ou nacional, que será observado por todos os agentes públicos é o subsídio dos Ministros do STF. Todos os subsídios e remunerações não poderão extravasar este valor. Além deste teto geral, a CF/88 estabeleceu outros tetos específicos ou subtetos que devem ser observados no âmbito de outros Poderes: a) Municípios: subsídios do Prefeito; b) Estados e Distrito Federal: b.1) Poder Executivo: o subsídio mensal do Governador; b.2) Poder Legislativo: subsídio dos Deputados Estaduais e Distritais; b.3) Poder Judiciário, Ministério Público, Procuradores e Defensores: subsídio dos Desembargadores do Tribunal de Justiça, limitado a 90,25% do subsídio mensal, em espécie, dos Ministros do STF.

Direitos sociais assegurados aos servidores públicos	Extensão de direitos próprios dos trabalhadores (art. 7º da CF/88): o art. 39, § 3º da CF estende aos servidores públicos alguns dos direitos sociais previstos no art. 7º, quais sejam: • Percepção de salário mínimo (art. 7º IV e VIII). Exceção: Súmula Vinculante 6 do STF (Não viola a Constituição da República o estabelecimento de remuneração inferior ao salário mínimo para os praças prestadores de serviço militar inicial). • Remuneração do trabalho noturno superior à do diurno (art. 7º, IX). • Salário-família pago em razão do dependente do trabalhador de baixa renda nos termos da lei (art. 7º, XII). • Duração do trabalho normal não superior a oito horas diárias e quarenta e quatro semanais, facultada a compensação de horários e a redução da jornada, mediante acordo ou convenção coletiva de trabalho (art. 7º, XIII). • Repouso semanal remunerado, preferencialmente aos domingos (art. 7º, XV). • Remuneração do serviço extraordinário superior, no mínimo, em cinquenta por cento à do normal (art. 7º, XVII). • Gozo de férias anuais remuneradas com, pelo menos, um terço a mais do que o salário normal (art. 7º, XVI). • Licença à gestante, sem prejuízo do emprego e do salário, com a duração de cento e vinte dias (art. 7º, XVIII). • Licença-paternidade, nos termos fixados em lei (art. 7º, XIX). • Proteção do mercado de trabalho da mulher, mediante incentivos específicos, nos termos da lei (art. 7º, XX). • Redução dos riscos inerentes ao trabalho, por meio de normas de saúde, higiene e segurança (art. 7º, XXII). • Proibição de diferença de salários, de exercício de funções e de critério de admissão por motivo de sexo, idade, cor ou estado civil (art. 7º, XXX). Sindicalização e greve (art. 37, VI e VII da CF/88): outros direitos assegurados aos trabalhadores, expressamente estendidos ao servidor público, são os direitos de sindicalização (art. 37, VI) e greve (art. 37, VI). Como neste último caso a norma constitucional condiciona sua regulamentação à lei específica, que ainda não foi editada, o STF no julgamento dos Mandados de Injunção 670/ES, 708/DF e 712/PA declarou a omissão legislativa quanto ao dever constitucional em editar lei que regulamente o exercício do direito de greve no setor público e, por maioria, determinou a aplicação, no que couber, da lei de greve vigente no setor privado (Lei 7.783/1989). Este tem sido o entendimento atualmente adotado pela jurisprudência.

Sistema de responsabilização	No exercício de suas funções, os agentes públicos podem ser responsabilizados por eventuais falhas cometidas. Esta responsabilização pode ocorrer nas searas cível, penal e administrativa. Responsabilidade civil: decorre de ato omissivo ou comissivo, doloso ou culposo, que resulte em prejuízo ao erário ou a terceiros. Este prejuízo poderá ser apurado adminis-trativamente, mediante processo administrativo próprio. Responsabilidade penal: o agente público responde penalmente ao praticar um crime ou contravenção que se relacione direta ou diretamente com suas funções. A responsabilidade criminal do servidor é apurada em processo judicial. Responsabilidade administrativa: os estatutos funcionais estabelecem deveres e responsabilidades dos servidores que, se violados, configuram infrações administrativas, que podem acarretar a aplicação de penalidades como advertência, suspensão e até mesmo demissão. A própria Administração promoverá a apuração da infração administrativa, instaurando o procedimento adequado e assegurando ao servidor o contraditório e a ampla defesa. Espécies de penalidades disciplinares (art. 127 da Lei 8.112/90): a) advertência; b) suspensão; c) demissão; d) cassação de aposentadoria ou disponibilidade; e) destituição de cargo em comissão; f) destituição de função comissionada. Prazos que a Administração possui para responsabilizar o servidor público faltoso (Lei 8.112/90: (sob pena de prescrição da pretensão punitiva) a) Advertência – 180 dias b) Suspensão – 2 anos c) Demissão; Cassação de aposentadoria ou disponibilidade; Destituição de cargo em comissão – 5 anos d) Infrações Disciplinares também capituladas como crimes – Prazos de prescrição previstos na lei penal.
Regime de previdência dos agentes públicos	Regime Geral de Previdência Social (RGPS): • Aberto aos trabalhadores de um modo geral, é regido pela Lei 8.213/91. • A este regime estarão vinculados os empregados públicos, os servidores temporários, os ocupantes de cargos em comissão de livre nomeação e exoneração e os servidores efetivos que não estiverem vinculados a regime próprio de previdência; Regime Próprio de Previdência Social (RPPS): • Pode ser criado pelos entes federativos para beneficiar os servidores titulares de cargos efetivos da Administração Pública Direta ou Indireta.

<table>
<tr>
<td>Regime de previdência dos agentes públicos</td>
<td>
Prevê o art. 40, da CF, com a nova redação trazida pela EC 41/03, que aos servidores titulares de cargos efetivos da União, dos Estados, do Distrito Federal e dos Municípios, incluídas suas autarquias e fundações, é assegurado regime de previdência de caráter contributivo e solidário, mediante contribuição do respectivo ente público, dos servidores ativos e inativos e dos pensionistas, observados critérios que preservem o equilíbrio financeiro e atuarial.
Aposentadorias: devidas ao próprio servidor e estabelecidas no art. 41, § 1º da CF.
<ul>
<li>Aposentadoria por invalidez: será devida em caso de invalidez permanente, sendo os proventos proporcionais ao tempo de contribuição, exceto se decorrente de acidente em serviço, moléstia profissional ou doença grave, contagiosa ou incurável, na forma da lei.</li>
<li>Aposentadoria compulsória: dá-se quando o agente completa 70 anos de idade, ou aos 75 anos de idade, na forma de lei complementar, conforme alteração promovida pela EC 88/2015. Em ambas as situações os proventos serão proporcionais ao tempo de contribuição.</li>
<li>Aposentadoria voluntária: desde que cumprido tempo mínimo de dez anos de efetivo exercício no serviço público e cinco anos no cargo efetivo em que se dará a aposentadoria, observadas as seguintes condições: a) Com proventos integrais: (I) homem: 60 anos de idade e 35 de contribuição; (II) mulher: cinquenta e cinco anos de idade e trinta de contribuição. Os requisitos de idade e de tempo de contribuição serão reduzidos em cinco anos para o professor que comprove exclusivamente tempo de efetivo exercício das funções de magistério na educação infantil e no ensino fundamental e médio (art. 40, § 5º). b) Com proventos proporcionais ao tempo de contribuição: (I) homem: 65 anos de idade; (II) mulher: 60 anos de idade.</li>
</ul>
Vedações constitucionais em matéria de aposentadoria:
<ul>
<li>Os proventos de aposentadoria e as pensões, por ocasião de sua concessão, não poderão exceder a remuneração do respectivo servidor, no cargo efetivo em que se deu a aposentadoria ou que serviu de referência para a concessão da pensão (art. 40, § 2º).</li>
<li>É vedada a adoção de requisitos e critérios diferenciados para a concessão de aposentadoria aos abrangidos pelo regime de que trata este artigo, ressalvados, nos termos definidos em leis complementares, os casos de servidores (art. 40, § 4º): a) Portadores de deficiência; b) Que exerçam atividades de risco; c) Cujas atividades sejam exercidas sob condições especiais que prejudiquem a saúde ou a integridade física.</li>
</ul>
</td>
</tr>
</table>

Regime de previdência dos agentes públicos	• Ressalvadas as aposentadorias decorrentes dos cargos acumuláveis na forma desta Constituição, é vedada a percepção de mais de uma aposentadoria à conta do RPPS (art. 40, § 6º). • A lei não poderá estabelecer qualquer forma de contagem de tempo de contribuição fictício (art. 40, § 10). Por muito tempo se admitiu a chamada contagem em dobro ou mesmo a conversão de licenças não gozadas em tempo de serviço para fins de aposentadoria, o que não é mais admitido. • A soma total dos proventos de inatividade, inclusive quando decorrentes da acumulação de cargos ou empregos públicos, bem como de outras atividades sujeitas a contribuição para o regime geral de previdência social, e o montante resultante da adição de proventos de inatividade com remuneração de cargo acumulável na forma da CF/88, cargo em comissão declarado em lei de livre nomeação e exoneração, e de cargo eletivo, não poderão ser superiores ao limite fixado no art. 37, XI (art. 40, § 11).
	Contagem Recíproca: se antes de ingressar no serviço público o servidor tiver desempenhado alguma atividade remunerada abrangida pelo RGPS, poderá contar este tempo e ter incluído no cálculo de seus proventos as remunerações utilizadas como base para as contribuições para aquele regime (art. 40, § 3º). Pensão por morte: benefício próprio dos dependentes do servidor. A Lei 13.135/15 consolidou as alterações realizadas na sistemática de concessão do benefício de pensão por morte aos dependentes do servidor público falecido, iniciadas pela Medida Provisória 664, de 30 de dezembro de 2014.
Sistema de responsabilização	No exercício de suas funções, os agentes públicos podem ser responsabilizados por eventuais falhas cometidas. Esta responsabilização pode ocorrer nas searas cível, penal e administrativa. Responsabilidade civil: decorre de ato omissivo ou comissivo, doloso ou culposo, que resulte em prejuízo ao erário ou a terceiros. Este prejuízo poderá ser apurado administrativamente, mediante processo administrativo próprio. Responsabilidade penal: o agente público responde penalmente ao praticar um crime ou contravenção que se relacione direta ou diretamente com suas funções. A responsabilidade criminal do servidor é apurada em processo judicial. Responsabilidade administrativa: os estatutos funcionais estabelecem deveres e responsabilidades dos servidores que, se violados, configuram infrações administrativas, que podem acarretar a aplicação de penalidades como advertência, suspensão e até mesmo demissão. A própria Administração promoverá a apuração da infração administrativa, instaurando o procedimento adequado e assegurando ao servidor o contraditório e a ampla defesa.

<table>
<tr>
<td>Sistema de responsabilização</td>
<td>Espécies de penalidades disciplinares (art. 127 da Lei 8.112/90): a) advertência; b) suspensão; c) demissão; d) cassação de aposentadoria ou disponibilidade; e) destituição de cargo em comissão; f) destituição de função comissionada.

Prazos que a Administração possui para responsabilizar o servidor público faltoso (Lei 8.112/90: (sob pena de prescrição da pretensão punitiva)

a) Advertência – 180 dias

b) Suspensão – 2 anos

c) Demissão; Cassação de aposentadoria ou disponibilidade; Destituição de cargo em comissão – 5 anos

d) Infrações Disciplinares também capituladas como crimes – Prazos de prescrição previstos na lei penal.</td>
</tr>
</table>

Capítulo

VIII

IMPROBIDADE ADMINISTRATIVA

Leia a lei:

- *Constituição Federal, arts. 14, § 9.º, 15, V, 37, § 4.º, 85, V; Lei 8.429/92*

1. NOÇÕES

Todos que, de alguma forma, lidam com a coisa pública, devem adotar um comportamento ético e **moral**, atuando de maneira honesta, honrada, imparcial e sempre zelando para o fiel cumprimento de suas atribuições legais, buscando a satisfação do **interesse público**, e não seu próprio interesse ou de terceiro.

A exigência de uma conduta proba dos agentes públicos é inerente ao próprio Estado Democrático de Direito, a ponto de integrar a Declaração dos Direitos do Homem e do Cidadão a previsão de que "a sociedade tem o direito de pedir contas a todo agente público pela sua administração" (art. 15).

É o que se denomina **probidade administrativa**; e a atuação desconforme àqueles deveres pode levar à configuração da prática de um ato de **improbidade administrativa**.

A tutela da **probidade administrativa** configura-se como um **direito difuso**, por se tratar de um **interesse metaindividual**, de modo que sua defesa encontra respaldo na maior parte dos ordenamentos democráticos atuais.

Os atos de **improbidade administrativa** estão previstos expressamente na CF/88 como passíveis de punição, destacando-se os arts.

14, § 9º, 15, V, 37, § 4º e 85, V. No plano infraconstitucional o tema é disciplinado principalmente pela **Lei 8.429/92**, conhecida como **Lei de Improbidade Administrativa (LIA)**, juntamente com todos os demais microssistemas de tutela dos interesses difusos e coletivos.

Anteriormente, as Constituições que cuidaram de disciplinar o tema (principalmente a partir da Constituição de 1946) preocupavam-se em reprimir aos atos que importassem em **enriquecimento ilícito do agente** por influência ou com abuso de cargo ou função pública, ou de emprego em entidade autárquica, com a possibilidade, na forma da lei de **sequestro** e **perdimento** dos bens ilicitamente acrescidos ao seu patrimônio. Em complemento às disposições constitucionais, merecem destaque as seguintes leis:

- **Lei 3.164/57**: também conhecida como **Lei Pitombo Godói-Ilha**, regulamentou o **sequestro** e a **perda** em favor da Fazenda Pública dos bens adquiridos pelo servidor público, por influência do cargo ou função pública, ou de emprego em entidade autárquica, sem prejuízo da responsabilidade criminal eventualmente apurada.
- **Lei 3.502/58**: conhecida como **Lei Bilac Pinto**, regulamentou o sequestro e o perdimento de bens nos casos de enriquecimento ilícito, por influência ou abuso do cargo ou função.

Assim, antes mesmo do advento da Lei Federal nº 8.429/92, já era possível a repressão aos atos que importassem em **enriquecimento ilícito** do agente público.

A atual sistemática legal prevê quatro modalidades de atos de improbidade administrativa, que importem em: a) **enriquecimento ilícito do agente**; b) **prejuízo ao patrimônio público**; c) qualquer ação ou omissão para conceder, aplicar ou manter benefício financeiro ou tributário contrário ao que dispõem o *caput* e o § 1º do art. 8º-A da LC 116/03; d) **violação de princípios da Administração Pública**. Todos serão estudados em tópico próprio mais adiante.

2. DEFINIÇÃO

O termo improbidade tem sua origem no latim – *improbitate* – e significa, dentre outras acepções, desonestidade, falsidade, desonradez, corrupção.

A origem da palavra colabora apenas em parte para a compreensão e conceituação dos atos de improbidade administrativa, porque todos os termos pressupõem **intenção do agente** para sua prática. Entretanto, como veremos adiante, a LIA admite sanções também para a prática de **atos culposos** de improbidade administrativa, nas hipóteses de prejuízo ao erário. Ou seja, o legislador não só busca a punição do agente corrupto ou desonesto, como também daquele que age com desídia no exercício de suas funções e no trato da coisa pública.

Um ponto que gera confusão entre os doutrinadores e na jurisprudência refere-se à acepção dos termos **probidade administrativa** e **moralidade administrativa**, existindo as seguintes correntes: a) são expressões sinônimas; b) o conceito de moralidade é mais amplo que o de probidade; c) o conceito de probidade é mais amplo que o de moralidade. Entendemos mais adequada esta última corrente, haja vista que além do princípio da moralidade, a probidade abrange os demais princípios que regem a atuação administrativa.

Feitas tais considerações, podemos conceituar o ato de improbidade administrativa como uma conduta contrária e violadora do primado da probidade administrativa, decorrente de uma ação ou omissão, que implique na prática de alguma das condutas previstas na LIA (arts. 9.º a 11), sujeita às sanções e suas gradações previstas na mesma lei.

3. NATUREZA JURÍDICA

Por algum tempo foi objeto de discussão na doutrina a natureza jurídica dos atos de improbidade administrativa, partindo-se da diversidade de sanções previstas na LIA, que possuem **natureza política** (suspensão dos direitos políticos), **administrativa** (a perda da função pública, proibição de contratar com o Poder Público ou de receber benefícios ou incentivos fiscais ou creditícios) e **cível** (ressarcimento ao erário, perda dos bens acrescidos ilicitamente e multa).

O entendimento doutrinário e jurisprudencial dominante atualmente, e que deve ser seguido nos concursos públicos, aponta no sentido de que os atos de improbidade administrativa constituem-se como **ilícitos de caráter civil *lato sensu* ou extrapenal**.

Em razão disso, o entendimento dominante é de que o trato da matéria se reserva à **competência privativa da União** (art. 21, I, CF), ao passo que as demais **normas de natureza administrativa** (procedimentais ou materiais) e de **procedimentos em matéria processual** são de competência concorrente de todos os entes (art. 24, XI, e 30, I e II, CF).

4. ELEMENTOS

Podemos arrolar os seguintes elementos essenciais ou constitutivos do ato de improbidade:

- **Sujeito Passivo**: prejudicado pelo ato (art. 1.º da LIA);
- **Sujeito Ativo**: pratica o ato ou induz ou concorre para sua prática ou dele se beneficia direta ou indiretamente (arts. 1.º e 3.º);
- **Ato ímprobo**, que importe em enriquecimento ilícito, prejuízo ao erário ou atente contra princípios da Administração Pública, isolada ou concomitantemente;
- **Elemento Subjetivo**: **dolo** (todas as modalidades) ou **culpa** (apenas cabível para prejuízo ao erário).

5. SUJEITOS

O ato de improbidade pressupõe a existência de um **sujeito passivo** (o ofendido, que é prejudicado pelo ato) e do **sujeito ativo** (o ofensor, que pratica o ato). O rol destes sujeitos é trazido pelo art. 1º da LIA:

> Art. 1° Os atos de improbidade praticados por qualquer **agente público**, servidor ou não, contra a **administração direta, indireta** ou **fundacional** de qualquer dos Poderes da União, dos Estados, do Distrito Federal, dos Municípios, de Território, de **empresa incorporada** ao patrimônio público ou de **entidade** para cuja criação ou custeio o **erário haja concorrido ou concorra** com **mais de cinquenta por cento do patrimônio ou da receita anual**, serão punidos na forma desta lei.
>
> Parágrafo único. Estão também sujeitos às penalidades desta lei os atos de improbidade praticados contra o patrimônio de **entidade que receba subvenção, benefício ou incentivo, fiscal ou creditício**, de **órgão público** bem como daquelas para cuja

> **criação ou custeio** o erário haja concorrido ou concorra com **menos de cinquenta por cento do patrimônio ou da receita anual**, limitando-se, nestes casos, a sanção patrimonial à repercussão do ilícito sobre a contribuição dos cofres públicos.

O conhecimento do rol de sujeitos do ato de improbidade administrativa é um dos temas mais recorrentes em concursos, daí a necessidade de sua sistematização e assimilação.

5.1. Sujeito ativo

Sujeito ativo será qualquer **agente público**, **servidor** ou **não**. Será considerado agente público, todo aquele que exerce, **ainda que transitoriamente ou sem remuneração**, por **eleição**, **nomeação**, **designação**, **contratação** ou **qualquer outra forma de investidura** ou **vínculo**, **mandato**, **cargo**, **emprego** ou **função** nas entidades mencionadas no artigo 1º.

> **ATENÇÃO**
>
> *Não confundir o conceito de agente público trazido pela LIA com aqueles estabelecidos pelo Código Penal (art. 327) e na Lei 8.112/90 (art. 2.º). O conceito trazido na LIA é mais amplo.*

O que se vê é que o conceito de sujeito ativo é bastante amplo, tendo o legislador buscado dar a máxima proteção possível à probidade.

5.1.1. A questão envolvendo os agentes políticos

A jurisprudência do STF acabou por criar uma exceção à abrangência do conceito de sujeito ativo da LIA: os **agentes políticos**.

Apesar de inegavelmente os **agentes políticos** formalmente se enquadrarem no conceito de **agente público**, no julgamento da Reclamação 2.138/DF, o STF entendeu que a LIA não se aplica àqueles. No caso concreto, o STF analisava a aplicação da LIA aos Ministros de Estado, tendo prevalecido o entendimento de que tais agentes políticos estão submetidos à sistemática dos chamados **crimes de responsabilidade** estabelecido no art. 102, I, c, da CF/88 e regulamentado pela Lei 1.079/50, ou seja, não praticam **atos de improbidade**

administrativa previstos na LIA. Do contrário, poderia ser cometido um *bis in idem*, com o mesmo fato sendo punido duplamente.

A decisão proferida pelo STF fez com que outros agentes políticos buscassem simetria de tratamento, sob o argumento de que também possuiriam regime de responsabilidade peculiar.

Diante de tal quadro, que importaria em inevitável enfraquecimento da LIA, em um primeiro momento a jurisprudência passou a restringir o conteúdo da expressão **agentes políticos**. Assim, não seriam todos os agentes políticos excluídos da aplicação da LIA, mas somente **aqueles que possam cometer crimes de responsabilidade previstos na Constituição Federal e, consequentemente, estejam mencionados na Lei 1.079/50** (RESP 764.836/SP). O STF posicionou-se no sentido de que os parlamentares não praticam crime de responsabilidade, estando, portanto, sujeitos à LIA (Rcl nº 5.126/RO-AgR).

Mas o tema ainda é vacilante na jurisprudência, principalmente após o julgamento pelo STJ da Reclamação 2.790/SC. Segundo o novo entendimento, inexiste norma constitucional que imunize os agentes políticos de responsabilização por prática de ato de improbidade administrativa, excetuados atos de improbidade praticados pelo presidente da República (art. 85, V, da CF/1988), cujo julgamento se dá em regime especial pelo Senado Federal (art. 86, da CF).

Nos julgados mais recentes, o STJ vem estendendo o entendimento adotado na Reclamação 2.790/SC aos Ministros do Supremo Tribunal Federal.

POSIÇÃO DO STJ

1) Os Agentes Políticos sujeitos a crime de responsabilidade, ressalvados os atos ímprobos cometidos pelo Presidente da República (art. 86 da CF) e pelos Ministros do Supremo Tribunal Federal, não são imunes às sanções por ato de improbidade previstas no art. 37, § 4º, da CF (jurisprudência em teses, Improbidade Administrativa II).

E se o agente político possuir for por prerrogativa de função, o STJ vem entendendo que a ação de improbidade mesmo assim é processada e julgada pelo juiz de primeiro grau, "(...) limitada à imposição de penalidades patrimoniais e vedada a aplicação das sanções de suspensão dos direitos políticos e de perda do cargo do réu" (jurisprudência em teses, Improbidade Administrativa II, item 3).

O próprio STF vem relevando em seus julgados a não-observância *erga omnes* da decisão proferida na Rcl. 2138-6/DF, indicando, em alguns casos, não ser este o posicionamento definitivo da Corte Máxima, muito por conta da alteração da composição do STF após o julgamento da Rcl. 2138-6/DF. Nesta toada, o STF reconheceu, por exemplo, a existência de **repercussão geral** com relação à aplicação da LIA aos prefeitos, ainda pendente de julgamento (ARE 683235 RG/PA), questão que está pacificada na jurisprudência do **STJ**. O tema ainda não foi apreciado, merecendo acompanhamento por parte do leitor, pois é possível que o STF estabeleça diretrizes claras para a solução dos litígios envolvendo o tema.

POSIÇÃO DO STJ

2) Os agentes políticos municipais se submetem aos ditames da Lei de Improbidade Administrativa, sem prejuízo da responsabilização política e criminal estabelecida no Decreto-Lei n. 201/1967 (jurisprudência em teses, Improbidade Administrativa II).

5.2. Sujeito Passivo

Sujeito passivo do ato de improbidade poderá ser qualquer uma das entidades que foram mencionados no art. 1º *caput* e parágrafo único. Fracionemos o dispositivo para facilitar o estudo:

a) **administração pública direta e indireta** de qualquer dos poderes dos entes da federação. Neste ponto, vale destacar que a empresas públicas ou sociedades de economia mista também podem ser sujeitos passivos, a despeito de serem pessoas jurídicas de direito privado;

b) entidade para cuja **criação ou custeio** o Estado (em sentido amplo) haja concorrido ou concorra **com mais de 50% do patrimônio ou receita anual**;

c) entidades que recebam subvenção, benefício ou incentivo, fiscal ou creditício, de órgão público bem como daquelas para cuja criação ou custeio o erário haja concorrido ou concorra com **menos de 50% do patrimônio ou da receita anual, limitando-se, nestes casos, a sanção patrimonial à repercussão do ilícito sobre a contribuição dos cofres públicos**. Ex.: serviços sociais autônomos, organizações sociais.

ATENÇÃO

Vale prestar bastante atenção na participação do Estado no patrimônio ou receita anual, haja vista o reflexo de tal circunstância na fixação da ***sanção patrimonial aplicável****. Este tema é muito cobrado em concursos: Veja o esquema abaixo:*

Participação do Estado no Patrimônio ou Receita Anual – Sanção patrimonial:
Limitada à contribuição estatal < 50%> Sanção patrimonial irrestrita

Surge a seguinte questão: e se a contribuição do Estado para a formação do patrimônio ou receita anual da pessoa jurídica for **igual a 50%**? A LIA não apresenta resposta a esta questão, de modo que o intérprete deverá optar por enquadrar o caso concreto em uma das hipóteses constantes do quadro supra. Entendemos a solução deverá ser a mais favorável ao acusado (limitação à contribuição estatal), pois, em matéria de direito administrativo sancionador, como é o caso da LIA, deve prevalecer o princípio da **presunção de inocência**.

5.2.1. Concorrência de terceiros para a prática do ato de improbidade

As disposições da LIA se aplicam também a **terceiros** que, **mesmo não sendo agentes públicos**, **induzam** ou **concorram** para a prática do ato de improbidade ou **dele se beneficie** sob qualquer forma direta ou indireta.

A expressão *"no que couber"*, presente no art. 3.º da LIA, traz expressivo significado ao dispositivo, já que, devido a não proximidade destes terceiros com os sujeitos passivos, algumas sanções previstas na LIA tornam-se incompatíveis àquela situação, como, por exemplo, a perda da função pública.

A atuação do terceiro pressupõe **uma conduta principal do agente público**, na medida em que o terceiro **induz** ou **concorre** para a prática do ato.

O STJ possui jurisprudência no sentido de que **não é possível o ajuizamento de ação de improbidade administrativa diretamente contra terceiro, sem a presença do agente público no polo passivo da demanda**.

POSIÇÃO DO STJ

Não é possível o ajuizamento de ação de improbidade administrativa exclusivamente em face de particular, sem a concomitante presença de agente público no polo passivo da demanda. *De início, ressalta-se que os particulares estão sujeitos aos ditames da Lei 8.429/1992 (LIA), não sendo, portanto, o conceito de sujeito ativo do ato de improbidade restrito aos agentes públicos. Entretanto, analisando-se o art. 3º da LIA, observa-se que o particular será incurso nas sanções decorrentes do ato ímprobo nas seguintes circunstâncias: a) induzir, ou seja, incutir no agente público o estado mental tendente à prática do ilícito; b) concorrer juntamente com o agente público para a prática do ato; e c) quando se beneficiar, direta ou indiretamente do ato ilícito praticado pelo agente público. Diante disso, é inviável o manejo da ação civil de improbidade exclusivamente contra o particular. Precedentes citados: REsp 896.044-PA, Segunda Turma, DJe 19/4/2011; REsp 1.181.300-PA, Segunda Turma, DJe 24/9/2010. REsp 1.171.017-PA, Rel. Min. Sérgio Kukina, julgado em 25/2/2014.*

Ainda neste tema, o STJ firmou entendimento no sentido de que nas ações de improbidade administrativa, não há litisconsórcio passivo necessário entre o agente público e os terceiros beneficiados com o ato ímprobo (jurisprudência em teses, Improbidade Administrativa I, item 9).

6. MODALIDADES DE ATOS DE IMPROBIDADE ADMINISTRATIVA

Quando o legislador definiu os atos de improbidade administrativa, a tutela normativa fixou-se originalmente em três pilares básicos: a **vedação ao enriquecimento ilícito do agente público**, a **proteção ao patrimônio público** e o **resguardo dos princípios que regem a Administração Pública**. Posteriormente, a LC 157/16 criou mais modalidade de ato de improbidade, ao acrescentar o art. 10-A à LIA, que trata de situação bastante específica de concessão, aplicação e manutenção de benefício financeiro ou tributário relacionado ao Imposto Sobre Serviços de Qualquer Natureza.

A LIA prevê, portanto, quatro modalidades de atos de improbidade, previstos em seus **arts. 9.º, 10, 10-A e 11**.

Em regra, o rol de condutas trazido nos referidos dispositivos da LIA é **meramente exemplificativo**, permitindo que o intérprete, no caso concreto, possa enquadrar outras condutas, desde que se amoldem em uma das situações genéricas descritas no *caput* dos artigos 9.º, 10 e 11. Porém, a novel alteração trazida pela LC 157/16 excetua esta regra, na medida em que o legislador descreveu pormenorizadamente no art. 10-A a conduta que será considerada ímproba, não se admitindo interpretação extensiva ou analógica.

ATENÇÃO

As questões objetivas de concursos costumam cobrar este tema de forma mais superficial. De uma maneira geral, se exige do candidato os seguintes conhecimentos: a) quais são as modalidades de atos de improbidade; b) rol meramente enunciativo das condutas previstas na LIA; c) conhecimento puro e simples destas condutas e seu correspondente enquadramento em uma ou outra modalidade.

6.1. Atos que importam em enriquecimento ilícito do agente

Previstos no **art. 9º da LIA**, são considerados os atos de improbidade mais graves, fazendo incidir as sanções mais gravosas.

Configura-se o ato quando o **sujeito ativo** aufere qualquer tipo de **vantagem patrimonial indevida** em razão do exercício de cargo, mandato, função, emprego ou atividade em quaisquer das entidades que podem se enquadrar no conceito de **sujeito passivo**.

O legislador exige que tenha havido algum **acréscimo** ao patrimônio do ímprobo, **seja ou não originário do erário público**. Não há, assim, correlação necessária entre o enriquecimento ilícito do agente e um dano material ao patrimônio público.

POSIÇÃO DO STJ

*"(...) O enriquecimento ilícito a que se refere a Lei é a obtenção de **vantagem econômica** através da atividade administrativa antijurídica. O enriquecimento previsto na Lei 8.429/92 **não pressupõe lucro ou vantagem senão apropriação de qualquer coisa,** ainda que proporcional ao trabalho desenvolvido, mas **viciado na sua origem**. O fruto do trabalho, como de sabença, nem sempre é lícito, gerando o enriquecimento ilícito à luz da mens legis" (REsp 439280/RS, j. em 01.04.2003).*

A LIA enumera algumas situações que se enquadram nesta modalidade de ato de improbidade:

> I – receber, para si ou para outrem, dinheiro, bem móvel ou imóvel, ou qualquer outra vantagem econômica, direta ou indireta, a título de comissão, percentagem, gratificação ou presente de quem tenha interesse, direto ou indireto, que possa ser atingido

ou amparado por ação ou omissão decorrente das atribuições do agente público;

II – perceber vantagem econômica, direta ou indireta, para facilitar a aquisição, permuta ou locação de bem móvel ou imóvel, ou a contratação de serviços pelas entidades enquadradas no conceito de sujeito passivo por preço superior ao valor de mercado;

III – perceber vantagem econômica, direta ou indireta, para facilitar a alienação, permuta ou locação de bem público ou o fornecimento de serviço por ente estatal por preço inferior ao valor de mercado;

IV – utilizar, em obra ou serviço particular, veículos, máquinas, equipamentos ou material de qualquer natureza, de propriedade ou à disposição de qualquer das entidades enquadradas no conceito de sujeito passivo, bem como o trabalho de servidores públicos, empregados ou terceiros contratados por essas entidades;

V – receber vantagem econômica de qualquer natureza, direta ou indireta, para tolerar a exploração ou a prática de jogos de azar, de lenocínio, de narcotráfico, de contrabando, de usura ou de qualquer outra atividade ilícita, ou aceitar promessa de tal vantagem;

VI – receber vantagem econômica de qualquer natureza, direta ou indireta, para fazer declaração falsa sobre medição ou avaliação em obras públicas ou qualquer outro serviço, ou sobre quantidade, peso, medida, qualidade ou característica de mercadorias ou bens fornecidos a qualquer das entidades enquadradas no conceito de sujeito passivo;

VII – adquirir, para si ou para outrem, no exercício de mandato, cargo, emprego ou função pública, bens de qualquer natureza cujo valor seja desproporcional à evolução do patrimônio ou à renda do agente público;

VIII – aceitar emprego, comissão ou exercer atividade de consultoria ou assessoramento para pessoa física ou jurídica que tenha interesse suscetível de ser atingido ou amparado por ação ou omissão decorrente das atribuições do agente público, durante a atividade;

IX – perceber vantagem econômica para intermediar a liberação ou aplicação de verba pública de qualquer natureza;

X – receber vantagem econômica de qualquer natureza, direta ou indiretamente, para omitir ato de ofício, providência ou declaração a que esteja obrigado;

> XI - incorporar, por qualquer forma, ao seu patrimônio bens, rendas, verbas ou valores integrantes do acervo patrimonial das entidades enquadradas no conceito de sujeito passivo;
>
> XII - usar, em proveito próprio, bens, rendas, verbas ou valores integrantes do acervo patrimonial das entidades enquadradas no conceito de sujeito passivo.

6.2. Atos que importam em prejuízo ao erário

Previstos no **art. 10 da LIA**, se configurarão quando, por uma ação ou omissão, dolosa ou culposa, do agente houver **perda patrimonial**, **desvio**, **apropriação**, **malbaratamento** ou **dilapidação dos bens ou haveres** de um dos sujeitos passivos.

Não é necessário que o agente tenha se enriquecido ilicitamente para a configuração desta modalidade de ato de improbidade.

A LIA enumera algumas situações em que se configurará dano ao erário:

> I - facilitar ou concorrer por qualquer forma para a incorporação ao patrimônio particular, de pessoa física ou jurídica, de bens, rendas, verbas ou valores integrantes do acervo patrimonial das entidades mencionadas no art. 1º desta lei;
>
> II - permitir ou concorrer para que pessoa física ou jurídica privada utilize bens, rendas, verbas ou valores integrantes do acervo patrimonial das entidades mencionadas no art. 1º desta lei, sem a observância das formalidades legais ou regulamentares aplicáveis à espécie;
>
> III - doar à pessoa física ou jurídica bem como ao ente despersonalizado, ainda que de fins educativos ou assistências, bens, rendas, verbas ou valores do patrimônio de qualquer das entidades mencionadas no art. 1º desta lei, sem observância das formalidades legais e regulamentares aplicáveis à espécie;
>
> IV - permitir ou facilitar a alienação, permuta ou locação de bem integrante do patrimônio de qualquer das entidades referidas no art. 1º desta lei, ou ainda a prestação de serviço por parte delas, por preço inferior ao de mercado;
>
> V - permitir ou facilitar a aquisição, permuta ou locação de bem ou serviço por preço superior ao de mercado;

VI – realizar operação financeira sem observância das normas legais e regulamentares ou aceitar garantia insuficiente ou inidônea;

VII – conceder benefício administrativo ou fiscal sem a observância das formalidades legais ou regulamentares aplicáveis à espécie;

VIII – frustrar a licitude de processo licitatório ou de processo seletivo para celebração de parcerias com entidades sem fins lucrativos, ou dispensá-los indevidamente;

IX – ordenar ou permitir a realização de despesas não autorizadas em lei ou regulamento;

X – agir negligentemente na arrecadação de tributo ou renda, bem como no que diz respeito à conservação do patrimônio público;

XI – liberar verba pública sem a estrita observância das normas pertinentes ou influir de qualquer forma para a sua aplicação irregular;

XII – permitir, facilitar ou concorrer para que terceiro se enriqueça ilicitamente;

XIII – permitir que se utilize, em obra ou serviço particular, veículos, máquinas, equipamentos ou material de qualquer natureza, de propriedade ou à disposição de qualquer das entidades mencionadas no art. 1° desta lei, bem como o trabalho de servidor público, empregados ou terceiros contratados por essas entidades.

XIV – celebrar contrato ou outro instrumento que tenha por objeto a prestação de serviços públicos por meio da gestão associada sem observar as formalidades previstas na lei;

XV – celebrar contrato de rateio de consórcio público sem suficiente e prévia dotação orçamentária, ou sem observar as formalidades previstas na lei.

XVI – facilitar ou concorrer, por qualquer forma, para a incorporação, ao patrimônio particular de pessoa física ou jurídica, de bens, rendas, verbas ou valores públicos transferidos pela administração pública a entidades privadas mediante celebração de parcerias, sem a observância das formalidades legais ou regulamentares aplicáveis à espécie;

XVII – permitir ou concorrer para que pessoa física ou jurídica privada utilize bens, rendas, verbas ou valores públicos transferidos pela administração pública a entidade privada mediante

> celebração de parcerias, sem a observância das formalidades legais ou regulamentares aplicáveis à espécie;
>
> XVIII – celebrar parcerias da administração pública com entidades privadas sem a observância das formalidades legais ou regulamentares aplicáveis à espécie;
>
> XIX – agir negligentemente na celebração, fiscalização e análise das prestações de contas de parcerias firmadas pela administração pública com entidades privadas;
>
> XX – liberar recursos de parcerias firmadas pela administração pública com entidades privadas sem a estrita observância das normas pertinentes ou influir de qualquer forma para a sua aplicação irregular.
>
> XXI – liberar recursos de parcerias firmadas pela administração pública com entidades privadas sem a estrita observância das normas pertinentes ou influir de qualquer forma para a sua aplicação irregular.

6.3. Atos que importem em concessão, aplicação e manutenção de benefício financeiro ou tributário relacionado ao Imposto Sobre Serviços de Qualquer Natureza

A LC 157, de 29 de dezembro de 2016, inseriu na LIA uma nova previsão de ato de improbidade, qual seja, qualquer ação ou omissão para conceder, aplicar ou manter benefício financeiro ou tributário contrário ao que dispõem o *caput* e o § 1º do art. 8º-A da LC 116/03, que assim dispõe:

> Art. 8º-A. A alíquota mínima do Imposto sobre Serviços de Qualquer Natureza é de 2% (dois por cento).
>
> § 1º O imposto não será objeto de concessão de isenções, incentivos ou benefícios tributários ou financeiros, inclusive de redução de base de cálculo ou de crédito presumido ou outorgado, ou sob qualquer outra forma que resulte, direta ou indiretamente, em carga tributária menor que a decorrente da aplicação da alíquota mínima estabelecida no *caput*, exceto para os serviços a que se referem os subitens 7.02, 7.05 e 16.01 da lista anexa a esta Lei Complementar.

A medida foi tomada para apaziguar a guerra fiscal existente entre Municípios, que utilizavam a concessão de benefícios fiscais

- principalmente de ISSQN – para atrair investimentos privados. A capitulação da conduta violadora do novo regramento como ato de improbidade administrativa revela o rigor com que o legislador pretendeu lidar com o tema.

Além de fixar a **alíquota mínima** do imposto (praticamente repetindo o art. 88, I, do ADCT), o dispositivo em análise vedou a concessão de incentivos fiscais relacionados ao ISSQN. Ou seja, na prática, os entes tributantes poderão estabelecer alíquota de **2% (dois por cento)** para os serviços que pretendem incentivar, mas não poderão conceder isenção de pagamento do tributo ou qualquer outra forma de incentivo que vise burlar a alíquota mínima.

A norma, todavia, excetuou de sua incidência os seguintes serviços:

> 7.02 – Execução, por administração, empreitada ou subempreitada, de obras de construção civil, hidráulica ou elétrica e de outras obras semelhantes, inclusive sondagem, perfuração de poços, escavação, drenagem e irrigação, terraplanagem, pavimentação, concretagem e a instalação e montagem de produtos, peças e equipamentos (exceto o fornecimento de mercadorias produzidas pelo prestador de serviços fora do local da prestação dos serviços, que fica sujeito ao ICMS).
>
> 7.05 – Reparação, conservação e reforma de edifícios, estradas, pontes, portos e congêneres (exceto o fornecimento de mercadorias produzidas pelo prestador dos serviços, fora do local da prestação dos serviços, que fica sujeito ao ICMS).
>
> 16.01 - Serviços de transporte coletivo municipal rodoviário, metroviário, ferroviário e aquaviário de passageiros.

6.4. Atos que atentam contra princípios da Administração

Previstos no **art. 11 da LIA**, conferem um grau de abstração maior aos atos de improbidade, consagrando a grande importância desempenhada pelos princípios no ordenamento jurídico.

Segundo previsto na LIA, constitui ato de improbidade administrativa que atenta contra os **princípios da administração pública** qualquer ação ou omissão que viole os **deveres de honestidade, imparcialidade, legalidade, e lealdade às instituições**. A seguir, são enumeradas as seguintes situações:

I – praticar ato visando fim proibido em lei ou regulamento ou diverso daquele previsto, na regra de competência;

II – retardar ou deixar de praticar, indevidamente, ato de ofício;

III – revelar fato ou circunstância de que tem ciência em razão das atribuições e que deva permanecer em segredo;

IV – negar publicidade aos atos oficiais;

V – frustrar a licitude de concurso público;

VI – deixar de prestar contas quando esteja obrigado a fazê-lo;

VII – revelar ou permitir que chegue ao conhecimento de terceiro, antes da respectiva divulgação oficial, teor de medida política ou econômica.

VIII – descumprir as normas relativas à celebração, fiscalização e aprovação de contas de parcerias firmadas pela administração pública com entidades privadas.

IX – deixar de cumprir a exigência de requisitos de acessibilidade previstos na legislação.

ATENÇÃO

A Lei 13.425, de 30 de março de 2017, apelidada de "Lei Kiss", estabeleceu diretrizes gerais sobre medidas de prevenção e combate a incêndio e a desastres em estabelecimentos, edificações e áreas de reunião de público. Em seu art. 13, estabeleceu que incorrerá em improbidade administrativa, nos termos do art. 11 da LIA, o prefeito municipal que deixar de tomar as providências necessárias para garantir a observância das normas especiais de prevenção e combate a incêndio e a desastres para locais de grande concentração e circulação de pessoas, editadas pelo poder público municipal e integrantes do planejamento urbano, respeitada a legislação estadual pertinente ao tema (art. 2.º, caput *e §§ 1.º e 2.º). Os prefeitos terão prazo máximo de 2 (dois) anos, contados da entrada em vigor da Lei 13.425/17, para implementar as medidas necessárias ao cumprimento da referida lei, período no qual não estarão sujeitos à responsabilização por prática de ato de improbidade por esta razão.*

6.5. Condutas que se Enquadram em Mais de uma Modalidade

É muito comum determinada conduta se enquadrar em mais de uma modalidade de ato de improbidade administrativa. Se isto ocorrer, haverá o enquadramento **na que for mais grave**, observando-se, assim, o **princípio da especialidade**.

Assim, se além de receber valores indevidos em razão do desempenho de sua função, o agente causar prejuízo ao erário (Ex: fiscal que recebe propina para facilitar o lançamento de tributo a menor), a conduta será enquadrada no art. 9.º da LIA (enriquecimento ilícito), acertando-se na dosimetria das sanções o ressarcimento dos prejuízos sofridos pelo sujeito passivo. Nesta situação, a violação de princípios está implícita na conduta.

6.6. A questão da tentativa

Não há previsão legal para a responsabilização do agente pela mera tentativa de prática de ato de improbidade, como prevê, por exemplo, o Código Penal, em seu art. 14.

Todavia, ainda que o agente não tenha conseguido se enriquecer ilicitamente ou causar dano ao patrimônio público, sua conduta preparatória **pode caracterizar violação a princípios da administração pública**.

É bom lembrar, também, que a ausência de exaurimento de uma conduta específica, prevista em um dos incisos dos arts. 9º, 10 e 11, não impede o enquadramento da mesma no *caput* dos referidos artigos.

7. ELEMENTO SUBJETIVO

A responsabilidade pela prática de atos de improbidade administrativa é **subjetiva**. Dessa forma, é necessário o elemento subjetivo para que a conduta ímproba se configure, observando-se se o agente agiu com **dolo** ou **culpa**.

Da análise dos dispositivos da LIA que capitulam as condutas ímprobas, chega-se à conclusão que os atos estarão configurados se o agente atuou **dolosamente**, seja qual for a modalidade e observados os demais elementos configuradores do ato. Porém, a atuação **culposa** do agente somente configurará ato de improbidade administrativa na modalidade de **atos que causam prejuízo ao erário**, por expressa previsão legal (art. 10, *caput*).

Para facilitar a assimilação deste tema, elaboramos o esquema abaixo:

Enriquecimento ilícito	Prejuízo ao erário	Concessão, aplicação ou manutenção irregular de incentivo fiscal (ISSQN)	Violação de Princípios
Somente com Dolo	Admite Dolo e Culpa	Somente com dolo	Somente com Dolo

8. SANÇÕES

Conforme brevemente visto, a LIA prevê sanções **civis** (ex.: perda de bens e valores acrescidos ilicitamente), **administrativas** (ex.: proibição de contratar com o Poder Público) e **políticas** (suspensão dos direitos políticos), mas **não** cuida de **sanções penais** para o ímprobo. Estas sanções vêm capituladas no art. 12 da LIA.

Originalmente, a CF/88 prevê em seu art. 37, § 4º a aplicação das sanções de **suspensão dos direitos políticos**, **ressarcimento ao erário** e **perda da função pública**. A expressão "na forma e gradação previstas na lei", contida no dispositivo retro mencionado, fez com que o legislador ordinário inserisse na LIA outras sanções não referidas no texto constitucional, que são a **perda dos bens ou valores acrescidos ilicitamente ao patrimônio**, o **pagamento de multa civil** e a **proibição de contratar com o Poder Público ou receber benefícios ou incentivos fiscais ou creditícios**.

O quadro abaixo traz um comparativo das diversas sanções previstas na LIA, (ANDRADE et. al, 2011, p. 70):

	Enriquecimento Ilícito (art. 9º)	Prejuízo ao Erário (art. 10)	Concessão, aplicação ou manutenção irregular de incentivo fiscal (ISSQN)	Violação de Princípios (art. 11)
Perda dos Bens ou Valores Acrescidos Ilicitamente	Sim	Sim, se concorrer esta circunstância	Não	Não
Ressarcimento Integral do Dano	Sim, se houver dano	Sim	Não	Sim, se houver dano
Perda da Função Pública	Sim	Sim	Sim	Sim
Suspensão dos Direitos Políticos	08-10 anos	05-08 anos	05-08 anos	03-05 anos

	Enriquecimento Ilícito (art. 9º)	Prejuízo ao Erário (art. 10)	Concessão, aplicação ou manutenção irregular de incentivo fiscal (ISSQN)	Violação de Princípios (art. 11)
Multa Civil	3 vezes o valor do acréscimo patrimonial	2 vezes o valor do dano	até 3 (três) vezes o valor do benefício financeiro ou tributário concedido	Até 100 vezes o valor da remuneração percebida pelo agente
Proibição de Contratar com o Poder Público ou Receber Incentivos Fiscais ou Creditícios	10 anos	5 anos	Não	3 anos

Observa-se no quadro acima que os atos que levam ao enriquecimento ilícito do agente são sancionados de maneira mais severa, seguidos pelos atos que importam em prejuízo ao erário e encerrando-se com os atos que representam violação de princípios da administração.

As sanções previstas nos incisos do art. 12 poderão ser aplicadas **isolada ou cumulativamente**, devendo ser aferida pelo aplicador da norma, no caso concreto, a **gravidade do ato**. Porém, as sanções possíveis a cada modalidade de ato já foram definidas pelo legislador, não podendo o julgador mesclar as sanções, aplicando, por exemplo, a suspensão de direitos políticos de 10 anos (sanção possível apenas para os atos que implicam em enriquecimento ilícito) ao ímprobo que praticou ato que atenta contra princípios da Administração Pública.

É possível que o ato praticado implique na responsabilização do agente nas searas **civil** (improbidade administrativa), **administrativa** (cometimento de infração funcional) e **penal** (crime contra a Administração Pública). Em matéria de improbidade administrativa vige o **princípio da independência entre as instâncias**, podendo o responsável ser punido em mais de uma instância pela prática do mesmo ato, salvo se houver absolvição no juízo criminal **por negativa de autoria** ou de **absolvição por inexistência do fato**. Nestes casos haverá comunicabilidade da decisão criminal às demais instâncias.

Na fixação das penas, o juiz levará em conta a **extensão do dano causado**, bem como o **proveito patrimonial obtido pelo agente** (art. 12, parágrafo único da LIA).

POSIÇÃO DO STJ

10) A revisão da dosimetria das sanções aplicadas em ação de improbidade administrativa implica reexame do conjunto fático-probatório dos autos, encontrando óbice na súmula 7/STJ, salvo se da leitura do acórdão recorrido verificar-se a desproporcionalidade entre os atos praticados e as sanções impostas (jurisprudência em teses – Improbidade Administrativa I)

As penas de **perda da função pública** e **suspensão dos direitos políticos** só poderão se aplicadas após o trânsito em julgado da sentença condenatória prolatada na ação civil de improbidade administrativa (art. 20, da LIA).

A aplicação das sanções previstas na LIA **independe da efetiva ocorrência de dano**, ressalvada a pena de **ressarcimento** (art. 21, I da LIA), ou da **aprovação ou rejeição das contas pelo órgão de controle interno ou pelo Tribunal ou Conselho de Contas** (art. 21, II da LIA).

Em caso de **falecimento** daquele que causar **lesão ao patrimônio público** ou se **enriquecer ilicitamente**, seus sucessores estarão sujeitos às penas da LIA, até o limite da herança recebida (art. 8.º da LIA). Somente a **responsabilidade pecuniária** se transmite ao espólio, em observância ao **princípio da intransmissibilidade das penas de caráter personalíssimo** (art. 5º, XLV, CF)

9. DECLARAÇÃO DE BENS E VALORES

O art. 13 da LIA condiciona a posse e exercício de qualquer agente público à apresentação de declaração dos bens e valores que compõem o seu patrimônio, a fim de ser arquivada no serviço de pessoa competente. O dispositivo foi regulamentado pelo Decreto 5.483/05.

A declaração, quando for o caso, abrangerá os bens e os valores patrimoniais do cônjuge ou companheiro, dos filhos e de outras pessoas que vivam sob a dependência econômica do declarante, excluídos apenas os bens e utensílios de uso doméstico.

A declaração de bens será **atualizada anualmente** e na data em que o agente público deixar o exercício do mandato, cargo, emprego ou função.

Será punido com a pena de demissão, **a bem do serviço público**, sem prejuízo de outras sanções cabíveis, o agente público que se recusar a prestar declaração de bens dentro do prazo determinado ou a que prestar falsa.

Em vez de atualizar anualmente a declaração de bens e direitos, o agente poderá entregar cópia da declaração anual de bens apresentada à Receita Federal do Brasil.

Ao tomar conhecimento de fundada notícia ou de indícios de enriquecimento ilícito, inclusive evolução patrimonial incompatível com os recursos e disponibilidades do agente público, a autoridade competente determinará a instauração de sindicância patrimonial, servindo as declarações e atualizações anteriormente prestadas pelo agente como parâmetro para as investigações.

10. APURAÇÃO DO ATO DE IMPROBIDADE NA SEARA ADMINISTRATIVA

A LIA cuidou de estabelecer alguns procedimentos para apuração do ato de improbidade no âmbito administrativo. Trata-se de procedimento meramente investigatório, porquanto a sanção pela prática de ato de improbidade administrativa somente poderá ser aplicada por meio de decisão judicial, em ação movida para este fim.

De fato, as suspeitas de cometimento de ato de improbidade, ou mesmo sua pronta constatação, surgirão na própria Administração, cabendo-lhe, **de ofício**, apurar o ocorrido por meio de seus agentes.

Não se iniciando de ofício, a LIA prevê que **qualquer pessoa** poderá representar à autoridade administrativa competente para que seja instaurada investigação destinada a apurar a prática de ato de improbidade (art. 14). A iniciativa aqui prevista decorre do direito de petição, consagrado no art. 5º, inciso XXXIV, alínea "a", da CF/88.

A representação, que poderá ser **escrita** ou **reduzida a termo**, deverá conter: a) qualificação do representante; b) as informações sobre o fato e sua autoria; c) a indicação das provas de que tenha conhecimento. Não é necessária a juntada imediata de provas, que poderão ser produzidas durante o procedimento administrativo. (art. 14, § 1.º). A autoridade administrativa **rejeitará** a representação, em **despacho fundamentado**, se tais formalidades não estiverem atendidas

Nada impede que haja representação perante o Ministério Público, que poderá requisitar a instauração de inquérito policial ou procedimento administrativo (art. 22, da LIA).

Sendo recebida a representação, o procedimento a ser adotado respeitará o previsto na Lei 8.112/90, arts. 148 a 182, que se referem ao processo administrativo disciplinar no âmbito federal aplicável aos servidores públicos civis, e na Lei 6.880/80, conforme se trate de militares. Os demais entes deverão seguir as disposições semelhantes previstas em seus estatutos funcionais de ambas as categorias. Aplicáveis, igualmente, as disposições da Lei 9.784/99 naquilo que for compatível com o procedimento de apuração do ato.

A comissão processante dará conhecimento ao **Ministério Público** e ao **Tribunal ou Conselho de Contas** da existência de procedimento administrativo para apurar a prática de ato de improbidade (art. 15). Estes órgãos poderão, a requerimento, designar representante para acompanhar o procedimento administrativo.

Ao fim do procedimento investigatório, a comissão processante pode entender pela inexistência de prática de ato de improbidade administrativa, ocasião em que o procedimento será arquivado.

Por outro lado, estando a comissão convencida da prática de ato de improbidade administrativa, poderá concluir pela aplicação da sanção administrativa cabível no estatuto funcional e representará à Procuradoria do órgão ou ao Ministério Público para que requeira ao juízo competente a decretação do sequestro dos bens do agente ou terceiro que tenha enriquecido ilicitamente ou causado dano ao patrimônio público (art. 16) ou até mesmo para que seja dado início à persecução criminal, caso a conduta do indiciado configure crime.

É importante salientar que a apuração administrativa ou a instauração de inquérito civil não são procedimentos necessários para a ação civil por improbidade administrativa. Existindo elementos suficientes, os legitimados podem, desde logo, mover a competente ação.

Vale lembrar, por fim, que o art. 19, da LIA, prevê que constitui crime a representação por ato de improbidade contra agente público ou terceiro beneficiário, quando o autor da denúncia o sabe inocente.

11. AÇÃO CIVIL DE IMPROBIDADE ADMINISTRATIVA

A LIA trouxe em algumas disposições específicas aplicáveis à **ação civil de improbidade administrativa**. Ao lado da ação popular e da ação civil pública, a ação de improbidade administrativa está compreendida no rol das chamadas "ações civis públicas", sendo reconhecida na doutrina e na jurisprudência sua natureza cível.

Não obstante alguns doutrinadores entenderem tratar-se de uma ação específica, a jurisprudência e a doutrina majoritária entendem que os legitimados mencionados na LIA podem se valer da ação civil pública prevista na lei 7.347/85 para buscar a responsabilização daqueles que cometerem atos de improbidade administrativa, atentando-se para as regras específicas previstas na LIA.

Cabe ressaltar que a Fazenda Pública, quando for o caso, promoverá as ações necessárias à complementação do ressarcimento do patrimônio público.

O art. 17 da LIA destaca algumas peculiaridades da ação civil de improbidade administrativa, a seguir estudadas.

11.1. Legitimados

A ação de improbidade administrativa será proposta pelo Ministério Público ou pela pessoa jurídica interessada, incluindo-se o ente tributante que figurar no polo ativo da obrigação tributária objeto do benefício fiscal irregularmente concedido para o ISSQN (art. 17, § 13 da LIA). Se a ação for movida pela pessoa jurídica interessada, o Ministério Público obrigatoriamente deverá ser intimado e atuará como fiscal da lei, sob pena de nulidade.

De acordo com o STF **o MP atua em legitimação extraordinária, como substituto de toda a coletividade, ao passo que a pessoa jurídica interessada atuaria em defesa de seu próprio patrimônio, possuindo, assim, legitimação ordinária** (RE RE 208.790).

ATENÇÃO

Não confundir os legitimados para ingressar com ação civil de improbidade administrativa com os legitimados para ingressar com ação civil pública (art. 5º da LACP). Igualmente o cidadão não é legitimado a ingressar com ação para imputar a prática de ato de improbidade ao agente público, conquanto possa ingressar com ação popular (art. 1º da LAP). Este tema é muito cobrado em questões objetivas, logo, vale a pena fixá-lo.

Quando a ação de improbidade for proposta pelo Ministério Público, o art. 17, § 3.º permite que a pessoa jurídica de direito público interessada adote uma das posturas processuais previstas no art. 6.º, § 3.º, da Lei de Ação Popular, que transcrevemos a seguir:

> § 3º A pessoas jurídica de direito público ou de direito privado, cujo ato seja objeto de impugnação, poderá abster-se de contestar o pedido, ou poderá atuar ao lado do autor, desde que isso se afigure útil ao interesse público, a juízo do respectivo representante legal ou dirigente.

11.2. Procedimento

As ações de improbidade tramitarão perante o Juízo Comum (estadual ou federal), sendo vedada sua distribuição aos Juizados Especiais Federais (Lei 10.259/01, art. 3.º, § 1.º, I) e aos Juizados Especiais da Fazenda Pública no âmbito dos Estados, do Distrito Federal, dos Territórios e dos Municípios (Lei 12.153/09, art. 2.º, § 1.º, I).

O legislador impôs ao Magistrado um juízo preliminar da petição inicial que passa por uma espécie de prejulgamento da viabilidade da lide deduzida. Segundo prescrição do art. 17, § 6.º da LIA, "A ação será instruída com documentos ou justificação que contenham **indícios suficientes da existência do ato de improbidade ou com razões fundamentadas da impossibilidade de apresentação de qualquer dessas provas**, observada a legislação vigente (...)".

ATENÇÃO

Não se exige que esta prova pré-constituída comprove cabalmente o ato de improbidade, contentando-se o legislador com a existência de ***indícios*** *suficientes para firmar a convicção do magistrado em seu juízo preliminar da demanda.*

POSIÇÃO DO STJ

5) A presença de indícios de cometimento de atos ímprobos autoriza o recebimento fundamentado da petição inicial nos termos do art. 17, §§ 7º, 8º e 9º, da Lei n. 8.429/92, devendo prevalecer, no juízo preliminar, o princípio do in dubio pro societate *(jurisprudência em teses – Improbidade Administrativa I)*

Estando a inicial em devida forma, o juiz mandará autuá-la e ordenará a notificação do requerido, para oferecer manifestação por escrito, que poderá ser instruída com documentos e justificações, dentro do prazo de **quinze dias**.

Este procedimento é chamado de **manifestação prévia** e ocorre antes da citação do agente. Trata-se de uma espécie de procedimento prévio – também chamado de **contraditório preliminar ou preambular** – à própria constituição da relação processual, que se inicia pelo juízo de admissibilidade da petição inicial e se encerra com o recebimento da petição inicial e determinação para a citação do requerido ou na rejeição da ação.

Durante algum tempo a corrente jurisprudencial dominante defendia que a ausência de notificação prévia **nulificava** todos os atos praticados posteriormente, por representariam ofensa aos princípios da ampla defesa e do contraditório. Porém, a jurisprudência mais recente do STJ tem se direcionado em sentido oposto, de modo que somente se pode falar em nulidade se for comprovado o efetivo prejuízo à defesa do réu de ação de improbidade (*pas de nullité sans grief*). Esta orientação jurisprudencial tem considerado a ausência de notificação como uma **nulidade relativa**, sujeita, portanto, à preclusão, caso não alegada na primeira oportunidade.

Recebida a manifestação, o juiz, no prazo de **trinta dias**, em decisão fundamentada, **rejeitará** a ação, se convencido da inexistência do ato de improbidade, da improcedência da ação ou da inadequação da via eleita.

Recebida a petição inicial e estiver o juízo convencido da plausibilidade do pedido, determinará a citação do réu para apresentar contestação. Contra esta decisão caberá **agravo de instrumento**.

A instrução processual observará as disposições do **rito ordinário**.

A sentença que julgar procedente ação civil de **reparação do dano** ou **decretar a perda dos bens havidos ilicitamente** determinará o **pagamento ou a reversão dos bens**, conforme o caso, **em favor da pessoa jurídica prejudicada pelo ilícito**.

ATENÇÃO

Muito cuidado neste ponto, pois várias questões de concurso levam candidatos a erro quando afirmam que a indenização se reverterá ao fundo previsto no art. 13 da Lei de Ação Civil Pública, disposição não aplicável às ações civis públicas por ato de improbidade administrativa.

Conforme já mencionado, a perda da função pública e a suspensão dos direitos políticos, se aplicadas, só se efetivarão com o **trânsito em julgado da sentença condenatória**.

11.3. Transação, acordo ou conciliação

A LIA **veda** a transação, acordo ou conciliação nas ações de improbidade administrativa.

A proibição, estabelecida no art. 17, § 1.º, da LIA, acaba por traduzir a indisponibilidade do interesse público que se pretende tutelar. Mais uma vez se observa que o legislador enxergou além do mero ressarcimento do dano material causado pelo ímprobo e buscou a resguardar os bens imateriais violados por sua conduta, mormente a probidade na Administração Pública.

> **ATENÇÃO**
>
> *A Medida Provisória 703/2015 chegou a revogar o art. 17 § 1.º da LIA, permitindo, ao menos em tese, a realização de transações, acordos ou conciliações em sede de improbidade administrativa. A alteração foi muito criticada e considerada por alguns juristas* ***inconstitucional****, uma vez que o dispositivo revogado trataria de* ***matéria processual****, cuja disciplina em sede de Medida Provisória é* ***vedada*** *pela Constituição (art. 62, § 1.º, I, "b"). Ocorre que a referida MP não foi convertida em lei, tendo sua vigência encerrada em* ***29.05.2016****, conforme ato declaratório do Presidente da Mesa do Congresso Nacional n.º 27, de 30.05.2016. Logo, foi restaurado o art. 17, § 1.º da LIA em sua redação original.*

11.4. Prevenção do juízo para as ações posteriores

Estabelece o art. 17, § 5.º da LIA que a ação de improbidade administrativa prevenirá a jurisdição do juízo para todas as ações posteriormente intentadas que possuam a mesma causa de pedir ou o mesmo objeto.

Essa mesma regra é trazida pelo art. 2.º, parágrafo único, da LACP e pelo art. 5.º, § 3.º, da LAP. A prevenção permite a reunião de causas conexas ou continentes, evitando-se o conflito de coisas julgadas.

11.5. Tutelas de urgência na ação de improbidade administrativa

A LIA admite algumas **medidas acautelatórias** como a **declaração de indisponibilidade de bens** (art. 7º), **sequestro de bens** (art. 16, caput e § 1º), **afastamento do agente** (art. 20, parágrafo único).

Não é demais lembrar que o Novo Código de Processo Civil trouxe sistemática própria às chamadas **tutelas provisórias de urgência,** gênero no qual estão incluídas as **medidas cautelares** (tutela conservativa) e antecipadas (tutela satisfativa).

No tocante à **tutela provisória de urgência cautelar**, cujo objetivo principal é a conservação de bem ou direito até o julgamento final da demanda, cumpre observar que o NCPC extinguiu o processo cautelar autônomo e deixou de regular as chamadas **cautelares típicas ou nominadas**, que existiam no CPC anterior. Em vez disso, o NCPC prevê que a tutela de urgência de natureza cautelar "(...) **pode ser efetivada mediante arresto, sequestro, arrolamento de bens, registro de protesto contra alienação de bem** e **qualquer outra medida idônea para asseguração do direito**" (art. 301, *caput*), de modo **antecedente** ou **incidental**.

Na prática, as medidas acautelatórias nominalmente previstas na LIA, juntamente com aquelas previstas no NCPC – e aplicáveis ao processo em que se apura prática de crime de improbidade -, integrarão o chamado **poder de cautela do juiz**, demandando a coexistência da **probabilidade do direito** (*fumus boni iuris*) e do **perigo de dano ou do risco ao resultado útil do processo** (*periculum in mora*).

ATENÇÃO

No tocante à medida de ***declaração de indisponibilidade de bens****, o STJ firmou entendimento no sentido de que "é possível a decretação da indisponibilidade de bens do promovido em ação civil Pública por ato de improbidade administrativa, quando ausente (ou não demonstrada) a prática de atos (ou a sua tentativa) que induzam a conclusão de risco de alienação, oneração ou dilapidação patrimonial de bens do acionado, dificultando ou impossibilitando o eventual ressarcimento futuro" (jurisprudência em teses, Improbidade Administrativa I, item 12). Em apertada síntese, sustenta-se que a comprovação do "periculum in mora" não é exigida pelo art. 7.º,* caput*, da LIA, estando o risco da demora implícito no parágrafo único deste dispositivo quando exige a demonstração, numa cognição sumária, de que o ato de improbidade causou lesão ao patrimônio público ou ensejou enriquecimento ilícito (*fumus boni juris*). De fato, não seria razoável aguardar atos concretos direcionados à sua diminuição ou dissipação, na medida em que exigir a comprovação de que esse fato estaria ocorrendo ou prestes a ocorrer tornaria difícil a efetivação da medida cautelar em análise. Com base neste entendimento firmado pelo STJ, tem crescido corrente doutrinária que defende utilização da chamada* ***tutela de evidência*** *(art. 311 do NCPC) na aplicação desta medida. Em razão do caráter resumido desta obra, recomendamos o aprofundamento deste tema para provas de* ***segunda fase*** *(subjetivas), especialmente para os concursos do* ***Ministério Público,*** *onde esta tese tem ganhado mais força.*

Sem prejuízo do cabimento de outras medidas cautelares previstas na legislação processual civil, sintetizamos nos quadros que se seguem a disciplina de cada uma das medidas cautelares disciplinadas na LIA e suas especificidades:

Declaração Indisponibilidade de Bens	
Teor da Medida	Impede a alienação dos bens sobre os quais incidir a constrição judicial
Requisito(s)	a) Sérios indícios da prática de ato de improbidade que cause **lesão ao patrimônio público** ou que enseje **enriquecimento ilícito** (*fumus boni juris*). Apesar da literal disposição legal, o STJ tem autorizado a aplicação desta medida também aos atos de improbidade que impliquem violação dos princípios da administração pública (jurisprudência em teses, item 10, Improbidade Administrativa II); Obs: conforme mencionado acima, o STJ entende desnecessária a comprovação do *periculum in mora*.
Abrangência	Incidirá sobre tantos bens quantos necessários a garantir o **integral ressarcimento do dano**, sobre o **acréscimo patrimonial resultante do enriquecimento ilícito** ou ainda simultaneamente, caso haja concorrência de ambas as circunstâncias, ressalvados os bens impenhoráveis na forma da lei, salvo se for comprovado que foram adquiridos com produto da empreitada ímproba Mas com relação ao **bem de família**, o STJ tem admitido que sejam objeto da medida de indisponibilidade, uma vez que há apenas a limitação eventual de alienação do bem (jurisprudência em teses, item 9, Improbidade Administrativa II). O STJ entende que a decretação de indisponibilidade de bens pode recair sobre aqueles adquiridos anteriormente ao suposto ato, além de levar em consideração, o valor de possível multa civil como sanção autônoma (jurisprudência em teses, Improbidade Administrativa I, item 13).
Momento	Pode ser requerida em caráter antecedente ou incidentalmente na ação de improbidade (em qualquer fase). Há quem defenda a aplicação da **tutela de evidência** (art. 311 do NCPC).
Resumo do Sequestro/Arresto de Bens	
Teor da Medida	a) **Sequestro**: apreensão de um bem (móvel, imóvel ou semovente) específico, objeto do litígio, para lhe assegurar entrega, ao final do processo. b) **Arresto:** objetiva arrecadar quaisquer bens integrantes do patrimônio do ímprobo, visando assegurar uma pretensão geralmente ressarcitória.
Requisitos	a) Sérios indícios da prática de ato de improbidade que cause **lesão ao patrimônio público** ou que enseje **enriquecimento ilícito** (*fumus boni juris*);

	b) Fundado receio de que o indiciado ou réu esteja dilapidando seu patrimônio e que tal conduta possa implicar na ineficácia de eventual sentença condenatória que determine o ressarcimento do dano ou a perda dos bens adquiridos ilicitamente (*periculum in mora*).
Abrangência	Incidirá sobre um ou mais bens que assegurem o **integral ressarcimento do dano**, sobre o **acréscimo patrimonial resultante do enriquecimento ilícito** ou ainda simultaneamente, caso haja concorrência de ambas as circunstâncias.
Momento	Pode ser requerida caráter antecedente ou incidentalmente na ação de improbidade (em qualquer fase).
Afastamento do Agente	
Teor da Medida	Impede que o agente continue a exercer suas funções, assegurando a instrução processual ou que o mesmo continue a praticar atos de improbidade ou agrave uma situação já existente.
Requisitos	a) Sérios indícios da prática de ato de improbidade que cause **lesão ao patrimônio público**, enseje **enriquecimento ilícito** ou que importe em **violação de princípio** da Administração Pública (*fumus boni juris*); b) Fundado receio de que a permanência do agente prejudique a instrução processual (*periculum in mora*).
Abrangência	Se o afastamento se der durante a **apuração administrativa**, deve ser observado o estatuto funcional (no âmbito federal o prazo máximo é de 60 dias, conforme dispõe o art. 147 da Lei 8.112/90); Se ocorrer por **ordem judicial**, apesar de a LIA não ter fixado um prazo, deve-se observar o tempo suficiente para que se conclua a instrução processual. Em face da excepcionalidade da medida, o STJ tem aplicado o prazo de 180 dias (jurisprudência em teses, item 6, Improbidade Administrativa II). Em qualquer situação, o agente continuará a perceber a remuneração de seu cargo, emprego ou função.
Momento	Pode ser determinada administrativamente, requerida em caráter antecedente ou incidentalmente na ação de improbidade (em qualquer fase).

Apesar de não existir disposição expressa na LIA, em tese é possível a **tutela provisória de urgência antecipada** nas ações civis de improbidade administrativa, principalmente nos pedidos **de natureza desconstitutiva**, como a imediata interrupção de contrato celebrado com fraude à lei de licitações e contratos. Ademais, com a unificação dos regimes de tutela provisória de urgência cautelar e antecipada, vige o princípio da **fungibilidade** (art. 305, parágrafo único do CPC), podendo o juiz converter uma em outra, caso entenda que a medida proposta não é adequada ao caso concreto.

12. PRESCRIÇÃO

De acordo com a redação do art. 189 do CC/02, a prescrição extingue a pretensão de direito material, surgida com a violação ao direito.

Os prazos prescricionais para a responsabilização do ímprobo estão previstos no art. 23 da LIA. Mas há que se ressaltar que **a pretensão de reparação do dano causado ao erário é imprescritível** (art. 37, § 5º da CF/88), ou seja, poderá ser proposta a qualquer tempo, não se aplicando a esta pena os prazos previstos na LIA.

POSIÇÃO DO STJ

7) A eventual prescrição das sanções decorrentes dos atos de improbidade administrativa não obsta o prosseguimento da demanda quanto ao pleito de ressarcimento dos danos causados ao erário, que é imprescritível (art. 37, § 5º, da CF). (jurisprudência em teses, Improbidade Administrativa I)

ATENÇÃO

*No julgamento do RE 669.069, em sede de repercussão geral (tema 666), no primeiro acórdão publicado, o STF delimitou o alcance do art. 37, § 5.º da CF no sentido de que é prescritível a ação de reparação de danos à Fazenda Pública decorrente de ilícito civil. A leitura apressada do acórdão levou a conclusões precipitadas sobre o alcance da decisão, especialmente no tocante à sua aplicação aos atos de improbidade administrativa. Houve interposição de Embargos de Declaração e o STF estabeleceu que o julgado se restringiu aos ilícitos civis semelhantes ao que foi julgado, no caso concreto, **acidente de trânsito**. Assim, o Ministro relator deixou claro que não estariam incluídos no conceito de **ilícito civil**, "os que decorrem de infrações ao direito público, como os de natureza penal, os decorrentes de atos de improbidade e assim por diante", sendo que tais temas devem ser objeto de julgamento próprio. A propósito, a (im)prescritibilidade do dano causado em decorrência de prática de ato de improbidade administrativa é objeto de **repercussão geral** (tema 897), ainda pendente de julgamento.*

Feita esta ressalva, temos que a ação de improbidade será proposta nos seguintes prazos:

- Até **cinco anos** após o **término do exercício de mandato**, de **cargo em comissão** ou de **função de confiança**;

POSIÇÃO DO STJ

14) No caso de agentes políticos reeleitos, o termo inicial do prazo prescricional nas ações de improbidade administrativa deve ser contado a partir do término do último mandato (jurisprudência em teses, Improbidade Administrativa I).

- Dentro do **prazo prescricional previsto em lei específica para faltas disciplinares puníveis com demissão a bem do serviço público**, nos casos de exercício de cargo efetivo ou emprego. O estatuto dos servidores públicos federais (Lei 8.112/90) não possui previsão da chamada demissão a bem do serviço público, razão pela qual, em regra, deve ser aplicado o **prazo prescricional de 5 anos** (art. 142, I) previsto para as hipóteses de demissão comum, com termo inicial a partir da data em que o fato se tornou conhecido (§ 1º). Se a falta administrativa configurar também crime, a Lei 8.112/90 determina a aplicação dos prazos de prescrição previstos na lei penal (§ 2º), o que deve ser aplicado também para os atos de improbidade administrativa.
- Até **cinco anos** da data da apresentação à administração pública da prestação de contas final pelas entidades referidas no parágrafo único do art. 1º da LIA.

Surge uma questão não abrangida pelo texto legal: **qual será o prazo prescricional aplicável ao terceiro que concorra para a prática do ato?** O STJ enfrentou o tema e consignou que "(...) no que respeita às sanções propriamente ditas, o particular se submete ao mesmo prazo prescricional aplicado ao agente público envolvido na conduta ímproba" (REsp 1038762/RJ). Portanto, a situação do terceiro dependerá do vínculo existente entre o agente público, responsável imediato pela prática do ato, e o sujeito passivo.

Por fim, é muito comum que servidores efetivos ocupem, transitoriamente cargos em comissão ou funções comissionadas. Gera-se, assim, algum conflito acerca do termo inicial, para a contagem do prazo prescricional. O STJ apreciou o tema e entendeu que "exercendo cumulativamente cargo efetivo e cargo comissionado ao tempo do ato reputado ímprobo, há de prevalecer o primeiro para fins de contagem prescricional, pelo simples fato de o vínculo entre agente e Administração Pública não cessar com a exoneração do cargo em comissão, por esse ser temporário" (REsp 1.060.529-MG).

13. ESQUEMA DE DISPOSIÇÃO DOS TEMAS TRATADOS NA LEI DE IMPROBIDADE ADMINISTRATIVA

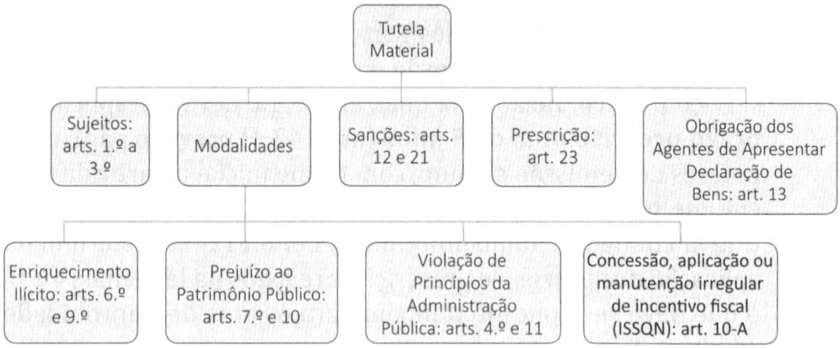

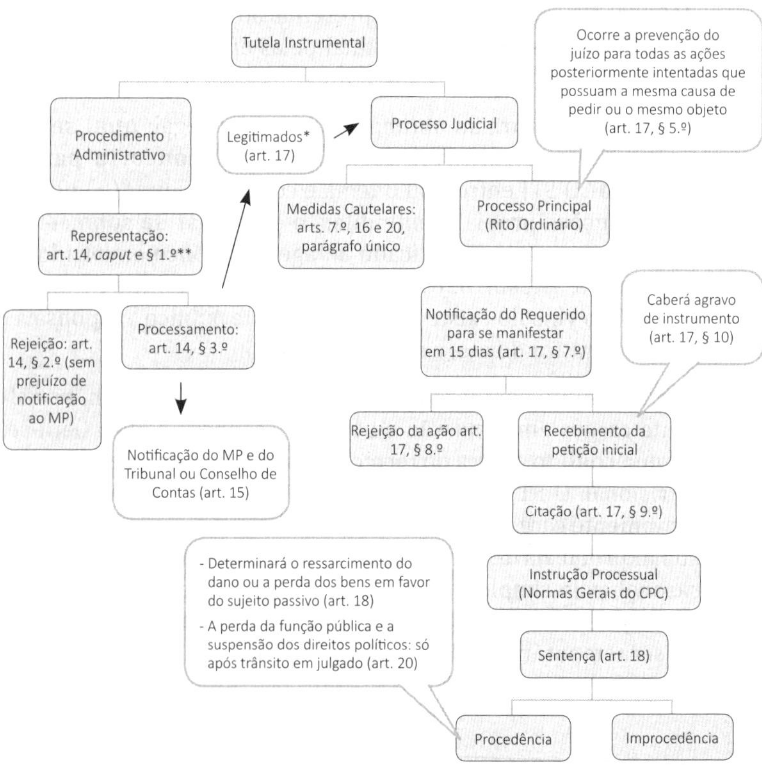

* Se não figurar no polo ativo, o MP atuará, obrigatoriamente, como fiscal da ordem jurídica, sob pena de nulidade (art. 17, § 4.º). O MP, ainda, poderá, de ofício, a requerimento

de autoridade administrativa ou mediante representação formulada de acordo com o disposto no art. 14, requisitar a instauração de inquérito policial ou procedimento administrativo (art. 22).

** A representação por ato de improbidade contra agente público ou terceiro beneficiário, quando o autor da denúncia o sabe inocente, constitui crime (art.19).

14. TÓPICO-SÍNTESE

TÓPICO-SÍNTESE	
DEFINIÇÃO	Podemos conceituar o ato de improbidade administrativa como uma conduta contrária e violadora do primado da probidade administrativa, decorrente de uma ação ou omissão, que implique na prática de alguma das condutas previstas na LIA (arts. 9.º a 11), sujeita às sanções e suas gradações previstas na mesma lei.
NATUREZA JURÍDICA	Os atos de improbidade administrativa constituem-se como ilícitos de caráter civil *lato sensu* ou extrapenal.
ELEMENTOS ESSENCIAIS	• **Sujeito Passivo**; • **Sujeito Ativo**; • Ato ímprobo, que importe em enriquecimento ilícito, prejuízo ao erário ou atente contra princípios da Administração Pública, isolada ou concomitantemente; • **Elemento Subjetivo:** dolo (todas as modalidades) ou culpa (apenas cabível para prejuízo ao erário).
SUJEITOS	• **Sujeito ativo**: será qualquer agente público, servidor ou não. • **Sujeito passivo**: poderá ser qualquer uma das seguintes entidades: a) administração pública direta e indireta de qualquer dos poderes dos entes da federação. b) entidade para cuja criação ou custeio o Estado (em sentido amplo) haja concorrido ou concorra com mais de 50% do patrimônio ou receita anual; c) entidades que recebam subvenção, benefício ou incentivo, fiscal ou creditício, de órgão público bem como daquelas para cuja criação ou custeio o erário haja concorrido ou concorra com menos de 50% do patrimônio ou da receita anual, limitando-se, nestes casos, a sanção patrimonial à repercussão do ilícito sobre a contribuição dos cofres públicos.
MODALIDADES DE ATOS DE IMPROBIDADE ADMINISTRATIVA	• Atos que importam em enriquecimento ilícito do agente; • Atos que importam em prejuízo ao erário; • qualquer ação ou omissão para conceder, aplicar ou manter benefício financeiro ou tributário contrário ao que dispõem o *caput* e o § 1º do art. 8º-A da LC 116/03 • Atos que atentam contra princípios da Administração.

ELEMENTO SUBJETIVO	A responsabilidade pela prática de atos de improbidade administrativa é subjetiva. É necessário o elemento subjetivo para que a conduta ímproba se configure, observando-se se o agente agiu com dolo ou culpa.
SANÇÕES	• A LIA prevê sanções civis, administrativas e políticas, mas não cuida de sanções penais para o ímprobo.
DECLARAÇÃO DE BENS E VALORES	O art. 13 da LIA condiciona a posse e exercício de qualquer agente público à apresentação de declaração dos bens e valores que compõem o seu patrimônio, a fim de ser arquivada no serviço de pessoa competente. O dispositivo foi regulamentado pelo Decreto 5.483/05.
APURAÇÃO DO ATO DE IMPROBIDADE NA SEARA ADMINISTRATIVA	• As suspeitas de cometimento de ato de improbidade, ou mesmo sua pronta constatação, surgirão na própria Administração, cabendo-lhe, **de ofício**, apurar o ocorrido por meio de seus agentes. • Não se iniciando de ofício, a LIA prevê que **qualquer pessoa poderá representar** à autoridade administrativa competente para que seja instaurada investigação destinada a apurar a prática de ato de improbidade. • A **representação** poderá ser **escrita ou reduzida a termo**, contendo: a) qualificação do representante; b) as informações sobre o fato e sua autoria; c) a indicação das provas de que tenha conhecimento. • Uma vez recebida a representação, o procedimento a ser adotado respeitará o previsto na Leis 8.112/90, aplicável aos servidores públicos civis, na Lei 6.880/80, conforme se trate de militares e os demais entes seguirão as disposições semelhantes previstas em seus estatutos funcionais. Aplicável ainda a Lei 9.784/99 no que for compatível com o procedimento de apuração do ato. • A comissão processante dará conhecimento ao Ministério Público e ao Tribunal ou Conselho de Contas da existência de procedimento administrativo para apurar a prática de ato de improbidade. • No fim do procedimento investigatório, se a comissão processante entender pela **inexistência de prática do ato de improbidade administrativa**, o procedimento será **arquivado**. Mas, caso a comissão se convença da **prática do ato de improbidade administrativa**, poderá **aplicar a sanção administrativa** cabível no estatuto funcional e representará à Procuradoria do órgão ou ao Ministério Público para que requeira ao juízo competente

<table>
<tr><td>APURAÇÃO DO ATO DE IMPROBIDADE NA SEARA ADMINISTRATIVA</td><td>• a decretação do sequestro dos bens do agente ou terceiro que tenha enriquecido ilicitamente ou causado dano ao patrimônio público ou até mesmo para que seja dado início à persecução criminal, caso a conduta do indiciado configure crime.
• Constitui crime a representação por ato de improbidade contra agente público ou terceiro beneficiário, quando o autor da denúncia o sabe inocente.</td></tr>
<tr><td>AÇÃO CIVIL DE IMPROBIDADE ADMINISTRATIVA</td><td>• Legitimados: Ministério Público ou pela pessoa jurídica interessada, incluindo-se o ente federativo tributante que foi prejudicado pelo benefício fiscal irregularmente concedido para o ISSQN (art. 17, § 13 da LIA). Se movida pela pessoa jurídica interessada, o Ministério Público obrigatoriamente deverá ser intimado e atuará como fiscal da lei, sob pena de nulidade.
• Procedimento: As ações de improbidade tramitarão perante o Juízo Comum (estadual ou federal), sendo vedada sua distribuição aos Juizados Especiais Federais e aos Juizados Especiais da Fazenda Pública no âmbito dos Estados, do Distrito Federal, dos Territórios e dos Municípios.
Estando a inicial em devida forma, o juiz mandará autuá-la e ordenará a notificação do requerido, para oferecer manifestação por escrito, que poderá ser instruída com documentos e justificações, dentro do prazo de quinze dias. Este procedimento é chamado de manifestação prévia e ocorre antes da citação do agente.
• Recebida a manifestação, o juiz, no prazo de trinta dias, em decisão fundamentada, rejeitará a ação, se convencido da inexistência do ato de improbidade, da improcedência da ação ou da inadequação da via eleita. Recebida a petição inicial e estiver o juízo convencido da plausibilidade do pedido, determinará a citação do réu para apresentar contestação. Contra esta decisão caberá agravo de instrumento.
• A instrução processual observará as disposições do rito ordinário.
• A sentença que julgar procedente ação civil de reparação de dano ou decretar a perda dos bens havidos ilicitamente determinará o pagamento ou a reversão dos bens, conforme o caso, em favor da pessoa jurídica prejudicada pelo ilícito.
• A perda da função pública e a suspensão dos direitos políticos só se efetivarão com o trânsito em julgado da sentença condenatória.</td></tr>
</table>

AÇÃO CIVIL DE IMPROBIDADE ADMINISTRATIVA	• **Transação, acordo ou conciliação:** A LIA veda a transação, acordo ou conciliação nas ações de improbidade administrativa. • **Tutelas provisórias de urgência na ação de improbidade administrativa:** declaração de indisponibilidade de bens, sequestro de bens, afastamento do agente, sem afastar as outras cautelares previstas no CPC e do poder geral de cautela do juiz. • **Prescrição:** a ação de improbidade será proposta nos seguintes prazos: a) Até cinco anos após o término do exercício de mandato, de cargo em comissão ou de função de confiança; b) Dentro do prazo prescricional previsto em lei específica para faltas disciplinares puníveis com demissão a bem do serviço público, nos casos de exercício de cargo efetivo ou emprego. O estatuto dos servidores públicos federais (Lei 8.112/90) não possui previsão da chamada demissão a bem do serviço público, razão pela qual, em regra, deve ser aplicado o prazo prescricional de 5 anos (art. 142, I) previsto para a hipótese de demissão comum, com termo inicial a partir da data em que o fato se tornou conhecido (§ 1º). Se a falta administrativa configurar também crime, a Lei 8.112/90 determina a aplicação dos prazos de prescrição previstos na lei penal (§ 2º), o que deve ser aplicado também para os atos de improbidade administrativa. C) Até cinco anos da data da apresentação à administração pública da prestação de contas final pelas entidades referidas no parágrafo único do art. 1º da LIA.

Capítulo

IX

RESPONSABILIDADE CIVIL EXTRACONTRATUAL DO ESTADO

Leia a lei:

- *CF, arts. 5.º, LXXV, 21, XXIII, "d", 37, §§ 5.º e 6.º; Lei nº 4.619/65; Lei 8.112/90, arts. 121-126; Lei 10.308/01; Lei 10.744/03; Decreto 5.035/04.*

1. NOÇÕES

A responsabilidade civil é objeto de estudo do Direito Civil e parte do pressuposto de que todo aquele que pratica um **ato ilícito** e causa prejuízo a terceiro, deve reparar o dano gerado por conduta (art. 186 do CC). A reparação dos danos ocorrerá na esfera patrimonial.

O Estado não está imune à responsabilização por danos causados por seus agentes a terceiros, independentemente de prévia relação jurídica contratual – daí se falar em **responsabilidade extracontratual ou aquiliana**. Todavia, seu regime jurídico de responsabilidade civil estatal guarda algumas peculiaridades, a seguir analisadas.

ATENÇÃO

A responsabilidade ***contratual*** *do Estado será estudada no Capítulo pertinente aos Contratos Administrativos. É importante que o leitor tenha em mente a diversidade dos regimes de responsabilização contratual e extracontratual.*

O tema em estudo é inegavelmente influenciado pela jurisprudência, especialmente dos Tribunais Superiores (STF e STJ). , cujos principais entendimentos serão analisados nestes capítulo.

2. EVOLUÇÃO HISTÓRICA DAS TEORIAS SOBRE A RESPONSABILIDADE DO ESTADO

A responsabilidade civil do Estado passou por vários estágios evolutivos. Vejamos os principais marcos históricos que vem sendo cobrados em concursos públicos.

2.1. Teoria da Irresponsabilidade do Estado

Nesta fase, prevaleceu a ideia de que Estado não poderia responder por prejuízos praticados a terceiros, prevalecendo a máxima "*The King can do no wrong*" ou "*le roi ne peut mal faire*" (o rei nunca erra).

Prevalecia a ideia de que o Estado seria soberano, de modo que atribuir-lhe responsabilidade civil por danos causados a terceiros acarretaria no nivelamento entre o Estado e seus "súditos".

Seu apogeu se deu no período em que vigia o **absolutismo** na Europa, em que o rei era considerado como o representante de Deus na terra.

2.2. Teorias civilistas

A superação do modelo de irresponsabilidade estatal, fez com que o tema se aproximasse da sistemática da responsabilização prevista pelo Direito Civil, que parte da noção da existência de **dano** indenizável, causado a outrem e **culpa** na conduta do causador do dano.

Nesta linha, surgiram duas vertentes: a **teoria dos atos de império e dos atos de gestão** e a **teoria da culpa civil ou da responsabilidade subjetiva**.

2.2.1. Teoria dos Atos de Império e dos Atos de Gestão

Ainda sob a influência da teoria da irresponsabilidade, em um primeiro momento se tentou diferenciar os atos do Estado, a fim de definir se haveria ou não responsabilidade por danos causados a terceiros.

Assim, admitiu-se a responsabilização do Estado apenas pelos **atos de gestão** (*ius gestionis*), partindo-se da premissa de que nestes atos o Poder Público estaria em igualdade com o particular.

Porém, os **atos de império** (*ius imperi*) ainda estariam imunes à responsabilidade extracontratual, porquanto o Estado estaria em uma posição de **supremacia** com relação ao particular, presumindo-se que estaria atuando no interesse geral e em prol do bem comum, sem a possibilidade de sofrer embaraços em sua atuação. Logo, não poderia haver responsabilidade estatal por danos causados a terceiros. Vê-se, aqui, uma clara reminiscência da teoria da irresponsabilidade.

Esta teoria não obteve sucesso, em razão da dificuldade de se diferenciar os atos de gestão dos atos de império.

2.2.2. Teoria da Culpa Civil

Para esta teoria, Estado e particulares estariam no mesmo patamar, o que implicaria na aplicação da **responsabilidade civil com culpa**, perdendo sentido a diferenciação entre atos de império e de gestão. Esta teoria foi influenciada pelos ideais do **liberalismo**, especialmente o **individualismo**.

Dessa forma, o terceiro prejudicado pelo ato praticado pelo Estado, além de ter que comprovar o dano sofrido, teria que demonstrar que o agente estatal agiu com **dolo** (intenção de causar o dano) ou com **culpa** (atuação com negligência, imprudência ou imperícia).

Esta teoria, na prática, acabou gerando injustiças, pois criava um percurso que passava pela análise da conduta do agente, com um elevado grau de subjetivismo, até chegar ao Estado. Eram grandes as dificuldades encontradas pelos terceiros lesados para a comprovação da culpa do agente no caso concreto.

Além disso, não é demais lembrar que a atuação do agente deve ser imputada ao Estado, não sendo juridicamente correto usar uma condicionante (**culpa**) para que o Poder Público seja responsabilizado pela conduta de seu agente.

2.3. Teorias publicísticas

Com a evolução e sistematização dos institutos do Direito Administrativo, e sua consequente autonomia como ramo do direito, percebeu-se que a Administração Pública deveria ser regida por um regime jurídico diferenciado regido por princípios de direito público (**regime jurídico-administrativo**), sem se descuidar dos direitos individuais.

A doutrina aponta como divisor de águas da mudança de paradigma o caso *Blanco*, ocorrido na França em 1873, em que a filha de Jean Blanco foi atropelada e ferida gravemente por uma vagonete pertencente a uma empresa estatal de manufatura de tabacos de Bordeaux. O Conselho de Estado Francês, em decisão apertada, entendeu pela não aplicação do regime jurídico puro e simples de direito civil ao caso concreto.

Neste contexto, surgiram teorias que buscaram promover a leitura da responsabilidade civil extracontratual do Estado à luz do regime jurídico-administrativo, valendo destacar o surgimento das seguintes vertentes: **teoria da culpa administrativa** e as **teorias do risco (objetivas)**, que se subdividem em **teoria do risco administrativo** e **teoria do risco integral**.

ATENÇÃO

Alguns doutrinadores incluem a teoria da culpa administrativa no estudo das teorias civilistas ou preferem a nomenclatura "teorias subjetivistas" para designar as teorias que se baseiam na ideia de culpa. Preferimos mantê-la no estudo das teorias publicísticas, como faz grande parte da doutrina, tendo em vista as peculiaridades que o elemento culpa assume nesta teoria e para o Direito Administrativo, diferentemente do conceito trazido pelo Direito Civil.

2.3.1. Teoria da Culpa Administrativa (culpa anônima, falta do serviço público ou acidente do serviço)

A teoria da culpa administrativa representa uma transição entre as teorias civilistas e a teoria da responsabilidade objetiva do Estado.

Buscou-se afastar da responsabilidade civil do Estado a necessidade de comprovação de culpa do agente público, colocando-se o foco na **prestação do serviço público**. Portanto, nasce a responsabilidade civil estatal quando o dano experimentado por terceiro decorrer da falta de prestação de serviço público ou se a prestação tiver sido tardia ou ineficiente, independentemente de uma ação ou omissão de um agente público.

A adoção desta teoria, além de retirar a necessidade de comprovação de culpa do agente público, tem por vantagem imputar à Administração **culpa presumida** pelo não prestação ou inadequado funcionamento de determinado serviço público. Ou seja, o prejudicado precisaria comprovar a inadequada prestação do serviço, o dano experimentado e o nexo de causalidade entre um e outro.

Não se pode negar que a teoria ainda traz consigo um resquício de direito privado ao insistir com a ideia de **culpa**, mesmo que imputada diretamente ao Estado e de forma presumida. Alguns autores, conforme já dito, classificam esta teoria como sendo civilista, e não publicística. É inegável, porém, que esta teoria tem por mérito diminuir a carga de subjetividade que existia na análise da culpa, em sentido amplo (dolo e culpa em sentido estrito), do agente público.

ATENÇÃO

A teoria da culpa administrativa não representou a superação completa da teoria civilista da culpa, que poderia ser invocada pelo particular que desejasse, por circunstâncias diversas, comprovar a culpa do agente público e responsabilizar o Estado por esta via.

2.3.2. Teorias do risco (objetivas)

As **teorias do risco** rompem com a noção civilista até então adotada, optando por um viés **objetivo** para a responsabilização do Estado. Assim, deixou-se de lado a necessidade de comprovação de culpa do agente (**elemento subjetivo**) ou mesmo da culpa administrativa (**falha do serviço**), de modo que o prejudicado deverá apenas comprovar o **dano**, a **conduta estatal** e o **nexo de causalidade** entre um e outro.

Esta concepção **objetiva** fundamenta-se no **princípio da igualdade ou repartição dos ônus e encargos públicos**, segundo o qual o dano suportado por terceiro em razão de atividade estatal deverá ser reparado, independentemente de esta ser **lícita** ou **ilícita**. Evita-se, assim, que apenas alguns suportem os ônus da atuação estatal que, ao fim, beneficiará a toda coletividade. Há quem sustente que este princípio está consagrado no art. 13 da Declaração dos Direitos do Homem de 1.789 ("Para a manutenção da força pública e para as despesas de administração é indispensável uma contribuição comum que deve ser dividida entre os cidadãos de acordo com suas possibilidades").

As teorias do risco correspondem às teorias do **risco administrativo** e **risco integral**.

A **teoria do risco administrativo** prevê que o Estado só responde pelos riscos que tiver causado a terceiros, podendo, inclusive, invocar as causas excludentes de responsabilidade.

Por seu turno, a **teoria do risco integral** assimila a existência da obrigação de indenizar mesmo nas hipóteses em que o Estado não deu causa ao dano, ou seja, **não admitindo as chamadas excludentes ou atenuantes de responsabilidade**.

3. RESPONSABILIDADE CIVIL DO ESTADO NO DIREITO BRASILEIRO

3.1. Responsabilidade objetiva

3.1.1. Noções

No Brasil, a **responsabilidade objetiva** foi consagrada inicialmente pela **Constituição de 1946**, sendo reiterada nas Constituições seguintes até a de 1.988. Até então, aplicava-se o **Código Civil de 1916**, com a noção civilista de culpa.

Pode-se dizer que a **responsabilidade civil objetiva** do Estado é atualmente aceita como **regra geral** pelo nosso ordenamento, observando-se a modalidade **risco administrativo**.

Segundo prescreve o art. 37, § 6º, da CF/88: "As pessoas jurídicas de direito público e as de direito privado prestadoras de serviços públicos responderão pelos danos que seus agentes, nessa qualidade, causarem a terceiros, assegurado o direito de regresso contra o responsável nos casos de dolo ou culpa".

No mesmo sentido situa-se o art. 43 do Código Civil de 2002: "As pessoas jurídicas de direito público interno são civilmente responsáveis por atos dos seus agentes que nessa qualidade causem danos a terceiros, ressalvado direito regressivo contra os causadores do dano, se houver, por parte destes, culpa ou dolo".

Vê-se que a previsão constitucional é mais ampla, pois abrange também as **pessoas jurídicas de direito privado prestadoras de serviços públicos** (empresas estatais e delegatários de serviços públicos). Neste ponto, vale ressaltar que o posicionamento atual do STF é que as empresas prestadoras de serviços públicos respondem de maneira objetiva por danos causados a usuários e não-usuários dos serviços. Assim, se um ônibus de uma concessionária de transporte coletivo, por exemplo, atropelar um pedestre, a responsabilidade será **objetiva** neste caso.

POSIÇÃO DO STF

(...) I – A responsabilidade civil das pessoas jurídicas de direito privado prestadoras de serviço público é objetiva relativamente a terceiros usuários e não-usuários do serviço, segundo decorre do art. 37, § 6º, da Constituição Federal. II – A inequívoca presença do nexo de causalidade entre o ato administrativo e o dano causado ao terceiro não-usuário do serviço público, é condição suficiente para estabelecer a responsabilidade objetiva da pessoa jurídica de direito privado. III – Recurso extraordinário desprovido. (RE 591874/MS, repercussão geral, rel. Min. Ricardo Lewandowski, j. em 26/08/2009)

Em resumo do art. 37, § 6.º, temos as seguintes pessoas sujeitas à **responsabilidade objetiva**:

- **Pessoas jurídicas de direito público:** são os entes federativos (União, Estados, Distrito Federal e Municípios) e entidades administrativas (autarquias e fundações de direito público);
- **Empresas públicas e sociedades de economia mista prestadoras de serviços públicos;**
- **Empresas privadas que prestam serviços públicos por delegação do Estado**.

Daí surge uma questão com relação ao último grupo: o Estado, titular e delegante do serviço público, responde conjuntamente com o delegatário pelo dano causado por este a terceiro? Nesta situação, a responsabilidade do Estado será **objetiva**, mas **subsidiária** e apenas por **fatos relacionados à prestação do serviço público delegado**.

ATENÇÃO

*No caso das parcerias público-privadas, a responsabilidade do Estado será **solidária**, haja vista a previsão legal da repartição objetiva de riscos entre o Poder Público e o parceiro privado.*

3.1.2. Elementos ou Requisitos

3.1.2.1. Ação administrativa

A **ação administrativa** é uma **conduta concreta** ou **comissiva** de um **agente estatal, atuando nesta condição**.

Segundo JOSÉ DOS SANTOS CARVALHO FILHO, ainda que o agente estatal atue fora de suas funções, mas a pretexto de exercê-las, o fato é tido como administrativo, no mínimo pela má escolha do agente (***culpa in eligendo***) ou pela má fiscalização de sua conduta (***culpa in vigilando***). Neste ponto, têm sido recorrentes na jurisprudência julgados envolvendo disparos de armas de fogo por policiais à paisana (fora do serviço), no intuito de garantir a segurança pública (evitando um assalto, por exemplo), com atribuição de responsabilidade ao Estado por danos causados a terceiros. Por outro lado, se a arma é utilizada para outros fins, não há como se imputar responsabilidade ao Estado, porquanto o agente público não age nesta qualidade (o policial usa a arma para assassinar um inimigo pessoal, por exemplo).

A expressão "agentes", contida no art. 37, § 6.º da CF, é ampla e assim foi intencionalmente utilizada pelo constituinte, a fim de não se confundir com a figura do **servidor público**. Logo, se alguém estiver exercendo temporariamente **atividade administrativa** (como o mesário nas eleições) e causar danos a terceiros, nascerá para o Estado o dever de indenizar.

> **ATENÇÃO**
>
> *Em razão do conceito amplo de agente público, havia-se firmado entendimento de que a responsabilidade civil dos notários e registradores (art. 236, CF/88), que são particulares em colaboração com o Poder Público, seria objetiva (STF, RE 175739 e RE 187.753). Porém, a Lei 8.935/94 foi alterada no ano de 2016 para estabelecer, em seu art. 22, que os notários e oficiais de registro são civilmente responsáveis por todos os prejuízos que causarem a terceiros,* ***por culpa ou dolo****, pessoalmente, pelos substitutos que designarem ou escreventes que autorizarem, assegurado o direito de regresso. Ou seja, a responsabilidade de tais agentes foi trasmudada para* ***subjetiva****, independentemente de se tratar de atos omissivos ou comissivos. Além disso, o prazo prescricional para a reparação civil foi fixado em 3 (três) anos, contado o prazo da data de lavratura do ato registral ou notarial.*

O **ato lesivo** praticado pelo agente, que gera a responsabilidade civil do Estado, não se confunde com o **ato ilícito** do Direito Civil. A ideia de ato lesivo é mais ampla, para abranger os atos ilícitos e, em algumas situações, atos lícitos que causam prejuízo a terceiro, praticados pela Administração Pública.

Vejamos o que ensina Di Pietro sobre o tema: "Segundo alguns doutrinadores, o Estado só responde objetivamente se o dano decorrer de **ato antijurídico**, o que deve ser entendido em seus devidos termos. Ato antijurídico não pode ser entendido, para este fim, como ato ilícito, pois é evidente que a licitude ou ilicitude do ato é irrelevante para fins de responsabilidade objetiva; caso contrário, danos decorrentes de obra pública, por exemplo, ainda que licitamente realizada, não seriam indenizados pelo Estado. Somente se pode aceitar como pressuposto da responsabilidade objetiva a prática de ato antijurídico se este, mesmo sendo lícito, for entendido como ato causador de dano **anormal** e **específico** a determinadas pessoas, rompendo o princípio da igualdade de todos perante os encargos sociais. Por outras palavras, ato antijurídico, para fins de responsabilidade objetiva do Estado, é o **ato ilícito** e o **ato lícito que causa ano anormal e específico**". A título de exemplo, esta situação ocorreu com a construção na cidade de São Paulo do viaduto popularmente conhecido como "Minhocão", que trouxe danos permanentes aos proprietários de edifícios (especialmente os residenciais) vizinhos à obra, em proveito da coletividade que passou a ter mais uma via de circulação de veículos.

POSIÇÃO DO STF

"Responsabilidade civil do Estado: reparação de danos morais e materiais decorrentes de parada cardiorrespiratória durante cirurgia realizada em hospital público. Recurso extraordinário: descabimento. (...) É da jurisprudência do Supremo Tribunal que, para a configuração da responsabilidade objetiva do Estado não é necessário que o ato praticado seja ilícito. Precedentes." (RE 456.302-AgR, Rel. Min. Sepúlveda Pertence, julgamento em 6-2-2007, Primeira Turma, DJ de 16-3-2007).

3.1.2.2. Dano indenizável

Para ser indenizável, o dano deve ser **certo** (real e concreto), **específico** ou **especial** (o sujeito ou sujeitos devem ser identificados) e **anormal** (deve ser mais grave do que um simples aborrecimento). O dano poderá ser **moral** ou **material**, inclusive podendo ambos decorrerem de uma mesma conduta. O dano poderá, também, ser **estético**, como vem admitindo a jurisprudência.

O dano deve ser marcado pela **alteridade**, ou seja, deve ser em prejuízo de **outrem**, de **terceira pessoa.**

A propósito, a expressão **terceiro** contida no art. 37, § 6.º, da CF/88 passa a impressão de que não se aplica a responsabilidade objetiva com relação aos danos causados pela Administração Pública contra os **seus próprios agentes** ou mesmo a danos causados **contra outra Administração Pública** (por exemplo, veículo da União colide contra edifício do Município, causando prejuízos). Esta temática foi apreciada pelo STF, que confirmou a acepção **ampla** do conceito de **terceiro.**

POSIÇÃO DO STF

Constitucional. Administrativo. ***Acidente de trânsito. Agente e vítima: servidores públicos. Responsabilidade objetiva do estado****: CF, art. 37, § 6º. O entendimento do Supremo Tribunal Federal é no sentido de que descabe ao intérprete fazer distinções quanto ao vocábulo "terceiro" contido no § 6º do art. 37 da CF,* ***devendo o Estado responder pelos danos causados por seus agentes qualquer que seja a vítima, servidor público ou não.****" (AI 473.381-AgR, Rel. Min. Carlos Velloso, julgamento em 20-9-2005, Segunda Turma, DJ de 28-10-2005).*

3.1.2.3. Nexo de causalidade

O nexo de causalidade ou etiológico significa a ligação entre a ação administrativa e o dano experimentado pelo terceiro.

Apesar de o conceito ser relativamente simples, nem sempre é fácil definir o nexo de causalidade no caso concreto.

Algumas teorias foram desenvolvidas para explicar o nexo de causalidade, resumidas no seguinte quadro:

Teoria da Equivalência das Condições (*conditio sine qua non*)	Considera como **causa** todo evento antecedente que tenha contribuído para o fato danoso. Esta teoria peca pela generalidade, fazendo com que o fabricante da arma, por exemplo, se torne responsável pelo disparo efetuado pelo policial.
Teoria da Causalidade Adequada	**Causa** seria apenas o antecedente, **hipoteticamente considerado**, capaz de desencadear o resultado danoso. O julgador definiria, em abstrato, qual foi a causa determinante do dano. O subjetivismo exagerado é o maior obstáculo para a aplicação desta teoria, ou seja, há dificuldade em se estabelecer de maneira clara e objetiva quais seriam e quais não seriam as causas do evento danoso.

Teoria da Causalidade Direta ou Imediata ou Necessária ou Teoria da Interrupção do Nexo Causal	Segundo esta teoria, nem toda causa que influenciou o resultado danoso será causa necessária para este resultado. Para que seja indenizado, o dano deve decorrer **direta** e **imediatamente** de uma causa (art. 403 do CC), ou seja, o dano é um efeito **necessário** de uma determinada causa. Se houver outra causa estranha que determine por si só o resultado, haverá o rompimento do nexo de causalidade. **Esta teoria tem sido adotada pelos Tribunais** pátrios, mas também é passível de críticas, pois na dinâmica da responsabilidade civil nem sempre é fácil determinar a **causa necessária**, existindo casos situados em uma zona cinzenta.

Em algumas situações **o nexo de causalidade é rompido**, o que afasta a responsabilidade do Estado. São as chamadas **causas excludentes de responsabilidade**, sendo comumente mencionadas pela doutrina as seguintes situações: **caso fortuito** ou **força maior** e **culpa exclusiva da vítima**. Incluímos neste rol também o **fato de terceiro** que tenha contribuído de maneira exclusiva para o dano (STJ, RESP 613.402). Em qualquer destas situações, caberá ao Estado provar a ocorrência das causas excludentes.

O **caso fortuito ou a força maior**, nos termos do art. 393 do Código Civil, "(...) verifica-se no fato necessário, cujos efeitos não era possível evitar ou impedir". Sabe-se que as expressões abrangem, respectivamente, **fatos da natureza** e **eventos humanos**, sendo desnecessária a diferenciação – sob a qual paira divergência doutrinária -, haja vista que as consequências jurídicas são as mesmas, ou seja, tais eventos rompem o nexo de causalidade, implicando no afastamento da responsabilidade civil do Estado, como vem reconhecendo a jurisprudência.

Na **culpa exclusiva da vítima**, o prejudicado deu causa inteiramente ao evento lesivo. Se alguém, por exemplo, deliberadamente se atira na frente de uma viatura oficial em movimento, não poderá pleitear pagamento de indenização.

Mas há situações em que a atuação culposa do particular pode ter contribuído para o dano causado pelo Estado (**concausa**), mas não afastando a responsabilidade estatal. Nestes casos, a culpa da vítima funcionará como uma espécie de **atenuante** da conduta estatal, com reflexos na **fixação da indenização** devida, no sistema conhecido como **compensação de culpas**. Este sistema é disciplinado pelo art.

945, do CC: "Se a vítima tiver concorrido culposamente para o evento danoso, a sua indenização será fixada tendo-se em conta a gravidade de sua culpa em confronto com a do autor do dano".

POSIÇÃO DO STJ

*13) No caso de atropelamento de pedestre em via férrea, configura-se a concorrência de causas, impondo a redução da indenização por dano moral pela metade, quando: (i) a concessionária do transporte ferroviário descumpre o dever de cercar e fiscalizar os limites da linha férrea, mormente em locais urbanos e populosos, adotando conduta negligente no tocante às necessárias práticas de cuidado e vigilância tendentes a evitar a ocorrência de sinistros; e (ii) a vítima adota conduta imprudente, atravessando a via férrea em local inapropriado. (Tese julgada sob o rito do art. 543-C do CPC/73 – Tema 518 – **Jurisprudência em teses**)*

O **fato de terceiro** ou **culpa exclusiva de terceiro**, apesar de não ser mencionado na grande maioria dos julgados e por parte da doutrina, também pode ser considerado excludente de responsabilidade civil do Estado, em razão de inexistir qualquer liame entre uma conduta estatal e o dano experimentado pela vítima. Mas para que haja o rompimento do nexo de causalidade, a responsabilidade pelo evento danoso deve ser imputada **exclusivamente** ao terceiro.

Por fim, vale ressaltar que a **força maior** e o **fato de terceiro** para efetivamente atuarem como causas excludentes da responsabilidade estatal devem advir do que vem se denominando **fortuito externo**, que se relaciona a eventos que não são pertinentes com a prestação do serviço em si. Por exemplo, um assalto realizado em um ônibus de transporte público não pode importar em responsabilidade civil para a concessionária, haja vista que o escopo da atividade é o transporte, e não a segurança contra assaltos, que é dever do Estado. Por outro lado, o chamado **fortuito interno** não autoriza o rompimento do nexo de causalidade, por se relacionar a evento inerente à própria atividade. Assim, se um banco estatal tem um furto no interior de sua agência, não poderá alegar **fato de terceiro**, porque a garantia de segurança no ambiente bancário é inerente à atividade e faz parte do risco do empreendimento.

POSIÇÃO DO STJ

"A Segunda Seção desta Corte Superior firmou entendimento de que, não obstante a habitualidade da ocorrência de assaltos em determinadas linhas, é de ser afastada a responsabilidade da empresa transportadora por se tratar de fato inteiramente estranho à atividade de transporte (fortuito externo), acobertado pelo caráter da

inevitabilidade." (AgRg no REsp 823.101/RJ, Rel. Ministro RICARDO VILLAS BÔAS CUEVA, j. 20/06/2013)

3.1.3. Aplicação da Teoria do Risco Integral

Conforme já visto, a teoria do risco integral é uma vertente da responsabilidade objetiva do Estado, mas que não admite a incidência das causas excludentes de responsabilidade, sendo de **aplicação excepcional**.

Porém, a adoção da teoria do risco integral no direito brasileiro não é tema pacífico, assim como não há consenso sobre quais seriam as situações que permitiriam sua aplicação.

De um modo geral, colhe-se da doutrina as seguintes situações como ensejadoras da aplicação da teoria do risco integral:

a) **Danos nucleares:** o fundamento estaria no art. 21, XXIII, "d", da CF/88 ("responsabilidade civil por danos nucleares independe da existência de culpa"). Ademais, a atividade nuclear é monopólio da União (art. 177, V da CF/88). Há doutrinadores, em sua maioria **civilistas**, que entendem tratar-se de hipótese de responsabilidade civil objetiva na modalidade **risco administrativo**.

b) **Atentados contra aeronaves brasileiras**: a Lei 10.744/04 prevê assunção, pela **União**, de responsabilidades civis perante terceiros no caso de atentados terroristas, atos de guerra ou eventos correlatos, contra aeronaves de matrícula brasileira operadas por empresas brasileiras de transporte aéreo público, excluídas as empresas de táxi aéreo.

c) **Danos ambientais**: a jurisprudência do STJ caminha no sentido de aplicar a teoria do risco integral para os **danos ambientais**, independentemente se foi o particular ou o Estado quem causou o prejuízo. Mas há divergências na doutrina quanto a este ponto, principalmente entre os ambientalistas, existindo entendimento que esta situação seria modalidade de **risco administrativo**.

d) **Seguro DPVAT:** previsto pela lei 6.194/74, este seguro é obrigatório a todos os que possuem veículos automotores de via terrestre e visa à cobertura de danos físicos causados em virtude de acidentes de trânsito. O pagamento da indenização será efetuado mediante **simples prova do acidente e do dano decorrente** (art. 5.º).

> **ATENÇÃO**
>
> *Há quem defenda que se o Estado traz para si a custódia de **bens** (Ex: mercadorias ou veículos apreendidos) ou **pessoas** (Ex: presos e internos em hospitais psiquiátricos), deverá garantir a segurança destes, não podendo invocar causas excludentes de responsabilidade, ou seja, aplicar-se-ia a teoria do risco integral. Mas há que se ressaltar que este entendimento é polêmico, vez que se encontra na jurisprudência várias decisões que aplicaram a teoria do **risco administrativo** para situações de custódia estatal (ex: STF, AI 782903), especialmente no que se refere à morte de detento em estabelecimento prisional (RE 841526/RS). Há também julgados defendendo que se trata de **responsabilidade subjetiva**, na modalidade culpa do serviço (RE 382054/RJ).*

3.2. Responsabilidade subjetiva

Os requisitos da responsabilidade subjetiva do Estado são os mesmos da responsabilidade objetiva, com o acréscimo do elemento **culpa** em sentido amplo.

A redação do art. 37, § 6.º da CF/88 levou abalizada doutrina a se convencer de que a responsabilidade objetiva do Estado referir-se-ia apenas aos **atos comissivos** praticados por seus agentes. Dessa forma, tratando-se de **ato omissivo** do Poder Público, a responsabilidade civil do Estado seria subjetiva, pelo que exige dolo ou culpa. Trata-se, portanto, de construção doutrinária e jurisprudencial, haja vista que não há previsão expressa nesse sentido.

A peculiaridade na responsabilidade civil subjetiva do Estado assenta-se no fato de que será observada a **culpa anônima** ou "*faute du service*". Assim, se não houve prestação do serviço pelo Estado, assim como na hipótese de a prestação ter sido tardia ou ineficiente estará caracterizada a culpa anônima.

> **ATENÇÃO**
>
> *Para fins de concurso público, as bancas têm adotado a distinção dos regimes de responsabilidade do Estado em objetiva e subjetiva. Porém, não se pode afirmar categoricamente que se trata de tema pacífico na jurisprudência e na doutrina. O candidato que desejar se aprofundar no estudo do tema encontrará julgados no âmbito do STF aplicando a responsabilidade objetiva aos atos omissivos (p. ex., ARE 663.647, rel.*

*Min. Cármen Lúcia, j. 06.03.2012). Certo é que o STF possui julgados nos dois sentidos. Admitindo a responsabilidade subjetiva: RE 180.602; RE 179.147); admitindo a responsabilidade objetiva: RE 109.615; RE 170.014. A propósito do tema, tem ganhado muita força no STF a aplicação da teoria objetiva para os casos de omissão estatal (ARE 897890 AgR, Rel. Min. Dias Toffoli, j. 22/09/2015), especialmente quando o Estado tinha o dever legal específico de agir para impedir o evento danoso e mesmo assim não o fez, no que vem sendo denominado **omissão específica** (RE 677139 AgR-EDv-AgR, Rel. Min. Gilmar Mendes, j. 22/10/2015). A jurisprudência do STJ se inclina no sentido de que as condutas omissivas danosas do Poder Público são passíveis de responsabilidade subjetiva.*

POSIÇÃO DO STJ

5) A responsabilidade civil do Estado por condutas omissivas é subjetiva, devendo ser comprovados a negligência na atuação estatal, o dano e o nexo de causalidade (jurisprudência em teses)

Nada impede que a própria legislação estabeleça responsabilidade objetiva para atos omissivos, como o faz o Código de Trânsito Brasileiro, em seu art. 1.º, § 3.º: "os órgãos e entidades componentes do Sistema Nacional de Trânsito respondem, no âmbito das respectivas competências, **objetivamente**, por danos causados aos cidadãos em virtude de ação, **omissão** ou erro na execução e manutenção de programas, projetos e serviços que garantam o exercício do direito do trânsito seguro".

3.2.1. Empresas estatais exploradoras de atividade econômica

As **empresas estatais** que exploram **atividade econômica** não estão sujeitas à regra do art. 37, § 6.º da CF/88. Isso quer dizer que lhes serão aplicáveis as regras de **responsabilidade civil subjetiva do direito civil** (diferente da culpa anônima, aplicadas aos atos omissos do Estado), tendo-se que comprovar **dolo** (intenção) ou **culpa** (negligência, imprudência ou imperícia) para a ocorrência do evento danoso.

ATENÇÃO

*Mesmo as empresas estatais exploradoras de atividade econômica podem responder **objetivamente** em determinadas situações, como **nas relações de consumo**, em matéria de **dano ambiental**, entre outras, sem se esquecer da previsão do art. 927, parágrafo único do Código Civil.*

4. RESPONSABILIDADE CIVIL POR ATOS JUDICIAIS E LEGISLATIVOS

Os atos judiciais típicos, em regra, não implicam em responsabilização do Estado, porquanto o sistema processual dispõe de recursos e meios judiciais próprios para a reversão de grande parte das decisões judiciais.

Exceções a esta regra são o **erro judicial** reconhecido em revisão criminal (art. 5º, LXXV da CF/88), condenado que **ficar preso além do tempo estabelecido em decisão judicial** (art. 5º, LXXV da CF/88) e quando o juiz proceder com **dolo ou fraude no exercício de suas funções** ou **recusar, omitir ou retardar, sem justo motivo, providência que deva ordenar de ofício, ou a requerimento da parte** (art. 143, I e II do CPC). Nas situações previstas no CPC, o juiz responderá **civil** e **regressivamente** por perdas e danos.

ATENÇÃO

As situações em que o juiz recusar, omitir ou retardar, sem motivo, providência que deva ordenar de ofício, ou a requerimento da parte (art. 143, II do CPC), somente serão verificadas depois que a parte requerer que determine a providência e o requerimento não for apreciado no prazo de ***10 (dez) dias*** *(art. 143, parágrafo único do CPC).*

Os atos legislativos, em regra, também não geram responsabilização do Estado, exceto nas seguintes situações: a) **leis declaradas inconstitucionais pelo STF em sede de controle concentrado** (REsp 571645/RS); b) **leis que tenham efeitos concretos** (materialmente é um ato administrativo).

5. SITUAÇÕES ENVOLVENDO DETENTOS

Ultimamente vem ganhando destaque na jurisprudência do STJ e STF decisões envolvendo a custódia e fuga de detentos que voltam a cometer crimes em liberdade.

Ainda é muito difícil estabelecer uma orientação precisa sobre como vêm decidindo os Tribunais Superiores. O tema vem ganhando um colorido diferenciado, principalmente no que se refere ao estudo do **nexo de causalidade**.

A culpa exclusiva da vítima, por exemplo, ganhou certo temperamento na jurisprudência quando se trata de **suicídio de detento em estabelecimento prisional**. A jurisprudência tem considerado que caberia ao Estado dar o adequado tratamento médico e psicológico ao preso (art. 5.º, XLIX da CF/88), imputando-lhe **responsabilidade objetiva** pela ocorrência do óbito.

POSIÇÃO DO STF

Agravo regimental no recurso extraordinário com agravo. 2. Direito Administrativo. 3. Responsabilidade civil do Estado. Indenização por danos morais. Morte de preso em estabelecimento prisional. Suicídio. 4. Acórdão recorrido em consonância com a jurisprudência desta Corte. Incidência da Súmula 279. Precedentes. 5. Ausência de argumentos capazes de infirmar a decisão agravada. 6. Agravo regimental a que se nega provimento. (ARE 700927 AgR /GO, rel. Min. Gilmar Mendes, j. 28/08/2012)

POSIÇÃO DO STJ

"(...) 2. Embora no acórdão recorrido tenha sido afirmada a culpa exclusiva da vítima – e assim afastado o nexo de causalidade – é de se ressaltar que, no caso em concreto, a relação que deve ser estabelecida é entre o fato de ele estar preso sob a custódia do Estado. Conforme muito bem ressaltado pela Exmo. Senhor Ministro TEORI ALBINO ZAVASCKI em seu voto relativo ao recurso especial nº 847.687/GO, "o Estado tem o dever de proteger os detentos, inclusive contra si mesmos. Não se justifica que tenha tido acesso a meios aptos a praticar um atentado contra sua própria vida. Os estabelecimentos carcerários são, de modo geral, feitos para impedir esse tipo de evento. Se o Estado não consegue impedir o evento, ele é o responsável". (REsp 847.687/GO, Rel. Ministro JOSÉ DELGADO, PRIMEIRA TURMA, julgado em 17/10/2006, DJ 25/06/2007). Precedentes do STJ e do STF. 3. Portanto, no caso em concreto, embora afastada pelo Tribunal a quo, é inegável a presença do nexo de causalidade a autorizar a responsabilização civil do ente público pela morte do detento em virtude de suicídio" (EDcl no AgRg no REsp 1305259 / SC, rel. Min. Mauro Campbell Marques, j. 15.08.2013).

Na hipótese de **morte de detento** dentro de unidade prisional, a orientação mais recente na jurisprudência tem sido a aplicação da **responsabilidade objetiva** do Estado, por se tratar de uma **omissão específica estatal** (art. 5.º, XLIX da CF/88), mas admitindo-se a aplicação das causas excludentes de responsabilidade.

POSIÇÃO DO STF

EMENTA: RECURSO EXTRAORDINÁRIO. REPERCUSSÃO GERAL. RESPONSABILIDADE CIVIL DO ESTADO POR MORTE DE DETENTO. ARTIGOS 5º, XLIX, E 37, § 6º, DA CONSTITUIÇÃO FEDERAL. 1. A responsabilidade civil estatal, segundo a Constituição Federal de 1988, em seu artigo 37, § 6º, subsume-se à teoria do risco administrativo, tanto para as condutas estatais comissivas quanto paras as omissivas, posto rejeitada a teoria do risco integral. 2. A omissão do Estado reclama nexo de causalidade em relação ao dano sofrido pela vítima nos casos em que o Poder Público ostenta o dever legal e a efetiva possibilidade de agir para impedir o resultado danoso. 3. É dever do Estado e direito subjetivo do preso que a execução da pena se dê de forma humanizada, garantindo-se os direitos fundamentais do detento, e o de ter preservada a sua incolumidade física e moral (artigo 5º, inciso XLIX, da Constituição Federal). 4. O dever constitucional de proteção ao detento somente se considera violado quando possível a atuação estatal no sentido de garantir os seus direitos fundamentais, pressuposto inafastável para a configuração da responsabilidade civil objetiva estatal, na forma do artigo 37, § 6º, da Constituição Federal. 5. Ad impossibilia nemo tenetur, por isso que nos casos em que não é possível ao Estado agir para evitar a morte do detento (que ocorreria mesmo que o preso estivesse em liberdade), rompe-se o nexo de causalidade, afastando-se a responsabilidade do Poder Público, sob pena de adotar-se contra legem e a opinio doctorum a teoria do risco integral, ao arrepio do texto constitucional. 6. A morte do detento pode ocorrer por várias causas, como, v. g., homicídio, suicídio, acidente ou morte natural, sendo que nem sempre será possível ao Estado evitá-la, por mais que adote as precauções exigíveis. 7. A responsabilidade civil estatal resta conjurada nas hipóteses em que o Poder Público comprova causa impeditiva da sua atuação protetiva do detento, rompendo o nexo de causalidade da sua omissão com o resultado danoso. 8. Repercussão geral constitucional que assenta a tese de que: em caso de inobservância do seu dever específico de proteção previsto no artigo 5º, inciso XLIX, da Constituição Federal, o Estado é responsável pela morte do detento. 9. In casu, o tribunal a quo assentou que inocorreu a comprovação do suicídio do detento, nem outra causa capaz de romper o nexo de causalidade da sua omissão com o óbito ocorrido, restando escorreita a decisão impositiva de responsabilidade civil estatal. 10. Recurso extraordinário DESPROVIDO. (RE 841526 / RS, Rel. Min. Luiz Fux, j. em 30.03.2016).

Vale atentar para recente julgado do STF (RE 580252) que atribuiu ao Estado responsabilidade por submissão do detento a condições degradantes, sob o argumento principal de que o Estado responde pela incolumidade física e psíquica daqueles que estão sob sua custódia (repercussão geral – tema 365). O Pleno do STF redigiu a seguinte tese: "Considerando que é dever do Estado, imposto pelo sistema normativo, manter em seus presídios os padrões mínimos de humanidade previstos no ordenamento jurídico, é de sua responsabilidade, nos termos do art. 37, § 6º da Constituição, a obrigação de ressarcir os danos, inclusive morais, comprovadamente causados aos detentos em decorrência da falta ou insuficiência das condições legais de encarceramento".

No que se refere à fuga do detento que volta a praticar crimes, nos julgamentos tem sido ponderado o **transcurso do tempo** entre a fuga (atribuída a uma omissão estatal) e o evento danoso, o que, em princípio, não seria um fator determinante para a **teoria da causalidade direta**.

POSIÇÃO DO STF

"(...) o dano decorrente do assalto por uma quadrilha de que participava um dos evadidos da prisão não foi o efeito necessário da omissão da autoridade pública que o acórdão recorrido teve como causa da fuga dele, ***mas resultou de concausas, como a formação da quadrilha, e o assalto ocorrido cerca de vinte e um meses após a evasão****. Recurso extraordinário conhecido e provido".*

POSIÇÃO DO STJ

11) O Estado não responde civilmente por atos ilícitos praticados por foragidos do sistema penitenciário, salvo quando os danos decorrem direta ou imediatamente do ato de fuga ***(jurisprudência em teses).***

6. REPARAÇÃO DO DANO

6.1. Dimensão da Reparação do Dano

Uma vez comprovado o dano certo, específico e anormal, a indenização paga será ampla o suficiente para abarcar os prejuízos que vítima experimentou (perdas e danos), bem como o que deixou de ganhar (lucros cessantes).

O STJ tem admitido excepcionalmente a revisão do valor da indenização em sede de **recurso especial**.

POSIÇÃO DO STJ

1) Os danos morais decorrentes da responsabilidade civil do Estado somente podem ser revistos em sede de recurso especial quando o valor arbitrado é exorbitante ou irrisório, afrontando os princípios da proporcionalidade e da razoabilidade ***(jurisprudência em teses).***

Sobre o valor da indenização incidirão **correção monetária** e **juros moratórios**.

A correção monetária visa proteger o *quantum* indenizatório das perdas inflacionárias. Incidirá desde o momento em que o dano foi causado, salvo se se tratar de dano moral, quando o termo inicial será a data do arbitramento.

POSIÇÃO DO STJ

Súmula 43*: Incide correção monetária sobre dívida por ato ilícito a partir da data do efetivo prejuízo.*

Súmula 362*: A correção monetária do valor da indenização do dano moral incide desde a data do arbitramento.*

Por seu turno, os juros moratórios representam a compensação paga pelo atraso no cumprimento da obrigação. Assim como foi dito para a correção monetária, na responsabilidade civil extracontratual **os juros de mora incidem desde o evento danoso**.

POSIÇÃO DO STJ

Súmula 54: *Os juros moratórios fluem a partir do evento danoso, em caso de responsabilidade Extracontratual.*

6.2. Prazo Prescricional

Em regra, o prazo prescricional para a pretensão de obter pagamento indenização do Estado é de **5 (cinco) anos** (Decreto 20.910/32, art. 1º e art. 1-C da Lei 9.494/97).

Porém, o tema se tornou divergente a partir da vigência do Código Civil de 2002, que estabeleceu o prazo de **3 (três) anos** para reparação de dano (art. 206, § 3º, V), sem fazer distinção entre a natureza pública ou privada da relação jurídica.

No STJ havia decisões nos dois sentidos, até que, em sede de julgamento de recursos repetitivos, fixou-se o entendimento de que o prazo seria de **5 anos**, inclusive para as pessoas jurídicas prestadoras de serviço público (REsp 1.277.724, inf. 563).

POSIÇÃO DO STJ

4) O prazo prescricional das ações indenizatórias ajuizadas contra a Fazenda Pública é ***quinquenal*** *(Decreto n. 20.910/1932), tendo como termo a quo* ***a data do ato ou fato***

do qual originou a lesão ao patrimônio material ou imaterial. (Tese julgada sob o rito do art. 543-C do CPC/73** – Tema 553 – **jurisprudência em teses)

Porém, o STJ vem reconhecendo hipótese de **imprescritibilidade** da ação de reparação de danos contra o Estado nas situações em que houve violação de direitos fundamentais durante o regime militar.

POSIÇÃO DO STJ

*3) As ações indenizatórias decorrentes de violação a direitos fundamentais ocorridas durante o regime militar são imprescritíveis, não se aplicando o prazo quinquenal previsto no art. 1º do Decreto n. 20.910/1932 **(jurisprudência em teses)**.*

6.3. Formas de Reconhecimento do Dever de Indenizar

O reconhecimento do dever de indenizar pode ser feito **administrativa** ou **judicialmente**.

Se o Estado voluntariamente concordar em pagar o prejuízo, o montante será quitado com recursos orçamentários específicos. Em algumas situações o Estado promove a contratação de seguros, principalmente de automóveis, hipótese em que o pagamento se dará com recursos da seguradora.

Caso a obrigação de indenizar advenha de sentença judicial, deverá observar a sistemática estabelecida no art. 100 da CF/88.

6.4. Ação de Reparação

Decidindo-se o particular ingressar em juízo para buscar a reparação do dano sofrido, surge a questão da legitimidade passiva para figurar no polo passivo da relação processual: Estado, particular ou ambos? A doutrina diverge neste ponto.

Alguns autores sustentam que o particular pode optar entre ingressar contra o Estado, diretamente contra o agente público ou contra ambos, porquanto o art. 37, § 6.º defende a vítima do ilícito, cabendo a esta decidir a melhor maneira de buscar a reparação do dano sofrido. Contudo, caso ingresse diretamente contra o agente público que praticou o ato, deverá provar sua **culpa** para a ocorrência do evento, haja vista que o art. 37, § 6.º da CF/88 estabelece que o direito de regresso demanda a comprovação da existência de dolo ou culpa do agente.

Outros autores entendem que somente o Estado poderia figurar no polo passivo da demanda, valendo-se de direito de regresso contra o agente causador do dano. O agente atua em nome do Estado, devendo-se imputar a este as consequências da conduta de seus agentes.

O STF e o STJ vêm adotando entendimento de que o agente causador do dano não possui legitimidade processual passiva *ad causam*. O Min. Ayres Brito, no julgamento do RE 327.904, ocorrido em 15.08.2006, consignou que o art. 37, § 6º consagra uma dupla garantia: "uma, em favor do particular, possibilitando-lhe ação indenizatória contra a pessoa jurídica de direito público, ou de direito privado que preste serviço público, dado que bem maior, praticamente certa, a possibilidade de pagamento do dano objetivamente sofrido. Outra garantia, no entanto, em prol do servidor estatal, que somente responde administrativa e civilmente perante a pessoa jurídica a cujo quadro funcional se vincular".

6.4.1. Denunciação à Lide

A possibilidade de **denunciação à lide** (art. 125, II do CPC) do agente público que causou o dano é tema bastante polêmico. Por esta forma de intervenção de terceiro, o Estado garantiria, no próprio título judicial que reconhece a indenização ao particular lesado por uma conduta administrativa, o reconhecimento do dever de o agente causador do dano ressarcir os valores pagos aos cofres públicos.

Parte da doutrina não admite a denunciação da lie, porquanto se traria para a lide discussão sobre a **culpa do agente** (condição para o direito de regresso), o que prejudicaria o ofendido pelo ato danoso.

A jurisprudência dominante e mais recente do STJ admite a denunciação à lide do agente causador do dano, mas entende não ser a mesma obrigatória para o exercício do direito de regresso, sendo que esta segunda parte do entendimento foi corroborada pelo art. 125, § 1.º do CPC. Porém, o STF, em julgado mais antigo, consignou entendimento de que a não é possível a denunciação da lide do servidor (RE 327904, rel. Min. Carlos Ayres Britto, jl. Em 15.08.2006). Por se tratar de tema polêmico, se a questão for cobrada em prova, a banca examinadora fará referência ao entendimento do STJ ou do STF, daí a necessidade de o candidato conhecê-los.

7. AÇÃO DE REGRESSO DA ADMINISTRAÇÃO CONTRA O AGENTE CAUSADOR DO DANO

Uma vez que a Administração tenha sido compelida a pagar a indenização ao particular prejudicado, poderá voltar-se contra o agente público causador do dano. Para tanto, o art. 37, § 6.º exige a configuração de **dolo** ou **culpa** do agente para que haja o ressarcimento do prejuízo. JOSÉ DOS SANTOS CARVALHO FILHO lembra também que o direito de regresso pressupõe o efetivo pagamento da indenização.

Em síntese:

Particular x Administração → responsabilidade **objetiva**
Administração x agente público → responsabilidade **subjetiva**

O princípio da indisponibilidade em regra **exige** que a Administração Pública exerça o direito de regresso contra o agente causador do prejuízo aos cofres públicos, caso se configure sua atuação com dolo ou culpa.

Assim como ocorre com a reparação de danos, o regresso da Administração contra o agente público pode ocorrer **administrativa** ou **judicialmente**.

No âmbito federal, a Lei 8.112/90 admite o parcelamento da dívida, cuja parcela não poderá ser inferior a **10% (dez por cento)** da remuneração, provento ou pensão (art. 46 da Lei 8.112/90). Mesmo o agente não possua mais vínculo com a Administração, permanecerá o dever de indenizar.

Mas não se pode impor ao agente público o desconto de parcelas em sua remuneração ou qualquer outra forma de pagamento na via administrativa, sendo inadequado falar-se em utilização do poder de autotutela em tais situações. Em caso de discordância em ressarcir os valores pagos ao particular a conta de recursos públicos, o Poder Público deverá recorrer ao Judiciário, ajuizando a competente ação de regresso.

8. TÓPICO-SÍNTESE

TÓPICO-SÍNTESE	
RESPONSABILIDADE OBJETIVA	• A **responsabilidade civil objetiva** do Estado é atualmente aceita como **regra geral** pelo nosso ordenamento, observando-se a modalidade **risco administrativo**. • Requisitos: a) Ação Administrativa; b)Dano indenizável; c) Nexo de causalidade.
RESPONSABILIDADE SUBJETIVA	• Os requisitos da responsabilidade subjetiva do Estado são os mesmos da responsabilidade objetiva, com o acréscimo do elemento **culpa** em sentido amplo.
RESPONSABILIDADE CIVIL POR ATOS JUDICIAIS E LEGISLATIVOS	• Os atos judiciais típicos, em regra, não implicam em responsabilização do Estado, porquanto o sistema processual dispõe de recursos e meios judiciais próprios para a reversão de grande parte das decisões judiciais. Exceções a esta regra são o erro judicial reconhecido em revisão criminal (art. 5º, LXXV da CF/88), condenado que ficar preso além do tempo estabelecido em decisão judicial (art. 5º, LXXV da CF/88) e quando o juiz proceder com dolo ou fraude no exercício de suas funções ou recusar, omitir ou retardar, sem justo motivo, providência que deva ordenar de ofício, ou a requerimento da parte (art. 133, I e II do CPC). • Os atos legislativos, em regra, também não geram responsabilização do Estado, exceto nas seguintes situações: a) reedição de lei declarada inconstitucional pelo STF; b) leis que tenham efeitos concretos.
REPARAÇÃO DO DANO	• Uma vez comprovado o dano certo, específico e anormal, a indenização paga será ampla o suficiente para abarcar os prejuízos que vítima experimentou (perdas e danos), bem como o que deixou de ganhar (lucros cessantes). Sobre o valor da indenização incidirão **correção monetária** e **juros moratórios**. • O reconhecimento do dever de indenizar pode ser feito **administrativa** ou **judicialmente**.
AÇÃO DE REGRESSO DA ADMINISTRAÇÃO CONTRA O AGENTE CAUSADOR DO DANO	• Uma vez que a Administração tenha sido compelida a pagar a indenização ao particular prejudicado, poderá voltar-se contra o agente público causador do dano. Exigindo-se para tanto a configuração de dolo ou culpa do agente para que haja o ressarcimento do prejuízo • O regresso da Administração contra o agente público pode ocorrer **administrativa** ou **judicialmente**.

Capítulo

X

CONTROLE DA ADMINISTRAÇÃO PÚBLICA

Leia a lei:

- *CF/88, arts. 5.º, XXXIV,"a", XXXV, LXIX, LXX, LXXII, LXXV, LXXVIII, 31, 37, § 5.º, 49, III, V, IX, X e XII, 51, II, 52, III e V, 58, § 3.º, 70, 71, 103-A, 129, III; Lei 4.717/65; Decreto-Lei 200/67, arts. 6.º, I a V, 19; Lei 7.347/85; Lei 9.469/97, art. 1-C; Lei 9.507/97; Lei 9.784/99; Lei 9.873/99; Lei 12.016/09.*

1. NOÇÕES

Em decorrência da própria noção de Estado Democrático de Direito, a Constituição criou alguns mecanismos de controle para a atuação da Administração Pública, a fim de se evitar o cometimento de abusos.

O controle da Administração Pública está inserido na ideia da teoria dos **freios e contrapesos**, proposta por Montesquieu. Esta teoria consagra um mecanismo de controles recíprocos, ou seja, ao tempo que um poder controla os demais, por eles é controlado. Cada um dos poderes possui autonomia e liberdade, mas uma liberdade vigiada. Por exemplo, as leis são editadas pelo Poder Legislativo, que podem ser vetadas pelo Poder Executivo, que poderá ter seu veto derrubado pelo Poder Legislativo. Caso o Executivo não concorde com a derrubada de um veto e entender que a lei aprovada é inconstitucional, poderá submeter a matéria à análise do Judiciário que vai resolver o conflito.

Logo, o administrador público estará sujeito a determinados tipos de controle em sua atuação estabelecidos pelo ordenamento jurídico, que podem se referir à **legalidade** ou **mérito** dos atos administrativos, ou a ambos simultaneamente.

Façamos, então, uma análise destes mecanismos de controle.

2. CLASSIFICAÇÃO

Sintetizamos na tabela a seguir a classificação proposta por JOSÉ DOS SANTOS CARVALHO FILHO (2008, pp. 838-841):

Quanto à Natureza do Controlador	**Administrativo**	Realizado diretamente pela Administração relativamente aos seus próprios atos, normalmente no exercício da **autotutela**. Excepcionalmente poderá se concretizar na revisão de atos de entidades integrantes da **Administração Indireta** por parte da Administração Direta, no âmbito do controle finalístico (supervisão ministerial).
	Legislativo	Realizado pelo Poder Legislativo, em alguns casos com auxílio do Tribunal de Contas.
	Judicial	Realizado pelo Poder Judiciário, visa à conferência da **legalidade** ou, melhor dizendo, **juridicidade dos atos** praticados pela Administração.
Quanto à Extensão do Controle ou Localização do Órgão de Controle	**Interno**	Exercido por órgãos de um Poder sobre condutas administrativas produzidas dentro de sua esfera.
	Externo	Quando o órgão fiscalizador se situa fora da estrutura organizacional da Administração fiscalizada.
Quanto à Natureza do Controle ou aspecto a ser controlado	**De Legalidade**	Verifica se a atuação da Administração está de acordo com as previsões normativas pertinentes.
	De Mérito	Ingressa no mérito administrativo e acaba por avaliar as razões de **conveniência** e **oportunidade** do ato.
Quanto à Oportunidade ou Quanto ao Momento	**Prévio**	Exercido antes da consumação da conduta administrativa.
	Concomitante	Exercido na medida em que se desenvolve a atuação administrativa.
	Posterior	Objetiva a **revisão** dos atos já praticados, confirmando-os ou corrigindo-os.
Quanto à Iniciativa	**De Ofício**	Executado pela própria Administração no exercício de suas funções.
	Provocado	Deflagrado por terceiro, que postula a revisão de conduta administrativa

3. CONTROLE ADMINISTRATIVO

O **controle administrativo** é feito **internamente**, está vinculado ao exercício da **função administrativa** e consiste na fiscalização e correção dos atos praticados pela Administração Direta e Indireta dos três Poderes. É um poder-dever, haja vista que não se admite a inércia da administração ao descobrir que praticou atos ilegais, inconvenientes ou inoportunos. Podemos tomar como exemplo, o controle administrativo realizado pelo Poder Executivo sobre os seus órgãos e agentes.

Diz-se que o controle é **interno** porquanto baseado na ideia de **hierarquia** existente na organização administrativa, de modo que os atos de órgãos e agentes podem ser fiscalizados e corrigidos pelos seus superiores. Logo, o controle interno hierárquico é uma consequência da própria relação de subordinação do órgão controlado ao órgão controlador, sendo um controle permanente e amplo, envolvendo legalidade e mérito.

Por estar fundado na ideia de hierarquia, o controle interno independe de previsão legal para ser exercido, já que é presumido do próprio esquema organizacional da Administração.

Porém, o controle administrativo também é admitido em relação aos atos praticados pelas entidades integrantes da Administração Indireta. Trata-se do chamado **controle finalístico**, também chamado de **tutela administrativa** ou **supervisão ministerial**.

Conforme estudado, as entidades da Administração Indireta gozam de **personalidade jurídica própria**, estando ligadas à Administração Direta por relação de **vinculação.**

O controle administrativo decorre do **poder de autotutela**, que permite à Administração, **de ofício**, rever seus atos, **anulando-os**, quando eivados de **vício de legalidade**, ou **revogando-os**, se **inconvenientes** ou **inoportunos**. Logo, nota-se que controle administrativo é **amplo**, abrangendo questões de legalidade e de mérito do ato.

POSIÇÃO DO STF

Súmula 346: *A Administração Pública pode declarar a nulidade de seus próprios atos.*

Súmula 473: *A Administração pode anular seus próprios atos, quando eivados de vícios que o tornem ilegais, porque deles não se originam direitos; ou revogá-los, por motivo de conveniência ou oportunidade, respeitados os direitos adquiridos, e ressalvada, em todos os casos, a apreciação judicial.*

Basicamente, a doutrina arrola os seguintes meios de controle administrativo: **fiscalização hierárquica**, **supervisão ministerial**, **exercício do direito de petição**, **processo administrativo** e os **recursos administrativos**, que serão estudados nos tópicos seguintes.

3.1. Fiscalização Hierárquica

A fiscalização ou supervisão hierárquica é a manifestação do **controle hierárquico próprio**. Também chamada de **autocontrole**, é executada no interior da entidade administrativa ou política.

É exercida pelos órgãos superiores sobre os inferiores da mesma Administração, buscando ordenar, coordenar, orientar e corrigir suas atividades e agentes. O órgão superior analisa a forma de elaboração dos atos administrativos, os aspectos pertinentes a legalidade e avalia o mérito administrativo. Analisa, também, se foram observados os regulamentos próprios, com maior precisão por ser integrante do mesmo sistema de regulação.

3.2. Supervisão Ministerial

A **supervisão ministerial** é um meio de controle administrativo exercido sobre as entidades integrantes da Administração Pública Indireta em relação ao ministério a que estejam vinculadas. Não se trata de subordinação, resulta do sistema legal imposto às autarquias e entidades paraestatais, sujeitas ao controle finalístico de quem as institui. Está prevista no Decreto-Lei nº 200/67.

A expressão supervisão ministerial é mais comumente utilizada no controle que a União, através dos Ministérios, exerce sobre as pessoas descentralizadas federais. Nas esferas estadual e municipal, as secretarias desempenham idêntico papel. Dessa forma, observa-se que tudo dependerá da organização adotada pela forma federativa.

3.3. Direito de Petição

O direito de petição é constitucionalmente garantido pelo art. 5º, XXXIV, "a", da Constituição Federal, segundo o qual é a todos assegurado, independentemente do pagamento de taxas, **o direito de petição aos Poderes Públicos em defesa dos direitos ou contra ilegalidade ou abuso de Poder**. Decorre, portanto, do direito de petição, o direito de o administrado provocar o controle da administração.

Evidentemente, o direito de petição não pode mascarar qualquer forma de abuso por parte do interessado, pois a Constituição protege o uso do direito, e não o abuso. Em regra, as petições devem ser escritas, não contendo expressões ofensivas ou difamatórias. São ilícitas as petições clandestinas ou anônimas.

3.4. Processo Administrativo

Apresenta-se como uma sucessão encadeada de atos, juridicamente ordenados, destinados todos à obtenção de um resultado final, que consolida uma determinada decisão administrativa. O tema "Processo Administrativo", será discutido em capítulo próprio.

3.5. Recursos Administrativos

O **Recurso Administrativo** pode ser entendido em **sentido amplo** como o meio hábil para propiciar o **reexame de ato ou decisão administrativa pela própria administração**, visando ao atendimento do interesse público e a preservação da legalidade. Está diretamente ligado ao direito de petição, tratado anteriormente em item próprio.

Não há norma específica a respeito dos recursos administrativos, o que tem gerado uma grande imprecisão terminológica sobre suas espécies. Com isso, é comum encontrar várias nomenclaturas diferentes, tais como: reclamações administrativas, representações, denúncias, pedidos de reconsideração etc.

A Administração deverá aceitar o recebimento de recurso que eventualmente tenha sido escrito de forma incorreta, pois o nome jurídico do recurso não tem grande importância. Não há sequer a obrigação de nominar o recurso.

3.5.1. Classificação dos Recursos Administrativos

No quadro a seguir, reunimos a principal classificação de recursos administrativos cobrada em concursos públicos:

Recursos Hierárquicos Próprios	• São os dirigidos a autoridade em posição hierárquica superior ao daquela que emitiu ato contra o qual se está recorrendo. • Não há necessidade de previsão expressa em lei.
Recursos Hierárquicos Impróprios	• São dirigidos a um órgão ou autoridade estranhos àquele do qual se originou o ato impugnado. • Só são admitidos nos casos em que houver **previsão legal expressa** a seu respeito.

ATENÇÃO

Há também o chamado ***recurso de ofício****, que são as situações em que a autoridade que proferiu a decisão em um processo administrativo é obrigada a submeter as matérias à apreciação de outra autoridade ou órgão administrativo que lhe seja superior. Em regra, só é cabível nas hipóteses expressamente previstas em lei.*

3.5.2. Efeitos

Os recursos podem ter efeito **devolutivo** e **suspensivo**.

Sinteticamente podemos dizer que efeito devolutivo é quando se devolve a matéria para nova apreciação e decisão. Já o efeito suspensivo, suspende os efeitos da decisão recorrida até que a nova, decorrente da apreciação do recuso, seja proferida.

Na omissão da lei, os recursos terão **efeito devolutivo**, tendo em vista a presunção de legitimidade em favor de todo ato administrativo e o princípio da continuidade das ações da Administração.

3.5.3. Requisito de Admissibilidade do Recurso Administrativo

A exigência de garantia como requisito necessário a admissibilidade do recurso administrativo, foi tema que gerou grande discussão por muito tempo. Tal exigência foi considerada **inconstitucional**.

POSIÇÃO DO STF

Súmula Vinculante 21: *É inconstitucional a exigência de depósito ou arrolamento prévios de dinheiro ou bens para admissibilidade de recurso administrativo.*

POSIÇÃO DO STJ

Súmula 373: *É iletígima a exigência de depósito prévio para admissibilidade de recurso administrativo.*

3.6. Responsabilização de pessoas jurídicas por atos de corrupção (lei anticorrupção)

É importante fazer algumas observações pertinentes à Lei 12.846, de 01.08.2013, com vigência a partir de 2.2.2014, denominada Lei Anticorrupção, que veio dispor sobre a responsabilização administrativa e civil de pessoas jurídicas pela prática de atos contra a Administração Pública, nacional ou estrangeira.

Essa lei permite a apuração da responsabilidade dessas pessoas tanto no âmbito administrativo como em sede judicial. É adotada a responsabilidade objetiva no campo civil e administrativo, sendo desnecessária, portanto, a averiguação de culpa na prática do ato, ou seja, é necessária apenas a comprovação da prática do ato lesivo à administração.

A responsabilização da pessoa jurídica não impede que os dirigentes e administradores ou outros participantes do ato sejam responsabilizados, mas nesse caso, a prova da culpa será necessária, configurando-se, assim, a **responsabilidade subjetiva**.

Mesmo havendo alterações corporativas supervenientes, a responsabilidade da pessoa jurídica permanece, evitando-se, assim, que essa prática sirva como instrumento de fuga da incidência. Mas, nos casos de fusão e incorporação, a responsabilidade da sucessora, quanto aos atos praticados anteriormente, se limitará à multa e à reparação integral do dano causado até o limite do patrimônio transferido, salvo se essas alterações forem resultado de simulação ou fraude para fugir da responsabilidade. Contudo, nesse caso, a lei exige que a simulação ou fraude sejam devidamente comprovadas.

ATOS LESIVOS À ADMINISTRAÇÃO PÚBLICA NACIONAL OU ESTRANGEIRA
a) praticados contra o patrimônio público nacional ou estrangeiro;
b) praticados contra os princípios da administração;
c) praticados contra os compromissos internacionais assumidos pelo Brasil.

Entre as condutas trazidas na lei, é importante observar as seguintes: a) prometer, oferecer ou dar vantagem indevida a agente público; b) financiar, custear, patrocinar atos ilícitos; c) utilizar-se de interposta pessoa, física ou jurídica, para dissimilar seus reais interesses ou a identidade dos beneficiários dos atos praticados; d) dificultar a atividade de investigação ou fiscalização atribuída a órgãos públicos ou intervir em sua atuação. Incluem-se, também, vários atos praticados em detrimento de contratos e licitações.

Prescrevem em **5 anos** as infrações previstas na lei anticorrupção, sendo contadas a partir da data da ciência da infração ou, no caso de infração permanente ou continuada, da data de sua cessação. A prescrição poderá ser interrompida tanto na esfera administrativa quanto na judicial, com a instauração de processo que tenha por objeto a apuração da infração, obrigando, assim, o reinício da contagem a partir do momento inicial.

3.6.1. Responsabilização Administrativa

Na esfera administrativa são previstas sanções de multa no valor de **0,1% (um décimo por cento) a 20% (vinte por cento)** do faturamento bruto do último exercício anterior ao da instauração do processo administrativo; ou ainda a **publicação extraordinária da decisão condenatória (administrativa)**, na forma de extrato de sentença, a expensas da pessoa jurídica, em meios de comunicação de grande circulação na área da prática da infração e de atuação da pessoa jurídica ou em publicação de circulação nacional.

A aplicação dessas sanções **pode ser feita de forma isolada ou cumulativa**, devendo os atos ter motivação expressa, os tonando, assim, passíveis de controle judicial de legalidade.

3.6.2. Processo Administrativo de Responsabilização

A responsabilidade da pessoa jurídica será apurada em **processo administrativo**. Sua instauração e julgamento cabem à autoridade máxima de cada órgão ou entidade, podendo valer-se de delegação. Deverá ser conduzido por comissão designada, a quem caberá a apresentação do relatório final. O prazo para conclusão é fixado na lei em **180 dias**, admitindo prorrogação. O contraditório é assegurado pela possibilidade de defesa da acusada.

Há a previsão de processo administrativo específico para a reparação integral do dano, não sendo afetado pelo processo de apuração da responsabilidade. A **desconsideração da personalidade jurídica** será aplicada, caso haja abuso de direito para facilitar, encobrir ou dissimular a prática de atos ilícitos, recaindo a responsabilidade sobre sócios ou dirigentes.

3.6.3. Acordo de Leniência

A Lei 12.846/13 prevê, também, instrumento chamado **acordo de leniência**, pelo qual as pessoas responsáveis pelos ilícitos, preenchendo alguns requisitos, colaboram com a apuração e com o processo administrativo.

De tal colaboração deverá resultar: a) a identificação dos demais envolvidos na infração; b) a obtenção de informações e documentos que comprovem a infração; e c) cooperação da pessoa jurídica com a investigação.

É competente para a celebração do acordo de leniência a autoridade máxima de cada órgão ou entidade pública.

Uma vez realizado o acordo de leniência, como resultado teremos os seguintes efeitos: a) a isenção da sanção de publicação extraordinária da decisão condenatória; b) a isenção da sanção de proibição de receber incentivos, subsídios, subvenções, doações ou empréstimos de órgãos ou entidades públicas e de instituições financeiras públicas ou controladas pelo poder público, pelo prazo de 1 a 5 anos; c) redução da multa em até 2/3 (dois terços).

Ainda que firmado o acordo de leniência, a obrigação de reparar integralmente o dano permanece. Celebrado o acordo, o prazo prescricional é interrompido.

É bom salientar que o acordo de leniência não afeta as sanções aplicáveis por atos de improbidade administrativa, por atos atinentes a licitações e contratos, ressalvada a hipótese em que o acordo expressamente incluir as sanções previstas nos referidos diplomas.

3.6.4. Responsabilização Judicial

Apesar de ser tema afeto ao **controle judicial**, estudado mais à frente, preferimos antecipar o estudo deste tópico da lei anticorrupção por questões didáticas.

No tocante à responsabilização judicial, além da previsão de punições semelhantes às já existentes na lei de improbidade administrativa (Lei 8.429/92), a lei anticorrupção trouxe a possibilidade de se aplicar a **suspensão ou interdição parcial das atividades das pessoas jurídicas condenadas**, ou mesmo sua **dissolução compulsória**.

Nas ações de responsabilização judicial, será adotado o mesmo rito fixado na Lei n. 7.347/85, que regula a ação civil pública. Serão legitimados para a propositura da ação a União, os Estados, o Distrito Federal e os Municípios, por meio das respectivas Advocacias Públicas ou órgãos de representação judicial, e o Ministério Público. Se condenada, fica a pessoa obrigada a reparar o dano.

As sanções estabelecidas na Lei 12.846/13 para a esfera judicial são: a) perdimento dos bens, direitos ou valores que representem vantagem ou proveito direta ou indiretamente obtidos da infração, ressalvado o direito do lesado ou de terceiro de boa-fé; b) suspensão ou interdição parcial de suas atividades; c) dissolução compulsória da pessoa jurídica; d) proibição de receber incentivos, subsídios, subvenções, doações ou empréstimos de órgãos ou entidades públicas e de instituições financeiras públicas ou controladas pelo poder público, pelo prazo mínimo de um e máximo de cinco anos.

O Ministério Público poderá requerer judicialmente a indisponibilidade de bens, direitos ou valores necessários à garantia do pagamento da multa ou da reparação integral do dano causado. Trata-se de uma medida assecuratória que impede que a condenação seja inócua.

4. CONTROLE LEGISLATIVO

É uma modalidade de **controle externo** realizado pelo Poder Legislativo com relação aos atos da Administração Pública. Pode ser de **fiscalização** da atuação administrativa ou **político**.

De acordo com o estatuído no **art. 70, *caput*, da CF** "a **fiscalização** contábil, financeira, orçamentária, operacional e patrimonial da **União** e das entidades da administração direta e indireta, quanto à legalidade, legitimidade, economicidade, aplicação das subvenções e renúncia de receitas, será exercida pelo **Congresso Nacional**, mediante **controle externo**, e pelo sistema de controle interno de cada Poder".

No âmbito estadual e municipal esta fiscalização será realizada respectivamente pelas assembleias legislativas e pelas câmaras de vereadores. O Poder Judiciário também será fiscalizado pelo Legislativo **relativamente àquelas matérias** (não há controle externo do Legislativo relativamente aos atos judiciais!).

O **controle político** está relacionado à própria gestão do Estado, discutindo-se questões de legalidade e mérito das decisões tomadas pelo governante. Ex: a apuração de irregularidades por meio de CPI, convocação de Ministro de Estado etc. Alguns autores consideram a fiscalização uma decorrência do poder político.

A CF/88 prevê diversos mecanismos de controle político em alguns dos incisos os artigos 49 e 52, cuja leitura é importante em razão das bancas examinadoras cobrarem recorrentemente a literalidade do texto da Constituição.

Mas em matéria de concursos públicos, o tema mais explorado é o controle exercido pelas Comissões Parlamentares de Inquérito (CPI), que são comissões temporárias com o objetivo de investigar fato certo e determinado.

De acordo com o previsto no **art. 58** da **CF**, "As comissões parlamentares de inquérito, que terão poderes de investigação próprios das autoridades judiciais, além de outros previstos nos regimentos das respectivas Casas, serão criadas pela Câmara dos Deputados e pelo Senado Federal, em conjunto ou separadamente, mediante requerimento de um terço de seus membros, para a apuração de fato determinado e por prazo certo, sendo suas conclusões, se for o caso, encaminhadas ao Ministério Público, para que promova a responsabilidade civil ou criminal dos infratores."

Importante salientar, que a CPI poderá, por autoridade própria, sem a necessidade de intervenção judicial, determinar diligências, ouvir indiciados, inquirir testemunhas, convocar e tomar depoimento de autoridades, requisitar de órgãos públicos informações e documentos de qualquer natureza e requerer ao Tribunal de Contas da União a realização de inspeções e auditorias que entender necessárias. Podem, inclusive, promover a quebra dos **sigilos bancário, fiscal e de dados** (inclusive telefônico). Os poderes exercitáveis pelas CPIs são amplos, mas não irrestritos. Suas deliberações têm caráter imperativo, impondo o dever de obediência, podendo se efetivar através de meios coercitivos, contudo, essas medidas não são executáveis pela própria comissão, e sim pelo Judiciário, no que se tem denominado de **reserva constitucional de jurisdição** (STF, MS 23452/RJ).

Em observância a esta reserva constitucional de jurisdição, **não pode** a Comissão Parlamentar de Inquérito, por seus próprios meios determinar: a) medida cautelar, como prisões, indisponibilidade de bens, arresto, sequestro; b) interceptação telefônica e quebra de sigilo de correspondência; c) busca e apreensão domiciliar; etc. Caso julgue tais providências necessárias, deverá a CPI formular requerimento ao Poder Judiciário, instruindo-o com os elementos necessários.

A Lei 13.367, de 05 de dezembro de 2016, promoveu alterações na Lei 1.579/52, que cuida das Comissões Parlamentares de Inquérito, ampliando seus poderes investigatórios. Apesar de ser um tema afeto ao Direito Constitucional, vale ressaltar a possibilidade de a CPI solicitar ao juízo criminal, em qualquer fase da investigação, a adoção de medidas cautelares necessárias, quando se verificar a existência de indícios veementes da proveniência ilícita de bens (art. 3º-A).

4.1. Tribunal de Contas

O **controle externo** da Administração Pública será exercido pelo Congresso Nacional, com o auxílio do **Tribunal de Contas da União (TCU)**, ao qual são reservadas as competências enumeradas no **art. 71 da CF/88**, de leitura necessária! No âmbito estadual, cabe ao **Tribunal de Contas do Estado (TCE)** semelhantes atribuições.

A CF/88 prevê que o controle externo da Câmara Municipal será exercido com o auxílio dos Tribunais de Contas dos Estados ou do Município ou dos Conselhos ou Tribunais de Contas dos Municípios, onde houver, sendo que o parecer prévio, emitido pelo órgão competente sobre as contas que o Prefeito deve anualmente prestar, só deixará de prevalecer por decisão de dois terços dos membros da Câmara Municipal (art. 31, §§ 2º e 3º).

ATENÇÃO

O STF decidiu no RE 848826 que é ***exclusivamente da Câmara Municipal*** *a competência para julgar as contas de governo e as contas de gestão dos prefeitos, cabendo ao Tribunal de Contas auxiliar o Poder Legislativo municipal, emitindo parecer prévio e opinativo, que somente poderá ser derrubado por decisão de 2/3 dos vereadores. Ainda, no julgamento do RE 729744, o STF decidiu, que, em caso de omissão da Câmara Municipal, o parecer emitido pelo Tribunal de Contas não gera a inelegibilidade prevista no artigo 1º, inciso I, alínea "g", da Lei Complementar 64/1990. Este dispositivo, que teve sua redação dada pela Lei da Ficha Limpa, aponta como inelegíveis aqueles que "tiverem suas contas relativas ao exercício de cargos ou funções públicas rejeitadas por irregularidade insanável que configure ato doloso de improbidade administrativa, e por decisão irrecorrível do órgão competente, para as eleições que se realizarem nos oito anos seguintes, contados a partir da data da decisão, aplicando-se o disposto no inciso II do artigo 71 da Constituição Federal".*

Alguns municípios possuem seus próprios Tribunais de Contas (como São Paulo e Rio de Janeiro) com atuação local. Estes órgãos, criados antes do advento da CF/88, foram recepcionados pela nova ordem constitucional, que vedou, todavia, a criação de outros semelhantes (art. 31, § 4º da CF/88).

No que se refere a composição, os Tribunais de Contas são órgãos colegiados, com quadro de pessoal próprio. O TCU (Tribunal de Contas da União) é integrado por **nove ministros**, que possuem as mesmas garantias, prerrogativas, vencimentos e impedimentos dos ministros do STJ. Os TCE´s (Tribunais de Contas dos Estados) são integrados por **sete conselheiros**.

Os Tribunais de Contas possuem várias atribuições no tocante ao controle financeiro da Administração. O Tribunal de Contas é o órgão que **aprecia** as contas do Presidente da República, mediante a emissão de parecer conclusivo, que deverá ser elaborado no prazo de **60 dias** a contar de seu recebimento. O julgamento das contas compete ao Poder Legislativo de cada ente federado, ou seja, as contas do

Presidente da República são julgadas pelo Congresso Nacional, as dos Governadores, pela Assembleia Legislativa do respectivo Estado, a do Governador do DF, pela Câmara Legislativa do Distrito Federal e as dos Prefeitos, pelas respectivas câmaras municipais.

O art. 71, inciso II da CF, atribui ao Tribunal de Contas a competência para julgar as contas dos administradores e demais responsáveis por dinheiros, bens e valores públicos da Administração Direta ou Indireta, incluídas as fundações e sociedades instituídas e mantidas pelo Poder Público, bem como as contas daqueles que provocarem a perda, o extravio ou outra irregularidade, causando prejuízo ao erário. O termo julgar tem o sentido de apreciar, examinar, analisar as contas, já que a função exercida pelo Tribunal de Contas é de caráter administrativo. Por isso, as decisões dos Tribunais de Contas não possuem caráter de definitividade, podendo ser anuladas pelo Poder Judiciário. Contudo, não é interposto um recurso contra a decisão final do tribunal de contas objetivando reformá-la, mas sim um processo autônomo perante o órgão jurisdicional competente com a finalidade de anular o julgado.

Ao julgarem as contas dos gestores públicos e demais agentes causadores de danos ao erário, geralmente, os tribunais de contas **imputam débito ou multa**. Essas decisões terão eficácia de **título executivo**. Em função dessa força de título executivo, não dependem da inscrição em dívida ativa. Entretanto, os entes federados têm a praxe de inscrever seus créditos passíveis de execução em dívida ativa, pois: a) isso possibilitaria que a execução seguir o rito estabelecido na Lei das Execuções Fiscais (Lei 6.830/80), trazendo vantagens para o exequente e; b) submeteria o crédito a um maior controle, ficando registrado em sistemas informatizados criados para a administração com controle de prazos e cobrança dos valores inscritos.

A Constituição conferiu ao Tribunal de Contas o poder de sustar, se não atendido, a execução de atos impugnados, comunicando a decisão à Câmara dos Deputados e ao Senado Federal. Nos contratos administrativos irregulares, o Tribunal de Contas comunicará o fato ao Poder Legislativo, que terá competência para sustá-lo, solicitando, de imediato, ao Poder Executivo as medidas cabíveis. Mas, se no prazo de **90 dias**, o Poder Legislativo ou Executivo não efetivarem as medidas para a sustação do contrato, o tribunal de contas adquirirá competência para decidir a respeito.

Não é conferido ao Tribunal de Contas da União poderes para determinar a quebra do sigilo bancário de dados constantes do Banco Central. A Lei Complementar 105/01 conferiu esse poder exclusivamente ao Judiciário, Legislativo e às CPI, após aprovação do plenário do Senado, da Câmara ou das respectivas comissões. Não cabe, portanto, interpretação extensiva, porque o art. 5º, X da CF protege a intimidade e a vida privada, no qual se insere a garantia ao sigilo bancário.

5. CONTROLE JUDICIAL

É a modalidade de controle externo realizado pelo **Poder Judiciário** relativamente à **legalidade ou legitimidade** dos atos administrativos. Tal controle foi aumentado com a vigência da Constituição de 1988, que trouxe novos instrumentos de controle, como o mandado de segurança coletivo, o mandado de injunção e o *habeas data.*

Conforme estudado – e não custa relembrar -, o Brasil adota o **sistema da unidade de jurisdição**, que tem sua origem no direito inglês e se caracteriza pelo exercício da jurisdição por um único órgão, que possui competência para o conhecimento de quaisquer demandas, sejam elas comuns ou administrativas (art. 5º XXXV, da CF/88). Ao exercer a função jurisdicional, os magistrados não apreciam o mérito do ato administrativo (conveniência e oportunidade). Havendo vício no ato administrativo, a decisão judicial será sempre pela **anulação** do ato viciado, pois se trata de um controle de **legalidade** e **legitimidade**.

Os atos vinculados e discricionários são abrangidos pelo controle judicial devendo ambos obedecerem aos requisitos de validade. Logo, podem apresentar vícios de legalidade ou ilegitimidade, podendo vir a ser anulados pelo Poder Judiciário, no exercício do controle jurisdicional.

O controle judicial da Administração **depende sempre de provocação**. O interessado deverá propor ação judicial cabível para conseguir seu objetivo.

5.1. Ações Judiciais

São diversas as ações judiciais que permitem ao Judiciário apreciar lesão ou ameaça a direito decorrente de ato administrativo.

No quadro-resumo seguinte, trataremos das principais ações judiciais utilizadas no controle administrativo:

<table>
<tr><th colspan="3">MANDADO DE SEGURANÇA</th></tr>
<tr><td>Fundamento legal</td><td colspan="2">• Previsto no art. 5º, LXIX da CF/88;
• Disciplinado pela Lei 12.016, de 07.08.2009, que revogou a Lei 1.533/1951 e demais normas aplicadas anteriormente à matéria.</td></tr>
<tr><td>Requisitos</td><td colspan="2">a) ato de autoridade;
b) ilegalidade ou abuso de poder;
c) lesão ou ameaça de lesão;
d) direito líquido e certo não amparado por habeas corpus ou habeas data.</td></tr>
<tr><td rowspan="2">Espécies e suas diferenças</td><td>Mandado de Segurança Coletivo</td><td>Mandado de Segurança Individual</td></tr>
<tr><td>• Tutela direitos coletivos e individuais homogêneos;
• Impetrante (polo ativo): pode ser impetrado por (art. 21, LMS): a) Partido político com representação no Congresso Nacional; b) Organização Sindical; c) Entidade de classe; c) Associação legalmente constituída e em funcionamento há pelo menos um ano.
• A liminar só poderá ser concedida após a audiência do representante judicial da pessoa jurídica de direito público, que deverá se pronunciar no prazo de 72 (setenta e duas) horas.</td><td>• Tutela direito individual do impetrante;
• Impetrante (polo ativo): pode ser qualquer pessoa (física ou jurídica, brasileira ou estrangeira) que sofra ou que tenha justo receio de sofrer violação de seu direito por parte da autoridade coatora.
• A liminar pode ser concedida de imediato, no momento em que o juiz despachar a inicial, mesmo sem ouvir a outra parte (inaudita altera parte).</td></tr>
<tr><td>Impetrado (polo passivo)</td><td colspan="2">• Agente público ou o agente de pessoa privada no exercício de funções públicas delegadas que tenha praticado o ato impugnado ou da qual emane a ordem para a sua prática (art. 6º, LMS)</td></tr>
</table>

MANDADO DE SEGURANÇA	
Descabimento	• Contra ato do qual caiba recurso administrativo com efeito suspensivo, independentemente de caução (art. 5º, I, da LMS); • Contra decisão judicial da qual caiba recurso com efeito suspensivo (art. 5º, II, e Súmula 267 do STF); • Contra decisão judicial transitada em julgado (art. 5º, III e Súmula 268 do STF); • Contra lei em tese (Súmula 266 do STF); • Para assegurar a liberdade de locomoção (art. 5º, LXIX e LXVIII); • Para assegurar o conhecimento de informações relativas à pessoa do impetrante constantes de registros ou bancos de dados de caráter público ou a retificação dessas informações; • Como substituto da ação popular (Súmula 101 do STF); • Como Substituto da ação de cobrança (Súmula 269 do STF); • Não cabe mandado de segurança contra os atos de gestão comercial praticados pelos administradores de empresas públicas, de sociedade de economia mista e de concessionárias de serviço público (art. 1, § 2º, da LMS).
Prazo	• Prazo de impetração mandado de segurança é de **120 dias**, contados da ciência, pelo interessado, do ato impugnado. (Art. 23, da LMS). • O prazo é decadencial, conforme se verifica na Súmula 430 do STF.

AÇÃO CIVIL PÚBLICA	
Fundamento legal	• Lei 7.347/1985
Objetivo	• Impedir a ocorrência ou a continuidade do dano aos bens jurídicos que tutela, bem como apurar a responsabilidade civil pelos danos morais e patrimoniais por acaso já existentes.
Bens Jurídicos Tutelados	• A Lei 7.347/1985, previu a utilização da ACP para a defesa: a) meio ambiente; b) consumidor; c) bens e direitos de valor artístico, estético, histórico, turístico e paisagístico; d) ordem econômica e economia popular; e) ordem urbanística; f) honra e dignidade de grupos raciais, étnicos ou religiosos; g) patrimônio público e social.
Descabimento	A ACP não será cabível para veicular pretensões que envolvam: (art. 1º, p. u. Lei 7.347/1985) a) tributos; b) contribuições previdenciárias (que também possuem natureza tributária); c) Fundo de Garantia do Tempo de Serviço (FGTS) ou outros fundos de natureza institucional cujos beneficiários podem ser individualmente determinados.

AÇÃO CIVIL PÚBLICA	
Espécies de tutela	• Preventiva – serve para impedir a consumação do dano. • Repressiva – serve para evitar que os fatos se repitam e apurar a responsabilidade dos envolvidos.
Legitimidade ativa (art. 5º, Lei 7.347/1985)	• O Ministério Público; • A Defensoria Pública; • A União, os Estados, o Distrito Federal e os Municípios; • A autarquia, empresa pública, fundação ou sociedade de economia mista; • A associação que, concomitantemente: a) esteja constituída há pelo menos um ano nos termos da lei civil; b) inclua, entre suas finalidades institucionais, a proteção ao patrimônio público e social, ao meio ambiente, ao consumidor, à ordem econômica, à livre concorrência, aos direitos de grupos raciais, étnicos ou religiosos ou ao patrimônio artístico, estético, histórico, turístico e paisagístico.
Prazo	• A Lei 7.347/1985 silencia quanto ao prazo prescricional para a propositura da ação civil pública. • Conforme entendimento do STJ, diante da omissão, tem-se por aplicável, por analogia, o prazo prescricional de cinco anos previsto para a ação popular (REsp 909446/RN, 1.ª Turma, Rel. Min. Luiz Fux). No tocante ao **dano ao erário, a ação de ressarcimento é imprescritível**, conforme previsto no § 5.º do art. 37 da Constituição Federal e reconhecido pela jurisprudência tanto do STF (MS 26210/DF) quanto do STJ (REsp 1067561/AM).

AÇÃO POPULAR	
Fundamento Legal	• Art. 5º, LXXIII da CF/88; • Lei 4.717/1965.
Pressupostos	• Qualidade de cidadão do sujeito ativo; • Ilegalidade ou imoralidade dos atos do poder público ou de entidade da qual o Estado participe; • Existência de lesão ou ameaça de lesão ao patrimônio público ou de entidade de que o Estado participe, à moralidade administrativa, ao meio ambiente e ao patrimônio histórico e cultural.
Espécies de tutela	• Preventiva – objetivo de impedir a consumação do ato lesivo; • Repressiva – intuito de anular o ato lesivo já consumado.
Objeto	• Anulação do ato lesivo; • A condenação dos responsáveis ao pagamento de perdas e danos ou à restituição de bens e valores (art. 14 § 4 da Lei 4.717/1965)

AÇÃO POPULAR	
Legitimado ativo	• Cidadão (aquele que seja eleitor)
Sujeito Passivo	• a pessoa jurídica da qual emanou o ato, o que inclui os entes públicos e as entidades de que estes participem, ainda que de forma minoritária; • as autoridades, funcionários ou administradores que houverem autorizado, aprovado, ratificado ou praticado o ato impugnado, ou que, por omissão, tiverem dado oportunidade à lesão; • os beneficiários diretos do ato impugnado, se houver.
Prescrição	• Ocorre no prazo de 5 anos, exceto quanto à reparação de danos ao erário, que é imprescritível.

Importante salientar que a EC 45/2004 ao introduzir o instituto das **súmulas vinculantes**, trouxe um novo mecanismo de controle judicial da Administração Pública, passando a admitir o cabimento de reclamação do STF em face de ato administrativo que contrarie súmulas vinculantes editadas pela Corte Suprema. Acolhida a reclamação, o ato administrativo será objeto de **anulação**.

6. TÓPICO SÍNTESE

TÓPICO-SÍNTESE	
CONTROLE ADMINISTRATIVO	• Feito **internamente**, está vinculado ao exercício da **função administrativa** e consiste na fiscalização e correção dos atos praticados pela Administração Direta e Indireta dos três Poderes.
CLASSIFICAÇÃO	• **Quanto à natureza do controlador:** a) Administrativo; b) Legislativo; c) Judicial. • **Quanto à extensão do controle ou localização do órgão de controle:** a) Interno; b) Externo. • **Quanto à natureza do controle ou aspecto a ser controlado:** a) De legalidade; b) De mérito. • **Quanto à oportunidade ou quanto ao momento:** a) Prévio; b) Concomitante; c) Posterior. • **Quanto à iniciativa:** a) De ofício; b) Provocado.

MEIOS DE CONTROLE ADMINISTRATIVO	• Fiscalização Hierárquica; • Supervisão Ministerial; • Direito de Petição; • Processo Administrativo; • Recursos Administrativos.
CLASSIFICAÇÃO DOS RECURSOS ADMINISTRATIVOS	• **Recursos Hierárquicos Próprios:** a) dirigidos à autoridade em posição hierárquica superior ao da que emitiu ato contra o qual se está recorrendo. b) desnecessária previsão expressa em lei. • **Recursos Hierárquicos Impróprios:** a) dirigidos a um órgão ou autoridade estranho àquele do qual se originou o ato impugnado. b) Necessária previsão legal expressa a seu respeito.
CONTROLE LEGISLATIVO	Modalidade de **controle externo** realizado pelo Poder Legislativo com relação aos atos da Administração Pública. São realizados basicamente dois importantes controles: o político e o financeiro.
CONTROLE JUDICIAL	• Modalidade de controle externo realizado pelo **Poder Judiciário** relativamente à **legalidade ou legitimidade** dos atos administrativos. • Principais ações judiciais utilizadas no controle administrativo: mandado de segurança, ação civil pública; ação popular.

Capítulo

XI

PROCESSO ADMINISTRATIVO FEDERAL

Leia a lei:

- *Lei 9.784/99*

1. NOÇÕES

De acordo com JOSÉ DOS SANTOS CARVALHO FILHO (2008, p. 864), processo administrativo é "o **instrumento** que formaliza a **sequência ordenada de atos** e de **atividades** do Estado e dos particulares a fim de ser produzida uma **vontade final da Administração**" (g.n.).

Neste ponto, importa trazer diferenciação que alguns autores fazem entre **processo e procedimento.** O procedimento seria o modo de realização do processo, ou seja, o rito processual. Em resumo, temos o seguinte esquema:

- **Processo Administrativo** → Instrumento para que a Administração expresse uma manifestação de vontade.
- **Procedimento Administrativo** → corresponde ao rito seguido pelo processo.

Vale ressaltar que o processo administrativo não se confunde com o ato complexo. De acordo com a diferenciação proposta por Celso Antônio Bandeira de Mello (2012, p. 471-472):

Processo Administrativo	Ato Complexo
Há vários atos, todos com finalidades específicas, distintas, sem prejuízo de possuírem também uma finalidade comum à generalidade deles.	Há um só ato, que se forma pela conjunção de "vontades" de órgãos diferentes, sendo que ditas vontades estão articuladas em uma **única finalidade**, sem que caiba discernir outra que lhes fosse, como inerência, diversa da que reside no ato.

Todos os entes federativos possuem competência para legislar sobre processo administrativo, vinculando a administração pública direta e indireta à observância de tais normas.

No âmbito federal o processo administrativo é regulado pela **Lei 9.784/99**, que também se aplica subsidiariamente, em caso de omissão legal, a processos administrativos específicos, que possuem regras próprias, como o processo administrativo disciplinar (lei 8.112/90), processo administrativo federal de determinação e exigências de créditos tributários (Decreto 70.235/72) etc. A par disso, A Lei 9.784/99 trouxe importantes contribuições para o estudo de outros temas do Direito Administrativo, como a delegação e avocação de competências, autotutela etc.

Vale lembrar que o Novo CPC (Lei 13.105/15), estabelece que na ausência de normas que regulem processos administrativos, suas disposições serão aplicadas **supletiva** e **subsidiariamente**.

2. PRINCÍPIOS

O processo administrativo fundamenta-se nos princípios do **contraditório** e da **ampla defesa**. Além destes, a Lei 9.784/99 estabelece que deverão ser obedecidos, dentre outros, aos princípios da **legalidade**, **finalidade**, **motivação**, **razoabilidade**, **proporcionalidade**, **moralidade**, **ampla defesa**, **contraditório**, **segurança jurídica**, **interesse público** e **eficiência** (art. 2º).

A doutrina costuma apontar também os princípios do **informalismo** (só será exigida forma específica para o ato se a lei determinar), **oficialidade** ou **impulso oficial** (uma vez iniciado, o processo será conduzido de ofício pela autoridade competente), **verdade real** (deve-se sempre buscar a verdade dos fatos) e **gratuidade** (em regra, não haverá cobrança de taxas para a prática de atos).

3. DIREITOS E DEVERES DO ADMINISTRADO

A Lei 9.784/99 estabelece direitos e deveres do administrado, que podem ser resumidos no seguinte quadro comparativo:

Direitos	Deveres
I – ser tratado com respeito pelas autoridades e servidores, que deverão facilitar o exercício de seus direitos e o cumprimento de suas obrigações.	I – expor os fatos conforme a verdade.
II – ter ciência da tramitação dos processos administrativos em que tenha a condição de interessado, ter vista dos autos, obter cópias de documentos neles contidos e conhecer as decisões proferidas.	II – proceder com lealdade, urbanidade e boa-fé.
III – formular alegações e apresentar documentos antes da decisão, os quais serão objeto de consideração pelo órgão competente.	III – não agir de modo temerário.
IV – fazer-se assistir, facultativamente, por advogado, salvo quando obrigatória a representação, por força de lei.	IV – prestar as informações que lhe forem solicitadas e colaborar para o esclarecimento dos fatos.
V – direitos assegurados outras normas.	V – deveres estabelecidos em outras normas.

4. INÍCIO DO PROCESSO

O processo administrativo pode ser instaurado **de ofício** – por determinação da própria Administração – ou a **pedido de interessado** (art. 5.º). Neste último caso, o requerimento inicial do interessado, salvo casos em que for admitida solicitação oral, deve ser formulado **por escrito** e conter os seguintes dados:

1	2	3	4	5
Órgão ou autoridade a que se dirige;	Identificação do interessado ou de quem o represente;	Domicílio do requerente ou local para recebimento de comunicações;	Formulação do pedido, com exposição dos fatos e de seus fundamentos;	Data e assinatura do requerente ou de seu representante.

A Administração não pode recursar sem motivo justo o recebimento de documentos, devendo o servidor orientar o interessado quanto ao suprimento de eventuais falhas. A propósito do tema, os órgãos e entidades administrativas deverão elaborar modelos ou formulários padronizados para assuntos que importem pretensões equivalentes.

Além da própria Administração Pública, que pode iniciar o processo de ofício, são também considerados interessados para tal fim: I – pessoas físicas ou jurídicas que o iniciem como titulares de direitos ou interesses individuais ou no exercício do direito de representação; II – aqueles que, sem terem iniciado o processo, têm direitos ou interesses que possam ser afetados pela decisão a ser adotada; III – as organizações e associações representativas, no tocante a direitos e interesses coletivos; IV – as pessoas ou as associações legalmente constituídas quanto a direitos ou interesses difusos.

A lei 9.784/99 considerada capazes os maiores de **18 anos**, ressalvada previsão em ato normativo próprio (art. 10).

5. IMPEDIMENTO E SUSPEIÇÃO

No processo administrativo é necessário que o(s) agente(s) responsável(is) por sua condução e decisão seja(m) absolutamente imparcial(is). Por isso, a Lei 9.784/99 estabeleceu hipóteses **impedimento** (é **vedada** a participação do agente) e **suspeição** (**não é recomendável** a participação do agente).

Será considerado **impedido** de atuar no PA o agente ou autoridade que: I – tenha interesse direto ou indireto na matéria; II – tenha participado ou venha a participar como perito, testemunha ou representante, ou se tais situações ocorrem quanto ao cônjuge, companheiro ou parente e afins até o terceiro grau; III – esteja litigando judicial ou administrativamente com o interessado ou respectivo cônjuge ou companheiro.

O agente que se enquadre em alguma destas situações deve comunicar o fato à autoridade competente, abstendo-se de atuar, sob pena de ser responsabilizado funcionalmente, por se configurar a omissão falta grave.

A suspeição de autoridade ou servidor, que deverá ser arguida pela parte interessada, ocorre quando existe **amizade íntima** ou

inimizade notória com algum dos interessados ou com os **respectivos cônjuges, companheiros, parentes e afins até o terceiro grau**. Caso seja indeferida a alegação de suspeição, o interessado poderá apresentar recurso, mas sem efeito suspensivo.

6. DOS ATOS DO PROCESSO ADMINISTRATIVO

6.1. Forma, tempo e lugar dos atos

Em regra, os atos no processo administrativo **não dependem de forma determinada**, salvo disposição legal em contrário, devem ser **escritos**, em vernáculo (língua portuguesa), com a **data** e o **local** de sua realização e a **assinatura** da autoridade responsável.

Os atos do processo devem realizar-se em **dias úteis**, no horário normal de funcionamento da repartição na qual tramitar o processo.

O prazo para a prática do ato pela autoridade pública ou pelo administrado é, em regra, de **5 dias**, mas poderá ser dilatado até o dobro, mediante comprovada justificação. Os prazos começam a correr a partir da **data da cientificação oficial**, excluindo-se da contagem o dia do começo e incluindo-se o do vencimento. Os prazos expressos em dias contam-se de modo contínuo e os fixados em meses ou anos contam-se de data a data. Considera-se prorrogado o prazo até o primeiro dia útil seguinte se o vencimento cair em dia em que não houver expediente ou este for encerrado antes da hora normal.

Os atos do processo administrativo realizar-se-ão preferencialmente na **sede do órgão**, cientificando-se o interessado se outro for o local de realização.

6.2. Comunicação dos atos

A ciência de decisão ou para a efetivação de diligências ocorrerá por meio de **intimação** do interessado, observando antecedência mínima de **três dias úteis** quanto à data de comparecimento.

Devem ser objeto de intimação os atos do processo que resultem para o interessado em imposição de deveres, ônus, sanções ou restrição ao exercício de direitos e atividades e os atos de outra natureza, de seu interesse. A intimação pode ser efetuada por ciência no processo, por **via postal** com aviso de recebimento, por **telegrama** ou **outro meio** que assegure a certeza da ciência do interessado.

Se os interessados forem **indeterminados**, **desconhecidos** ou **com domicílio indefinido**, a intimação deve ser efetuada por meio de **publicação oficial**. As intimações serão nulas quando feitas sem observância das prescrições legais, mas o comparecimento do administrado supre sua falta ou irregularidade, porque não terá prejuízo.

> **ATENÇÃO**
>
> *Nos processos administrativos não existe a aplicação dos efeitos da* ***revelia****. Assim, o desatendimento da intimação não importa o reconhecimento da verdade dos fatos, nem a renúncia a direito pelo administrado, devendo inclusive este ser intimado dos atos subsequentes.*

7. DA INSTRUÇÃO

A instrução será feita **de ofício** ou mediante **impulsão do órgão responsável pelo processo**, sem prejuízo do direito dos interessados de propor atuações probatórias.

De modo a facilitar a compreensão e atuação dos interessados, o órgão competente para a instrução fará constar dos autos quais são os dados necessários para a decisão do processo e buscará facilitar a prática dos atos de instrução a cargo dos administrados, que devem realizar-se do modo menos oneroso para estes.

Caberá ao interessado o ônus da prova dos fatos que tenha alegado, sem prejuízo da condução de ofício do processo, o que inclui a juntada de documentos ou cópias destes existentes na própria Administração responsável pelo processo ou em outro órgão administrativo, caso o interessado os tenha indicado como prova.

O interessado poderá, na fase instrutória e antes da tomada da decisão, juntar documentos e pareceres, requerer diligências e perícias, que deverão ser considerados na motivação do relatório e da decisão (salvo se **ilícitas**, **impertinentes**, **desnecessárias** ou **protelatórias**), bem como aduzir alegações referentes à matéria objeto do processo. Atente-se que, assim como ocorre nos processos civil e penal, no processo administrativo não são admissíveis provas ilícitas.

7.1. Prazos específicos da instrução

A fim de facilitar o estudo, elaboramos a tabela abaixo a respeito do tema:

Ato	Prazo
Atendimento pelo interessado de diligências necessárias à apreciação de pedido formulado ou de produção de provas.	No mínimo **três dias úteis** de antecedência.
Oitiva obrigatória de órgão consultivo, para elaboração de parecer.	**Quinze dias**, salvo norma especial ou comprovada necessidade de maior prazo.
Alegações finais do interessado, após encerrada a instrução	**Dez dias**, salvo se outro prazo for legalmente fixado.
Decisão da Administração, após a conclusão da instrução	**Trinta dias**, salvo prorrogação motivada por igual período.

O órgão poderá fixar outros prazos, desde que não represente prejuízo ao administrado. Na ausência de prazo específico ou fixado, aplicar-se-á a regra geral (**5 dias**).

8. DA DECISÃO

A Administração tem o **dever de decidir** os processos administrativos e sobre solicitações ou reclamações, em matéria de sua competência. A decisão deverá ser **motivada**, com indicação dos fatos e dos fundamentos jurídicos, quando:

I – neguem, limitem ou afetem direitos ou interesses;

II – imponham ou agravem deveres, encargos ou sanções;

III – decidam processos administrativos de concurso ou seleção pública;

IV – dispensem ou declarem a inexigibilidade de processo licitatório;

V – decidam recursos administrativos;

VI – decorram de reexame de ofício;

VII – deixem de aplicar jurisprudência firmada sobre a questão ou discrepem de pareceres, laudos, propostas e relatórios oficiais;

VIII – importem anulação, revogação, suspensão ou convalidação de ato administrativo.

A motivação deve ser explícita, clara e congruente, podendo consistir em declaração de concordância com fundamentos de anteriores pareceres, informações, decisões ou propostas, que, neste caso, serão parte integrante do ato. Se o assunto for recorrente no órgão, poderá ser utilizado meio mecânico que reproduza os fundamentos das decisões, desde que não prejudique direito ou garantia dos interessados. A motivação das decisões de órgãos colegiados e comissões ou de decisões orais constará da respectiva ata ou de termo escrito.

8.1. Desistência e outros casos de extinção

É possível que o interessado, mediante manifestação escrita, desista total ou parcialmente do pedido formulado ou, ainda, renuncie a direitos disponíveis. O processo será **extinto** nestas situações, salvo se a Administração quiser dar prosseguimento, caso considere que o interesse público assim o exige. Por fim, importa dizer que o órgão competente poderá declarar **extinto** o processo quando **exaurida sua finalidade** ou o **objeto da decisão se tornar impossível**, **inútil** ou **prejudicado** por fato superveniente.

9. DO RECURSO ADMINISTRATIVO E DA REVISÃO

Das decisões administrativas total ou parcialmente contrárias ao pedido do interessado caberá recurso no prazo de **dez dias** (salvo se houver outro prazo em lei específica), contado a partir da ciência ou divulgação oficial da decisão recorrida.

O recurso, que poderá abordar questões razões de legalidade e de mérito, será dirigido à autoridade que proferiu a decisão, a qual, se não a reconsiderar no prazo de **cinco dias**, o encaminhará à autoridade superior.

Em regra, o recurso terá **efeito devolutivo**. Mas a autoridade recorrida ou a imediatamente superior poderá, de ofício ou a pedido, dar **efeito suspensivo** ao recurso, quando houver **justo receio** de **prejuízo de difícil ou incerta reparação** decorrente da execução.

Quando a lei não fixar prazo diferente, o recurso administrativo deverá ser decidido no prazo máximo de **trinta dias**, a partir do recebimento dos autos pelo órgão competente, podendo o prazo ser prorrogado por igual período, ante justificativa explícita.

O órgão competente para decidir o recurso poderá confirmar, modificar, anular ou revogar, total ou parcialmente, a decisão recorrida, se a matéria for de sua competência. Admite-se no processo administrativo a chamada ***reformatio in pejus***, ou seja, a situação do administrado pode ser **agravada** na decisão do recurso interposto, desde que o mesmo seja cientificado para que formule suas alegações antes da decisão.

Os processos administrativos de que **resultem sanções** poderão ser **revistos**, a qualquer tempo, a pedido ou de ofício, quando surgirem **fatos novos** ou **circunstâncias relevantes** suscetíveis de justificar a inadequação da sanção aplicada. Da revisão do processo, todavia, não poderá resultar agravamento da sanção.

10. TÓPICO-SÍNTESE

TÓPICO-SÍNTESE	
PROCESSO ADMINISTRATIVO	• De acordo com JOSÉ DOS SANTOS CARVALHO FILHO é "o **instrumento** que formaliza a **sequência ordenada de atos** e de **atividades** do Estado e dos particulares a fim de ser produzida uma **vontade final da Administração**"
PRINCÍPIOS	• Legalidade, finalidade, motivação, razoabilidade, proporcionalidade, moralidade, ampla defesa, contraditório, segurança jurídica, interesse público e eficiência
DIREITOS E DEVERES DO ADMINISTRADO	• **Direitos: a)** ser tratado com respeito pelas autoridades e servidores, que deverão facilitar o exercício de seus direitos e o cumprimento de suas obrigações. **b)** ter ciência da tramitação dos processos administrativos em que tenha a condição de interessado, ter vista dos autos, obter cópias de documentos neles contidos e conhecer as decisões proferidas. **c)** formular alegações e apresentar documentos antes da decisão, os quais serão objeto de consideração pelo órgão competente. **d)** fazer-se assistir, facultativamente, por advogado, salvo quando obrigatória a representação, por força de lei. **e)** direitos assegurados outras normas. • **Deveres: a)** expor os fatos conforme a verdade. **b)** proceder com lealdade, urbanidade e boa-fé. **c)** não agir de modo temerário. **d)** prestar as informações que lhe forem solicitadas e colaborar para o esclarecimento dos fatos. **e)** deveres estabelecidos em outras normas.

TÓPICO-SÍNTESE	
INÍCIO DO PROCESSO	• Pode ser instaurado **de ofício** – por determinação da própria Administração – ou a **pedido de interessado.**
IMPEDIMENTO E SUSPEIÇÃO	• Será considerado **impedido** de atuar no PA o agente ou autoridade que: I – tenha interesse direto ou indireto na matéria; II – tenha participado ou venha a participar como perito, testemunha ou representante, ou se tais situações ocorrem quanto ao cônjuge, companheiro ou parente e afins até o terceiro grau; III – esteja litigando judicial ou administrativamente com o interessado ou respectivo cônjuge ou companheiro. • A **suspeição** de autoridade ou servidor, que deverá ser arguida pela parte interessada, ocorre quando existe **amizade íntima** ou **inimizade notória** com algum dos interessados ou com os **respectivos cônjuges, companheiros, parentes e afins até o terceiro grau**.
ATOS DO PROCESSO ADMINISTRATIVO	• Em regra, **não dependem de forma determinada**, salvo disposição legal em contrário, devem ser **escritos**, em vernáculo (língua portuguesa), com a **data** e o **local** de sua realização e a **assinatura** da autoridade responsável. • Devem respeitar o local, os dias e horário de funcionamento regular da repartição na qual tramitar o processo. • Comunicação dos atos: ocorrerá por meio de **intimação** do interessado, observando antecedência mínima de **três dias úteis** quanto à data de comparecimento.
INSTRUÇÃO PROCESSUAL	• Será feita **de ofício** ou mediante **impulsão do órgão responsável pelo processo**, sem prejuízo do direito dos interessados de propor atuações probatórias. • **Prazos: a)** Atendimento pelo interessado de diligências necessárias à apreciação de pedido formulado ou de produção de provas → **mínimo de 3 dias úteis** de antecedência; **b)** Oitiva obrigatória de órgão consultivo, para elaboração de parecer → **15 dias**, salvo norma especial ou comprovação de necessidade de prazo maior. **c)** Alegações finais do interessado, após encerrada a instrução → **10 dias**, salvo outro prazo legalmente fixado. **d)** Decisão da Administração, após a conclusão da instrução → 30 dias, salvo prorrogação por igual período.
DECISÃO	A decisão deverá ser **motivada**, com indicação dos fatos e dos fundamentos jurídicos, quando: I – neguem, limitem ou afetem direitos ou interesses; II – imponham ou agravem deveres, encargos ou sanções; III – decidam processos administrativos de concurso ou seleção pública; IV – dispensem ou declarem a inexigibilidade de processo licitatório; V – decidam recursos administrativos; VI – decorram de reexame de ofício; VII – deixem de aplicar jurisprudência firmada sobre a questão ou discrepem de pareceres, laudos, propostas e relatórios oficiais; VIII – importem anulação, revogação, suspensão ou convalidação de ato administrativo.

Capítulo XII

LICITAÇÃO

Leia a lei:

- *CF, arts. 22, XXVII; 37, XXI; 173, III, art. 175; Lei 8.666/93, arts. 1-53; Lei 9.472/97, art. 54 a 59; Lei 9.478/97, art. 67; Lei 9.986/00, art. 37; Decreto 3931/01; Lei 10.520/02; Decreto 3.555/00; Decreto 5.450/05; Lei 11.107/2005, art. 2.º, § 1.º, III; Lei Complementar 123/06, arts. 42-49; Lei 12.232/10; Lei 12.462/11; Lei 13.303/16, arts. 28-67.*

1. NOÇÕES

O **art. 37, XXI da CF/88** prevê como regra a necessidade de realização de licitação pública prévia para a contratação de obras, serviços, compras e alienações. Apenas em situações excepcionais, que serão estudadas mais a frente, admite-se a dispensa ou a inexigibilidade da licitação.

Referido dispositivo exige também a igualdade de condições a todos os concorrentes, com cláusulas que estabeleçam obrigações de pagamento, mantidas as condições efetivas da proposta, nos termos da lei, o qual somente permitirá as exigências de qualificação técnica e econômica indispensáveis à garantia do cumprimento das obrigações.

Licitação é o **procedimento** pelo qual o ente público seleciona a proposta **mais vantajosa** dentre as que forem oferecidas pelos interessados, visando à aquisição de bens ou de serviços. Além destas situações, vale mencionar que a delegação da prestação de serviços públicos a particulares, por meio de concessão ou permissão, deverá ser licitada (art. 175, *caput*, da CF/88), **regra que não comporta exceções**.

A licitação é considerada um procedimento porque se constitui como uma sequência de atos e fatos administrativos, findo o qual a Administração adjudica o objeto licitado ao licitante vencedor. Em razão de sua característica de competência entre os candidatos que têm interesse em contratar com o Poder Público, o procedimento licitatório é comumente chamado de **certame**, que quer dizer luta, combate, disputa etc.

Assim, nestas primeiras linhas já é possível observar que a licitação é um procedimento bastante dinâmico, que se inicia pela divulgação do interesse da Administração em contratar com terceiros a aquisição de bens ou de serviços, passando pela habilitação dos interessados, julgamento das propostas, declaração do vencedor e adjudicação do objeto licitado.

É importante ter em mente que a proposta **mais vantajosa** não é, necessariamente, a que ofereça o menor preço para a contratação. Essa é uma pegadinha recorrente em concursos! Conforme veremos, o menor preço é apenas um dos critérios que podem ser utilizados para julgamento das propostas, valendo mencionar, por exemplo, a possibilidade de utilização do critério da **melhor técnica.** E em diversas situações o produto mais barato nem sempre tem requisitos mínimos de qualidade exigidos pela Administração.

Competente **privativamente** à **União** a edição de **normas gerais** sobre licitações e contratos (art. 22, XVII, da CF), às quais Estados e Municípios devem obediência, sem prejuízo de edição de **normas suplementares** aos seus procedimentos, desde que não contrariem as referidas normas gerais. Em razão desta previsão, foi promulgada **Lei 8.666/93 (Lei de Licitações e Contratos – LLC)** para regular o tema. Posteriormente foi editada a **Lei 10.520/02**, que regulou a modalidade de licitação denominada **pregão**.

Além desta competência para a edição de normas gerais, a União edita normas específicas aplicáveis apenas no âmbito federal, como a previsão da modalidade de licitação denominada **consulta,** aplicável inicialmente no âmbito da **ANATEL** (Lei 9.472/1997), posteriormente estendida às demais agências reguladoras por meio da Lei 9.986/2000. Logo, temos o seguinte esquema sobre a competência da União em matéria de Licitações e Contratos:

Competência Legislativa da União em Matéria de Licitações e Contratos	
Edição de Normas Gerais	Edição de Normas Específicas
Âmbito Nacional	Âmbito Federal

Em regra, são obrigados a licitar os **entes políticos** (União, Estados, Distrito Federal e Municípios), além de suas **autarquias, fundações, empresas estatais e demais entidades controladas direta ou indiretamente pela União, Estados, Distrito Federal ou Municípios**, e os **fundos especiais**.

Vale mencionar que o art. 173, § 1.º da CF/88, com a redação dada pela EC 19/98, prevê a edição de lei que discipline o **estatuto jurídico das empresas públicas, sociedades de economia mista e de suas subsidiárias que explorem atividade econômica** de produção ou comercialização de bens ou de prestação de serviços, em cujo rol de matérias deverá conter a disciplina sobre licitações e contratação de obras, serviços, compras e alienações, observados os princípios da administração pública. Trata-se da Lei 13.303, de 30 de junho de 2016.

ATENÇÃO

*Tem prevalecido que as empresas públicas e sociedades de economia que exerçam **atividade econômica** não estão obrigadas a licitar as contratações relacionadas à sua **atividade-fim**, que estariam sujeitas às regras de mercado. Faz todo sentido este raciocínio. Pense, por exemplo, na necessidade de a Caixa Econômica Federal, empresa pública federal, promover procedimento licitatório todas as vezes que for contratar alguma operação de crédito. Tal situação não seria compatível com a dinâmica própria do mercado financeiro, sendo certo que a obrigatoriedade de realização de licitação implicaria em prejuízo de competitividade das empresas estatais.*

Ainda sobre este assunto, é importante mencionar que a Lei 9.478/97, em seu art. 67, estabelece que "os contratos celebrados pela PETROBRAS, para aquisição de bens e serviços, serão precedidos de procedimento licitatório simplificado, a ser definido em Decreto do Presidente da República". Referido procedimento foi regulado pelo Decreto 2.745/1998.

ATENÇÃO

Há muita discussão envolvendo a (in)constitucionalidade do art. 67, da Lei 9.478/98. O TCU, por exemplo, tem entendido em algumas de suas decisões que referido dispositivo é inconstitucional, sob o argumento de que a regulamentação sobre procedimento de licitações e contatos deve ser por meio de lei (art. 37, XXI, da CF/88). Por outro lado, o STF tem considerado a norma constitucional, ao apreciar os recursos encaminhados pela PETROBRAS. Mas não se pode falar que se trata de um posicionamento pacificado, porquanto ainda não apreciado pelo Pleno do STF. Ademais, o argumento utilizado pelo STF nos parece ser mais pragmático do que fruto de uma construção jurídica baseada no texto constitucional.

POSIÇÃO DO STF

Ação Cautelar. 2. Efeito suspensivo a recurso extraordinário admitido no Superior Tribunal de Justiça. 3. Plausibilidade jurídica do pedido. Licitações realizadas pela Petrobrás com base no Regulamento do Procedimento Licitatório Simplificado (Decreto n° 2.745/98 e Lei n° 9.478/97). 4. Perigo de dano irreparável. ***A suspensão das licitações pode inviabilizar a própria atividade da Petrobrás e comprometer o processo de exploração e distribuição de petróleo em todo o país, com reflexos imediatos para a indústria, comércio e, enfim, para toda a população.*** *5. Medida cautelar deferida para conceder efeito suspensivo ao recurso extraordinário. (AC 1193 MC-QO, Relator(a): Min. GILMAR MENDES, Segunda Turma, julgado em 09/05/2006, DJ 30-06-2006 PP-00018 EMENT VOL-02239-01 PP-00042 RTJ VOL-00205-03 PP-01084)*

2. OBJETO

Nos termos do art. 2º da Lei de Licitações, é obrigatória a realização de licitação para a contratação de **obras**, **serviços**, inclusive de publicidade, **compras**, **alienações**, **concessões**, **permissões** e **locações**.

Alguns desses conceitos vêm trazidos pela própria Lei de Licitações e Contratos (art. 6.º), senão vejamos:

a) **Obra**: toda construção, reforma, fabricação, recuperação ou ampliação, realizada por execução direta ou indireta;

b) **Serviço**: toda atividade destinada a obter determinada utilidade de interesse para a Administração, tais como: demolição, conserto, instalação, montagem, operação, conservação, reparação, adaptação, manutenção, transporte, locação de bens, publicidade, seguro ou trabalhos técnico-profissionais;

c) **Compra**: toda aquisição remunerada de bens para fornecimento de uma só vez ou parceladamente;

d) **Alienação**: toda transferência de domínio de bens a terceiros;

As concessões, permissões e locações possuem definição em outros textos legais:

a) **Concessão de serviço público**: a delegação de sua prestação, feita pelo poder concedente, mediante licitação, na modalidade de concorrência, à pessoa jurídica ou consórcio de empresas que demonstre capacidade para seu desempenho, por sua conta e risco e por prazo determinado (art. 2.º, II, da Lei 8.987/95);

b) **Concessão de serviço público precedida da execução de obra pública**: a construção, total ou parcial, conservação, reforma, ampliação ou melhoramento de quaisquer obras de interesse público, delegada pelo poder concedente, mediante licitação, na modalidade de concorrência, à pessoa jurídica ou consórcio de empresas que demonstre capacidade para a sua realização, por sua conta e risco, de forma que o investimento da concessionária seja remunerado e amortizado mediante a exploração do serviço ou da obra por prazo determinado(art. 2.º, III, da Lei 8.987/95);

c) **Permissão de serviço público**: a delegação, a título precário, mediante licitação, da prestação de serviços públicos, feita pelo poder concedente à pessoa física ou jurídica que demonstre capacidade para seu desempenho, por sua conta e risco(art. 2.º, IV, da Lei 8.987/95);

d) **Locação:** é o contrato bilateral, consensual, oneroso e comutativo, em que uma das partes, denominada locador, se compromete a ceder à outra, denominada locatário, por tempo determinado e prazo certo, o uso e gozo de bem móvel ou imóvel não fungível (ACQUAVIVA, 2011, p. 545). A locação de coisas é tratada nos arts. 575 a 568 do Código Civil, ao passo que a locação de bens imóveis é disciplinada pela Lei 8.245/91.

3. PRINCÍPIOS

Segundo previsão do art. 3.º da LLC, a licitação destina-se a garantir a observância do princípio constitucional da **isonomia**, a **seleção da proposta mais vantajosa para a administração** e a **promoção do desenvolvimento nacional sustentável** e será processada e julgada em estrita conformidade com os princípios básicos da **legalidade**, da **impessoalidade**, da **moralidade**, da **igualdade**, da **publicidade**, da **probidade administrativa**, da **vinculação ao instrumento convocatório** (as regras do certamente devem estar detalhadamente previstas no edital), do **julgamento objetivo** (vedação de utilização de elemento, critério ou fator sigiloso, secreto, subjetivo ou reservado no julgamento das propostas) e dos que lhes são correlatos.

O rol de princípios trazido no art. 3.º é meramente exemplificativo, comportando, assim, a incidência de outros princípios expressos ou implícitos.

Feitas tais considerações, analisemos os princípios expressamente trazidos no art. 3.º da LLC:

a) **Legalidade:** o princípio da legalidade é de suma importância em matéria de licitações e contratos, na medida em que assegura a regularidade do procedimento, impedindo que o particular seja surpreendido com exigências descabidas por parte do administrador.

b) **Impessoalidade:** a aplicação deste princípio garante a condução objetiva do procedimento, sem qualquer tipo de favorecimento pessoal a quem quer que seja. Expressão do princípio da impessoalidade é a obrigatoriedade do **julgamento objetivo** que se impõe ao administrador.

c) **Moralidade**: o procedimento licitatório deverá expressar a atuação honesta do administrador na consecução do interesse público, em conformidade com princípios éticos institucionais.

d) **Igualdade:** é um dos escopos da licitação, impedindo a existência de discriminações desarrazoadas entre os licitantes e garantindo a competitividade. A aplicação do princípio da igualdade está diluída ao longo da LLC, como, por exemplo, em seu art. 3.º, § 1.º, III, art. 42, § 3.º, entre outros. Porém, em algumas situações a igualdade se exteriorizará em seu **aspecto material**, prevendo a lei alguns mecanismos para incentivar a participação de interessados de menor capacidade econômica, como o estabelecimento de **preferência à contratação de microempresa e empresa de pequeno porte** (art. 44, da LC 123/06), ou seja, impedindo que o poderio econômico de um ou mais licitantes exclua tais agentes do certame.

Vale ressaltar que em algumas situações a LLC faz concessões com relação à aplicação a isonomia, como se observa da preferência que se estabelece para **bens e serviços nacionais** como critério de desempate (art. 3.º, § 2.º).

e) **Publicidade:** representa importante mecanismo de controle quanto à regularidade e lisura do procedimento licitatório. O art. 3.º, § 3.º da LLC estabelece que "A licitação não será sigilosa, sendo públicos e acessíveis ao público os atos de seu procedimento, salvo quanto ao conteúdo das propostas, até a respectiva abertura".

f) **Probidade Administrativa:** conforme já visto no capítulo referente ao estudo dos **atos de Improbidade Administrativa**, a probidade exige do agente comportamento ético e **moral**, atuando de maneira honesta, honrada, imparcial e sempre zelando para o fiel cumprimento de suas atribuições legais, buscando a satisfação do **interesse público**, e não seu próprio interesse ou de terceiro. O conceito muito se aproxima da noção de **moralidade**, mas tem sido considerado de maneira mais ampla.

g) **Vinculação ao Instrumento Convocatório:** o administrador deverá observar estritamente o que dispõe o instrumento convocatório, evitando-se surpresas aos licitantes, como exigências não previstas no edital. É muito comum o uso da expressão "o edital é a lei da licitação" como uma forma de se referir a este princípio. Exemplos de aplicação deste princípio estão nos artigos 41 e 48, I da LLC.

h) **Julgamento Objetivo**: corolário do princípio da **impessoalidade**, busca expurgar eventuais **subjetivismos** na apreciação das propostas apresentadas pelos licitantes. O administrador deverá se ater aos critérios de julgamento estabelecidos expressamente no edital, e não àqueles que lhe convier. Este princípio está expresso nos artigos 44 e 45 da LLC.

4. CONTRATAÇÃO DIRETA

A realização de licitação é a **regra** em nosso sistema jurídico, porém, há situações em que se admite a **contratação direta**, configurando situações de licitação **dispensada**, **inexigível** e **dispensável**.

Sendo excepcionais as situações de contratação direta, a LLC previu que as hipóteses de dispensa e inexigibilidade, se comprovado superfaturamento, respondem solidariamente pelo dano causado à

Fazenda Pública o fornecedor ou o prestador de serviços e o agente público responsável, sem prejuízo de outras sanções legais cabíveis (art. 25, § 2.º).

ATENÇÃO

A maioria das questões de concurso envolvendo o tema exigem conhecimento literal dos dispositivos pertinentes da LLC e a diferenciação entre as modalidades de contratação direta. Portanto, tenha em mãos o texto legal atualizado e analise com bastante atenção as peculiaridades da licitação ***dispensada, inexigível*** *e* ***dispensável****.*

4.1. Licitação dispensada

Ocorre nas hipóteses de alienação de bens públicos **móveis** e **imóveis** (art. 17 da LLC) por parte da Administração Pública. O rol destas situações é **taxativo** e a licitação **não deverá ser realizada**.

ATENÇÃO

Quando a Administração pretende vender bens de seu patrimônio, deve valer-se de ***licitação****. Logo, as situações do art. 17 são* ***exceções****, e não a regra.*

4.2. Inexigibilidade de licitação

Na inexigibilidade de licitação se se parte do pressuposto de que **não existe viabilidade de competição** (art. 25, caput da LLC).

A LLC trouxe nos incisos do art. 25 um rol **meramente exemplificativo** de situações em que a licitação será inexigível:

I) Aquisição de materiais, equipamentos, ou gêneros que **só possam ser fornecidos por produtor, empresa ou representante comercial exclusivo**, vedada a preferência de marca, devendo a comprovação de exclusividade ser feita através de atestado fornecido pelo órgão de registro do comércio do local em que se realiza a licitação ou a obra ou o serviço, pelo Sindicato, Federação ou Confederação Patronal, ou, ainda, pelas entidades equivalentes.

II) Contratação de **serviços técnicos**, de **natureza singular**, com **profissionais ou empresas de notória especialização**, vedada a inexigibilidade para serviços de publicidade e divulgação. Os serviços técnicos profissionais especializados encontram-se elencados no art. 13 da Lei de Licitações.

III) Contratação de **profissional de qualquer setor artístico**, diretamente ou através de empresário exclusivo, desde que **consagrado pela crítica especializada ou pela opinião pública**.

4.3. Dispensa de licitação

Na **dispensa**, a licitação é possível, mas o legislador permitiu que não seja realizada.

ATENÇÃO

*Não confundir licitação dispensada com dispensa de licitação (ou licitação dispensável). Na primeira situação a licitação **não será realizada**, ao passo que na segunda situação, **a licitação é possível, mas pode deixar de ser realizada**.*

No art. 24 da Lei 8.666/93, estão contidas as hipóteses **taxativas** de dispensa de licitação, que podem ser agrupadas observando-se quatro critérios propostos por DI PIETRO, com a transcrição apenas dos dispositivos mais cobrados em concursos públicos:

Critério	Incisos
Em razão do pequeno valor	I – obras e serviços de engenharia que não ultrapassem 10% do valor previsto na alínea "a", do inciso I do art. 23 (R$ 150.000,00); II – outros serviços e compras que não ultrapassem 10% do valor previsto na alínea "a", do inciso II do art. 23 (R$ 80.000,00); Obs: É bom lembrar que os percentuais referidos nos incisos I e II serão **20% (vinte por cento)** para compras, obras e serviços contratados por consórcios públicos, sociedade de economia mista, empresa pública e por autarquia ou fundação qualificadas, na forma da lei, como Agências Executivas (art. 24, § 1º). Inciso XVIII.

Critério	Incisos
Em razão de situações excepcionais	III – nos casos de guerra ou grave perturbação da ordem; IV – nos casos de emergência ou de calamidade pública, somente quando houver a possibilidade de ocasionar prejuízo ou comprometer a segurança de pessoas, obras, serviços, equipamentos e outros bens, sendo possível para os bens necessários ao atendimento da situação emergencial e a conclusão de obras ou serviços que possam ser finalizados em até 180 dias; V – quando não houverem interessados na licitação anterior e, justificadamente, não puder ser repetida sem prejuízo para a Administração (chamada de licitação deserta); VII – quando as propostas apresentadas contiverem preços manifestamente superiores ao praticado no mercado nacional ou forem incompatíveis com os fixados pelos órgãos oficiais competentes (chamada de licitação fracassada); XI – para a contratação de remanescente de obra, serviço ou fornecimento de, em consequência de rescisão contratual, obedecidas a ordem de classificação da licitação anterior e aceitas as mesmas condições; Incisos VI, IX, XXIX, XXXIII e XXXV.
Em razão do objeto	X – para a compra ou locação de imóvel destinado ao atendimento das finalidades precípuas da administração, cujas necessidades de instalação e localização condicionem a escolha; Incisos XII, XIV, XV, XVII, XIX, XXI, XXV, XXVIII, XXX, XXXIV
Em razão da pessoa	XXII – na contratação de fornecimento ou suprimento de energia elétrica e gás natural com concessionário, permissionário ou autorizado; XXIV – para a celebração de contratos de prestação de serviços com as organizações sociais; XXVI – na celebração de contrato de programa com ente da Federação ou com entidade de sua administração indireta, para a prestação de serviços públicos de forma associada nos termos do autorizado em contrato de consórcio público ou em convênio de cooperação; Incisos VIII, XIII, XVI, XX, XXIII, XXVII, XXXI e XXXII

4.4. Formalização da contratação direta

As dispensas previstas nos §§ 2º e 4º do art. 17 e no inciso III e seguintes do art. 24, as situações de inexigibilidade referidas no art. 25 devem ser necessariamente **justificadas**, além de ser comunicados, dentro de **3 (três) dias**, à autoridade superior, para **ratificação** e **publicação na imprensa oficial**, no prazo de **5 (cinco) dias**, como condição para a **eficácia dos atos** (art. 26 da LLC). Ocorre que o art. 50, IV da Lei 9.784/99 estabelece que "os atos administrativos deverão ser motivados, com indicação dos fatos e dos fundamentos jurídicos, quando dispensem ou declarem a inexigibilidade de processo licitatório". Ou seja, no âmbito federal é correto afirmar que as hipóteses de inexigibilidade e dispensa devem ser motivadas.

O processo de dispensa ou inexigibilidade deverá ser instruído com os elementos informados no art. 26, parágrafo único da LCC.

4.5. Quadro comparativo

Em resumo do que foi estudado, elaboramos o seguinte quadro comparativo contendo as modalidades de contratação direta:

	Dispensada	**Dispensável**	**Inexigível**
Previsão Legal	Art. 17, I e II, LLC.	Art. 24, LLC.	Art. 25, LLC
Peculiaridade	Refere-se a alienação de bens móveis e imóveis da Administração.	A licitação é possível, mas por razões diversas se permite que o Administrador contrate diretamente.	A competição entre os licitantes não é possível, face à singularidade do objeto contratado e/ou do agente apto a fornecê-lo.
Possibilidade de Licitação	Não (Ato vinculado)	Sim (Ato Discricionário)	Não (Ato Vinculado)
Enumeração de Hipóteses	Exaustiva/Taxativa	Exaustiva/Taxativa	Enunciativa/Exemplificativa

5. MODALIDADES DE LICITAÇÃO

A LLC prevê cinco modalidades de licitação: **concorrência**, **tomada de preços**, **convite**, **concurso** e **leilão**. Podemos considerar também como modalidades a **consulta**, que é reservada às Agências Reguladoras, e o **pregão**, criado pela Lei 10.520/02.

Vejamos no quadro abaixo as principais características de cada uma das modalidades:

<table>
<tr><td rowspan="4">Concorrência</td><td>Modalidade destinada obrigatoriamente para transações de maior vulto (para obras e serviços de engenharia, valores acima de R$ 1.500.000,00, e para compras e demais serviços, acima de R$ 650.000,00), salvo as situações em que o pregão for cabível, e facultativamente para os demais casos.</td></tr>
<tr><td>A concorrência é obrigatória ainda para as seguintes hipóteses:
a) compra e venda de imóveis pela Administração em qualquer valor, exceto os bens adquiridos em procedimentos judiciais ou mediante dação em pagamento, que também admitem o leilão;
b) alienação de móveis com valor superior a R$ 650.000,00 (art. 17, § 6º);
c) concessão de direito real de uso de bem público;
d) concessão de serviço público, inclusive para a celebração de parcerias público-privadas;
e) licitação internacional, salvo quando o órgão ou entidade dispuser de cadastro internacional de fornecedores ou quando não houver fornecedor do bem ou serviço no País;
f) se for adotado o sistema de Registro de Preços, salvo nas hipóteses em que couber o pregão (art. 7.º do Decreto 7.892/13);
g) concessão florestal (art. 12, § 1.º da Lei 11.284/06).</td></tr>
<tr><td>É precedida de ampla publicidade, devendo o edital prever prazos para apresentação de propostas de 30 (regra geral) e de 45 dias (para os tipos de melhor técnica ou técnica e preço, ou ainda se o contrato celebrado contemplar empreitada integral). Conta-se o prazo da última publicação na imprensa do aviso contendo o resumo do edital.</td></tr>
<tr><td>Podem concorrer quaisquer interessados que preencham as condições estabelecidas no edital, ou seja, não é necessário que o interessado esteja previamente cadastrado na Administração.</td></tr>
<tr><td rowspan="3">Tomada de preços</td><td>É destinada a transações de valor médio (para obras e serviços de engenharia, valores de até R$ 1.500.000,00; para compras e demais serviços, até R$ 650.000,00), e facultativamente para os casos de convite.</td></tr>
<tr><td>Também deve preceder de publicidade, devendo o edital prever prazos para apresentação de proposta de 15 (regra geral) e 30 dias (melhor técnica ou técnica e preço).</td></tr>
<tr><td>Peculiaridade: cadastramento prévio dos licitantes, até o terceiro dia anterior à abertura das propostas.</td></tr>
</table>

Convite	Modalidade de licitação destinada às contratações de valor mais baixo (para obras e serviços de engenharia, **até o valor de R$ 150.000,00**; para compras e demais serviços, **até R$ 80.000,00**).
	A **publicidade é mitigada**, exigindo-se apenas afixação em local apropriado do instrumento do convite.
	A Administração convocará **pelo menos três pessoas do ramo, cadastradas ou não**, estendendo o convite aos cadastrados do ramo que se interessarem até 24 horas da apresentação das propostas.
	O prazo mínimo para apresentação da proposta é de cinco dias úteis da expedição ou disponibilização do convite e respectivos anexos, prevalecendo a data que ocorrer mais tarde.
	Se há mais de três interessados na praça, a cada novo convite deve-se chamar um que ainda não foi convidado, até que sejam chamados todos os cadastrados.
	No entanto, se por limitações do mercado ou manifesto desinteresse dos convidados for impossível a obtenção do número mínimo de três licitantes, essas circunstâncias deverão ser devidamente justificadas no processo, sob pena de repetição do convite.
	Permite-se a substituição da comissão por servidor formalmente designado para esse fim.
Leilão	Esta modalidade de licitação destina-se à venda de: a) **bens móveis inservíveis** para a Administração ou **produtos legalmente apreendidos ou penhorados**; b) **bens imóveis** cuja aquisição tenha derivado de **procedimentos judiciais** ou **dação em pagamento**.
	É dispensada a habilitação prévia, sendo necessária apenas avaliação e ampla publicidade, mediante publicação de edital, com prazo de **15 dias**.
Concurso	Destina-se à disputa entre quaisquer interessados para escolha de **trabalho técnico, científico ou artístico**, mediante a instituição de **prêmio** ou **remuneração** aos vencedores, conforme critérios constantes do edital.
	O edital deve ser publicado na imprensa oficial com antecedência mínima de **45 dias**.
	MUITA ATENÇÃO: esta modalidade de licitação não se confunde com o concurso público para ingresso em cargos e funções públicas. Esta é uma pegadinha recorrente em concursos.

Pregão	Modalidade destinada à aquisição de **bens e serviços comuns**, ou seja, aqueles cujos padrões de desempenho e qualidade possam ser objetivamente definidos no edital por meio de especificações usuais no mercado.
	Não há limite de valor para o pregão.
	Há inversão da ordem procedimental.
	Adota tipo de licitação "**menor preço**".
	O edital deve ser publicado na imprensa oficial ou, não existindo esta, em jornal de grande circulação com antecedência mínima de **8 (oito) dias úteis**.
	ATENÇÃO: a Lei 10.520/02 **faculta** às Administrações o uso do pregão. **No âmbito federal**, tal modalidade foi tornada **prioritária** por força do decreto 3.555/00 (art. 3º).
Consulta	Modalidade reservada às **Agências Reguladoras** (Lei 9.472/97, arts. 54 a 59, e Lei 9.986/00, art. 37) para a contratação de **bens** e **serviços não abrangidos pela modalidade pregão**. O objeto da consulta é, assim, obtido residualmente: **bens e serviços** que não sejam de **engenharia** (cuja contratação observará as disposições da LLC, por força do disposto no art. 54, *caput*, da Lei 9.472/97) e não abrangidos pelo **pregão** (bens e serviços comuns, conforme disposto no art. 58, *caput*, da Lei 9.472/97).
	Cada Agência tem sua própria regulamentação do procedimento de consulta.

ATENÇÃO

No caso de ***consórcios públicos****, os valores previstos para concorrência, tomada de preços e convite será o* ***dobro*** *quando formado por* ***até 3 (três) entes da Federação****, e o* ***triplo****, quando formado por* ***maior número*** *(art. 23, § 8º da LLC).*

6. TIPOS DE LICITAÇÃO

Tipos de licitação nada mais são do que os critérios utilizados pela Administração Pública para o julgamento das propostas. No quadro abaixo seguem resumidos os principais tipos de licitação:

<table>
<tr><td>Menor Preço</td><td colspan="2">Busca-se obter o menor valor a ser pago pela Administração. É o tipo mais comum e objetiva a maior economia possível na contratação para os cofres públicos, relativamente aos preços praticados pelo mercado.</td></tr>
<tr><td>Melhor Técnica</td><td rowspan="2">Utilizados para a contratação de serviços de natureza preponderantemente intelectual, em especial na elaboração de projetos, cálculos, fiscalização, supervisão e gerenciamento e de engenharia consultiva em geral e, em particular, para a elaboração de estudos técnicos preliminares e projetos básicos e executivos.</td><td>Especificidade: A Administração fixará no edital o preço máximo que se propõe a pagar.</td></tr>
<tr><td>Técnica e Preço</td><td>Especificidade: A classificação dos proponentes far-se-á de acordo com a média ponderada das valorizações das propostas técnicas e de preço, de acordo com os pesos preestabelecidos no instrumento convocatório.</td></tr>
<tr><td>Maior Lance ou Oferta</td><td colspan="2">Utilizado nos casos de alienação de bens ou concessão de direito real de uso.</td></tr>
</table>

7. FASES DA LICITAÇÃO

Como se trata de um procedimento, a licitação deverá observar algumas fases ou etapas. Estas fases consistirão em uma **interna** e outra **externa**, a seguir estudadas.

7.1. Fase Interna

A **fase interna** compreende todos os atos preparatórios para que a Administração divulgue efetivamente a licitação para os interessados. Nesta fase ocorre a abertura e autuação do processo administrativo, contendo a autorização respectiva, a indicação sucinta de seu objeto e do recurso próprio para a despesa (art. 38, caput da LLC), dentre outros atos.

Vale mencionar que a fase interna poderá comungar a realização obrigatória de **audiência pública** sempre que o valor estimado para uma licitação ou para um conjunto de licitações simultâneas ou sucessivas for superior a **R$ 150.000.000,00 (cento e cinquenta milhões de reais)**. A audiência pública terá antecedência mínima de **15 (quinze) dias úteis** da **data prevista para a publicação do edital**, e divulgada, com a **antecedência mínima de 10 (dez) dias úteis de sua realização**, pelos mesmos meios previstos para a publicidade da licitação, à qual terão acesso e direito a todas as informações pertinentes e a se manifestar todos os interessados (art. 39, *caput* da LLC).

Consideram-se licitações simultâneas aquelas com objetos similares e com realização prevista para intervalos não superiores a trinta dias e licitações sucessivas aquelas em que, também com objetos similares, o edital subsequente tenha uma data anterior a cento e vinte dias após o término do contrato resultante da licitação antecedente (art. 39, parágrafo único da LLC).

7.2. Fase externa

Uma vez cumpridos os procedimentos internos, segue-se a **fase externa**, cujas etapas serão estudadas nos tópicos seguintes.

7.2.1. Publicação do edital

O **edital** é o instrumento pelo qual a licitação é tornada pública, contendo todas as regras que direcionaram o seu andamento, bem como as condições de contratação, às quais estará vinculada a Administração (**princípio da vinculação ao instrumento convocatório**). Com a publicação do edital, dá-se início à fase externa da licitação.

Todas as modalidades de licitação utilizam o edital como ato convocatório, **exceto o convite**, em que é utilizada a chamada **carta-convite**.

Antes de ser publicado, a minuta do edital deve ser analisada e aprovada pela assessoria jurídica da Administração (art. 38, parágrafo único da LLC). A ideia é que a prévia análise jurídica elimine ilegalidades que possam levar à posterior anulação do procedimento licitatório.

Os requisitos mínimos do edital estão previstos no art. 40 da LLC, havendo a possibilidade de acréscimo de outros requisitos previstos na legislação, conforme existam exigências específicas para determinadas licitações. Vale destacar a recente alteração feita pela Lei 13.500/2017, que inseriu o § 5.º no referido dispositivo para prever que Administração Pública poderá, nos editais de licitação para a **contratação de serviços**, exigir da contratada que um percentual mínimo de sua mão-de-obra seja **oriundo** ou **egresso do sistema prisional**, com a finalidade de **ressocialização do reeducando**, na forma estabelecida em regulamento.

Constarão com anexos do edital (art. 40, § 2.º): a) o **projeto básico e/ou executivo** (art. 6.º, IX e X da LLC), com todas as suas partes, desenhos, especificações e outros complementos; b) **orçamento**

estimado em planilhas de quantitativos e preços unitários; c) a **minuta do contrato** a ser firmado entre a Administração e o licitante vencedor; d) as especificações complementares e as normas de execução pertinentes à licitação.

O **resumo do edital** deverá ser publicado no **Diário Oficial** ou em **jornal de grande circulação** (art. 21 da LLC), exceto para o **convite**, cujo instrumento convocatório será afixado em local apropriado. O aviso publicado conterá a indicação do local em que os interessados poderão ler e obter o texto integral do edital e todas as informações sobre a licitação.

Conforme visto anteriormente, entre a publicação do edital e a realização da licitação deverá ser observado um prazo mínimo estabelecido na LLC. Este prazo será contado em **dias corridos**, exceto para o **convite** e **pregão**, cujos prazos serão contados em dias úteis.

Qualquer cidadão é parte legítima para impugnar edital de licitação por irregularidade, devendo protocolar o pedido até **5 (cinco) dias úteis** antes da data fixada para a abertura dos envelopes de habilitação, devendo a Administração julgar e responder à impugnação em até **3 (três) dias úteis** (art. 41, § 1.º). Por seu turno, o licitante terá até o **segundo dia útil** que anteceder a abertura dos envelopes de habilitação em concorrência, a abertura dos envelopes com as propostas em convite, tomada de preços ou concurso, ou a realização de leilão, para impugnar o edital, sob pena de decair de seu direito se não fizer neste prazo.

7.2.2. Habilitação

Nesta fase, também chamada de qualificação, os licitantes apresentam a documentação exigida no edital, comprobatória de sua **aptidão** para o cumprimento futuro do objeto licitado. Somente os licitantes habilitados terão suas propostas apreciadas.

Vale lembrar que o art. 37, XXI estabelece que devem ser perquiridas as "exigências de qualificação técnica e econômica **indispensáveis à garantia do cumprimento das obrigações**".

A fase de habilitação é típica da modalidade **concorrência**, em que não há pessoas previamente cadastradas. Na modalidade tomada de preços, os licitantes devem preencher os requisitos previamente, por meio de cadastramento, podendo ser feito até três dias da entrega da proposta. No convite, concurso e leilão a documentação relativa à habilitação prévia pode ser dispensada no todo ou em parte.

A habilitação destina-se à verificação dos seguintes aspectos:

a) **Habilitação jurídica**: destina-se a verificar a **regularidade de constituição e funcionamento**, no caso de pessoas jurídicas, ou de simples registro, no caso de pessoas físicas, que levem à convicção de que o licitante está apto a contrair obrigações e adquirir direitos (art. 28 da LLC).

b) **Qualificação técnica**: refere-se à aferição da **capacidade técnico-profissional** do licitante para executar o objeto do futuro contrato (art. 30 da LLC). Na **concorrência**, a LLC admite o procedimento de **pré-qualificação** dos licitantes, a ser procedida sempre que o objeto da licitação recomente a análise mais detida da qualificação técnica dos interessados (art. 114).

c) **Qualificação econômico-financeira**: verifica-se a solvência e a capacidade financeira do licitante relativamente aos compromissos que terá que assumir caso lhe seja adjudicado o contrato (art. 31 da LLC). A Administração poderá até mesmo exigir imediatamente que o licitante preste garantia (III), **limitada a 1% (um por cento) do valor estimado do objeto** da contratação (**garantia da proposta**).

d) **Regularidade fiscal e trabalhista**: além de comprovar seu cadastro geral (CPF ou CNPJ) e como contribuinte, é necessário que o licitante esteja em dia com suas obrigações tributárias (art. 29 da LLC), relativamente às Fazendas Federal, Estadual e do Município em que o licitante estiver sediado ou domiciliado. Ainda, deverá comprovar regularidade relativa à Seguridade Social e ao Fundo de Garantia por Tempo de Serviço (FGTS) e juntar prova de inexistência de débitos inadimplidos perante a Justiça do Trabalho, mediante a apresentação de certidão negativa (art. 642-A da CLT). A LC 123/06 conferiu às Microempresas e Empresas de Pequeno Porte tratamento diferenciado no que se refere à comprovação de regularidade fiscal, de modo que esta somente será exigida para efeito de assinatura do contrato. A ME ou EPP deverá apresentar toda a documentação fiscal, mesmo que haja restrição. Se se sagrar vencedora, terá o prazo de **5 (dois) dias úteis**, prorrogáveis por igual período a critério da Administração, para a regularização da documentação, pagamento ou parcelamento do débito, e emissão de eventuais certidões negativas ou positivas com efeito de certidão negativa (art. 43, § 1.º da LC 123/06).A não-regularização da documentação no prazo fixado, implicará decadência do direito à contratação, sem prejuízo das sanções previstas no art. 81 da LLC, sendo facultado à Administração convocar os licitantes remanescentes, na ordem de classificação, para a assinatura do contrato, ou revogar a licitação (art. 43, § 2.º da LC 123/06)

e) **Garantias trabalhistas**: a LLC exige que o licitante observe o disposto no art. 7º, inciso XXXIII da CF/88, que proíbe trabalho noturno, perigoso ou insalubre a menores de dezoito anos, e de qualquer trabalho a menores de dezesseis anos, salvo na condição de aprendiz a partir dos quatorze anos.

A Administração poderá dispensar, no todo em parte, a documentação relativa à habilitação jurídica, qualificação técnica, qualificação econômico-financeira e regularidade fiscal nos casos de convite, concurso, fornecimento de bens para pronta entrega e leilão (art. 32, § 1.º da LLC).

Da decisão que habilita ou inabilita o licitante caberá recurso administrativo no prazo de **cinco dias úteis** a contar da **lavratura da ata**, que terá efeitos **suspensivo** e **devolutivo** (art. 109, I, "a" da LLC).

7.2.3. Julgamento

Uma vez superada a fase de habilitação, passa-se à análise dos envelopes contendo as propostas dos licitantes habilitados. Estas serão classificadas de acordo com o tipo de licitação adotado e os critérios postos no edital ou convite, principalmente no que se refere à viabilidade financeira da proposta (art. 44, § 3º da LLC).

As propostas que não se adequarem serão **desclassificadas**, ao passo que as classificadas serão julgadas, quando se conhecerá o vencedor da licitação, segundo os critérios objetivos previstos no edital.

Da decisão que julga as propostas caberá recurso administrativo no prazo de **cinco dias úteis** a contar da lavratura da ata, que terá efeitos suspensivo e devolutivo (art. 109, I, "a" da LLC).

Serão desclassificadas as propostas que **não atendam às exigências do ato convocatório** da licitação ou com **valor global superior ao limite estabelecido** ou com **preços manifestamente inexequíveis**, assim considerados aqueles que não venham a ter demonstrada sua viabilidade através de documentação que comprove que os custos dos insumos são coerentes com os de mercado e que os coeficientes de produtividade são compatíveis com a execução do objeto do contrato, condições estas necessariamente especificadas no ato convocatório da licitação (art. 48, I e II da LLC).

Se houver empate, estando as empresas em igualdade de condições, será assegurada preferência, sucessivamente, aos bens e serviços: I – produzidos no País; II – produzidos ou prestados por empresas brasileiras; III – produzidos ou prestados por empresas que invistam em pesquisa e no desenvolvimento de tecnologia no País (art. 3.º, § 2.º da LLC). Se ainda assim persistir o empate, será realizado por sorteio, em ato público, para o qual todos os licitantes serão convocados, vedado qualquer outro processo (art. 45, § 2.º).

Cumpre esclarecer que a LC 123/06 estabeleceu como critério de desempate a preferência de contratação de microempresas e empresas de pequeno porte (art. 44). Mas **atenção**: o empate não foi considerado pela lei apenas como a equivalência entre as propostas vencedoras, mas também a situação em que as propostas apresentadas pelas microempresas e empresas de pequeno porte sejam iguais **ou até 10% (dez por cento) superiores à proposta mais bem classificada**. Na modalidade de pregão, o intervalo percentual será de até **5% (cinco por cento) superior ao melhor preço**.

Caso se constate o empate, nos moldes acima descritos, a microempresa ou empresa de pequeno porte **mais bem classificada** (a que ofertou valor mais próximo à proposta vencedora) poderá apresentar **proposta de preço inferior** àquela considerada vencedora do certame, situação em que será adjudicado em seu favor o objeto licitado (art. 45, I da LC 123/06). Se a ME ou EPP mais bem classificada não se interessar em baixar seu preço, serão convocadas as remanescentes, na ordem classificatória, desde que se enquadrem nas margens de empate descritas no parágrafo anterior (10% e 5%).

Vejamos um exemplo para elucidar bem a questão do empate envolvendo ME e EPP em um procedimento licitatório comum:

LICITANTE	VALOR DA PROPOSTA	SITUAÇÃO
Empresa A (comum)	**R$ 100.000,00**	**Vencedora**
Empresa B (ME)	R$ 101.000,00	Empate
Empresa C (EPP)	R$ 107.000,00	Empate
Empresa D (ME)	R$ 112.000,00	**Desclassificada**

Na situação do exemplo, a empresa "B" poderá apresentar proposta de preço inferior. Se não o fizer, será convocada a empresa C. A empresa D não poderá apresentar proposta, por ter ficado fora da margem percentual.

Se houver empate entre duas ME ou EPP, será feito **sorteio** para se determinar qual delas fará primeiramente melhor oferta. Se ninguém fizer proposta, o objeto licitado será adjudicado em favor da proposta originalmente vencedora do certame.

No caso de pregão, a microempresa ou empresa de pequeno porte mais bem classificada será convocada para apresentar nova proposta no prazo máximo de **5 (cinco) minutos após o encerramento dos lances**, sob pena de preclusão.

ATENÇÃO

As regras de desempate estabelecidas pela LC 123/06 não serão aplicadas quando a melhor oferta inicial não tiver sido apresentada por microempresa ou empresa de pequeno porte. Da mesma forma, se houver empate entre microempresas e empresas de pequeno porte, serão observadas as regras comuns de desempate previstas no art. 45, § 2.º.

7.2.4. Homologação e adjudicação

Sendo conhecido o licitante vencedor, o processo será encaminhado à autoridade competente, sendo possível a:

a) **Revogação da licitação:** ocorre quando há razões de interesse público decorrente de **fato superveniente devidamente**

comprovado, pertinente e suficiente para justificar tal conduta (art. 49). A revogação demandará a edição de ato administrativo **devidamente motivado** (art. 38, IX da LLC).

b) **Anulação da licitação:** a autoridade detecta uma ilegalidade no procedimento, devendo pronunciar-se mediante parecer escrito e devidamente fundamentado após ter sido observado o contraditório e a ampla defesa (art. 49, § 3.º).

c) **Homologação:** a autoridade constata a regularidade do procedimento e adjudica (entrega, confere) o objeto ao licitante. No pregão e nos procedimentos submetidos às regras do Regime Diferenciado de Contratação (RDC), a adjudicação do objeto ocorrerá antes da homologação.

A adjudicação não confere direito de contratação ao vencedor da licitação, mas apenas o direito de não ser pretendido por outro classificado em caso de contratação (art. 50 da LLC).

ATENÇÃO

Contratação não é fase da licitação, *uma vez que o contrato poderá não ser firmado. Assim, pode existir licitação que não leve à contratação.*

Decorridos **60 (sessenta) dias da data da entrega das propostas**, sem convocação para a contratação, ficam os licitantes liberados dos compromissos assumidos (art. 64, § 3.º da LLC). Se o convocado não assinar o termo de contrato ou não aceitar ou retirar o instrumento equivalente no prazo e condições estabelecidos, é facultado à Administração convocar os licitantes remanescentes, na ordem de classificação, para fazê-lo em igual prazo e nas mesmas condições propostas pelo primeiro classificado, inclusive quanto aos preços atualizados de conformidade com o ato convocatório, ou revogar a licitação, sem prejuízo de aplicação das sanções previstas no art. 81 da LLC (art. 64, § 2.º da LLC).

7.3. Peculiaridades do pregão

O pregão, cujas características principais foram apontadas no tópico 5, foi concebido para tornar mais céleres as contratações menos complexas feitas pela Administração. Mas a utilização do pregão é

facultativa para a Administração, exceto no âmbito federal, em que será **obrigatório** (art. 4.º do Decreto 5.450/05) para a aquisição de bens e serviços comuns, dando-se preferência para a utilização do **pregão eletrônico.**

Assim como ocorre com as demais modalidades, o pregão possui uma **fase interna**, cujas regras estão prescritas no art. 3.º da Lei 10.520/02, valendo destacar a designação de um **pregoeiro** e respectiva equipe de apoio, que darão andamento ao pregão.

Por seu turno, a fase externa está regulada pelo art. 4.º da Lei 10.520/02, podendo-se destacar as seguintes peculiaridades:

a) **Inversão das fases**: no pregão o julgamento das propostas é anterior à habilitação, que se restringirá ao licitante que ofertar o menor preço para o objeto licitado. Aberta a sessão, que será dirigida pelo pregoeiro, os interessados ou seus representantes, apresentarão declaração dando ciência de que cumprem plenamente os requisitos de habilitação e entregarão os envelopes contendo as propostas **escritas**.

Abertos os envelopes e conhecidas as propostas, o autor da **oferta de valor mais baixo** e os das **ofertas com preços até 10% (dez por cento) superiores** àquela poderão fazer novos **lances verbais e sucessivos**, até a proclamação do vencedor. Vejamos um exemplo que ajuda a ilustrar como ocorre esta situação: Em um pregão presencial, constata-se que o licitante "M" ofereceu preço de R$ 10.000,00; "N", o preço de R$ 10.001,00; "O" ofertou R$ 10.150,00; "P", o preço de R$ 10.500,00; "Q" apresentou proposta de R$ 10.999,99 e "R", por fim, ofereceu R$ 12.000,00. Nesta situação, serão classificados para a fase de lances verbais os licitantes "M", "N", "O", "P" e "Q", uma vez que ofereceram, respectivamente, a proposta mais baixa e as propostas com preço até dez por cento superiores àquela. O pregão sempre utilizará o critério do **menor preço**.

Depois de encerrada a etapa competitiva (com ou sem lances verbais) e ordenadas as ofertas, o pregoeiro procederá à abertura do envelope contendo os documentos de habilitação do licitante que apresentou a melhor proposta, para verificação do atendimento das condições fixadas no edital. Se o licitante for inabilitado, o pregoeiro examinará os envelopes dos demais licitantes em ordem de classificação, até que seja proclamado o vencedor.

b) **Recursos:** a fase recursal será única, abrindo-se ao final da sessão pública o prazo de **três dias** para os licitantes que **manifestarem imediata e motivadamente o desejo de recorrer** apresentarem suas razões.

c) **Homologação posterior à adjudicação**: conforme mencionado em outro tópico, a homologação do pregão ocorre após a adjudicação, diferentemente da regra estabelecida pela LLC.

d) **Vedações**: o art. 5º da Lei 10.520/02 veda expressamente que sejam feitas as seguintes exigências: I – garantia de proposta; II – aquisição do edital pelos licitantes, como condição para participação no certame; e III – pagamento de taxas e emolumentos, salvo os referentes a fornecimento do edital, que não serão superiores ao custo de sua reprodução gráfica, e aos custos de utilização de recursos de tecnologia da informação, quando for o caso.

7.4. Peculiaridades da licitação para contratação de serviços de publicidade: Lei 12.232/10

As licitações e contratações de serviços de publicidade, prestados **necessariamente por intermédio de agência de propaganda**, ganharam disciplina diferenciada por meio da Lei 12.232/10.

Vale ressaltar que não se criou nova modalidade de licitação, mas apenas regras especiais para este tipo de contratação, cuja contratação por inexigibilidade já era vedada pelo art. 25, II da LLC. Assim, os serviços de publicidade poderão ser contratados por meio de **convite**, **tomada de preços** e **concorrência**, utilizando-se no julgamento os critérios **melhor técnica** ou **técnica e preço** (art.5.º).

Considera-se serviços de publicidade o conjunto de atividades realizadas integradamente que tenham por objetivo o estudo, o planejamento, a conceituação, a concepção, a criação, a execução interna, a intermediação e a supervisão da execução externa e a distribuição de publicidade aos veículos e demais meios de divulgação, com o objetivo de promover a venda de bens ou serviços de qualquer natureza, difundir ideias ou informar o público em geral (art. 2.º, *caput*). Além disso, a lei 12.232/10 permitiu que se inclua na contratação dos serviços de publicidade, como atividades complementares, os serviços especializados arrolados no art. 2.º, § 1.º. Fora destas situações, é vedada a inclusão de quaisquer outras atividades, em especial as de assessoria de imprensa, comunicação e relações públicas ou as que tenham por finalidade a realização de eventos festivos de qualquer natureza, as quais serão contratadas por meio de procedimentos licitatórios próprios, respeitado o disposto na legislação em vigor (art. 2.º § 2.º).

Feitas tais considerações, vejamos as principais peculiaridades adotadas pela Lei 12.232/10, no tocante ao procedimento da licitação:

a) **Inversão das fases de habilitação e julgamento**: apenas os licitantes classificados no julgamento das propostas terão seus documentos analisados na fase de habilitação (art. 11, § 4.º, XI).

b) **Apresentação de duas propostas**: os licitantes deverão apresentar duas propostas:

- **Técnica**: será composta de um plano de comunicação publicitária e de um conjunto de informações referentes ao proponente, conforme previsto no edital (art. 6.º, III);
- **De preço:** observará quesitos representativos das formas de remuneração vigentes no mercado publicitário, conforme orientações contidas no edital (art. 6.º, V).

As **propostas de preços** serão apresentadas em **1 (um) invólucro** e as **propostas técnicas** em **3 (três) invólucros distintos**, destinados um para a via não identificada do plano de comunicação publicitária, um para a via identificada do plano de comunicação publicitária e outro para as demais informações integrantes da proposta técnica (art. 9.º).

c) **Existência de duas comissões**: para cada uma das propostas haverá uma comissão. A **proposta de preços** e a **habilitação dos licitantes** serão julgadas pela **comissão permanente ou especial** (art. 10). Por seu turno, as **propostas técnicas** serão analisadas e julgadas por subcomissão técnica, constituída por, pelo menos, **3 (três) membros** que sejam f**ormados em comunicação, publicidade ou marketing** ou que **atuem em uma dessas áreas**, sendo que, pelo menos, 1/3 (um terço) deles não poderão manter nenhum vínculo funcional ou contratual, direto ou indireto, com o órgão ou a entidade responsável pela licitação (art. 10, § 1.º).

A Lei 12.232/10 estabelece uma série de mecanismos para que o julgamento seja objetivo, prevendo expressamente que o julgamento das propostas técnicas e de preços e o julgamento final do certame serão realizados exclusivamente com base nos critérios especificados no instrumento convocatório (art. 6.º, VI), assim como a revisão de julgamento em caso de avaliações da proposta técnica com certa margem de discrepância (art. 6.º VII).

d) **Adjudicação a mais de um licitante**: faculta-se a adjudicação do objeto da licitação a mais de uma agência de propaganda, sem a segregação em itens ou contas publicitárias, mediante justificativa no processo de licitação (art. 2.º, § 3.º). Neste caso, a execução das ações de comunicação publicitária demandará do órgão ou a entidade, obrigatoriamente, a instituição de procedimento de seleção interna entre as contratadas, cuja metodologia será aprovada pela administração e publicada na imprensa oficial.

8. REGIME DIFERENCIADO DE CONTRATAÇÕES PÚBLICAS (RDC)

8.1. Noções

O chamado **regime diferenciado de contratações públicas (RDC)** foi estabelecido pela Lei 12.462/11 e regulamentado pelo Decreto 7.581/11. Trata-se de procedimento **facultativo** para a Administração.

Segundo prescreve o art. 1.º, § 1.º da Lei 12.462/11, o RDC tem por objetivos: I – ampliar a eficiência nas contratações públicas e a competitividade entre os licitantes; II – promover a troca de experiências e tecnologias em busca da melhor relação entre custos e benefícios para o setor público; III – incentivar a inovação tecnológica; e IV – assegurar tratamento isonômico entre os licitantes e a seleção da proposta mais vantajosa para a administração pública.

Em princípio, o RDC representa uma sistemática própria, distinta da que é estabelecida na LLC, a ponto de "constar de forma expressa do instrumento convocatório e resultará no afastamento das normas contidas na Lei 8.666, de 21 de junho de 1993, exceto nos casos expressamente previstos nesta Lei" (art. 1.º, § 2.º), como se sucede com o art. 35 da Lei 12.462/11, que estende ao RDC, no que couber, as hipóteses de dispensa e inexigibilidade previstas na LLC.

ATENÇÃO

O RDC não é uma nova modalidade de licitação, mas uma sistemática diferenciada de procedimento que será aplicada às modalidades de licitação já existentes.

8.2. Objeto

O objeto do RDC está adstrito exclusivamente às hipóteses descritas no art. 1.º da Lei 12.462/11. Inicialmente, o RDC foi pensado para viabilizar as licitações e contratos necessários à realização dos **jogos olímpicos** e **paraolímpicos de 2016**, **Copa das Confederações de 2013**, **Copa do Mundo de 2014** e de **obras de infraestrutura e de contratação de serviços para os aeroportos** das capitais dos Estados da Federação distantes até 350 km (trezentos e cinquenta quilômetros) das cidades sedes dos referidos eventos.

A Lei, porém, foi sofrendo acréscimos, de modo que atualmente agrega também as seguintes situações:

> (...)
>
> V – das ações integrantes do **Programa de Aceleração do Crescimento** (PAC)
>
> V – das **obras e serviços de engenharia no âmbito do Sistema Único de Saúde – SUS**.
>
> VI – das **obras e serviços de engenharia** para construção, ampliação e reforma e administração de **estabelecimentos penais e de unidades de atendimento socioeducativo**;
>
> VII – das ações no âmbito da **segurança pública**;
>
> VIII – das **obras e serviços de engenharia**, relacionadas a **melhorias na mobilidade urbana** ou **ampliação de infraestrutura logística**; e
>
> IX – dos contratos a que se refere o art. 47-A.
>
> X – das ações em órgãos e entidades dedicados à ciência, à tecnologia e à inovação.

Com as novas situações, o RDC deixou de ser uma norma temporária em matéria de licitações e contratos, para se incorporar definitivamente em nosso ordenamento.

8.3. Procedimento

O RDC difere-se da LLC no tocante ao procedimento a ser adotado, visando dar maior celeridade às contratações.

Tendo em vista o conteúdo sintético desta obra, nos próximos tópicos traremos as principais especificidades do RDC e o que vem sendo mais cobrado em concursos públicos.

8.3.1. Inversão de fases

Assim como ocorre no pregão, a regra no RDC é que as fases de apresentação de propostas e julgamento antecedam a de habilitação (art. 12). Porém, a habilitação poderá ser realizada antes se houver **ato motivado** e estiver **expresso no edital** (art. 12, parágrafo único).

8.3.2. Critérios de julgamento

O julgamento das propostas no RDC poderá adotar um dos seguintes critérios (art. 18): I – menor preço ou **maior desconto**; II – técnica e preço; III – melhor técnica ou **conteúdo artístico**; IV – maior oferta de preço; ou V – **maior retorno econômico**.

O julgamento das propostas será efetivado pelo emprego de parâmetros objetivos definidos no instrumento convocatório (art. 18, § 2.º).

8.3.3. Procedimentos auxiliares das Licitações

O art. 29 da Lei 12.462/11 estabelece alguns mecanismos, denominados, procedimentos auxiliares, aplicáveis às licitações regidas pelo RDC. Vejamos cada um deles:

> **a) Pré-qualificação permanente**: trata-se de procedimento anterior à licitação destinado a identificar fornecedores de bens e serviços nos prazos, locais e condições previamente estabelecidos que reúnam condições de habilitação exigidas e bens que atendam às exigências técnicas e de qualidade da administração pública (art. 30). A pré-qualificação terá validade de **1 (um) ano**, no máximo, podendo ser atualizada a qualquer tempo. A Administração poderá realizar licitação restrita aos pré-qualificados, nas condições estabelecidas no regulamento.

b) Cadastramento: os registros cadastrais poderão ser mantidos para efeito de habilitação dos inscritos em procedimentos licitatórios e serão válidos por **1 (um) ano**, no máximo, podendo ser atualizados a qualquer tempo (art. 31), devendo ser amplamente divulgados e abertos permanentemente para inscrição dos interessados, que serão admitidos conforme requisitos previstos em regulamento.

c) Sistema de registro de preços: está regulamentado nos artigos 87 a 108 do Decreto 7.581/11, sendo definido como conjunto de procedimentos para registro formal de preços para contratações futuras, relativos à prestação de serviços, inclusive de engenharia, de aquisição de bens e de execução de obras com características padronizadas. Porém, a existência de preços registrados não obriga a administração pública a firmar os contratos que deles poderão advir.

d) Catálogo eletrônico de padronização: é o sistema informatizado destinado à padronização de bens, serviços e obras a serem adquiridos ou contratados pela administração pública. O Catálogo Eletrônico de Padronização será destinado especificamente a bens, serviços e obras que possam ser adquiridos ou contratados pela administração pública pelo critério de julgamento menor preço ou maior desconto.

8.3.4. Possibilidade de instituição de remuneração variável

Na contratação das obras e serviços, inclusive de engenharia, poderá ser estabelecida remuneração variável vinculada ao desempenho da contratada, com base em metas, padrões de qualidade, critérios de sustentabilidade ambiental e prazo de entrega definidos no instrumento convocatório e no contrato (art. 10). A utilização da remuneração variável será motivada e respeitará o limite orçamentário fixado pela administração pública para a contratação.

8.3.5. Contratação Simultânea

A administração pública poderá, mediante justificativa expressa, contratar mais de uma empresa ou instituição para executar o mesmo serviço, desde que não implique **perda de economia de escala** (que levam à redução dos custos de contratação), quando: I – o objeto da contratação puder ser executado de forma concorrente e simultânea por mais de um contratado; ou II – a múltipla execução for conveniente para atender à administração pública (art. 11).

Se houver contratação simultânea, o controle de execução do objeto contratual deve ser individualizado para cada uma das contratadas.

9. LICITAÇÃO DAS EMPRESAS ESTATAIS: LEI 13.303/16

O art. 173 da CF/88 estabeleceu a necessidade de lei o estatuto jurídico das empresas estatais (empresas públicas e sociedades de economia mista) exploradoras de atividade econômica e prestadora de serviços públicos, o qual deveria dispor, dentre outras matérias, sobre licitação e contratação de obras, serviços, compras e alienações, observados os princípios da administração pública.

A Lei 13.303/16 disciplinou o referido estatuto jurídico, dedicando uma sessão inteira às disposições aplicáveis às empresas estatais no tocante às licitações.

Logo, a aplicação da Lei 8.666/93 será aplicada nas situações em que o próprio estatuto determinar. Vale ressaltar que o pregão será adotado **preferencialmente** para a aquisição de bens e serviços comuns, observando-se o que dispõe a Lei 10.520/02 (art. 32, IV).

Nos itens a seguir, analisaremos as principais especificidades estabelecidas pelo estatuto.

ATENÇÃO

Conforme já visto, as empresas estatais constituídas anteriormente à lei 13.303/16 terão prazo de ***24 meses*** *para se adaptarem às novas previsões trazidas pelo Estatuto, inclusive no que se refere às licitações e contratos (art. 91). Permanecem regidos pela legislação anterior os procedimentos licitatórios e contratos iniciados ou celebrados até o final do prazo de que dispõem as empresas estatais para implementarem as mudanças necessárias em seu regime de licitações e contratos.*

9.1. Objeto

O procedimento licitatório precederá a contratação com terceiros destinada prestação de serviços às empresas estatais, **inclusive**

de engenharia e de publicidade, à aquisição e à locação de bens, à alienação de bens e ativos integrantes do respectivo patrimônio ou à execução de obras a serem integradas a esse patrimônio, bem como à implementação de ônus real sobre tais bens (art. 28).

9.2. Contratação Direta

A contratação direta abrange as situações em que a licitação é **dispensada**, **dispensável** e **inexigível**.

As hipóteses de **licitação dispensada** (em que a licitação **não deve** ser realizada) estão previstas no art. 28, § 3.º e referem-se ao objeto explorado pela empresa estatal: I – comercialização, prestação ou execução, de forma direta, de produtos, serviços ou obras **especificamente relacionados com seus respectivos objetos sociais**; II – nos casos em que a escolha do parceiro esteja associada a suas características particulares, vinculada a **oportunidades de negócio definidas e específicas**, **justificada a inviabilidade de procedimento competitivo** (vide no art. 28, § 4.º a definição de oportunidades de negócio).

As hipóteses de **licitação dispensável** estão previstas no art. 29, referindo-se a situações em que a licitação **pode** ser realizada, mas fica a critério da autoridade realizá-la ou não. Merecem destaque os novos valores-limite para contratação direta, que são de **R$ 100.000,00** para obras e serviços de engenharia e de **R$ 50.000,00** para outros serviços e alienações, podendo tais valores motivadamente ser alterados, para refletir a variação de custos, por **deliberação do Conselho de Administração** da empresa pública ou sociedade de economia mista, admitindo-se valores diferenciados para cada sociedade (art. 29, § 3.º).

Por fim, as hipóteses de **inexigibilidade de licitação** estão previstas no art. 30 do Estatuto, referindo-se a aquisições de materiais de fornecedor exclusivo e de serviços técnicos especializados, com profissionais de notória especialização, vedada a inexigibilidade para serviços de publicidade e divulgação. Note que o Estatuto não repete a previsão de contratação de consagrado profissional de setor artístico, previsto no art. 25, III da LLC, o que não impede que a contratação seja feita pelas empresas estatais por meio de **inexigibilidade**, haja vista que as hipóteses trazidas no art. 30 do Estatuto são meramente enunciativas.

ATENÇÃO

O Estatuto usa o termo ***contratação direta*** *para se referir às hipóteses de* ***inexigibilidade de licitação****. Para manter a sistemática do estudo e a terminologia já consagrada pela doutrina, preferimos manter a terminologia contratação direta como sendo um gênero. Mas recomendamos atenção ao leitor na leitura da questão, a fim de identificar se o termo foi adotado como gênero ou espécie.*

9.3. Procedimento

9.3.1. Fase preparatória

O Estatuto trouxe diversas normas atinentes à fase interna ou preparatória a partir de seu art. 31, valendo destacar os seguintes pontos:

a) **Adoção de medidas que prestigiem a sustentabilidade ambiental (licitações sustentáveis)**: a lei de estatais contém previsões que demonstram a preocupação do legislador com a proteção e preservação do meio ambiente, como se lê do art. 32, § 1.º, I a V. Tais valores devem estar contemplados desde o início, com a elaboração do edital e, principalmente, na descrição do objeto contratado.

b) **Orçamento sigiloso**: valor estimado do contrato a ser celebrado pela empresa pública ou pela sociedade de economia mista **será sigiloso**, facultando-se à contratante, mediante justificação na fase de preparação, conferir publicidade ao valor estimado do objeto da licitação, sem prejuízo da divulgação do detalhamento dos quantitativos e das demais informações necessárias para a elaboração das propostas (art. 34). Mesmo sendo sigiloso o orçamento, a informação será disponibilizada a órgãos de controle externo e interno, devendo a empresa pública ou a sociedade de economia mista registrar em documento formal sua disponibilização aos órgãos de controle, sempre que solicitado.

9.3.2. Fase externa

A fase externa inicia-se com a divulgação do edital. Analisemos as principais disposições pertinentes a esta fase:

a) **Prazos mínimos para apresentação de propostas ou lances:** o Estatuto fixa os prazos segundo o **critério de**

julgamento (art. 39), diferindo da LLC, que fixa os prazos segundo as **modalidades de licitação**, sendo o critério de julgamento um parâmetro secundário.

b) **Inversão das fases**: o art. 51 estabelece como **regra** a inversão das fases de **julgamento** e **habilitação**. Será excepcional modificação da ordem determinada na lei (art. 51, § 1.º), desde que haja previsão no edital.

c) **Modos de disputa**: o Estatuto inova ao prever a existência dos chamados **modos de disputa**, que podem ser **aberto** ou **fechado**, ou, quando o objeto da licitação puder ser parcelado, a combinação de ambos, observando-se a utilização de produtos, equipamentos e serviços que, comprovadamente, reduzam o consumo de energia e de recursos naturais (art. 52). No **modo de disputa aberto**, os licitantes apresentarão **lances públicos e sucessivos, crescentes ou decrescentes**, conforme o critério de julgamento adotado. No **modo de disputa fechado**, as propostas apresentadas pelos licitantes serão **sigilosas** até a data e a hora designadas para que sejam divulgadas. Quando for adotado o modo de disputa aberto, poderão ser admitidos a apresentação de **lances intermediários** e o **reinício da disputa aberta**, após a definição do **melhor lance**, para definição das demais colocações, quando existir diferença de pelo menos **10% (dez por cento) entre o melhor lance e o subsequente** (art. 53).

d) **Critérios de julgamento**: o Estatuto previu como critérios de julgamento o **menor preço**, **maior desconto**, **melhor combinação de técnica e preço**, **melhor técnica**, **melhor conteúdo artístico**, **maior oferta de preço**, **maior retorno econômico** e **melhor destinação de bens alienados** (art. 54). Os critérios de julgamento serão expressamente identificados no instrumento convocatório e poderão ser combinados na hipótese de parcelamento do objeto, observando-se a utilização de produtos, equipamentos e serviços que, comprovadamente, reduzam o consumo de energia e de recursos naturais.

e) **Verificação da efetividade dos lances ou propostas**: uma vez realizado o julgamento, os lances têm sua efetividade averiguada, sendo desclassificadas as propostas que se enquadrem nas situações arroladas no art. 56 do estatuto. A verificação da efetividade dos lances ou propostas poderá ser feita **exclusivamente** em relação aos lances e propostas mais bem classificados.

f) **Negociação**: confirmada a efetividade do lance ou proposta que obteve a primeira colocação na etapa de julgamento, ou que passe a ocupar essa posição em decorrência da desclassificação de outra que tenha obtido colocação superior, a empresa pública e a sociedade de economia mista deverão negociar condições mais vantajosas com quem o apresentou (art. 57). A negociação deverá ser feita com os demais licitantes, segundo a ordem inicialmente estabelecida, quando o preço do primeiro colocado, mesmo após a negociação, permanecer acima do orçamento estimado. Se mesmo assim não for obtido valor igual ou inferior ao orçamento estimado para a contratação, será revogada a licitação.

g) **Fase recursal única**: salvo no caso em que houver a habilitação for anterior ao julgamento, o procedimento licitatório terá **fase recursal única**, com recursos apresentados no prazo **de 5 (cinco) dias úteis após a habilitação**.

10. TÓPICO-SÍNTESE

TÓPICO-SÍNTESE	
OBJETO	Nos termos do art. 2º da Lei de Licitações, é obrigatória a realização de licitação para a contratação de **obras**, **serviços**, inclusive de publicidade, **compras**, **alienações**, **concessões**, **permissões** e **locações**.
PRINCÍPIOS	Segundo previsão do art. 3.º da LLC, a licitação destina-se a garantir a observância do princípio constitucional da **isonomia**, a **seleção da proposta mais vantajosa para a administração** e a **promoção do desenvolvimento nacional sustentável** e será processada e julgada em estrita conformidade com os princípios básicos da **legalidade**, da **impessoalidade**, da **moralidade**, da **igualdade**, da **publicidade**, da **probidade administrativa**, da **vinculação ao instrumento convocatório** (as regras do certamente devem estar detalhadamente previstas no edital), do **julgamento objetivo** (vedação de utilização de elemento, critério ou fator sigiloso, secreto, subjetivo ou reservado no julgamento das propostas) e dos que lhes são correlatos.

<table>
<tr><td>CONTRATAÇÃO DIRETA</td><td>• Licitação dispensada: Refere-se à alienação de bens móveis e imóveis da Administração. (Art. 17, I e II, LLC)
• Inexigibilidade de licitação: Parte do pressuposto de que não existe viabilidade de competição. (Art. 25, LLC)
• Dispensa de licitação: A licitação é possível, mas por razões diversas se permite que o Administrador contrate diretamente. (Art. 24, LLC)</td></tr>
<tr><td>MODALIDADES DE LICITAÇÃO</td><td>• Destinada obrigatoriamente para transações de maior vulto (para obras e serviços de engenharia, valores acima de R$ 1.500.000,00, e para compras e demais serviços, acima de R$ 650.000,00), salvo as situações em que o pregão for cabível, e facultativamente para os demais casos.</td></tr>
<tr><td rowspan="8">MODALIDADES DE LICITAÇÃO</td><td>CONCORRÊNCIA</td></tr>
<tr><td>• É obrigatória ainda nas seguintes hipóteses: a) compra e venda de imóveis pela Administração em qualquer valor, exceto os bens adquiridos em procedimentos judiciais ou mediante dação em pagamento, que também admitem o leilão; b) alienação de móveis com valor superior a R$ 650.000,00 (art. 17, § 6º); c) concessão de direito real de uso de bem público; d) concessão de serviço público, inclusive para a celebração de parcerias público-privadas; e) licitação internacional, salvo quando o órgão ou entidade dispuser de cadastro internacional de fornecedores ou quando não houver fornecedor do bem ou serviço no País; f) se for adotado o sistema de Registro de Preços, salvo nas hipóteses em que couber o pregão (art. 7.º do Decreto 7.892/13); g) concessão florestal (art. 12, § 1.º da Lei 11.284/06).</td></tr>
<tr><td>TOMADA DE PREÇOS</td></tr>
<tr><td>Destinada a transações de valor médio (para obras e serviços de engenharia, valores de até R$ 1.500.000,00; para compras e demais serviços, até R$ 650.000,00), e facultativamente para os casos de convite.</td></tr>
<tr><td>CONVITE</td></tr>
<tr><td>Destinada às contratações de valor mais baixo (para obras e serviços de engenharia, até o valor de R$ 150.000,00; para compras e demais serviços, até R$ 80.000,00).</td></tr>
<tr><td>LEILÃO</td></tr>
<tr><td>Destina-se à venda de: a) bens móveis inservíveis para a Administração ou produtos legalmente apreendidos ou penhorados; b) bens imóveis cuja aquisição tenha derivado de procedimentos judiciais ou dação em pagamento.</td></tr>
</table>

<table>
<tr><td rowspan="6">MODALIDADES DE LICITAÇÃO</td><td>CONCURSO</td></tr>
<tr><td>Destina-se à disputa entre quaisquer interessados para escolha de trabalho técnico, científico ou artístico, mediante a instituição de prêmio ou remuneração aos vencedores, conforme critérios constantes do edital.</td></tr>
<tr><td>PREGÃO</td></tr>
<tr><td>Destinada à aquisição de bens e serviços comuns, ou seja, aqueles cujos padrões de desempenho e qualidade possam ser objetivamente definidos no edital por meio de especificações usuais no mercado.</td></tr>
<tr><td>CONSULTA</td></tr>
<tr><td>Modalidade reservada às Agências Reguladoras (Lei 9.472/97, arts. 54 a 59, e Lei 9.986/00, art. 37) para a contratação de bens e serviços não abrangidos pela modalidade pregão. O objeto da consulta é, assim, obtido residualmente: bens e serviços que não sejam de engenharia (cuja contratação observará as disposições da LLC, por força do disposto no art. 54, caput, da Lei 9.472/97) e não abrangidos pelo pregão (bens e serviços comuns, conforme disposto no art. 58, caput, da Lei 9.472/97).</td></tr>
<tr><td rowspan="3">TIPOS DE LICITAÇÃO</td><td>• Menor preço: Busca-se obter o menor valor a ser pago pela Administração.
• Melhor técnica/Técnica e Preço: Utilizados para a contratação de serviços de natureza preponderantemente intelectual, em especial na elaboração de projetos, cálculos, fiscalização, supervisão e gerenciamento e de engenharia consultiva em geral e, em particular, para a elaboração de estudos técnicos preliminares e projetos básicos e executivos.
• Maior Lance ou oferta: Utilizado nos casos de alienação de bens ou concessão de direito real de uso.</td></tr>
<tr><td>FASE INTERNA</td></tr>
<tr><td>Compreende todos os atos preparatórios para que a Administração divulgue efetivamente a licitação para os interessados. Nesta fase ocorre a abertura e autuação do processo administrativo, contendo a autorização respectiva, a indicação sucinta de seu objeto e do recurso próprio para a despesa (art. 38, caput da LLC), dentre outros atos.</td></tr>
</table>

FASES DA LICITAÇÃO	**FASE EXTERNA** • Publicação do Edital; • Habilitação; • Julgamento; • Homologação e adjudicação.
REGIME DIFERENCIADO DE CONTRATAÇÕES PÚBLICAS (RDC)	• Objeto: está adstrito exclusivamente às hipóteses descritas no art. 1.º da Lei 12.462/11. • Procedimento: a) Inversão de fases – em regra as fases de apresentação de propostas e julgamento antecedem a de habilitação, salvo quando houver ato motivado e estiver expresso no edital, hipóteses em que a habilitação poderá ser realizada antes. b) Critérios de julgamento – menor preço ou **maior desconto**; técnica e preço; melhor técnica ou **conteúdo artístico**; maior oferta de preço; ou **maior retorno econômico.**
REGIME DIFERENCIADO DE CONTRATAÇÕES PÚBLICAS (RDC)	c) Procedimentos auxiliares das Licitações – pré-qualificação permanente; cadastramento, sistema de registro de preços, catálogo eletrônico de padronização. d) Possibilidade de instituição de remuneração variável – Na contratação das obras e serviços, inclusive de engenharia, poderá ser estabelecida remuneração variável vinculada ao desempenho da contratada, com base em metas, padrões de qualidade, critérios de sustentabilidade ambiental e prazo de entrega definidos no instrumento convocatório e no contrato. e) Contratação Simultânea – A administração pública poderá, mediante justificativa expressa, contratar mais de uma empresa ou instituição para executar o mesmo serviço, desde que não implique **perda de economia de escala** (que levam à redução dos custos de contratação), quando: I – o objeto da contratação puder ser executado de forma concorrente e simultânea por mais de um contratado; ou II – a múltipla execução for conveniente para atender à administração pública
LICITAÇÕES DAS EMPRESAS ESTATAIS	• Objeto: O procedimento licitatório precederá a contratação com terceiros destinada prestação de serviços às empresas estatais, **inclusive de engenharia e de publicidade**, à aquisição e à locação de bens, à alienação de bens e ativos integrantes do respectivo patrimônio ou à execução de obras a serem integradas a esse patrimônio, bem como à implementação de ônus real sobre tais bens. • Contratação Direta: a) Licitação Dispensada (Art. 28, § 3.º da Lei 13.303/16); b) Licitação Dispensável (Art. 29 da Lei 13.303/16) e, c) Inexigibilidade de Licitação (art. 30 da Lei 13.303/16).

Capítulo

XIII

CONTRATOS ADMINISTRATIVOS

Leia a lei:

- *CF, arts. 22, XXVII; 37, XXI; 173, III, art. 175, p. u., I; Lei 8.666/93, arts. 54 e seguintes; Lei 10.520/02; Decreto 3.555/00; Decreto 5.450/05; Lei 11.107/2005; Lei 12.462/11; Decreto nº 6.170/07; Lei 13.303/16, arts. 68-90.*

1. NOÇÕES

A Administração Pública pode celebrar contratos regidos por regime de **direito público** ou de **direito privado**, sendo ambas as espécies incluídas no gênero **contratos da Administração**. Na primeira situação se enquadram os **contratos administrativos**, ao passo que na segunda se situam os **contratos de direito privado** celebrados pela Administração.

São considerados **contratos administrativos** os ajustes celebrados entre a **Administração** e **terceiro**, pessoa física ou jurídica, regidos por **normas de direito público**, cujo objeto busca atingir algum **interesse público**.

Diversos são os contratos administrativos existentes no ordenamento jurídico brasileiro, podendo-se citar como exemplos os contratos de obras públicas, de prestação de serviços, de fornecimento, de concessão e permissão de serviços públicos etc.

Compete **privativamente** à União legislar sobre normas gerais sobre licitações e contratos para a administração direta e indireta da União, Estados, Distrito Federal e Municípios (art. 22, XXVII da CF).

A **Lei 8.666/93** é atualmente o principal regulamento existente sobre contratos administrativos e será objeto de estudo no presente capítulo. Nada impede que os Estados e Municípios estabeleçam normas específicas em suas respectivas esferas de atuação, desde que não contrariem as normas gerais estabelecidas pela União.

Além da Lei 8.666/93, podemos mencionar a existência da **Lei 10.520/02**, que regulamenta o procedimento de **pregão**, bem como a **Lei 12.462/11**, que regulamenta o **regime diferenciado de contratação**.

Vale mencionar, ainda, leis que disciplinam o regime jurídico das **concessões e permissões de serviço público**, como a **Lei 8.987/1995** (lei geral das concessões e permissões de serviços públicos) e a **Lei 11.079/2004** (disciplina as parcerias público-privadas na Administração). O estudo destes temas será feito em capítulo próprio.

Por fim, a Lei 13.303/16 instituiu o Estatuto Jurídico das empresas estatais, estabelecendo normas aplicáveis aos contratos celebrados por tais entidades.

2. CARACTERÍSTICAS

Feitas as considerações iniciais, analisemos nos próximos tópicos as principais características dos **contratos administrativos**.

2.1. Participação da Administração Pública no ajuste

A Administração Pública atuará valendo-se do seu poder de império (*ius imperii*), ou seja, na condição de Poder Público. Haverá, portanto, um **desequilíbrio na relação contratual**, o que se justifica pela necessidade de observância do princípio da **supremacia do interesse público sobre o privado**.

2.2. Busca do interesse público

Os contratos administrativos visam atingir um **interesse público** imediata e diretamente.

2.3. Incidência de normas de Direito Público

Conforme visto, os contratos administrativos são regidos pela Lei 8.666/93 (LLC), também aplicável, no que couber, aos convênios, acordos, ajustes e outros instrumentos congêneres celebrados por órgãos e entidades da Administração. Por este regime jurídico, o Poder Público impõe algumas condições e obrigações ao contratado. Podemos citar como exemplo a aplicação de multas por violação de cláusulas contratuais, rescisão unilateral etc.

Os **princípios da teoria geral dos contratos e as disposições de direito privado** têm aplicação apenas **supletiva** aos contratos administrativos (art. 54, da LLC).

2.4. Existência de Cláusulas Exorbitantes

As chamadas cláusulas exorbitantes talvez sejam a característica mais marcante dos contratos administrativos. Tais cláusulas trazem certo desequilíbrio à relação contratual e seriam consideradas ilícitas se constassem dos ajustes celebrados sob a égide do direito privado. Devido à sua importância, este tema será estudado mais adiante em item próprio.

2.5. Formalismo

A Lei 8.666/93 estabelece uma série de formalidades que devem ser observadas nos contratos administrativos para que estes se aperfeiçoem.

O art. 55 da LLC traz as seguintes cláusulas necessárias aos contratos administrativos: I – o **objeto** e seus **elementos característicos**; II – o **regime de execução** ou a **forma de fornecimento**; III – o **preço** e as **condições de pagamento**, os critérios, data-base e periodicidade do **reajustamento de preços**, os critérios de **atualização monetária** entre a data do adimplemento das obrigações e a do efetivo pagamento; IV – os **prazos** de **início de etapas de execução**, de **conclusão**, de **entrega**, de **observação** e de **recebimento definitivo**, conforme o caso; V – o **crédito** pelo qual correrá a despesa, com a **indicação da classificação funcional programática e da categoria econômica**; VI – as **garantias** oferecidas para assegurar sua plena execução, quando exigidas; VII - os **direitos** e as **responsabilidades** das partes, as **penalidades cabíveis** e os **valores das multas**; VIII - os **casos de rescisão**; IX - o reconhecimento dos **direitos da Administração**, em caso de rescisão administrativa prevista no art. 77 da LLC; X - as condições de importação, a data e a taxa de câmbio para conversão, quando for o caso; XI - a **vinculação ao edital de licitação** ou ao **termo que a dispensou ou a inexigiu**, ao convite e à proposta do licitante vencedor; XII - a **legislação aplicável** à execução do contrato e especialmente aos casos omissos; XIII - a **obrigação do contratado** de **manter**, durante toda a execução do contrato, em compatibilidade com as obrigações por ele assumidas, **todas as condições de habilitação e qualificação exigidas na licitação**.

A minuta do futuro contrato deve integrar o edital da licitação. Os contratos administrativos são considerados, assim, **contratos de adesão.**

É importante ressaltar, por outro lado, que o instrumento de contrato nem sempre será obrigatório.

De acordo com o art. 62, da LLC, o instrumento de contrato é obrigatório nos casos de **concorrência e de tomada de preços**, bem como nas **dispensas e inexigibilidades cujos preços estejam compreendidos nos limites destas duas modalidades de licitação**. O Art. 62, § 4º da LLC autoriza a dispensa do "termo de contrato" e faculta a substituição por outros instrumentos hábeis, a critério da Administração e independentemente de seu valor, nos casos de **compra com entrega imediata e integral dos bens adquiridos**, dos quais **não resultem obrigações futuras**, inclusive assistência técnica. É facultativo o instrumento de contrato nos demais casos, em que a Administração puder substituí-lo por outros instrumentos hábeis, tais como carta-contrato, nota de empenho de despesa, autorização de compra ou ordem de execução de serviço.

A LLC considera **nulos** os contratos verbais celebrados pela Administração, **salvo o de pequenas compras de pronto pagamento**, assim entendidas aquelas de valor não superior a **5% (cinco por cento)** do limite estabelecido no art. 23, inciso II, alínea "a", feitas em regime de adiantamento (art. 60, parágrafo único). Mas é necessário atentar-se para o fato de que esta exceção se refere tão somente às **compras**, não sendo possível sua extensão para **serviços** e **obras**.

2.6. Publicidade

O instrumento do contrato ou de seus aditamentos, qualquer que seja seu valor, ainda que sem ônus, deverão ser publicados resumidamente na **Imprensa Oficial**.

O envio do resumo para publicação será providenciado pela Administração **até o quinto dia útil do mês seguinte ao da sua assinatura**, para que a publicação ocorra no prazo de **20 (vinte) dias** daquela data. A publicação é condição de eficácia do contrato. Além dessa publicidade, qualquer licitante terá conhecimento do teor integral do contrato e do respectivo processo licitatório, e qualquer interessado, licitante ou não, poderá obter de cópia autenticada mediante o pagamento dos emolumentos devidos (art. 63).

2.7. Pessoalidade

Os contratos administrativos são **intuito personae**, não podendo o contratado, em regra, transferir o objeto contratado a terceiros.

A subcontratação ou outras formas de transferência indireta do objeto contratual são consideradas causas de rescisão do contrato (art. 78, VI), salvo se houver autorização expressa da Administração no edital e desde que esta ocorra nos limites fixados no contrato.

Todavia, há uma hipótese em que a LLC expressamente não admite subcontratação, qual seja, a contratação de serviços técnicos especializados (art. 13, § 3º).

2.8. Prazo determinado

Não se admite a existência de contratos administrativos por tempo indeterminado. A duração dos contratos deverá ficar adstrita à vigência dos respectivos créditos orçamentários (art. 57 da LLC). Os créditos orçamentários são fixados na lei orçamentária para determinado exercício financeiro, que equivale ao ano civil (art. 34 da Lei 4.320/64). Ou seja, a vigência do contrato, em regra, deve ser estabelecida entre 1º de janeiro de 31 de dezembro de um determinado ano. Esta regra admite, todavia, algumas exceções:

a) Os projetos cujos produtos estejam contemplados nas **metas estabelecidas no Plano Plurianual**, os quais poderão ser prorrogados se houver interesse da Administração e desde que isso tenha sido previsto no ato convocatório.

b) Prestação de serviços a serem executados de **forma contínua**, que poderão ter a sua duração prorrogada por **iguais e sucessivos períodos** com vistas à obtenção de **preços e condições mais vantajosas** para a administração, limitada a **sessenta meses**;

c) Aluguel de equipamentos e a utilização de programas de informática, podendo a duração estender-se pelo prazo de até **48 (quarenta e oito) meses** após o início da vigência do contrato.

3. CLÁUSULAS EXORBITANTES

Estas cláusulas, também chamadas de "cláusulas de privilégio", conferem à Administração algumas prerrogativas exclusivas, assegurando-lhe posição de prevalência relativamente ao contratado.

Analisemos as cláusulas exorbitantes trazidas pela LLC (art. 58).

3.1. Possibilidade de alteração unilateral

A Administração poderá modificar os contratos unilateralmente para melhor adequação às **finalidades de interesse público**, respeitados os direitos do contratado.

Esta característica do contrato também é conhecida por "**instabilidade quanto ao seu objeto**", devido à possibilidade de alteração dada à Administração, mesmo depois de assinada a avença.

O art. 65, I da LLC autoriza a alteração unilateral do contrato nas seguintes situações:

a) quando houver modificação do projeto ou das especificações, para melhor adequação técnica aos seus objetivos (**alteração qualitativa**). Mas o contrato não pode ter sua natureza alterada, no tocante ao seu objeto. Ex: uma compra e venda não pode ser transformada em permuta;

b) quando for necessária a modificação do valor contratual em decorrência de acréscimo ou supressão quantitativa de seu objeto, nos limites permitidos, que são de até **25% (vinte e cinco por cento)** do valor inicial atualizado do contrato, para **obras, serviços** ou **compras**, e, no caso particular de **reforma de edifício** ou de **equipamento**, até o limite de **50% (cinquenta por cento)** para os seus acréscimos (**alteração quantitativa**). É importante salientar que nestas situações as cláusulas econômico-financeiras do contrato deverão ser revistas para que se mantenha o equilíbrio contratual (art. 58, § 2º).

ATENÇÃO

As alterações contratuais também podem ser feitas por acordo entre as partes, nos termos do art. 65, II da LLC. Se as partes convencionarem ***alteração quantitativa*** *para que haja* ***supressão do objeto contratual****, esta poderá ser superior aos limites acima referidos (art. 65, § 2º). Mas muita atenção:* ***esta exceção só vale para as supressões.***

3.2. Possibilidade de rescisão unilateral

De acordo com o art. 58, II, a Administração poderá rescindir **unilateralmente** o contrato nas seguintes situações trazidas pelo art. 78: I – não cumprimento de cláusulas contratuais, especificações, projetos ou prazos; II – cumprimento irregular de cláusulas contratuais, especificações, projetos e prazos; III –a lentidão do seu cumprimento, levando a Administração a comprovar a impossibilidade da conclusão da obra, do serviço ou do fornecimento, nos prazos estipulados; IV – atraso injustificado no início da obra, serviço ou fornecimento; V –paralisação da obra, do serviço ou do fornecimento, sem justa causa e prévia comunicação à Administração; VI –subcontratação total ou parcial do seu objeto, a associação do contratado com outrem, a cessão ou transferência, total ou parcial, bem como a fusão, cisão ou incorporação, não admitidas no edital e no contrato; VII – desatendimento das determinações regulares da autoridade designada para acompanhar e fiscalizar a sua execução, assim como as de seus superiores; VIII –cometimento reiterado de faltas na sua execução, anotadas na forma do § 1º do art. 67 desta Lei; IX – decretação de falência ou a instauração de insolvência civil; X –dissolução da sociedade ou o falecimento do contratado; XI –alteração social ou a modificação da finalidade ou da estrutura da empresa, que prejudique a execução do contrato; XII – razões de interesse público, de alta relevância e amplo conhecimento, justificadas e determinadas pela máxima autoridade da esfera administrativa a que está subordinado o contratante e exaradas no processo administrativo a que se refere o contrato; (...) XVII –ocorrência de caso fortuito ou de força maior, regularmente comprovada, impeditiva da execução do contrato. As situações de rescisão unilateral devem ser motivadas, sendo assegurada ao contratado a observância do contraditório e da ampla defesa.

A rescisão promovida pela Administração não depende de intervenção do Poder Judiciário, concordando ou não o contratado. Poderá, também, ser cumulada com **sanção** ao contratado.

3.3. Fiscalização da execução do contrato

Segundo o art. 67 da LLC execução do contrato deverá ser acompanhada e fiscalizada por um representante da Administração especialmente designado, permitida a contratação de terceiros para assisti-lo e subsidiá-lo de informações pertinentes a essa atribuição.

Por outro lado, o contratado deverá manter preposto, aceito pela Administração, no local da obra ou serviço, para representá-lo na execução do contrato (art. 68, LLC).

O contratado é responsável pelos danos causados diretamente à Administração ou a terceiros, decorrentes de sua culpa ou dolo na execução do contrato, não excluindo ou reduzindo essa responsabilidade a fiscalização ou o acompanhamento pelo órgão interessado (art. 70, LLC).

3.4. Aplicação de sanções

A Administração poderá aplicar e executar diretamente (sem intervenção do Judiciário) sanções legais e contratuais caso exista inexecução parcial ou integral do ajuste, assegurando-se o contraditório e a ampla defesa ao contratado.

O art. 87 prevê as seguintes sanções: 1) **advertência**; 2) **multa**, na forma prevista no instrumento convocatório ou no contrato; 3) **suspensão temporária** de participação em licitação e **impedimento** de contratar com a Administração, por **prazo não superior a 2 (dois) anos**; 4) **declaração de inidoneidade** para licitar ou contratar com a Administração Pública enquanto perdurarem os motivos determinantes da punição ou até que seja promovida a reabilitação perante a própria autoridade que aplicou a penalidade, que será concedida sempre que o contratado ressarcir a Administração pelos prejuízos resultantes e após decorrido o prazo da sanção anterior.

O valor da multa poderá ser deduzido da garantia contratual prestada e eventuais pagamentos devidos à contratada (art. 87, § 1.º, LLC).

Tanto a suspensão temporária quanto a declaração de inidoneidade possuem como efeito, durante sua vigência, o impedimento de o contratado firmar novos ajustes com a Administração. Diferenciam-se no tempo de sua aplicação: enquanto a suspensão não poderá ser superior a 2 (dois) anos, a declaração de inidoneidade produzirá efeitos enquanto perdurarem os motivos determinantes da punição ou até que seja promovida a reabilitação perante a própria autoridade que aplicou a penalidade. A reabilitação só será concedida após 2 (dois) anos da aplicação da sanção e dependerá do ressarcimento à Administração pelos prejuízos resultantes.

A penalidade de **declaração de inidoneidade** é de competência **exclusiva** do **Ministro de Estado, do Secretário Estadual ou Municipal**, conforme o caso, facultada a **defesa** do interessado no respectivo processo, no prazo de **10 (dez) dias** da abertura de vista.

ATENÇÃO

A Lei 12. 846, de 01 de agosto de 2013, popularmente conhecida como lei anticorrupção, permitiu que a Administração Pública celebre acordo de leniência com a pessoa jurídica responsável pela prática de ilícitos previstos na LLC, com vistas à isenção ou atenuação das sanções administrativas estabelecidas em seus arts. 86 a 88. Para tanto, a pessoa jurídica deverá colaborar efetivamente com as investigações e o processo administrativo, devendo desta colaboração resultar a identificação dos demais envolvidos na infração, quando couber; e a obtenção célere de informações e documentos que comprovem o lícito sob apuração (art. 16 c/c o art. 17).

3.5. Ocupação provisória

Nos casos de **serviços essenciais**, a Administração poderá ocupar provisoriamente bens móveis, imóveis, pessoal e serviços vinculados ao objeto do contrato, na hipótese da necessidade de acautelar apuração administrativa de faltas contratuais pelo contratado, bem como na hipótese de rescisão do contrato administrativo (art. 58, V).

3.6. Exigência de garantias

Desde que **previsto no instrumento convocatório**, poderá ser exigida prestação de garantia nas contratações de obras, serviços e compras. Trata-se de uma **faculdade** conferida à Administração Pública.

Esta garantia poderá também ser exigida na fase licitatória de todos os licitantes, que poderão optar por uma das seguintes modalidades: a) **caução em dinheiro ou em títulos da dívida pública**; b) **seguro-garantia**; c) **fiança bancária**.

A garantia, em regra, não excederá a **cinco por cento do valor do contrato** e terá seu valor atualizado nas mesmas condições daquele (art. 56, § 2.º da LLC). Entretanto, para **obras**, **serviços** e **fornecimentos** de **grande vulto** envolvendo alta **complexidade técnica** e **riscos financeiros consideráveis**, demonstrados através de parecer tecnicamente aprovado pela autoridade competente, o limite de garantia poderá ser elevado para até **dez por cento do valor do contrato**. A garantia prestada pelo contratado será liberada ou restituída após a execução do contrato e, quando em dinheiro, atualizada monetariamente.

Em resumo, para não se confundir **garantia da proposta** com **garantia do contrato:**

a) **Garantia da Proposta**: prevista no art. 31, III, da LLC, é exigida do licitante para sua participação da licitação. É também chamada de **garantia de participação**. Deve estar prevista no **ato convocatório** e não pode exceder a **1%** do **custo estimado da contratação**. Vale relembrar que não é permitida a exigência desta garantia no pregão.

a) **Garantia Contratual ou do Contrato**: prevista no art. 56, da LCC, representa uma garantia de adimplemento do objeto contratado, de modo a assegurar plena execução do contrato e a evitar prejuízos ao patrimônio público. Deve vir expressa no **ato convocatório** e no **contrato** e não pode exceder a **5%** do **total do contrato**, exceto nas contratações de **grande vulto**, quando poderá ser elevada a até **10%**.

Nos casos de contratos que importem na entrega de bens pela Administração, dos quais o contratado ficará depositário, ao valor da garantia deverá ser acrescido o valor desses bens (art. 56, § 5.º, LLC).

A garantia prestada pelo contratado será liberada ou restituída após a execução do contrato e, quando em dinheiro, atualizada monetariamente (art. 56, § 5.º, LLC).

ATENÇÃO

*Nos contratos de **concessão de serviço público precedida de obra pública**, a garantia é **obrigatória** para a execução da obra, limitada ao valor desta (Lei 8.987/1995, art. 18, XV, c/c o art. 23, parágrafo único, II). Os contratos de parcerias público-privadas também exigem a **prestação de garantia** por parte do parceiro privado até o limite de **dez por cento do valor do contrato**, conforme os ônus e riscos envolvidos, e, no caso de concessões patrocinadas, as garantias para a execução da obra, adequadas a cada caso limitadas ao valor da obra (art. 5.º, VIII da Lei 11.079/04), sem prejuízo das garantias de contraprestação que o parceiro público poderá prestar ao parceiro privado (arts. 8.º e 11, parágrafo único da Lei 11.079/04).*

3.7. Restrição ao uso da exceção do contrato não cumprido (*exceptio non adimpleti contractus*)

Caso a Administração suspenda a execução do contrato ou atrase no pagamento dos valores devidos ao contratado, este não poderá deixar de cumprir automaticamente suas obrigações. Esta vedação visa preservar o princípio da **continuidade dos serviços públicos**.

Esta situação fica evidenciada no inciso XV do art. 78 da LLC:

> XV – o **atraso superior a 90 (noventa) dias** dos pagamentos devidos pela Administração decorrentes de obras, serviços ou fornecimento, ou parcelas destes, já recebidos ou executados, salvo em caso de calamidade pública, grave perturbação da ordem interna ou guerra, **assegurado ao contratado o direito de optar pela suspensão do cumprimento de suas obrigações até que seja normalizada a situação**;

Ou seja, após o prazo de 90 dias, o contratado poderá s**uspender a prestação do cumprimento de suas obrigações** ou pleitear a **rescisão judicial ou amigável do contrato**.

Por outro lado, a Administração **poderá invocar a exceção do contrato não cumprido** se o inadimplemento for do contratado. Muita atenção neste ponto!

4. EXECUÇÃO DOS CONTRATOS

Conforme já tratado anteriormente, a Administração deverá fiscalizar a execução do contrato, inclusive determinando ao contratado os ajustes que entender necessários. Além disso, a execução do contrato traz algumas peculiaridades, a seguir discutidas.

4.1. Responsabilidades do contratado

O contratado é obrigado a reparar, corrigir, remover, reconstruir ou substituir, às suas expensas, no total ou em parte, o objeto do contrato em que se verificarem vícios, defeitos ou incorreções resultantes da execução ou de materiais empregados. O contratado é responsável pelos danos causados diretamente à Administração ou a terceiros, decorrentes de sua culpa ou dolo na execução do contrato (responsabilidade subjetiva), não excluindo ou reduzindo essa responsabilidade a fiscalização ou o acompanhamento pelo órgão interessado.

4.2. Encargos do contrato

O contratado é responsável pelos encargos **trabalhistas**, **previdenciários**, **fiscais** e **comerciais** resultantes da execução do contrato (art. 71, caput da LLC). A inadimplência do contratado, com referência aos encargos trabalhistas, fiscais e comerciais não transfere à Administração Pública a responsabilidade por seu pagamento, nem poderá onerar o objeto do contrato ou restringir a regularização e o uso das obras e edificações, inclusive perante o Registro de Imóveis (§ 1º). Relativamente aos **débitos previdenciários** resultantes do contrato, a Administração Pública responde **solidariamente** com o contratado (§ 2º).

Apesar da previsão de inexistência de responsabilidade da Administração pelos encargos trabalhistas, eram bastante comuns decisões da Justiça do Trabalho condenando o Poder Público **subsidiariamente** pelas dívidas trabalhistas da contratada, no tocante aos contratos em que há prestação de serviços terceirizados, em razão do mero inadimplemento. O entendimento consolidado pela Justiça do Trabalho chegou a fazer parte da Súmula 331, que trata especificamente da terceirização de serviços.

Em razão disso, o Governo do Distrito Federal ajuizou a Ação Direta de Constitucionalidade (ADC) do art. 71, § 1.º da LLC. A ADC 16 **foi julgada procedente pelo STF**, o que levou à alteração da Súmula 331 do TST.

POSIÇÃO DO STF

RESPONSABILIDADE CONTRATUAL. Subsidiária. Contrato com a administração pública. Inadimplência negocial do outro contraente. Transferência consequente e automática dos seus encargos trabalhistas, fiscais e comerciais, resultantes da execução do contrato, à administração. Impossibilidade jurídica. Consequência proibida pelo art., 71, § 1º, da Lei federal nº 8.666/93. Constitucionalidade reconhecida dessa norma. Ação direta de constitucionalidade julgada, nesse sentido, procedente. Voto vencido. É constitucional a norma inscrita no art. 71, § 1º, da Lei federal nº 8.666, de 26 de junho de 1993, com a redação dada pela Lei nº 9.032, de 1995 (ADC 16, Rel. Min. Cezar Peluso, j. em 24.11.2010).

POSIÇÃO DO TST

Súmula nº 331 *– Contrato de Prestação de Serviços – Legalidade*

(...)

IV – O inadimplemento das obrigações trabalhistas, por parte do empregador, implica a responsabilidade subsidiária do tomador de serviços quanto àquelas obrigações, desde que haja participado da relação processual e conste também do título executivo judicial.

V – Os entes integrantes da administração pública direta e indireta respondem subsidiariamente, nas mesmas condições do item IV, caso evidenciada a sua conduta culposa no cumprimento das obrigações da Lei n. 8.666/93, especialmente na fiscalização do cumprimento das obrigações contratuais e legais da prestadora de serviço como empregadora. A aludida responsabilidade não decorre de mero inadimplemento das obrigações trabalhistas assumidas pela empresa regularmente contratada.

VI – A responsabilidade subsidiária do tomador de serviços abrange todas as verbas decorrentes da condenação.

Por outro lado, no que se refere aos contratos que envolvam **execução de obras públicas**, a jurisprudência trabalhista tem afastado a responsabilidade do Poder Público pelas dívidas trabalhistas da contratada, aplicando-se o raciocínio do contrato de empreitada de construção civil.

ATENÇÃO

Este tema está novamente em evidência no STF (RE 760931), com repercussão geral reconhecida. Trata-se de recurso interposto pela União contra decisão do TST que condenou o ente de forma ***subsidiária*** *ao pagamento das verbas não adimplidas de em-*

pregado de empresa contratada, sob o argumento de que não houve falha na fiscalização do contrato administrativo de prestação de serviços. O julgamento está suspenso até que o novo Ministro, Alexandre de Moraes, possa proferir o voto de desempate. É importante que o candidato acompanhe a evolução deste tema, especialmente se deseja prestar concursos para cargos de carreiras trabalhistas ou advocacia pública.

POSIÇÃO DO TST

191. CONTRATO DE EMPREITADA. DONO DA OBRA DE CONSTRUÇÃO CIVIL. RESPONSABILIDADE.

Diante da inexistência de previsão legal específica, o contrato de empreitada de construção civil entre o dono da obra e o empreiteiro não enseja responsabilidade solidária ou subsidiária nas obrigações trabalhistas contraídas pelo empreiteiro, salvo sendo o dono da obra uma empresa construtora ou incorporadora.

4.3. Prorrogação do contrato

Segundo o art. 57, § 1º os prazos de início de etapas de execução, de conclusão e de entrega do objeto do contrato admitem prorrogação, mantidas as demais cláusulas do contrato e assegurada a manutenção de seu equilíbrio econômico-financeiro, desde que ocorra algum dos seguintes motivos, devidamente autuados em processo: I – alteração do projeto ou especificações, pela Administração; II – superveniência de fato excepcional ou imprevisível, estranho à vontade das partes, que altere fundamentalmente as condições de execução do contrato; III – interrupção da execução do contrato ou diminuição do ritmo de trabalho por ordem e no interesse da Administração; IV – aumento das quantidades inicialmente previstas no contrato, nos limites permitidos; V – impedimento de execução do contrato por fato ou ato de terceiro reconhecido pela Administração em documento contemporâneo à sua ocorrência; VI – omissão ou atraso de providências a cargo da Administração, inclusive quanto aos pagamentos previstos de que resulte, diretamente, impedimento ou retardamento na execução do contrato, sem prejuízo das sanções legais aplicáveis aos responsáveis.

5. EQUILÍBRIO ECONÔMICO-FINANCEIRO DO CONTRATO

No contrato administrativo deve ser observado o chamado **equilíbrio econômico-financeiro**, que é assegurado no art. 37, XXI da CF/88 ("mantidas as condições efetivas da proposta").

O equilíbrio nada mais é do que a observância da **equivalência** existente quando da assinatura do contrato, entre os **encargos assumidos pelo contratado** e a **retribuição da Administração**, mantendo-se o mais próximo possível o preço do objeto contratado durante todo o prazo de vigência do contrato. Por esta razão, o art. 58, § 1º, estabelece que as cláusulas econômico-financeiras e monetárias dos contratos administrativos **não poderão ser alteradas sem prévia concordância do contratado.**

A manutenção do equilíbrio econômico-financeiro do contrato se dá principalmente por meio das revisões e dos reajustes, a seguir estudados.

> **ATENÇÃO**
> *Não há na doutrina uma abordagem uniforme sobre este tema, de modo que procuramos trazer os pontos que são usualmente tratados pelos autores, bem como consideramos a forma como o tema vem sendo cobrado nos concursos.*

5.1. Reajuste

O reajuste visa manter atualizados os valores inicialmente contratados, protegendo o preço original das perdas inflacionárias ou mesmo de variações dos insumos utilizados ou fornecidos pelo contratado. Somente será cabível nos contratos com duração superior a um ano.

O próprio contrato deve estabelecer a periodicidade e os índices de reajustamento dos preços que serão utilizados (art. 55, III). O reajuste não implica em alteração contratual, razão pela qual dispensa aditamento e pode ser feito por meio de **apostila** (art. 65, § 8º).

5.2. Revisão

A revisão pode decorrer de dois fatores principais: **alteração unilateral do contrato** feita pela Administração ou ocorrência de **fatos extraordinários**.

Veja que a revisão não é planejada no contrato, como ocorre com o reajuste, e sua necessidade deve ser analisada caso a caso. Como a alteração unilateral já foi estudada, focaremos no estudo da segunda hipótese.

Quando ocorre um **fato extraordinário**, a LLC autoriza a **alteração contratual** "para restabelecer a relação que as partes pactuaram inicialmente entre os encargos do contratado e a retribuição da administração para a justa remuneração da obra, serviço ou fornecimento, objetivando a manutenção do equilíbrio econômico-financeiro inicial do contrato, na hipótese de sobrevirem **fatos imprevisíveis**, ou **previsíveis, porém de consequências incalculáveis**, retardadores ou impeditivos da execução do ajustado, ou, ainda, em caso de **força maior**, **caso fortuito** ou **fato do príncipe**, configurando álea econômica extraordinária e extracontratual" (art. 65, II, "d").

Terá aplicação a chamada **teoria da imprevisão**, que prega a necessidade de revisão de um contrato toda vez que um **fato externo ao contrato**, **imprevisível** ou, se previsível, de **consequências incalculáveis**, e **inevitável**, **estranho à vontade dos contratantes**, ocasionar **desequilíbrio contratual significativo**. Representa a aplicação da cláusula rebus sic stantibus aos contratos administrativos. Trazemos a seguir as **principais situações extraordinárias** que justificam a aplicação da **teoria da imprevisão**:

a) **Força maior e caso fortuito**: são eventos externos ao contrato, resultantes de **condutas humanas** (Ex: greve) ou **eventos da natureza** (Ex: enchente catastrófica).

b) **Fato do Príncipe**: é um **ato geral do Poder Público** que repercute consideravelmente no contrato, apesar de não se direcionar diretamente a tal fim. Ou seja, a entidade estatal atua como **autoridade pública**, não como parte do contrato. Exemplo desta situação é o aumento de algum tributo no curso do contrato.

A maior parte dos doutrinadores pátrios aborda a teoria do fato do príncipe em uma única via, qual seja, o Estado emanando um ato geral que traz prejuízos ao contratado, sem apontar a possibilidade reversa, em que um ato ou determinação geral da Administração, posterior à assinatura do contrato, **traz vantagens ao contratado** – como a isenção ou extinção de um tributo contabilizado na planilha de custos (art. 65, § 5.º) –, influindo no equilíbrio econômico-financeiro. A esta "dupla mão" convencionou-se chamar, respectivamente, fato do príncipe **positivo** e **negativo**.

DIÓGENES GASPARINI (2010, pp. 802-803) trata do tema em sua obra, e menciona que o provimento estatal, que deflagra o desequilíbrio contratual, tanto pode **onerar** (fato do príncipe positivo) como **desonerar** (fato do príncipe negativo) o contratado, ressalvando apenas neste último caso que o ato deve ser geral, isto é, não pode visar diretamente o contratante ou o contrato, que são atingidos reflexamente, sob pena de caracterizar fato da Administração.

c) **Fato da Administração**: consiste em toda **ação ou omissão da Administração** que se dirige e incide direta e especificamente sobre o contrato, **retardando** ou **impedindo** sua execução. Ex: demora em liberar um edifício para reforma do local.

d) **Interferências imprevistas**: HELY LOPES MEIRELLES (2004, p. 236) propõe as chamadas interferências imprevistas, que consistem em elementos materiais que **surgem durante a execução do contrato**, dificultando extremamente a sua execução e tornando-a insuportavelmente onerosa. Segundo o autor, estas causas **antecedem** ao próprio ajuste, mas se mantêm desconhecidas até serem reveladas através de obras e serviços em andamento, citando como exemplo a descoberta de um terreno rochoso – em área informada como arenosa previamente pela Administração – durante a execução de contrato.

6. EXTINÇÃO DOS CONTRATOS

Os contratos administrativos podem ser extintos **através de:**

a) **Advento do termo ou conclusão do objeto**: formas naturais de extinção do contrato, em que há o seu adimplemento. É a forma ordinária de encerramento do vínculo contratual.

b) **Rescisão unilateral:** a Administração põe termo ao ajuste em razão de sua inexecução total ou parcial por parte do contratado. As causas que autorizam a rescisão unilateral estão previstas nos incisos I a XII, XVII e XVIII do art. 78 da LLC.

c) **Rescisão bilateral:** há um acordo entre as partes para consensualmente pôr termo ao contrato, devendo ser justificada por um **interesse público** (art. 79, II da LLC).

d) **Rescisão judicial:** o particular não poderá rescindir o contrato unilateralmente em caso de descumprimento de cláusulas por parte da Administração Pública, razão pela qual deverá, caso queira, pleitear a extinção do contrato por meio de ação judicial, demonstrando as faltas cometidas durante a execução do contrato, trazidas nos incisos XIII a XVI do art. 78, da LLC.

e) **Anulação:** a extinção opera-se em razão de uma nulidade no contrato. A declaração de nulidade do contrato administrativo opera retroativamente impedindo os efeitos jurídicos que ele, ordinariamente, deveria produzir, além de desconstituir os já produzidos (art. 59, caput). A nulidade não exonera a Administração do dever de indenizar o contratado pelo que este houver executado até a data em que ela for declarada e por outros prejuízos regularmente comprovados, contanto que não lhe seja imputável, promovendo-se a responsabilidade de quem lhe deu causa (art. 59, parágrafo único).

7. CONTRATOS CELEBRADOS PELAS EMPRESAS ESTATAIS: LEI 13.303/16

O Estatuto Jurídico das Empresas Estatais e suas subsidiárias (Lei 13.303/16) trouxe normas específicas aplicáveis aos contratos celebrados por tais entidades, afastando a incidência da LLC. Além disso, o art. 68 determina a aplicação supletiva das normas de **direito privado**.

Nota-se certo arrefecimento na incidência das normas de direito público incidentes nos contratos celebrados pelas empresas estatais, permitindo-se um influxo maior de normas de direito privado, tendo o legislador buscado um equilíbrio entre as previsões dos incisos II e III do § 1.º do art. 173 da CF/88.

Analisemos os principais temas trazidos pelo Estatuto referentes aos contratos celebrados pelas entidades estatais.

7.1. Formalização

O Estatuto disciplinou entre os arts. 68 e 80 a formalização dos contratos das empresas estatais, com algumas disposições muito próximas às da Lei 8.666/93.

Assim como prevê a LLC, os contratos regidos pelo Estatuto também observarão o **formalismo**, devendo ser reduzidos a termo em um instrumento. Todavia, a redução a termo do contrato poderá ser dispensada no caso de **pequenas despesas de pronta entrega e pagamento** das quais não resultem obrigações futuras por parte da empresa pública ou da sociedade de economia mista, o que não prejudicará o registro contábil exaustivo dos valores despendidos e a exigência de recibo por parte dos respectivos destinatários (art. 73, da LLC).

A fim de dar transparência às contratações celebradas pelas empresas estatais, o Estatuto permite que qualquer interessado o conhecimento dos termos do contrato e a obtenção de cópia autenticada de seu inteiro teor ou de qualquer de suas partes, admitida a exigência de ressarcimento dos custos (art. 74).

7.1.1. Cláusulas essenciais

As cláusulas essenciais dos contratos celebrados pelas empresas estatais estão estabelecidas no art. 69 do Estatuto. Em sua maioria, estas cláusulas coincidem com aquelas previstas na LLC (art. 55), com algumas pequenas alterações na redação, a fim de melhor adaptá-las à sistemática do Estatuto.

A novidade trazida pelo Estatuto está na previsão da chamada **matriz de risco, que é a cláusula contratual definidora de riscos e responsabilidades entre as partes e caracterizadora do equilíbrio econômico-financeiro inicial do contrato**, em termos de ônus financeiro decorrente de **eventos supervenientes à contratação**, contendo, no mínimo, as seguintes informações: a) listagem de possíveis eventos supervenientes à assinatura do contrato, impactantes no equilíbrio econômico-financeiro da avença, e previsão de eventual necessidade de prolação de termo aditivo quando de sua ocorrência; b) estabelecimento preciso das frações do objeto em que haverá liberdade das contratadas para inovar em soluções metodológicas ou tecnológicas, em obrigações de resultado, em termos de modificação das soluções previamente delineadas no anteprojeto ou no projeto básico da licitação; c) estabelecimento preciso das frações do objeto em que não haverá liberdade das contratadas para inovar em soluções metodológicas ou tecnológicas, em obrigações de meio, devendo haver obrigação de identidade entre a execução e a solução pré-definida no anteprojeto ou no projeto básico da licitação (art. 69, X c/c o art. 42, X).

7.1.2. Garantias

Assim como ocorre com os contratos regidos pela LLC, as empresas estatais também **poderão** exigir garantias dos contratados, que poderão optar por **caução em dinheiro**, **seguro-garantia** e **fiança bancária**.

No tocante ao percentual das garantias, aplicam-se as mesmas previsões da LLC (5%, como regra e 10% para contratações de grande vulto). Da mesma forma, a garantia prestada pelo contratado será liberada ou restituída após a execução do contrato, valendo destacar que o Estatuto previu a atualização monetária apenas para a **caução em dinheiro**, o que faz sentido, uma vez que esta garantia é prestada com recursos do próprio contratado, que ficam depositados durante a vigência do contrato, ao passo que as outras duas decorrem de contratos celebrados com terceiros que atuam como garantidores do adimplemento contratual.

7.1.3. Prazo de duração

A duração dos contratos regulados pelo Estatuto, em regra, não excederá a **5 (cinco) anos**, contados a partir **de sua celebração**, sendo **expressamente vedado** o contrato **por prazo indeterminado** (art. 71, caput e parágrafo único).

Porém, tendo em vista as peculiaridades das empresas estatais e seu regime de direito privado, o Estatuto **excetuou** da regra geral do prazo de vigência as seguintes situações:

> I – Projetos contemplados no **plano de negócios e investimentos** da empresa pública ou da sociedade de economia mista;
>
> II – Nos casos em que a pactuação por prazo superior a 5 (cinco) anos seja **prática rotineira de mercado** e a imposição desse prazo **inviabilize ou onere excessivamente a realização do negócio**.

7.2. Alteração

As situações que ensejam a alteração dos contratos celebrados pelas empresas estatais vêm estabelecidas no art. 81 do Estatuto, incisos I a IV:

> Art. 81. Os contratos celebrados nos **regimes previstos nos incisos I a V do art. 43** contarão com cláusula que estabeleça a possibilidade de alteração, por acordo entre as partes, nos seguintes casos:
>
> I – Quando houver modificação do projeto ou das especificações, para **melhor adequação técnica aos seus objetivos**;
>
> II – Quando necessária a modificação do **valor contratual** em decorrência de **acréscimo ou diminuição quantitativa de seu objeto**, nos limites permitidos por esta Lei;
>
> III – Quando conveniente a **substituição da garantia de execução**;
>
> IV – Quando necessária a **modificação do regime de execução da obra ou serviço**, bem como do **modo de fornecimento**, em face de verificação técnica **da inaplicabilidade dos termos contratuais originários**;
>
> V – Quando necessária a **modificação da forma de pagamento**, por imposição de **circunstâncias supervenientes**, mantido o valor inicial atualizado, **vedada a antecipação do pagamento**, com relação ao cronograma financeiro fixado, sem a correspondente contraprestação de fornecimento de bens ou execução de obra ou serviço;
>
> VI – Para **restabelecer a relação que as partes pactuaram inicialmente entre os encargos do contratado e a retribuição da administração** para a justa remuneração da obra, serviço ou fornecimento, objetivando a manutenção do equilíbrio econômico-financeiro inicial do contrato, na hipótese de sobrevirem fatos imprevisíveis, ou previsíveis porém de consequências incalculáveis, retardadores ou impeditivos da execução do ajustado, ou, ainda, em caso de força maior, caso fortuito ou fato do príncipe, configurando álea econômica extraordinária e extracontratual.

O contratado poderá aceitar, nas mesmas condições contratuais, os acréscimos ou supressões que se fizerem nas **obras, serviços ou compras, até 25% (vinte e cinco por cento)** do valor inicial atualizado do contrato, e, no caso particular de **reforma de edifício ou de equipamento**, até o limite de **50% (cinquenta por cento)** para os seus acréscimos (art. 84, § 1.º).

As **supressões**, se **acordadas** entre os contratantes, poderão exceder tais limites, mas se o contratado já houver adquirido os materiais e posto no local dos trabalhos, em caso de obras, bens ou serviços, esses materiais deverão ser pagos pelas empresas estatais pelos **custos de aquisição regularmente comprovados e monetariamente corrigidos**, podendo caber **indenização** por outros danos eventualmente decorrentes da supressão, desde que regularmente comprovados.

A lei de estatais trouxe a previsão do **fato do príncipe positivo** e **negativo** como aptos a promover a revisão contratual (art. 81, § 5.º). Logo, a alteração poderá decorrer de um ato normativo do Estado que prejudique ou beneficie o contratado.

É vedada a celebração de aditivos decorrentes de eventos supervenientes alocados, na matriz de riscos, como de responsabilidade da contratada (art. 81, § 8.º).

7.3. Execução

O contratado deverá atuar com zelo durante a execução do contrato, cumprindo fielmente as obrigações constantes do contrato, estando obrigado a reparar, corrigir, remover, reconstruir ou substituir, às suas expensas, no total ou em parte, o objeto do contrato em que se verificarem vícios, defeitos ou incorreções resultantes da execução ou de materiais empregados, e responderá por danos causados diretamente a terceiros ou às empresas estatais, independentemente da comprovação de sua culpa ou dolo na execução do contrato (art. 76), ou seja, responderá **objetivamente**.

O contratado é responsável pelos encargos trabalhistas, fiscais e comerciais resultantes da execução do contrato. A inadimplência do contratado quanto aos encargos trabalhistas, fiscais e comerciais não transfere à empresa pública ou à sociedade de economia mista a responsabilidade por seu pagamento, nem poderá onerar o objeto do contrato ou restringir a regularização e o uso das obras e edificações, inclusive perante o Registro de Imóveis (art. 77).

Estatuto admite a subcontratação de partes da obra, serviço ou fornecimento, até o limite admitido, em casa caso, pelas empresas estatais, conforme previsto no edital e sem prejuízo das responsabilidades contratuais e legais do contratado originário (art. 78, caput).

A empresa subcontratada deverá atender, em relação ao objeto da subcontratação, as exigências de qualificação técnica impostas ao licitante vencedor (art. 78, § 1.º).

É vedada a subcontratação de empresa ou consórcio que tenha participado: I – do procedimento licitatório do qual se originou a contratação; II – direta ou indiretamente, da elaboração de projeto básico ou executivo (art. 78, § 2.º).

Da mesma forma, as empresas de prestação de serviços técnicos especializados deverão garantir que os integrantes de seu corpo técnico executem pessoal e diretamente as obrigações a eles imputadas, quando a respectiva relação for apresentada em procedimento licitatório ou em contratação direta (art. 78, § 3.º), previsão muito próxima à capitulada pela LLC (art. 13, § 3.º).

7.4. Sanções administrativas

Em caso de inexecução total ou parcial do contrato, as empresas estatais poderão aplicar as seguintes sanções, garantindo-se o direito de defesa à contratada (art. 83):

> I – **Advertência**;
>
> II – **Multa**, na forma prevista no instrumento convocatório ou no contrato;
>
> III – **Suspensão temporária** de participação em licitação e **impedimento de contratar** com a entidade sancionadora, por prazo não superior a 2 (dois) anos. O art. 84 do Estatuto enumerou algumas situações em que esta sanção poderá ser aplicada.

ATENÇÃO

Note que não há a previsão de aplicação da penalidade de inidoneidade para contratar com a Administração Públicas, prevista pela LLC.

Os contratos devem conter cláusulas com sanções administrativas a serem aplicadas em decorrência de atraso injustificado na execução do contrato, sujeitando o contratado a **multa de mora**, na forma prevista no instrumento convocatório ou no contrato, sem prejuízo da **rescisão** do contrato e a **aplicação de outras sanções** previstas no Estatuto (art. 82, caput, **§ 1.º).**

A multa, aplicada após regular processo administrativo, será descontada da garantia do respectivo contratado. Se a multa for de valor superior ao valor da garantia prestada, além da perda desta, responderá o contratado pela sua diferença, a qual será descontada dos pagamentos eventualmente devidos pela empresa pública ou pela sociedade de economia mista ou, ainda, quando for o caso, cobrada judicialmente (art. 82 §§ 2.º e 3.º).

8. TÓPICO-SÍNTESE

TÓPICO-SÍNTESE	
DEFINIÇÃO	São considerados contratos administrativos os ajustes celebrados entre a Administração e terceiro, pessoa física ou jurídica, regidos por normas de direito público, cujo objeto busca atingir algum interesse público.
CARACTERÍSTICAS	• Participação da Administração Pública no ajuste; • Busca do interesse público; • Incidência de normas de Direito Público; • Existência de Cláusulas Exorbitantes; • Formalismo; • Publicidade; • Pessoalidade; • Prazo determinado.
CLÁUSULAS EXORBITANTES	a) Possibilidade de alteração unilateral; b) Possibilidade de rescisão unilateral; c) Fiscalização da execução do contrato; d) Aplicação de sanções; e) Ocupação provisória; f) Exigência de garantias; g) Restrição ao uso da exceção do contrato não cumprido (*exceptio non adimpleti contractus*).
EXECUÇÃO DOS CONTRATOS	• **Responsabilidades do contratado:** reparar, corrigir, remover, reconstruir ou substituir, às suas expensas, no total ou em parte, o objeto do contrato em que se verificarem vícios, defeitos ou incorreções resultantes da execução ou de materiais empregados. Responsável pelos danos causados diretamente à Administração ou a terceiros, decorrentes de sua culpa ou dolo na execução do contrato, não excluindo ou reduzindo essa responsabilidade a fiscalização ou o acompanhamento pelo órgão interessado. • **Encargos do contrato:** O contratado é responsável pelos encargos **trabalhistas**, **previdenciários**, **fiscais** e **comerciais** resultantes da execução do contrato.

EXECUÇÃO DOS CONTRATOS	• **Prorrogação do contrato:** os prazos de início de etapas de execução, de conclusão e de entrega do objeto do contrato admitem prorrogação, mantidas as demais cláusulas do contrato e assegurada a manutenção de seu equilíbrio econômico-financeiro, desde que ocorra algum dos motivos elencados no art. 57, § 1º, devidamente autuados em processo.
EQUILÍBRIO ECONOMICO-FINANCEIRO DO CONTRATO	• É a observância da **equivalência** existente quando da assinatura do contrato, entre os **encargos assumidos pelo contratado** e a **retribuição da Administração**, mantendo-se o mais próximo possível o preço do objeto contratado durante todo o prazo de vigência do contrato. • Cláusulas econômico-financeiras e monetárias dos contratos administrativos **não poderão ser alteradas sem prévia concordância do contratado**. • **Reajuste:** visa manter atualizados os valores inicialmente contratados, protegendo o preço original das perdas inflacionárias ou de variações dos insumos utilizados ou fornecidos pelo contratado. • **Revisão:** pode decorrer de dois fatores principais: **alteração unilateral do contrato** feita pela Administração ou ocorrência de **fatos extraordinários**.
EXTINÇÃO DOS CONTRATOS	Os contratos administrativos podem ser extintos através de: a) Advento do termo ou conclusão do objeto; b) Rescisão unilateral; c) Rescisão bilateral; d) Rescisão judicial; e) Anulação.

Capítulo

XIV

SERVIÇOS PÚBLICOS

Leia a lei:

- *CF, arts. 21, XI, XII, XXII, XXIII, 25 § 2.º, 30, V, 37, § 6.º, 175 a 178 e 223; Lei 7.783/89, arts. 10-13; Lei 8.987/95; Lei 9.074/95; Lei 9.648/98; Lei 11.079/04; Lei 11.101/05, art. 195.*

1. NOÇÕES

Os primeiros estudos sobre **serviços públicos** surgiram na **França**. MARIA SYLVIA ZANELLA DI PIETRO (2007, p. 43) ensina que a **Escola do Serviço Público**, integrada por Duguit, Jèze e Bonnard, entre outros, inspirou-se na jurisprudência do Conselho de Estado francês que, a partir do caso Blanco, decidido em 1873, passou a fixar a competência dos Tribunais Administrativos em função da execução de serviços públicos.

A expressão **serviços públicos** possui significado impreciso e aberto, o que fez com que sofresse mutações em seu conteúdo ao longo dos anos.

DI PIETRO informa que no estágio inicial da Escola dos Serviços Públicos, adotou-se uma **concepção ampla de serviço público**, ao ponto de alguns autores inserirem na definição **todas as atividades do Estado**, inclusive as atividades legislativa e jurisdicional.

Posteriormente, surgiu a **concepção restrita de serviço público**, que excluía as funções legislativa e jurisdicional, além de tentar distinguir os serviços públicos do poder de polícia (Cf. DI PIETRO, 2007, pp. 90-91).

Ainda que tenha havido esta primeira separação, a evolução da sociedade, cada vez mais dinâmica e complexa, impôs a constante rediscussão do conceito de **serviço público.**

É certo que um determinado serviço que hoje é considerado público pode não o ter sido no passado, e vice-versa. Um exemplo desta situação é a exploração de atividades comerciais e industriais pelo Estado, que atualmente apresenta-se como viável e possível juridicamente, mas que possivelmente seria rechaçada pelos precursores da Escola do Serviço Público, à época influenciados pela visão não-intervencionista estatal.

2. CONCEITO

Feitas as devidas considerações no tópico anterior sobre a evolução da noção de **serviços públicos**. Importa buscar um conceito que abranja satisfatoriamente as formas pelas quais o instituto se manifesta.

A dificuldade observada para a definição do conteúdo dos serviços públicos reflete, até os dias de hoje, na falta de consenso entre os doutrinadores para a elaboração de um conceito, a ponto de se falar em uma "crise na noção de serviço público".

Ao longo dos anos, desenvolveram-se as seguintes correntes de pensamento:

Critério	Definição de Serviço Público	Críticas
Orgânico ou subjetivo (escola subjetivista)	É aquele prestado pelo próprio Estado	Não contempla as hipóteses de delegação dos serviços a particulares
Formal (escola formalista)	É aquele disciplinado ou regulamentado por regime de direito público.	É incompleto, porque algumas regras de direito privado incidem sobre serviços delegados aos particulares ou mesmo os prestados pelas Empresas Públicas e Sociedades de Economia Mista.
Material (Materialista ou Essencialista)	Realça a natureza da atividade exercida, ou seja, serviço público deve atender diretamente as atividades essenciais para a vida em comunidade, ou seja, as necessidades coletivas	1) algumas atividades são prestadas indiretamente e são serviços públicos; 2) nem todas as atividades prestadas pelo Estado representam atividades essenciais para a vida em comunidade.

Os conceitos doutrinários, de um modo geral, promovem a junção destas três correntes, como faz JOSÉ DOS SANTOS CARVALHO FILHO (2012, p. 321) que define serviço público como "toda atividade prestada pelo Estado ou por seus delegados, basicamente sob regime de direito público, com vistas à satisfação de necessidades essenciais e secundárias da coletividade".

MARIA SYLVIA ZANELLA DI PIETRO (2007, p. 94), nesta mesma linha, define serviços públicos como "toda atividade material que a lei atribui ao Estado para que a exerça diretamente ou por meio de seus delegados, com o objetivo de satisfazer concretamente às necessidades coletivas, sob regime jurídico total ou parcialmente público".

ATENÇÃO

Não é necessário que as três concepções estejam presentes simultaneamente para que determinado serviço seja considerado público. Basta lembrar, por exemplo, que determinados serviços públicos são executados, sob regime de delegação, por particulares, o que afasta o critério subjetivo. ***Este tema já foi cobrado em concurso público.***

3. CLASSIFICAÇÃO

Destacamos a seguinte classificação dos serviços públicos, que tem sido a mais cobrada em concursos públicos:

3.1. Quanto aos destinatários (serviços gerais e individuais)

Serviço geral (indivisível, coletivo ou *uti universi*) é o prestado a um **número indeterminado de indivíduos**, sem que se possa aferir a utilização individual e mensurada pelos usuários. São geralmente financiados por **impostos** e **contribuições específicas**, sendo suportados por toda a coletividade. Um bom exemplo de serviço geral é o de iluminação pública que, por ser prestado a usuários indeterminados e indetermináveis e sem possibilidade de mensuração individual de uso, não pode ser remunerado por taxa.

POSIÇÃO DO STF

Súmula Vinculante 41: *O serviço de iluminação pública não pode ser remunerado mediante taxa.*

Súmula 670: *O serviço de iluminação pública não pode ser remunerado mediante taxa.*

Os serviços de iluminação pública são atualmente financiados pela **Contribuição Sobre Iluminação Pública (COSIP ou CIP)**, prevista no art. 149-A da CF/88 e de competência dos Municípios e Distrito Federal.

Serviço individual (divisível, singular ou *uti singuli*) é o prestado a um **número determinado ou determinável de indivíduos**, de modo que é possível separar e mensurar ou estimar sua utilização direta e imediata pelo usuário. Em razão disso, serão remunerados por **taxa** ou por **tarifa**, pagas pelo próprio usuário. Ex: água, luz, telefonia etc.

Mas nem sempre a diferenciação entre serviços gerais e individuais é tranquila, podendo-se ilustrar o raciocínio com os serviços públicos de coleta, remoção e tratamento de lixo domiciliar e também de conservação e limpeza de logradouros e bens públicos. A matéria era tratada sem uniformidade entre os Municípios, chegando alguns a cobrar os dois serviços conjuntamente por meio de taxa.

O STF foi instado a se manifestar sobre o tema, firmando entendimento de que os serviços públicos de coleta, remoção e tratamento ou destinação de lixo ou resíduos provenientes de imóveis são específicos e divisíveis, podendo ser remunerados por taxas, desde que completamente dissociadas de outros serviços públicos de limpeza realizados em benefício da população em geral (uti universi) e de forma indivisível, tais como os de conservação e limpeza de logradouros e bens públicos (praças, vias, ruas, bueiros) e que, por isso, devem ser financiados por toda a coletividade por meio de impostos.

POSIÇÃO DO STF

Súmula Vinculante 19: *A taxa cobrada exclusivamente em razão dos serviços públicos de coleta, remoção e tratamento ou destinação de lixo ou resíduos provenientes de imóveis, não viola o art. 145, II, da Constituição Federal.*

3.2. Quanto ao objeto (serviços administrativos, comerciais ou industriais e sociais)

Serviços administrativos, segundo HELY LOPES MEIRELLES (2004, p. 322), "são os que a Administração executa para atender as suas necessidades internas ou preparar outros serviços que serão prestados ao público, tais como os da imprensa oficial, das estações experimentais e outros dessa natureza".

Serviços comerciais ou **industriais** são aqueles que a Administração executa, direta ou indiretamente, para atender necessidades coletivas de ordem econômica, com base no art. 175 da CF/88 (DI PIETRO, 2010, p. 110), sendo remunerados por tarifas ou preços públicos. Ex: telecomunicações, energia elétrica etc.

Serviços sociais, por fim, são os que visam atender necessidades coletivas, sendo prestados prioritariamente pelo Estado, mas sem a exclusão da atuação supletiva da iniciativa privada. Ex: saúde, previdência, educação etc.

3.3. Quanto à essencialidade (serviços públicos propriamente ditos e serviços de utilidade pública)

Segundo HELY LOPES MEIRELLES (2004, p. 321), **serviços públicos propriamente ditos** são os que a Administração presta diretamente à comunidade, por reconhecer sua essencialidade e necessidade para a sobrevivência do grupo social e do próprio Estado. Assim, tais serviços são considerados **privativos do Poder Público**, inexistindo a possibilidade de delegação a terceiros. Ex: defesa nacional, exercício do poder de polícia etc.

Serviços de utilidade pública são os que a Administração presta diretamente ou aquiesce em que sejam prestados por terceiros delegatários, após reconhecida sua conveniência para a coletividade (MEIRELLES, 2004, pp. 321-322). A Administração regulamenta a forma de delegação e promove seu controle, mas o serviço é prestado por conta e risco dos delegatários, mediante remuneração dos usuários. Ex: serviços de transporte coletivo.

3.4. Quanto à delegabilidade (serviços públicos próprios e impróprios)

Serviços próprios "são aqueles que se relacionam intimamente com as atribuições do Poder Público (segurança, polícia, higiene e saúde públicas etc.) e para a execução dos quais a Administração usa da sua supremacia sobre os administrados. Por essa razão, só devem ser prestados por órgãos ou entidades públicas, sem delegação a particulares" (MEIRELLES, 2004, p. 322). São geralmente gratuitos ou de remuneração simbólica (conferir no livro).

Serviços impróprios "são os que afetam substancialmente as necessidades da comunidade, mas satisfazem interesses comuns de seus membros, e, por isso, a Administração os presta remuneradamente, por seus órgãos ou entidades descentralizadas (autarquias, empresas públicas, sociedades de economia mista, fundações governamentais), ou delega sua prestação a concessionárias, permissionários ou autorizatários" (MEIRELLES, 2004, p. 322).

JOSÉ DOS SANTOS CARVALHO FILHO (2008, p. 295) utiliza, respectivamente, a terminologia **indelegáveis** e **delegáveis** quando discute este serviços.

4. DISCIPLINA CONSTITUCIONAL

A disciplina constitucional dos serviços públicos é trazida pelo art. 175, da CF/88: "Incumbe ao Poder Público, na forma da lei, diretamente ou sob regime de concessão ou permissão, sempre através de licitação, a prestação de serviços públicos".

Ou seja, a exploração de serviço público pode se dar **diretamente** pelo Estado ou pelo **particular**, sob os regimes de **concessão** ou **permissão**.

Ao lado destas duas formas de delegação, o regime de **autorização** de serviços públicos é também previsto para a exploração dos serviços de telecomunicações (art. 21, XI, da CF), bem como os serviços enumerados no art. 21, XII e art. 223 da CF.

Dentro desta perspectiva, cumpre esclarecer que os entes federativos somente poderão disciplinar e legislar sobre os serviços que lhes foram atribuídos pelo texto constitucional, observando-se, principalmente, a **prevalência dos interesses**, sendo que em alguns casos todos os entes são legitimados a prestar determinado serviço. Assim, serviços de **interesse geral** ficam a cargo da **União**, os de **interesse regional** e a **competência suplementar** (art. 25, § 1.º da CF) ficam sob responsabilidade do **Estado**, enquanto os **Municípios** administram os serviços de **interesse local**. O Distrito Federal administrará os serviços de incumbência dos Estados e Municípios (art. 32, § 1.º), ressalvando-se o disposto art. 21, XIII e XIV da CF/88,

O art. 21 da CF traz diversos serviços de competência da União, valendo destacar os serviços de telecomunicações, radiodifusão sonora e de sons e imagens, transporte rodoviário interestadual e internacional de passageiros etc.

Aos Estados compete **privativamente** a exploração, diretamente ou mediante concessão, dos serviços de **gás canalizado**, na forma da lei, bem como as atribuições residuais ou remanescentes não enumeradas no texto constitucional (art. 25, §§ 1.º e 2.º).

Os Municípios receberam a incumbência de organizar e prestar, diretamente ou sob regime de concessão ou permissão, os serviços públicos de **interesse local**, incluído o de transporte coletivo, que tem caráter essencial (art. 30, V). Considera-se de interesse local, por exemplo, os serviços de limpeza de logradouros e coleta de lixo. Além disso, O Município deve manter, com a cooperação técnica e financeira da União e do Estado, programas de educação infantil e de ensino fundamental e prestar, com a cooperação técnica e financeira da União e do Estado, serviços de atendimento à saúde da população (art. 30, VI e VII).

A CF/88 atribui aos entes federativos, de forma concorrente, a prestação dos serviços arrolados em alguns dos incisos do art. 23, como cuidar da saúde e assistência pública, da proteção e garantia das pessoas portadoras de deficiência, proporcionar os meios de acesso à cultura, à educação, à ciência, à tecnologia, à pesquisa e à inovação, organizar o abastecimento alimentar etc.

Por fim, há que se mencionar as **competências concorrentes** estabelecidas entre União e Estados para legislarem sobre as matérias trazidas no art. 24, dentre as quais se incluem serviços de educação, cultura, ensino, desporto, ciência, tecnologia, pesquisa, desenvolvimento e inovação, previdência social, proteção e defesa da saúde, assistência jurídica e Defensoria pública etc.

5. PARTICIPAÇÃO, PROTEÇÃO E DEFESA DOS USUÁRIOS DOS SERVIÇOS PÚBLICOS DA ADMINISTRAÇÃO PÚBLICA (LEI 13.460/17)

O art. 37, § 3º da CF prevê que os usuários dos serviços públicos devem ter meios de participação na Administração Pública, especialmente no tocante às reclamações relativas à prestação dos serviços públicos em geral, asseguradas a manutenção de serviços de atendimento ao usuário e a avaliação periódica, externa e interna, da qualidade dos serviços (I).

Após o ajuizamento da Ação Direta de Inconstitucionalidade por Omissão n.º 24, em que a OAB visou a declaração da mora legislativa na regulamentação daquele dispositivo constitucional, foi editada a Lei 13.460/17, que acabou por também por abranger as previsões do art. 175, parágrafo único, incisos II e IV da CF, a par da regulamentação legal já existente quanto à prestação de tais serviços.

Segundo previsão de seu art. 1.º, *caput* e § 1.º, a lei será aplicada aos serviços prestados direta ou indiretamente pela administração pública direta e indireta de todos os Poderes da União, Estados, Distrito Federal e Municípios e subsidiariamente aos serviços públicos prestados por particular (§ 3.º). Por algum lapso, o Ministério Público não foi mencionado expressamente no conceito de administração pública subjetiva trazido no art. 2.º, inciso III, o que, no nosso entender, não afasta a necessidade de o órgão observar as prescrições da Lei 13.460/17, uma vez que também exerce atividade administrativa (art. 2.º, II) e neste ponto está sujeito a controle do CNMP (art. 130-A, § 2.º da CF).

ATENÇÃO

A lei vem recebendo críticas com relação a alguns conceitos imprecisos adotados, um dos quais sobre seu âmbito de aplicação. No nosso entender, aplicar-se-á a lei aos serviços prestados pela administração direta ou indireta, assim como aqueles prestados sob regime de delegação contratual. Quando a lei menciona a aplicação subsidiária a serviços públicos prestados por particular, entendemos que a lei está-se referindo àqueles serviços públicos não exclusivos, como saúde, educação, cultura etc. Mas o tema não é tranquilo, havendo quem defenda que a previsão se aplica aos delegatários de serviços públicos. Assim, deve-se aguardar a regulamentação da lei e sua aplicação prática, bem como as questões judiciais daí surgidas.

Enumeraremos a seguir as principais novidades trazidas: 1) A aplicação da Lei nº 13.460/2017 não afasta a necessidade de que a Administração Pública continue tendo que cumprir outros deveres em normas regulamentadoras específicas (quando se tratar de serviço ou atividade sujeitos a regulação ou supervisão) e no Código de Defesa do Consumidor (quando caracterizada relação de consumo); 2) Os serviços públicos e o atendimento do usuário serão realizados de forma adequada, observados os princípios da regularidade, continuidade, efetividade, segurança, atualidade, generalidade, transparência e cortesia; 4) o art. 5.º estabelece uma série de diretrizes a serem observadas pelos agentes públicos prestadores de serviço público, com destaque para autenticação de documentos pelo próprio agente público, à vista dos originais apresentados pelo usuário, vedada a exigência de reconhecimento de firma, salvo em caso de dúvida de autenticidade; 5) Além de diretrizes, a lei trouxe uma série de direitos (art. 6.º) e deveres (art. 8.º) dos usuários; 6) Necessidade de divulgação da Carta de Serviços aos Usuários, cujo objetivo informar o usuário sobre os serviços prestados pelo órgão ou entidade, as formas de acesso a esses serviços e seus compromissos e padrões de qualidade de atendimento ao público; 7) garantia de manifestações dos usuários perante a administração pública acerca da prestação de serviços públicos e visando à garantia de seus direitos, dirigidas à ouvidoria do órgão ou entidade responsável e conterá a identificação do requerente; 8) criação de conselhos de usuários, como mecanismos de acompanhamento da prestação e na avaliação dos serviços públicos; 9) necessidade de aferição por parte dos órgãos e entidades abrangidas pela lei no tocante à satisfação do usuário com o serviço prestado, qualidade do atendimento prestado, dentre outros aspectos, permitindo-se a criação de um ranking das entidades com maior incidência de reclamação dos usuários, visando reorientar e ajustar os serviços prestados, em especial quanto ao cumprimento dos compromissos e dos padrões de qualidade de atendimento divulgados na Carta de Serviços ao Usuário (art. 23).

A Lei 13.460/2017 (DOU de 27.6.2017) estabeleceu prazos diferenciados de *vacatio legis*, quais sejam: I – 365 dias para a União, os Estados, o Distrito Federal e os Municípios com mais de 500 mil habitantes; II – 540 dias para os Municípios entre 100 mil e 500 mil habitantes; e III – 720 dias para os Municípios com menos de 100 mil habitantes.

6. DELEGAÇÃO DE SERVIÇOS PÚBLICOS

Em algumas situações o Estado poderá **delegar** a outrem a **execução** de determinado serviço público de sua titularidade.

O regime de delegação de serviços públicos pode se dar da seguinte maneira:

DELEGAÇÃO DE SERVIÇOS PÚBLICOS	**Legal**	A execução ou mesmo a titularidade do serviço é transferida por lei a entidades integrantes da própria Administração.
	Negocial	A execução de um determinado serviço é transferida para pessoas da iniciativa privada por meio de contrato administrativo. Ocorre por meio de **concessão**, **permissão** e **autorização**.

As principais normas que tratam da delegação de serviços públicos são a **Lei 8.987/95**, que regulamentou os regimes de concessão e permissão previstos no art. 175 da CF/88, a **Lei 9.074/97**, que complementou a lei anterior, e a **Lei 11.074/04**, que estabeleceu normas gerais para licitação e contratação de parceria público-privada.

7. CONCESSÃO DE SERVIÇOS PÚBLICOS

7.1. Noções

A Lei 8.987/95 traz o conceito de concessão de serviço público em seu art. 2º, II, como sendo a **delegação** de sua **prestação**, feita pelo poder concedente, mediante **licitação**, na modalidade de **concorrência**, à **pessoa jurídica** ou **consórcio de empresas** (concessionárias) que demonstre capacidade para seu desempenho, por sua **conta e risco** e por **prazo determinado** (que será definido pelo poder concedente).

A concessão será formalizada por meio de um **contrato administrativo**. Não é demais lembrar que o concessionário presta o serviço em nome próprio, mas a titularidade do serviço permanece em poder da administração pública.

A concessão de serviço público poderá ser **precedida da execução de obra pública**, o que implicará na construção, total ou parcial, conservação, reforma, ampliação ou melhoramento de quaisquer obras de interesse público, observadas as demais disposições da concessão, de forma que o investimento da concessionária seja remunerado e amortizado mediante a exploração do serviço ou da obra por prazo determinado.

A prestação do serviço público será remunerada por meio de **tarifa** paga pelos usuários, que será fixada pelo preço da proposta vencedora da licitação e terá preservado seu valor pelas regras de revisão previstas na referida lei, no edital e no contrato (manutenção do equilíbrio econômico-financeiro). Poderá o poder concedente prever, em favor da concessionária, no edital de licitação, a possibilidade de **outras fontes** provenientes de **receitas alternativas, complementares, acessórias** ou de **projetos associados**, com ou sem exclusividade, com vistas a favorecer a **modicidade das tarifas**.

7.2. Serviço adequado

A Lei 8.987/95 estabelece que "toda **concessão** ou **permissão** pressupõe a prestação de serviço adequado ao pleno atendimento dos usuários, conforme estabelecido nesta Lei, nas normas pertinentes e no respectivo contrato" (art. 6º).

Serviço adequado é o que satisfaz as condições de **regularidade**, **continuidade**, **eficiência**, **segurança**, **atualidade**, **generalidade**, **cortesia** na sua prestação e **modicidade** das tarifas. A atualidade compreende a modernidade das técnicas, do equipamento e das instalações e a sua conservação, bem como a melhoria e expansão do serviço.

Algumas dessas características do serviço adequado são considerados pela doutrina como princípios específicos dos serviços públicos, analisados no tópico seguinte.

7.3. Princípios informativos dos serviços públicos

7.3.1. Continuidade

O princípio da continuidade dos serviços públicos pode ser analisado sob dois prismas (ZIMMER JUNIOR, 2009, pp. 327-333):

a) **relação entre o poder concedente e o concessionário**: o serviço deverá ser prestado, ainda que com sacrifício da contratada. É bom verificar, por exemplo, os grandes empecilhos criados pela Lei 8.987/95 para a invocação da cláusula de exceção de contrato não cumprido (Cf. art. 39). Assim, não poderá a concessionária repassar ao usuário o ônus do inadimplemento do Poder Público contratante.

b) **relação entre a concessionária e o usuário**: o princípio é um pouco mais relativizado, mas se permite a interrupção na prestação do serviço, em **situação de emergência** ou mediante **prévia comunicação** ao usuário, quando motivada por razões de **ordem técnica** ou de **segurança das instalações** e por **inadimplemento do usuário**, considerado o interesse da coletividade (art. 6.º, § 3.º Lei 8.987/95).

7.3.2. Eficiência

Também chamado de **princípio do funcionamento eficiente**, prega que os serviços públicos devem ser executados da melhor forma possível. Corolário deste princípio é a exigência de **atualidade do serviço** – considerada por alguns autores como princípio autônomo -, que compreende a modernidade das técnicas, do equipamento e das instalações e a sua conservação, bem como a melhoria e expansão do serviço.

7.3.3. Mutabilidade

Chamado por Maria Sylvia Zanella Di Pietro de princípio da mutabilidade do regime jurídico ou da flexibilidade dos meios aos fins, "autoriza mudanças no regime de execução do serviço para adaptá-lo ao interesse público, que é sempre variável o tempo. Em decorrência disso, nem os servidores públicos, nem os usuários dos serviços públicos, nem os contratados pela Administração têm direito adquirido à manutenção de determinado regime jurídico; o estatuto dos funcionários pode ser alterado, os contratos também podem ser alterados ou mesmo rescindidos unilateralmente para atender ao interesse público" (2010, p. 108).

7.3.4. Cortesia na Prestação

Segundo Diógenes Gasparini, "pelo princípio da cortesia, obriga-se a Administração Pública a oferecer aos usuários de seus serviços um bom tratamento. Exige-se de quem presta serviço público um tratamento urbano, sem o desdém daquele que o oferece. A prestação, em tais condições, não é favor do agente ou da Administração Pública, mas dever de um e de outro e, sobretudo, um direito do cidadão" (2011, pp. 355-356).

7.4. Direitos e obrigações dos usuários

São direitos e obrigações dos usuários de serviços delegados, trazidos pela Lei 8.987/95: **I** – receber serviço adequado; **II** – receber do poder concedente e da concessionária informações para a defesa de interesses individuais ou coletivos; **III** – obter e utilizar o serviço, com liberdade de escolha, observadas as normas do poder concedente; **IV** – levar ao conhecimento do poder público e da concessionária as irregularidades de que tenham conhecimento, referentes ao serviço prestado; **V** – comunicar às autoridades competentes os atos ilícitos praticados pela concessionária na prestação do serviço; **VI** – contribuir para a permanência das boas condições dos bens públicos através dos quais lhes são prestados os serviços. Além dos direitos assegurados pela Lei 8.987/95, o usuário do serviço público tem à sua disposição, para a tutela de seus direitos, o Código de Defesa do Consumidor.

7.5. Peculiaridades da licitação de concessão

O art. 175 da CF/88 prescreve que a contração de permissão ou concessão de serviço público será precedida de **licitação**, que a lei 8.987/95 determina ser obrigatoriamente pela modalidade **concorrência**. Vale destacar que a outorga de concessão ou permissão **não terá caráter de exclusividade**, salvo no caso de **inviabilidade técnica ou econômica justificada** no edital da licitação (art. 5.º da lei 8.987/95).

As regras da concorrência são estabelecidas pela Lei 8.666/93, com incidência das regras específicas trazidas pela Lei 8.987/95 (arts. 14 a 22).

O edital deverá conter os requisitos do art. 18 da Lei 8.987/95, destacando-se a descrição das condições necessárias à prestação adequada do serviço, as possíveis fontes de receitas alternativas, complementares ou acessórias, bem como as provenientes de projetos associados, os critérios de reajuste e revisão da tarifa, a indicação dos bens reversíveis, entre outros.

Para análise das propostas, admite-se que seja adotado um dos seguintes critérios:

> I – **Menor valor da tarifa** do serviço público a ser prestado;
>
> II – **Maior oferta**, nos casos de pagamento ao poder concedente pela outorga da concessão;

III – A **combinação**, dois a dois, dos critérios referidos em I, II e VII;

IV – **Melhor proposta técnica**, com preço fixado no edital;

V – **Melhor proposta** em razão da **combinação** dos critérios de **menor valor da tarifa** do serviço público a ser prestado com o de **melhor técnica**;

VI – **Melhor proposta** em razão da **combinação** dos critérios de **maior oferta** pela outorga da concessão com o de **melhor técnica; ou**

VII – **Melhor oferta de pagamento pela outorga** após qualificação de propostas técnicas.

Considerar-se-á desclassificada a proposta que, para sua viabilização, necessite de vantagens ou subsídios que não estejam previamente autorizados em lei e à disposição de todos os concorrentes (art. 17, caput). Considerar-se-á, também, desclassificada a proposta de entidade estatal alheia à esfera político-administrativa do poder concedente que, para sua viabilização, necessite de vantagens ou subsídios do poder público controlador da referida entidade (§ 1.º). Consideram-se vantagens ou subsídios, qualquer tipo de tratamento tributário diferenciado, ainda que em consequência da natureza jurídica do licitante, que comprometa a isonomia fiscal que deve prevalecer entre todos os concorrentes (§ 2.º).

Assim como ocorre no procedimento de pregão, a Lei 8.987/95 admite a inversão da ordem das fases de habilitação e julgamento, desde que prevista no edital (art. 18-A).

Admite-se que empresas formem consórcio para participar da licitação, apresentando compromisso, público ou particular, de sua constituição, a indicação da empresa responsável pelo consórcio e mediante o cumprimento das demais disposições do art. 19. O licitante vencedor fica obrigado a promover, antes da celebração do contrato, a constituição e registro do consórcio, nos termos do compromisso apresentado. É facultado ao poder concedente, desde que previsto no edital, no interesse do serviço a ser concedido, determinar que o licitante vencedor, no caso de consórcio, se constitua em empresa antes da celebração do contrato (art. 20).

Diferentemente do que dispõe a Lei 8.666/93 para as concorrências, nas licitações para concessão e permissão de serviços públicos ou uso de bem público, os autores ou responsáveis economicamente pelos projetos básico ou executivo podem participar, direta ou indiretamente, da licitação ou da execução de obras ou serviços (art. 31 da Lei 9.074/95).

7.6. Contratação

A Lei 8.987/95 traz uma série de regras especiais no que tange à contratação das concessões e permissões a partir de seu art. 23.

Inicialmente, cumpre observar que **não há um prazo estabelecido para as concessões e permissões**, mas apenas menção de que os contratos serão **por prazo determinado**. Este prazo geralmente está previsto na própria lei que regulamenta o serviço público, não se aplicando os prazos da Lei 8.666/93 (art. 57).

O art. 23 estabelece as cláusulas obrigatórias do contrato de concessão. Por seu turno, o parágrafo único deste mesmo artigo acrescenta outras cláusulas que devem constar dos contratos de concessão de serviço público precedida da execução de obra pública.

O contrato de concessão poderá prever o emprego de mecanismos privados para resolução de disputas decorrentes ou relacionadas ao contrato, inclusive a arbitragem, a ser realizada no Brasil e em língua portuguesa (art. 23-A).

7.7. Intervenção na concessão

O poder concedente poderá intervir na concessão, com o fim de assegurar a **adequação na prestação do serviço**, bem como o **fiel cumprimento das normas contratuais**, **regulamentares** e legais **pertinentes** (art. 32). A intervenção far-se-á por **decreto do poder concedente**, que conterá a **designação do interventor**, o **prazo da intervenção** e os **objetivos e limites da medida**.

Declarada a intervenção, o poder concedente deverá, no prazo de **trinta dias**, instaurar **procedimento administrativo** para comprovar as causas determinantes da medida e apurar responsabilidades, assegurado o direito de ampla defesa (art. 33). O contraditório, neste caso, ocorrerá *a posteriori*.

Se ficar comprovado que a intervenção não observou os pressupostos legais e regulamentares será declarada sua **nulidade**, devendo o serviço ser imediatamente devolvido à concessionária, **sem prejuízo de seu direito à indenização**. Ao contrário, se se comprovar a falha na prestação do serviço, a concessionária sofrerá a sanção cabível, que poderá levar até à **extinção da concessão**.

O procedimento administrativo deverá ser concluído no prazo de **até cento e oitenta dias**, sob pena de considerar-se **inválida** a intervenção.

Cessada a intervenção, **se não for extinta a concessão**, a administração do serviço será devolvida à concessionária, precedida de prestação de contas pelo interventor, que responderá pelos atos praticados durante a sua gestão (art. 34)

7.8. Extinção do contrato de concessão

A lei 8.987/95 prevê algumas formas de extinção do contrato de concessão de serviço público (arts. 35 a 39).

A extinção do contrato de concessão produz automaticamente os seguintes efeitos: a) retornam ao poder concedente todos os bens reversíveis (aqueles que devem ser transferidos pelo concessionário ao patrimônio do poder concedente ao final do contrato de concessão), direitos e privilégios transferidos ao concessionário conforme previsto no edital e estabelecido no contrato; b) o poder concedente assumirá imediatamente o serviço público, procedendo-se aos levantamentos, avaliações e liquidações necessários; c) ocupação das instalações e a utilização, pelo poder concedente, de todos os bens reversíveis. A intenção do legislador é que não haja interrupção da prestação do serviço, permitindo a imediata tomada de providências.

7.8.1. Termo final do prazo

A concessão pode se findar após o decurso do prazo estabelecido no contrato administrativo, ocasião em que a execução do serviço retorna ao poder concedente.

A extinção por esta forma opera de pleno direito, não sendo necessário qualquer aviso ou notificação ao concessionário.

Vale ressaltar que se a concessão integrar o Programa de Parcerias de Investimentos – PPI (Lei 13.334/2016), a Lei 13.348 passou a permitir **prorrogação contratual** ou **prorrogação antecipada** dos contratos de parceria relacionados a **rodovias e ferrovias** da Administração Pública federal, quando expressamente admitida no respectivo edital ou no instrumento contratual original.

7.8.2. Encampação

Também chamada de **resgate**, é a retomada do serviço pelo poder concedente durante o prazo da concessão, por **motivo de interesse público**, mediante **lei autorizativa específica** e após **pagamento da indenização ao concessionário**. Ou seja, não há qualquer inadimplemento contratual, mas tão somente interesse público no resgate do serviço por parte do poder público.

7.8.3. Caducidade

Também chamada de **decadência**, é uma forma de **rescisão unilateral** do contrato por parte do Poder Público e decorre da **inexecução total** ou **parcial** do contrato por parte da concessionária.

A Lei 8.987/95 enumera as hipóteses de caducidade no art. 38, § 1º. Outra hipótese de caducidade está prevista no art. 27 da Lei 8.987/95, qual seja, transferência de concessão ou do controle societário da concessionária sem prévia anuência do poder concedente.

Destacamos, ainda, as seguintes regras sobre a caducidade: **1)** A declaração da caducidade da concessão deverá ser precedida da verificação da inadimplência da concessionária em processo administrativo, assegurado o direito de ampla defesa; **2)** É obrigatório que antes da instauração do procedimento administrativo, a concessionária seja notificada, detalhadamente, quanto aos descumprimentos contratuais que ensejariam a caducidade, dando-lhe um prazo para corrigir as falhas e transgressões apontadas e para o enquadramento, nos termos contratuais; **3)** Instaurado o processo administrativo e comprovada a inadimplência, a caducidade será declarada por decreto do poder concedente, independentemente de indenização prévia, calculada no decurso do processo; **4)** A indenização observará as disposições contratuais e contemplará as parcelas dos investimentos vinculados a bens reversíveis, ainda não amortizados ou depreciados, que tenham sido realizados com o objetivo de garantir a continuidade e atualidade do serviço concedido, descontado o valor das multas contratuais e dos danos causados pela concessionária; **5)** Dispõe a lei que, declarada a caducidade, não resultará para o poder concedente qualquer espécie de responsabilidade em relação aos encargos, ônus, obrigações ou compromissos com terceiros ou com empregados da concessionária.

7.8.4. Rescisão

É o meio que tem o **concessionário** de pôr termo ao vínculo contratual em razão de **descumprimento de normas contratuais** por parte do poder concedente, mediante **ação judicial** especialmente intentada para esse fim.

Neste caso, os serviços prestados pela concessionária não poderão ser interrompidos ou paralisados, até a decisão judicial transitada em julgado.

A lei 13.448, de 5.6.2017 criou uma forma amigável de rescisão contratual, denominada impropriamente de "**relicitação**". Segundo a definição legal, a relicitação é o "procedimento que compreende a extinção amigável do **contrato de parceria** e a celebração de novo ajuste negocial para o empreendimento, em novas condições contratuais e com novos contratados, mediante licitação promovida para esse fim". Por seu turno, os contratos de parceria integram o **Programa de Parcerias de Investimento – PPI** (Lei 13.334/2016, com definição no art. 1.º, § 2.º).

A relicitação, porém, só é cabível nos contratos de parceria dos setores **rodoviário, ferroviário e aero-portuário** quando se verificar que a contratada esteja com dificuldades de cumprir suas obrigações contratu-ais. Para a contratada que esteja nesta situação, é mais vantajoso optar pela relicitação, uma vez que, além de não ter de passar por todo o procedimento de caducidade e suportar suas consequências, a indenização será paga pelo novo contratado, nos termos fixados no edital da nova licitação, e não haverá aplicação de penalidade de inabilitação para contratar com o Poder Público, sendo vedada, apenas, a participação na nova licitação.

7.8.5. Anulação

Decorre de um vício de **legalidade** que maculou alguma das fases do processo de concessão.

A Lei 8.987/95 não estabeleceu os efeitos financeiros da anulação, de modo que a doutrina tem se inclinado pela aplicação subsidiária do art. 59 da Lei 8.666/93.

7.8.6. Falência ou extinção da empresa concessionária e falecimento ou incapacidade do titular, no caso de empresa individual

A concessionária deixa de ter condições de cumprir o contrato firmado. Esta previsão também é trazida na Lei de Falências, em seu art. 195.

8. CONCESSÕES ESPECIAIS: PARCERIAS PÚBLICO-PRIVADAS

8.1. Noções

As parcerias público-privadas (PPP) são reguladas pela Lei 11.079/04 e consideradas uma espécie de concessão de serviços públicos. Tanto é que a Lei 8.987/95 é aplicada subsidiariamente às PPP.

O art. 2º desta lei define parceria público-privada como sendo o **contrato administrativo de concessão**, na modalidade **patrocinada** ou **administrativa**.

As definições dessas modalidades são trazidas nos §§ 1º e 2º do referido dispositivo, respectivamente (e literalmente):

a) "**concessão patrocinada** é a concessão de **serviços públicos ou de obras públicas** de que trata a Lei nº 8.987, de 13 de fevereiro de 1995, quando envolver, adicionalmente à tarifa cobrada dos usuários **contraprestação pecuniária do parceiro público ao parceiro privado**";

b) "**concessão administrativa** é o contrato de **prestação de serviços** de que a **Administração Pública** seja a **usuária direta** ou **indireta**, ainda que envolva execução de obra ou fornecimento e instalação de bens".

ATENÇÃO

No contrato de PPP os riscos – inclusive os referentes a caso fortuito, força maior, fato do príncipe e álea econômica extraordinária – serão objetivamente compartilhados entre as partes (art. 4º, III c/c art. 5º, III da Lei 11.079/04).

8.2. Vedações

Não são todas as situações que comportam a contratação de uma PPP. Não se admite, por exemplo, a contratação de parceria público-privada que tenha como objeto único o **fornecimento de mão-de-obra**, o **fornecimento e instalação de equipamentos** ou a **execução de obra pública** (O art. 2º, § 4º, inciso III), de modo que não sejam burladas as normas constitucionais que determinam a realização de concurso público e licitações.

A lei veda, ainda, a contratação de parceria público-privada: 1) cujo valor do **contrato** seja **inferior a R$ 10.000.000,00** (dez milhões de reais); 2) cujo período de **prestação do serviço** seja **inferior a 5 (cinco) anos** (o prazo máximo será de 35 anos).

8.3. Licitação

A contratação de uma PPP terá algumas peculiaridades, observando-se procedimento licitatório na modalidade **concorrência**.

O art. 10 da Lei 11.079/04, cuja leitura recomendamos, traz uma série de providências que devem ser adotadas para a abertura do procedimento licitatório para a contratação de uma PPP, destacando-se a necessidade de prévia submissão do edital de licitação e do respectivo contrato à **consulta pública**. Além disso, vale destacar que as concessões patrocinadas em que mais de 70% (setenta por cento) da remuneração do parceiro privado for paga pela Administração Pública dependerão de autorização legislativa específica (art. 10, § 3.º).

O art. 11, III, da Lei de PPP admite que o edital preveja o emprego dos mecanismos privados de resolução de disputas, inclusive a arbitragem, a ser realizada no Brasil e em língua portuguesa, para dirimir conflitos decorrentes ou relacionados ao contrato. O edital deverá especificar, quando houver, as garantias da contraprestação do parceiro público a serem concedidas ao parceiro privado (art. 11, parágrafo único).

Poderá ocorrer **a inversão de fases da licitação**, desde que prevista no edital, devendo ser observado o seguinte:

> I – Encerrada a fase de classificação das propostas ou o oferecimento de lances, será aberto o invólucro com os documentos de habilitação do licitante mais bem classificado, para verificação do atendimento das condições fixadas no edital;
>
> II – verificado o atendimento das exigências do edital, o licitante será declarado vencedor;
>
> III – inabilitado o licitante melhor classificado, serão analisados os documentos habilitatórios do licitante com a proposta classificada em segundo lugar, e assim, sucessivamente, até que um licitante classificado atenda às condições fixadas no edital;
>
> IV – proclamado o resultado final do certame, o objeto será adjudicado ao vencedor nas condições técnicas e econômicas por ele ofertadas.

O edital definirá a forma como as propostas econômicas dos licitantes, sempre escritas, serão apresentadas, podendo ser por **envelopes lacrados** ou **seguidas de lances em viva voz**. O edital poderá restringir a apresentação de lances em viva voz aos licitantes cuja proposta escrita for no máximo **20% maior que o valor da melhor proposta.**

O julgamento das propostas poderá adotar como critérios, além dos previstos nos incisos I e V do art. 15 da Lei no 8.987, de 13 de fevereiro de 1995, os seguintes:

> a) **menor valor da contraprestação** a ser paga pela Administração Pública;
>
> b) melhor proposta em razão da **combinação do critério anterior com o de melhor técnica**, de acordo com os pesos estabelecidos no edital.

8.4. Contrato

A PPP será formalizada por meio de **contrato administrativo**. As cláusulas dos contratos das de PPP atenderão ao disposto no art. 23 da Lei 8.987/95 e às condições específicas previstas no art. 5º da Lei 11.079/04 (é importante a leitura destes dispositivos).

Antes da celebração do contrato, deverá ser constituída **sociedade de propósito específico (SPE)**, incumbida de implantar e gerir o objeto da parceria. A SPE poderá adotar qualquer forma societária admitida em lei, inclusive assumir a forma de companhia aberta, com valores mobiliários admitidos a negociação no mercado. Além disso, a SPE deverá obedecer a padrões de governança corporativa e adotar contabilidade e demonstrações financeiras padronizadas, conforme regulamento.

A contraprestação da Administração Pública poderá ser feita por **ordem bancária, cessão de créditos não tributários, outorga de direitos em face da Administração Pública, outorga de direitos sobre bens públicos dominicais** e **outros meios admitidos em lei.**

O contrato poderá prever o pagamento ao parceiro privado de remuneração variável vinculada ao seu desempenho, conforme metas e padrões de qualidade e disponibilidade definidos no contrato. A contraprestação da Administração Pública será obrigatoriamente precedida da disponibilização do serviço objeto do contrato de parceria público-privada.

8.5. Garantias

As obrigações pecuniárias contraídas pela Administração Pública em contrato de parceria público-privada poderão ser garantidas mediante: a) **vinculação de receitas**; b) **instituição ou utilização de fundos especiais previstos em lei**; c) **contratação de seguro-garantia** com as companhias seguradoras que não sejam controladas pelo Poder Público; d) **garantia prestada por organismos internacionais ou instituições financeiras que não sejam controladas pelo Poder Público**; e) **garantias prestadas por fundo garantidor ou empresa estatal criada para essa finalidade**; f) **outros mecanismos admitidos em lei**.

9. PERMISSÃO DE SERVIÇOS PÚBLICOS

9.1. Noções

A Lei 8.987/95 definiu a permissão de serviço público como sendo a **delegação**, a **título precário**, mediante **licitação** da prestação de serviços públicos, feita pelo poder concedente à **pessoa**

física ou **jurídica** que demonstre capacidade para seu desempenho, por sua conta e risco. A permissão será formalizada por meio de **contrato de adesão**, aplicando-se as disposições relativas às concessões (art. 40).

Não há uma regulamentação detalhada da permissão de serviços públicos na lei 8.987/95, limitando-se a trazer seu conceito.

9.2. Diferenças entre permissão e concessão

No julgamento da ADI 1491/DF (Inf. 117), consagrou-se no STF o entendimento do relator, Min. Carlos Veloso, de que o art. 175, parágrafo único, I da CF afastou qualquer distinção conceitual entre **permissão** e **concessão**, ao conferir àquela o caráter contratual próprio desta. Diante disso, **quais as características que diferenciariam concessão e permissão**? A doutrina elenca, basicamente, duas: 1) a **concessão** pode ser contratada com **pessoa jurídica** ou **consórcio de empresas**; a **permissão** só pode ser firmada com **pessoa física ou jurídica**; 2) A **permissão** é dotada do atributo da **precariedade** (art. 2º, IV e 40 da Lei 8.987/95), o que não ocorre com a concessão. Alguns autores elencam, ainda, o fato de a permissão instrumentalizar-se por meio de **contrato de adesão**, o que, a nosso ver, não traduz em uma diferença, vez que o contrato de concessão também será de adesão, já que sua minuta deverá integrar o edital de licitação, não havendo margem de negociabilidade entre o poder concedente e o concessionário.

10. AUTORIZAÇÃO DE SERVIÇOS PÚBLICOS

Em geral, autorização de serviço público é definida pela doutrina como um **ato administrativo unilateral**, **precário**, por **prazo determinado ou não**, **revogável** a qualquer tempo pela Administração (discricionário), **sem direito à indenização**, em que a Administração consente na execução de **serviço de utilidade pública** por particular, **pessoa física** ou **jurídica**, em benefício predominantemente próprio ou da coletividade. Ex: cuidado de praças por parte de moradores locais, serviços de taxi etc.

Não há licitação prévia, em regra. Alguns autores não consideram a autorização como forma de delegação de serviços públicos.

ATENÇÃO

*Apesar de a autorização de serviço público ser comumente considerado como ato **discricionário**, no caso de serviços de telecomunicações o ato é considerado **vinculado** (Lei 9.472/97, art. 131, § 1.º). Logo, preenchidos os requisitos legais, o particular faz jus à autorização para o exercício da atividade de telecomunicação..*

11. QUADRO COMPARATIVO: CONCESSÃO COMUM E PATROCINADA, PERMISSÃO E AUTORIZAÇÃO DE SERVIÇOS PÚBLICOS

No quadro-síntese, procuramos sintetizar as principais características da **concessão comum, concessão patrocinada (PPP), permissão e autorização de serviço público:**

	Concessão Comum	Concessão Especial (PPP)	Permissão	Autorização
Disciplina Legal*	Lei 8.987/95 e alterações	Lei 11.079/04	Lei 8.987/95 e alterações	Lei 8.987/95 e alterações, no que couber
Natureza Jurídica	Contrato Administrativo	Contrato Administrativo	Contrato de Adesão, de caráter precário, revogável a qualquer tempo.	Ato Administrativo, de caráter precário, revogável a qualquer tempo.
Destinatários do Objeto Delegado	Pessoas Jurídicas e Consórcios de Empresas.	Pessoa Jurídica (deverá ser constituída sociedade de propósito específico)	Pessoas físicas e Jurídicas.	Pessoas físicas e jurídicas.
Autorização Legislativa Prévia	Sim**	Sim, na hipótese do art. 10, § 3.º	Sim***	Não
Licitação	Exigida, na modalidade concorrência.	Exigida, na modalidade concorrência.	Exigida, sem especificação de modalidade.	Não-exigida
Prazo	Determinado (sem indicação específica do tempo na lei de regência).	Determinado (mínimo de 5 e máximo de 35 anos, incluindo eventual prorrogação).	Determinado (sem indicação específica do tempo na lei de regência).	Determinado ou Indeterminado.

	Concessão Comum	Concessão Especial (PPP)	Permissão	Autorização
Modalidades	a) concessão de serviços públicos (art. 2.º, II); b) concessão de serviços públicos precedida de obra pública) (art. 2.º, III).	a) Concessão Patrocinada (art. 2.º, § 1.º); b) Concessão Administrativa.	–	–

* Principal diploma legal aplicável.

** Exceção: art. 2.º, da Lei 9.074/95.

*** Exceção: art. 2.º, da Lei 9.074/95.

12. TÓPICO-SÍNTESE

TÓPICO-SÍNTESE	
CONCEITO	• Segundo JOSÉ DOS SANTOS CARVALHO FILHO é "toda atividade prestada pelo Estado ou por seus delegados, basicamente sob regime de direito público, com vistas à satisfação de necessidades essenciais e secundárias da coletividade". Para MARIA SYLVIA ZANELLA DI PIETRO, serviço público é "toda atividade material que a lei atribui ao Estado para que a exerça diretamente ou por meio de seus delegados, com o objetivo de satisfazer concretamente às necessidades coletivas, sob regime jurídico total ou parcialmente público".
CLASSIFICAÇÃO	• Quanto aos destinatários (serviços gerais e individuais); • Quanto ao objeto (serviços administrativos, comerciais ou industriais e sociais); • Quanto à essencialidade (serviços públicos propriamente ditos e serviços de utilidade pública); • Quanto à delegabilidade (serviços públicos próprios e impróprios).
DELEGAÇÃO DE SERVIÇOS PÚBLICOS	• Legal; • Negocial.
CONCESSÃO DE SERVIÇOS PÚBLICOS	• Conceito: é a delegação de sua prestação, feita pelo poder concedente, mediante licitação, na modalidade de concorrência, à pessoa jurídica ou consórcio de empresas (concessionárias) que demonstre capacidade para seu desempenho, por sua conta e risco e por prazo determinado (que será definido pelo poder concedente). (art. 2º, II da Lei 8.987/95)

CONCESSÃO DE SERVIÇOS PÚBLICOS	• A Lei 8.987/95 estabelece que "toda concessão ou permissão pressupõe a prestação de serviço adequado ao pleno atendimento dos usuários, conforme estabelecido nesta Lei, nas normas pertinentes e no respectivo contrato" (art. 6º). • Serviço adequado é o que satisfaz as condições de regularidade, continuidade, eficiência, segurança, atualidade, generalidade, cortesia na sua prestação e modicidade das tarifas. A atualidade compreende a modernidade das técnicas, do equipamento e das instalações e a sua conservação, bem como a melhoria e expansão do serviço • Direitos e obrigações dos usuários de serviços delegados: elencados no art. 7º da Lei 8.987/95. Além dos direitos assegurados na referida Lei, o usuário do serviço público tem à sua disposição, para a tutela de seus direitos, o Código de Defesa do Consumidor. • Intervenção na concessão: o poder concedente poderá intervir na concessão, com o fim de assegurar a adequação na prestação do serviço, bem como o fiel cumprimento das normas contratuais, regulamentares e legais pertinentes. Declarada a intervenção, o poder concedente deverá, em 30 dias, instaurar procedimento administrativo para comprovar as causas determinantes da medida e apurar responsabilidades, assegurando-se ao concessionário o direito de ampla defesa. Este procedimento deverá ser concluído em 180 dias, sob pena de se considerar inválida a intervenção. • Hipóteses de Extinção do contrato de concessão: a) Termo final do prazo; b) Encampação; c) Caducidade; d) Rescisão; e) Anulação; f) Falência ou extinção da empresa concessionária e falecimento ou incapacidade do titular, no caso de empresa individual.
CONCESSÕES ESPECIAIS: PARCERIAS PÚBLICO PRIVADAS	• Definição de PPP: É o **contrato administrativo de concessão**, na modalidade **patrocinada** ou **administrativa**. (art. 2º da Lei 11.079/04). • Vedações: Não se admite a contratação de parceria público-privada que tenha como objeto único o fornecimento de mão-de-obra, o fornecimento e instalação de equipamentos ou a execução de obra pública (art. 2º, § 4º, inciso III), de modo que não sejam burladas as normas constitucionais que determinam a realização de concurso público e licitações. A lei veda, ainda, a contratação de parceria público-privada: 1) cujo valor do contrato seja inferior a R$ 10.000.000,00 (dez milhões de reais); 2) cujo período de prestação do serviço seja inferior a 5 (cinco) anos (o prazo máximo será de 35 anos).

CONCESSÕES ESPECIAIS: PARCERIAS PÚBLICO PRIVADAS	• Licitação: Será precedida de consulta pública, observando-se a modalidade concorrência. Poderá ocorrer a inversão de fases da licitação, como se verifica na leitura do art. 13 e incisos da Lei 11.079/04). • Contrato: Formalizada por meio de contrato administrativo. As cláusulas dos contratos das de PPP atenderão ao disposto no art. 23 da Lei 8.987/95 e às condições específicas previstas no art. 5º da Lei 11.079/04. • Garantias: as obrigações pecuniárias contraídas pela Administração Pública em contrato de parceria público-privada poderão ser garantidas mediante: a) vinculação de receitas; b) instituição ou utilização de fundos especiais previstos em lei; c) contratação de seguro-garantia com as companhias seguradoras que não sejam controladas pelo Poder Público; d) garantia prestada por organismos internacionais ou instituições financeiras que não sejam controladas pelo Poder Público; e) garantias prestadas por fundo garantidor ou empresa estatal criada para essa finalidade; f) outros mecanismos admitidos em lei.
PERMISSÃO DE SERVIÇOS PÚBLICOS	• Definição: A Lei 8.987/95 definiu a permissão de serviço público como sendo a delegação, a título precário, mediante licitação da prestação de serviços públicos, feita pelo poder concedente à pessoa física ou jurídica que demonstre capacidade para seu desempenho, por sua conta e risco. • Instrumentaliza-se por meio de contrato de adesão, aplicando-se as disposições relativas às concessões (art. 40).
AUTORIZAÇÃO DE SERVIÇOS PÚBLICOS	• Ato administrativo unilateral; • Precário; • Por prazo determinado ou não; • Revogável a qualquer tempo pela Administração, sem direito à indenização, em que a Administração consente na execução de serviço de utilidade pública por particular, pessoa física ou jurídica, em benefício predominantemente próprio ou da coletividade.

Capítulo

XV

BENS PÚBLICOS

Leia a lei:

- *CF, arts. 20, 26, 100, 176, 183, § 3.º, 191, p. u., 225, §§ 3.º e 5.º, 231, § 1.º. ADCT, art. 49, § 3º. Decreto 24.643/34. Código Penal, arts. 91, I e II. Lei 9.760/46. Decreto-Lei 271/67. Lei 6.766/79. Lei 8.429/92, art. 18. Lei 8.666/93, arts. 17-19. Lei 9.433/97. Lei 9.636/98. Lei 10.257/01. Medida Provisória 2.220/01. Código Civil, arts. 98-103, 1822, 1844 e 2.038. Lei 13.311/16. Lei 13.465/17.*

1. NOÇÕES

O estudo dos bens públicos passa, primeiramente, pela fixação da noção de **domínio público**, que é mais amplo do que o conceito de propriedade. Ou seja, o **domínio público** abrange também os bens que não pertencem ao Poder Público.

O Estado, como expressão de sua soberania, possui **domínio eminente** sobre os bens localizados em seu território, submetendo-os à sua vontade, observando-se as prescrições legais pertinentes.

Logo, o Estado possui um patrimônio próprio, composto pelos **bens públicos**, e a possibilidade de regulamentar o uso e eventualmente apoderar-se de bens particulares localizados em seu território, por meio de desapropriação.

2. CONCEITO

O Código Civil reservou um capítulo próprio para os bens públicos (arts. 98 a 103), definindo-os no art. 98 como sendo "aqueles bens do domínio nacional pertencentes às pessoas jurídicas de direito público interno".

Partindo-se do conceito legal, podemos definir bens públicos como aqueles pertencentes às pessoas jurídicas de direito público interno, podendo ser de uso próprio ou por toda a coletividade, e regidos por regime de direito público; todos os outros são particulares, seja qual for a pessoa a que pertencerem.

Neste ponto, surge interessante questão: qual seria a natureza jurídica dos bens pertencentes às empresas estatais (empresas públicas e sociedades de economia mista)?

Esta questão é controversa. JOSÉ DOS SANTOS CARVALHO FILHO (2012, p. 1125) entende que os bens de tais pessoas administrativas seriam **privados**, face à previsão do art. 98 do Código Civil.

Entretanto, para MARIA SYLVIA ZANELLA DI PIETRO (2012, p. 461) e CELSO ANTONIO BANDEIRA DE MELLO (2012, p. 929), serão considerados públicos os bens das sociedades de economia mista e empresas públicas **destinados à execução de algum serviço público** (por exclusão, os bens das empresas estatais exploradoras de atividade econômica seriam privados). Este tem sido o entendimento adotado pelo STF.

Na IV jornada de Direito Civil promovida pelo CJF foi aprovado o Enunciado 287, contendo a seguinte redação: "O critério da classificação de bens indicado no art. 98 do Código Civil não exaure a enumeração dos bens públicos, podendo ainda ser classificado como tal o bem pertencente a pessoa jurídica de direito privado que esteja afetado à prestação de serviços públicos". **Vê-se que a doutrina civilista também perfilha o entendimento adotado por Di Pietro e Bandeira de Mello.**

3. CLASSIFICAÇÃO

Existem diversos critérios utilizados para se classificar os bens públicos. Analisemos os principais.

3.1. Quanto à destinação

O CC utilizou este critério e em seu art. 99 classificou os bens públicos em três categorias:

a) **Bens de uso comum do povo** (inciso I): como o próprio nome diz, destinam-se ao uso geral das pessoas, tais como rios, mares, estradas, ruas e praças. Não possuem um caráter tipicamente patrimonial.

b) **Bens de uso especial (inciso II):** são edifícios ou terrenos destinados ou afetados a serviço ou estabelecimento da administração federal, estadual, territorial ou municipal, inclusive os de suas autarquias.

c) **Bens dominicais ou dominiais (inciso III):** nesta categoria enquadram-se os bens que não são classificados como de uso comum do povo ou de uso especial (é residual). São os que constituem o patrimônio das pessoas jurídicas de direito público, como objeto de direito pessoal ou real, de cada uma dessas entidades. Não dispondo a lei em contrário, consideram-se dominicais os bens pertencentes às pessoas jurídicas de direito público a que se tenha dado estrutura de direito privado (art. 99, parágrafo único do CC), ressalvando-se, neste caso, os bens afetos aos serviços públicos conforme entendimento que vem sendo adotado pelo STF, que também são considerados públicos.

3.2. Quanto à titularidade

Segundo esta classificação, os bens públicos podem ser **federais**, **estaduais**, **distritais** ou **municipais**. A CF/88 define a titularidade dos bens públicos da seguinte forma:

Federais ou pertencentes à União (art. 20)	I – os que atualmente lhe pertencem e os que lhe vierem a ser atribuídos; II – as terras devolutas indispensáveis à defesa das fronteiras, das fortificações e construções militares, das vias federais de comunicação e à preservação ambiental, definidas em lei; III – os lagos, rios e quaisquer correntes de água em terrenos de seu domínio, ou que banhem mais de um Estado, sirvam de limites com outros países, ou se estendam a território estrangeiro ou dele provenham, bem como os terrenos marginais e as praias fluviais;

Federais ou pertencentes à União (art. 20)	IV as ilhas fluviais e lacustres nas zonas limítrofes com outros países; as praias marítimas; as ilhas oceânicas e as costeiras, excluídas, destas, as que contenham a sede de Municípios, exceto aquelas áreas afetadas ao serviço público e a unidade ambiental federal, e as referidas no art. 26, II; V – os recursos naturais da plataforma continental e da zona econômica exclusiva; VI – o mar territorial; VII – os terrenos de marinha e seus acrescidos; VIII – os potenciais de energia hidráulica; IX – os recursos minerais, inclusive os do subsolo; X – as cavidades naturais subterrâneas e os sítios arqueológicos e pré-históricos; XI – as terras tradicionalmente ocupadas pelos índios. **Muita atenção**: Apesar de ser considerada "patrimônio nacional" pelo art. 225, § 4.º da CF/88, a Floresta Amazônica não é considerada bem da União, mas sim um espaço territorial especialmente protegido, cujo uso está sujeito a restrições trazidas pela legislação ambiental, em função de sua vital importância ao ecossistema nacional.
Estaduais (art. 26)	I – as águas superficiais ou subterrâneas, fluentes, emergentes e em depósito, ressalvadas, neste caso, na forma da lei, as decorrentes de obras da União; II – as áreas, nas ilhas oceânicas e costeiras, que estiverem no seu domínio, excluídas aquelas sob domínio da União, Municípios ou terceiros; III – as ilhas fluviais e lacustres não pertencentes à União; IV – as terras devolutas não compreendidas entre as da União. Este rol é meramente exemplificativo, existindo outros bens de propriedade dos Estados, como bens móveis e imóveis.
Distritais	Não foram discriminados na CF/88. São todos aqueles que estejam sob o domínio do Distrito Federal, principalmente as espécies que são previstas para os Estados e Municípios.
Municipais	Não foram discriminados na CF/88. São todos aqueles que estejam sob o domínio do Município e que não sejam de titularidade dos demais entes federativos.

ATENÇÃO

As ilhas poderão pertencer à União, Estados, Municípios e até mesmo a particulares.

3.3. Quanto à disponibilidade

Quanto à sua disponibilidade, os bens públicos podem ser classificados em:

a) **Indisponíveis:** não podem ser alienados, salvo se desafetados. Há quem considere que os bens de uso comum não podem ser alienados em hipótese alguma. São exemplos de bens públicos indisponíveis as terras devolutas ou arrecadadas pelos Estados, por ações discriminatórias, necessárias à proteção dos ecossistemas naturais (art. 225, § 5º da CF/88).

b) **Disponíveis:** podem ser alienados conforme condições estabelecidas em lei. Os bens dominicais são considerados disponíveis.

4. REGIME JURÍDICO DOS BENS PÚBLICOS

De acordo com a sistemática trazida pela CF/88 e pelo CC, podemos extrair as seguintes regras jurídicas que regem os bens públicos:

a) **Alienabilidade condicionada (art. 100 e 101 do CC):** os **bens públicos de uso comum do povo e os de uso especial** são não podem ser alienados enquanto conservarem a sua qualificação. Ou seja, para que possam ser alienados, os bens de uso comum e de uso especial devem ser previamente **desafetados**, conceito que será estudado mais à frente. Os bens dominicais ou dominiais podem ser alienados, observadas as exigências legais.

Ocorre que alguns bens públicos de uso comum do povo não poderão ser alienados, ainda que desafetados, ou seja, são considerados absolutamente inalienáveis. São eles: a) bens que não possuem natureza patrimonial, como mares, lagos e rios; b) as terras devolutas ou arrecadadas pelos Estados, por ações discriminatórias, necessárias à proteção dos ecossistemas naturais (art. 225, § 5.º da CF/88); c) terras ocupadas tradicionalmente pelos indígenas (art. 231, § 4.º da CF/88).

A alienação dos bens públicos, quando possível, observará os requisitos estabelecidos pela Lei 8.666/93 (art. 17), quais sejam, **demonstração de interesse público, prévia avaliação, licitação** e, se for **bem imóvel, autorização legislativa**. Vale relembrar que os bens de uso comum e de uso especial devem ser desafetados antes de ser alienados.

b) **Impenhorabilidade (art. 100 da CF):** o pagamento das dívidas da Fazenda Pública deverá observar o sistema de **precatórios**, não se admitindo, assim, a penhora de bens públicos para a satisfação de tais dívidas. Admite-se, excepcionalmente, o sequestro de determinada quantia, caso sejam observadas as situações previstas no art. 100, § 6º, da CF/88.

Dessa forma, as condenações judiciais do Estado que importem em pagar quantia em dinheiro recebidas pelo Tribunal para até o dia **01 de julho de cada ano**, serão consolidadas, organizadas cronologicamente e comunicadas por seu Presidente ao chefe do Executivo do ente devedor, a fim de que seja o montante incluído na lei orçamentária, por meio de dotação própria, para pagamento até o final do ano subsequente.

Por seu turno, os **débitos de pequeno valor** serão pagos por meio de **requisição de pequeno valor**, conforme definido em lei (art. 100, § 3.º da CF).

c) **Imprescritibilidade (art. 102 do CC; arts. 183, § 3º e 191 da CF):** os bens públicos **não podem ser adquiridos por meio de usucapião.**

A imprescritibilidade atinge, inclusive, os bens dominicais, porquanto as normas que disciplinam o tema não fazem diferenciação entre as modalidades de bens públicos.

POSIÇÃO DO STF

Súmula 340: Desde a vigência do Código Civil, os bens dominicais, como os demais bens públicos, não podem ser adquiridos por usucapião

Apesar de o entendimento supra referir-se ao Código Civil de 1.916, o entendimento continua válido nos dias atuais.

d) **Impossibilidade de oneração ou não onerabilidade**: os bens públicos **não podem ser oferecidos como garantia**, o que decorre da ideia de impenhorabilidade e inalienabilidade.

Veja-se que mesmo quando se admite a alienabilidade, há que se respeitar diversos procedimentos legais preestabelecidos.

5. AFETAÇÃO E DESAFETAÇÃO

A afetação é o meio utilizado para atribuir ao bem público uma destinação específica de interesse direto ou indireto da Administração, ou seja, um determinado bem é alçado para categoria de uso especial ou uso comum do povo.

A desafetação, ao contrário, é meio pelo qual se declara que um bem público não mais serve à finalidade pública anterior. É como se houvesse uma "desclassificação" do bem, que faz o caminho inverso ao da afetação.

> **ATENÇÃO**
>
> *Existe alguma divergência doutrinária sobre a* ***forma*** *como deve exteriorizar-se os institutos da* ***afetação*** *e* ***desafetação****. Há autores que defendem a necessidade de* ***lei*** *ou de um* ***ato administrativo.*** *Outros, como José dos Santos Carvalho Filho, defendem que podem ocorrer* ***afetação*** *e* ***desafetação*** *a partir de um mero* ***fato administrativo****.*

6. UTILIZAÇÃO DE BENS PÚBLICOS

O uso de bens poderá ser gratuito ou oneroso, conforme for estabelecido legalmente pela entidade aos quais pertencerem (art. 103 do CC).

As principais formas de utilização de bens públicos apontadas pela doutrina são as seguintes:

a) **Autorização de uso**: ato administrativo **unilateral**, **discricionário** e **precário**, pelo qual a Administração permite que o particular utilize determinado bem público de modo **privativo** e em **seu próprio interesse**. A autorização de uso **não exige licitação prévia**, pode se dar por prazo certo ou não e ser gratuita ou onerosa. Ex: utilização de calçadas para colocação de mesas de um bar. Em princípio, a revogação da autorização de uso **não dá direito à indenização para o particular**, salvo se concedida por prazo certo e encerrada antes do termo final.

b) **Permissão de uso**: ato administrativo também **discricionário** e **precário**, pelo qual a Administração permite que o particular utilize determinado bem público de modo **privativo** e com uma **finalidade predeterminada**, de modo a atender **interesses próprios e públicos simultaneamente**. Em regra, exige-se a **realização de licitação** para que haja a permissão (principalmente quando hipoteticamente existir mais de um interessado), que poderá ser **gratuita** ou **onerosa**. A permissão de uso pode ser ainda **simples** (por **prazo indeterminado**) ou **qualificada** (com **prazo determinado**). Neste último caso, se retomada antes do termo final, gera direito à indenização para o particular. Ex: exploração de uma área pública para estacionamento de veículos.

ATENÇÃO

A Lei 13.311/16 estabeleceu normas gerais para a ocupação e utilização de área pública urbana por equipamentos urbanos do tipo ***quiosque, trailer, feira*** *e* ***banca de venda de jornais e de revistas****. Nestes casos, a lei permite a transferência da outorga, pelo prazo restante, a terceiros que atendam aos requisitos exigidos em legislação municipal. Da mesma forma, a outorga poderá ser transferida, ao* ***cônjuge*** *ou* ***companheiro****, ou aos* ***ascendentes e descendentes*** *do titular, pelo prazo restante, em caso de falecimento do titular ou de enfermidade física ou mental que o impeça de gerir seus próprios atos. Entre os parentes de mesma classe, terão preferência os parentes de grau mais próximo. Deverá haver requerimento no prazo de* ***60 dias*** *e o interessado deverá preencher os requisitos legais para a outorga. A outorga extinguir-se-á: I – pelo advento do termo; II – pelo descumprimento das obrigações assumidas; III – por revogação do ato pelo poder público municipal, desde que demonstrado o interesse público de forma motivada.*

c) **Concessão de uso**: possui natureza jurídica de **contrato administrativo** (dotada de bilateralidade e *intuito personae*), no qual a Administração Pública faculta a terceiro interessado o **uso privativo** de determinado bem público, por **prazo determinado**, observando-se a destinação dada ao bem. Pode ser **remunerada** ou **gratuita** e demanda a **realização de licitação**. A rescisão imotivada do contrato gera direito de indenização para o particular. Ex: restaurantes em rodoviárias.

d) **Concessão de direito real de uso**: O Decreto-Lei 271/67, traz em seus arts. 7º e 8º, o delineamento da concessão de direito real de uso, dos quais podemos extrair as seguintes características: **contrato administrativo**, por **prazo certo** ou **indeterminado**, em que o Poder Público concede ao particular, **remunerada** ou **gratuitamente**, o direito real resolúvel de **uso de terreno público** ou **espaço aéreo** correspondente para fins específicos de regularização fundiária de interesse social, urbanização, industrialização, edificação, cultivo da terra, aproveitamento sustentável das várzeas, preservação das comunidades tradicionais e seus meios de subsistência ou outras modalidades de interesse social em áreas urbanas. Pode ser instrumentalizado por escritura pública ou termo administrativo, devendo o direito real ser inscrito no competente registro de imóveis. Trata-se de um direito real, podendo ser transmitido por ato *inter vivos* ou *causa mortis*.

e) **Concessão de uso especial para fins de moradia (MP 2220/01)**: Trata-se de um **ato administrativo vinculado**, por meio do qual se confere gratuitamente direito real de **concessão de uso especial para fins de moradia** àquele que, até 22 de dezembro de 2016 (novo prazo estabelecido pela Medida Provisória 759/16, convertida na Lei 13.465/17), possuiu como seu, por **cinco anos**, ininterruptamente e sem oposição, até **duzentos e cinquenta metros quadrados de imóvel público situado em área urbana**, utilizando-o para sua **moradia** ou **de sua família**, desde que não seja proprietário ou concessionário, a qualquer título, de outro imóvel urbano ou rural. Por se tratar de um direito real, pode ser transmitido por ato *inter vivos* ou *causa mortis*. Extingue-se por duas formas: a) se houver desvio de finalidade, ou seja, o imóvel não estiver sendo utilizado para fins de moradia do concessionário ou de sua família; b) no caso de o beneficiário adquirir a propriedade de outro imóvel urbano ou rural. Esta modalidade também poderá ser conferida de forma coletiva, quando se tratar de imóveis com mais de duzentos e cinquenta metros quadrados, ocupados até 22 de dezembro de 2016, por população de baixa renda para sua moradia, por cinco anos, ininterruptamente e sem oposição, cuja área total dividida pelo número de possuidores seja inferior a duzentos e cinquenta metros quadrados por possuidor.

f) **Autorização de uso para fins comerciais (MP 2220/01)**: Trata-se de um **ato administrativo discricionário** (art. 9º), por meio do qual se confere gratuitamente direito real de **concessão de uso especial para fins comerciais** àquele que, até 22 de dezembro de 2016 (novo prazo estabelecido pela Medida Provisória 759/16, convertida na Lei 13.465/17), possuiu como seu, por cinco anos, ininterruptamente e sem oposição, até duzentos e cinquenta metros quadrados de imóvel público situado em área urbana, utilizando-o para fins comerciais.

g) **Aforamento de bens públicos (Decreto-Lei 9.760/46; Lei 9.636/98):** é o **contrato administrativo** por meio do qual o Estado outorga ao particular o **uso privativo de domínio útil de bem público**, situado em zonas sujeitas ao regime enfitêutico, mediante a obrigação de pagar ao proprietário pensão ou foro anual, certo ou variável. No âmbito da União, o aforamento se dá após a realização de leilão ou concorrência pública, respeitado, como preço mínimo, o valor de mercado do respectivo domínio útil, estabelecido em avaliação de precisão (art. 12, da Lei 9.636/98). A Medida Provisória 759/16, convertida na Lei 13.465/17, inseriu o art. 11-A na Lei 9.636/98, que estabelece diretrizes para esta avaliação.

h) **Cessão de uso:** trata-se de um **ato bilateral** em que a Administração transfere **gratuitamente** a **outro órgão público**, de mesmo nível de governo ou não, a **posse de bem público**, com o objetivo de que o segundo possa atingir determinados **interesses coletivos** (institucionais ou gerais). Nada impede que seja feita cessão de bem público a entidades sem fins lucrativos das áreas de educação, cultura, assistência social ou saúde. Ex: cessão de imóvel do Município para funcionamento de um fórum.

i) **Autorização de uso sustentável:** a **Medida Provisória 759/16, convertida na Lei 13.465/17**, inseriu o art. 10-A na Lei 9.636/98, a fim de prever a possibilidade de outorga de **autorização de uso sustentável**, ato administrativo **excepcional, transitório e precário**, às comunidades tradicionais, mediante termo, quando houver necessidade de reconhecimento de ocupação em área da União. A outorga e o reconhecimento da ocupação são incumbência da Secretaria de Patrimônio da União (SPU). Esta modalidade de utilização de bem público visa possibilitar a ordenação do uso racional e sustentável dos recursos naturais disponíveis na orla marítima e fluvial, destinados à subsistência da população tradicional, de maneira a possibilitar o início do processo de regularização fundiária que culminará na concessão de título definitivo, quando cabível.

7. AQUISIÇÃO E ALIENAÇÃO DE BENS PÚBLICOS

Elaboramos a seguir um pequeno quadro contendo as principais formas de aquisição - ingresso no domínio público - e alienação - transferência a terceiros - de bens públicos enumeradas por JOSÉ DOS SANTOS CARVALHO FILHO (Cf. 2008, p. 1012 a 1017; 1044 a 1052) e seu respectivo fundamento legal:

	Formas	Fundamentos
Aquisição	Contrato	Lei 8.666/93
	Usucapião	Art. 1.238 do CC
	Desapropriação	Art. 5º, XXIV da CF/88
	Acessão	Art. 1.248 do CC
	Aquisição *causa mortis*	Art. 1.822 e 1.844 do CC
	Arrematação	Art. 895 do CPC
	Adjudicação	Art. 876 do CPC
	Resgate na Enfiteuse	Art. 693 do CC de 1916 c/c art. 2.038 do CC de 2002
	Dação em Pagamento	Art. 156, XI do CTN
	Por força de Lei (*ex vi legis*)	Ex: loteamentos: Lei 6.766/79; perdimento de bens: art. 91, I e II, CP; Lei 8.429/92, art. 18; reversão: Lei 8.987/95, art. 35 §1º; abandono: art. 1.275, III, 1276, § 2º do CC.
Alienação	Venda	Art. 17 da Lei 8.666/93
	Doação	Art. 538 e seguintes do CC
	Permuta	Art. 17, I, "c" da Lei 8.666/93
	Dação em Pagamento	Art. 356 do CC.
	Concessão de Domínio	Art. 17, § 2º da Lei 8.666/93
	Investidura	Art. 17, § 3º da Lei 8.666/93
	Incorporação	Art. 167, I da Lei 6.015/73
	Retrocessão	Art. 519 do CC
	Legitimação de Posse	Art. 1º da Lei 6.383/76
	Legitimação Fundiária	Art. 23, da Lei 13.465/17

O regulamento básico para a alienação de bens públicos está prevista nos arts. 17 a 19 da Lei 8.666/93 (LLC), observando-se os procedimentos abaixo:

Bens imóveis	• Existência de interesse público devidamente justificado • Avaliação prévia • Autorização legislativa • Licitação na modalidade **concorrência**, exceto nos casos de licitação dispensada trazidos no art. 17, I da LLC. Os bens imóveis da Administração Pública, cuja aquisição haja derivado de procedimentos judiciais ou de dação em pagamento, poderão ser alienados por meio de **concorrência** ou **leilão**. • No caso da União, a Lei 9.636/98 permite a alienação por meio de **concorrência** ou **leilão** (art. 24). A MP 759/16, convertida na Lei 13.465/17, inseriu o § 3.º-A no art. 24 para permitir que ocupantes regulares de imóveis funcionais da União possam adquiri-los, com direito de preferência, excluídos aqueles considerados indispensáveis ao serviço público, em condições de igualdade com o vencedor da licitação.
Bens móveis	• Existência de interesse público devidamente justificado • Avaliação prévia • Licitação, exceto nos casos de licitação dispensada trazidos no art. 17, II da LLC. **ATENÇÃO**: a LLC não informa a modalidade de licitação que será utilizada. Alguns autores, como MARÇAL JUSTEN FILHO, defendem que seriam cabíveis apenas a **concorrência** e o **leilão**, uma vez que a o convite e a tomada de preços restringem a participação dos interessados.

Por fim, vale mencionar recente alteração feita pela **Medida Provisória 759, de 22 de dezembro de 2016, convertida na Lei 13.465/17**, no que se refere à **regularização fundiária urbana (REURB)**, a qual abrange medidas jurídicas, urbanísticas, ambientais e sociais que visam à regularização de núcleos urbanos informais.

Dentre os variados temas tratados, de grande impacto e interesse social, interessa ao nosso estudo a possibilidade de regularização fundiária em áreas da União, somente aplicável para os núcleos urbanos informais comprovadamente existentes até 22 de dezembro de 2016..

O art. 23 da Lei 13.465/17 prevê que a legitimação fundiária constitui **forma originária de aquisição do direito real de propriedade**, conferido por **ato do Poder Público** àquele que detiver área pública ou possuir área privada, como sua, unidade imobiliária com destinação urbana, integrante de núcleo urbano informal consolidado. Na Reurb de interesse social (Reurb-S) – aplicável a núcleos urbanos informais ocupados predominantemente por população de baixa renda de imóveis públicos, a União, os Estados, o Distrito Federal e os Municípios, e as suas entidades vinculadas, quando titulares do domínio, ficam autorizados a conceder o direito de propriedade aos ocupantes do núcleo urbano informal regularizado por meio da legitimação fundiária, observadas as demais exigências trazidas pelo art. 23.

As áreas públicas que forem objeto do REURB não necessitam ser desafetadas e tampouco observar as prescrições do art. 17, I da Lei 8.666/93 (art. 71 da Lei 13.465/17).

8. TÓPICO-SÍNTESE

TÓPICO-SÍNTESE	
DEFINIÇÃO	Bens públicos são aqueles pertencentes às pessoas jurídicas de direito público interno, podendo ser de uso próprio ou por toda a coletividade, e regidos por regime de direito público; todos os outros são particulares, seja qual for a pessoa a que pertencerem.
CLASSIFICAÇÃO	• **Quanto à destinação: a)** Bens de uso comum do povo; **b)** Bens de uso especial; **c)** Bens dominicais ou dominiais. • **Quanto à titularidade:** os bens públicos podem ser **federais, estaduais, distritais ou municipais**. • **Quanto à disponibilidade: a)** indisponíveis; **b)** Disponíveis.
REGIME JURÍDICO DOS BENS PÚBLICOS	De acordo com a sistemática trazida pela CF/88 e pelo CC, podemos extrair as seguintes regras jurídicas que regem os bens públicos: **a)** Alienabilidade condicionada (art. 100 e 101 do CC); **b)** Impenhorabilidade (art. 100 da CF); **c)** Imprescritibilidade (art. 102 do CC; arts. 183, § 3º e 191 da CF); **d)** Impossibilidade de oneração ou não onerabilidade.
AFETAÇÃO E DESAFETAÇÃO	• **Afetação:** meio utilizado para atribuir ao bem público uma destinação específica de interesse direto ou indireto da Administração, ou seja, um determinado bem é alçado para categoria de uso especial ou uso comum do povo. • **Desafetação:** meio pelo qual se declara que um bem público não mais serve à finalidade pública anterior.

UTILIZAÇÃO DE BENS PÚBLICOS	• O uso de bens poderá ser **gratuito ou oneroso**, conforme for estabelecido legalmente pela entidade aos quais pertencerem (art. 103 do CC). • **Principais formas de utilização dos bens públicos: a)** Autorização de uso; **b)** Permissão de uso; **c)** Concessão de uso; **d)** Concessão de direito real de uso; **e)** Concessão de uso especial para fins de moradia (MP 2220/01); **f)** Autorização de uso para fins comerciais (MP 2220/01); **g)** Aforamento de bens públicos (Decreto-Lei 9.760/46; Lei 9.636/98); **h)** Cessão de uso.
AQUISIÇÃO E ALIENAÇÃO DE BENS PÚBLICOS	• **Formas de aquisição: a)** Contrato; **b)** Usucapião; **c)** Desapropriação; **d)** Acessão; **e)** Aquisição *causa mortis;* **f)** Arrematação; **g)** Adjudicação; **h)** Resgate na enfiteuse; **i)** Dação em pagamento; **j)** Por força da lei (*ex vi legis).* • **Formas de Alienação: a)** venda; **b)** doação; **c)** Permuta; **d)** Dação em pagamento; **e)** Concessão de domínio; **f)** Investidura; **g)** Incorporação; **h)** Retrocessão; **i)** Legitimação de posse.

Capítulo

XVI

INTERVENÇÃO DO ESTADO NA PROPRIEDADE

Leia a lei:

- *CF, arts. 5.º, XXII, XXIII, XXIV, XXV, 22, I, II, III, 24, VI, VII 30, I, II, III, 170, III, 182, 184, 185, 186, 215, 216, 243; ADCT, art. 78, § 3º; Decreto-Lei 25/37; Decreto-Lei 3.365/41; Lei Delegada 4/62; Lei 4.132/62; Decreto-Lei 1.075/70; Lei 6.766/79, art. 42; Lei 8.257/91; Lei 8.629/93; Lei complementar 76/93; Lei 9.074/95, art. 10; Lei 10.233/01, art. 82, IX; Lei 10.257/01, arts. 5º, 25 e 36; Código Civil, arts. 519, 1.228, §§ 3º e 4º*

1. NOÇÕES

Em algumas situações o Estado deve intervir na propriedade privada, restringido seu uso, impondo algum dever ao proprietário ou mesmo transferindo-a para seu domínio, por razões de interesse público. São basicamente dois os fundamentos da intervenção do Estado na propriedade: a **função social da propriedade** e a **supremacia do interesse público sobre o particular**.

Não se pode esquecer também que a intervenção do Estado na propriedade advém do chamado **domínio eminente** que representa a possibilidade de o Estado submeter à sua vontade os bens que se encontram em seu território, sejam públicos ou privados.

2. COMPETÊNCIA PARA DISPOR SOBRE INTERVENÇÃO NA PROPRIEDADE

A competência para **legislar** sobre direito de propriedade, desapropriação e requisição é **privativa da União** (art. 22, I, II e III da CF/88).

Todos entes federativos possuem **competência material** para promover as diversas modalidades de intervenção na propriedade, o que implica dizer que podem praticar atos administrativos sobre a matéria.

3. ESPÉCIES DE INTERVENÇÃO NA PROPRIEDADE

A doutrina arrola como meios de intervenção na propriedade a **limitação administrativa**, **servidão administrativa**, **requisição**, **ocupação temporária**, **tombamento** e **desapropriação**.

JOSÉ DOS SANTOS CARVALHO FILHO (2012, p. 691) classifica as intervenções do Estado na propriedade em dois grupos: 1) **restritiva**: o Estado impõe restrições e condicionamentos ao uso da propriedade, sem, no entanto, retira-la de seu dono. Fazem parte deste grupo a **servidão administrativa**, a **requisição**, a **ocupação temporária**, as **limitações administrativas** e o **tombamento**; 2) **supressiva**: o Estado transfere coercitivamente para si a propriedade de terceiro, em virtude de algum interesse público previsto na lei. Exemplo único desta categoria é a desapropriação.

4. LIMITAÇÃO ADMINISTRATIVA

É uma determinação estabelecida por **lei** ou **ato administrativo**, de **caráter geral** e voltada para **proprietários indeterminados**, através da qual o Poder Público unilateralmente condiciona o exercício do direito propriedade à observância de determinadas exigências legais, que podem implicar em obrigações **positivas** (Ex: limpeza de terrenos) ou **negativas** (Ex: construção de edifícios até determinada altura), em benefício do bem-estar social. Em regra, não geram direito à indenização.

É possível observar que as limitações administrativas afastam o **caráter absoluto** do direito de propriedade e decorrem do **poder de polícia** conferido à Administração Pública.

5. SERVIDÃO ADMINISTRATIVA

É um **direito real público** imposto pela **Administração** ou **delegados**, que impõe algumas **restrições ao uso e gozo de determinada propriedade imóvel** alheia (limita a **exclusividade** do direito de propriedade), para assegurar um **fim público específico** (geralmente relacionado à execução de obras ou execução de algum serviço público), mediante **indenização** dos prejuízos efetivamente suportados pelo proprietário. Podemos citar como exemplo de servidão administrativa a passagem de fios elétricos de alta tensão em terrenos particulares.

Não há uma norma específica regulamentando a instituição de servidões, razão pela qual se usa como principal dispositivo o **art. 40 do Decreto-Lei 3365/41** ("o expropriante poderá constituir servidões, mediante indenização na forma desta lei"). Assim como ocorre com a desapropriação, deverá existir uma **declaração de utilidade pública** do bem que será gravado.

De um modo geral, admite-se a instituição de servidões por meio de **lei**, **acordo** e **sentença judicial**. As servidões legais não precisam ser registradas, porque o ônus real se constitui a partir da promulgação da lei. Nas demais, torna-se necessária a inscrição perante o Registro de Imóveis para que se tornem oponíveis erga omnes.

A servidão administrativa **pode incidir sobre bem público**, desde que observada a hierarquia aplicada à desapropriação (União → Estados →Municípios. O contrário não pode).

Será cabível indenização se comprovado efetivo prejuízo ao bem imóvel. A depender da magnitude do prejuízo, o proprietário pode requerer a declaração de desapropriação indireta do bem. Se a servidão não trouxer prejuízo para a utilização do bem, não caberá indenização.

Em regra, as servidões administrativas são **perpétuas** ou **permanentes**. Todavia, uma vez cessada a necessidade do Poder Público (cessação do interesse público) ou a utilidade do prédio serviente, a servidão será extinta. Podemos enumerar, também, as seguintes causas extintivas da servidão: o **desaparecimento da coisa gravada**, a **transformação do bem gravado** por fato que o torne incompatível com o seu destino e a **incorporação do imóvel serviente ao patrimônio público** (**consolidação**) da entidade que instituiu a servidão.

ATENÇÃO

Não se deve confundir as servidões administrativas com as servidões previstas nos arts. 1.378 a 1389 do Código Civil. As principais diferenças se situam na finalidade da instituição da servidão (interesse público x interesse privado) e no regime jurídico que as regulamentam (Direito Público x Direito Privado).

6. REQUISIÇÃO

É a forma de intervenção do Estado, de **caráter unilateral e transitório**, em que há a **utilização compulsória** de **bens móveis, imóveis** ou de **serviços** particulares direta e imediatamente pelo Poder Público, visando proteger a sociedade de situação **transitória** de **emergência** ou de **iminente perigo público**, com pagamento de **indenização posterior** ao particular, se houver dano. Trata-se de um ato administrativo autoexecutório. Ex: requisição de um barco pela defesa civil para prestar socorro às vítimas de alagamento.

Compete à União **legislar** sobre requisições civis e militares (art. 22, III da CF/88). A competência **material** em matéria de requisição é **comum** a todos os entes.

A requisição encontra seu principal fundamento no **art. 5º, XXV da CF/88**. No plano infraconstitucional podemos mencionar o **Decreto-lei 4.812/42** (requisições militares, visando garantir a segurança da população) e a **Lei Delegada 4/62** (reaquisição de bens ou serviços para garantir a distribuição de produtos necessários ao consumo do povo).

Se a requisição recair sobre **bens fungíveis**, o proprietário será indenizado pela integralidade do bem, como se fosse uma desapropriação, mas com indenização posterior.

7. OCUPAÇÃO TEMPORÁRIA

É a forma de intervenção do Estado em que há a **utilização temporária e compulsória** pela Administração de **bens imóveis** privados, **com ou sem remuneração**, como local de apoio para a execução de **obras** ou **serviços públicos** em áreas vizinhas. Ex: utilização de terreno para alocação de maquinário durante obras em uma estrada.

O art. 36 do Decreto-Lei 3.365/41 permite "a ocupação temporária, que será indenizada, afinal, por ação própria, de terrenos não edificados, vizinhos às obras e necessários à sua realização". Neste caso específico, que pode ocorrer durante o processo de desapropriação, será devida indenização, porque se pressupõe que o imóvel vizinho ao que foi desapropriado ficará ocupado por longo período. Nos demais casos de ocupação temporária, a indenização somente será devida pelos prejuízos efetivamente comprovados pelo proprietário.

8. TOMBAMENTO

8.1. Definição

É a forma de intervenção do Estado na propriedade que visa proteger e conservar o **patrimônio cultural brasileiro**, tutelado pelo art. 216 da CF/88, impondo ao proprietário **obrigações positivas** (ex: promover reformas e outras obras de conservação), negativas (ex: não alterar determinadas características do bem) ou **permissivas** (deverá permitir a fiscalização do órgão responsável) com relação ao bem tombado.

O **patrimônio cultural brasileiro** compõe o chamado **meio ambiente cultural**. O **art. 1º do Decreto-Lei 25/37** (regulamenta o tombamento) conceitua patrimônio histórico e artístico nacional como "o conjunto dos bens móveis e imóveis existentes no país cuja conservação seja de interesse público, quer por sua vinculação a fatos memoráveis da história do Brasil, quer por seu excepcional valor arqueológico ou etnográfico, bibliográfico ou artístico".

Vale lembrar, todavia, que conceito de patrimônio cultural brasileiro trazido pela CF/88 é mais amplo, incluindo bens móveis e imóveis, materiais ou imateriais e públicos ou privados.

ATENÇÃO

O tombamento é apenas uma das formas de proteção do patrimônio cultural. A CF/88 arrola ainda os seguintes meios de proteção: inventários, registros, vigilância, desapropriação e outras formas de acautelamento e preservação (art. 216, § 1.º).

8.2. Competência

Conforme disposto no art. 24, VII, da CF/88, **a competência para legislar** sobre proteção ao patrimônio histórico, cultural, artístico, turístico e paisagístico é **concorrente** entre a União, os Estados e o Distrito Federal. Mas a **competência material** para instituir o tombamento é **comum** dos entes federados (art. 23, III c/c art. 30, IX da CF/88).

8.3. Objeto

Podem ser tombados bens **móveis** ou **imóveis**, de natureza **material** (tangíveis) ou **imaterial** (intangíveis), **públicos** ou **particulares**, de **interesse cultural** ou **ambiental**. É muito amplo o espectro de bens que podem ser tombados, como obras de arte, objetos de coleções particulares, fotografias, móveis, estilos musicais, florestas etc.

A UNESCO define **patrimônio cultural imaterial ou intangível** como "as práticas, representações, expressões, conhecimentos e técnicas – junto com os instrumentos, objetos, artefatos e lugares culturais que lhes são associados – que as comunidades, os grupos e, em alguns casos, os indivíduos reconhecem como parte integrante de seu patrimônio cultural". Por seu turno, o IPHAN conceitua **patrimônio cultural material** como sendo composto por um conjunto de bens culturais classificados segundo sua natureza nos quatro Livros do Tombo: arqueológico, paisagístico e etnográfico; histórico; belas artes; e das artes aplicadas. Eles estão divididos em bens imóveis como os núcleos urbanos, sítios arqueológicos e paisagísticos e bens individuais; e móveis como coleções arqueológicas, acervos museológicos, documentais, bibliográficos, arquivísticos, videográficos, fotográficos e cinematográficos.

ATENÇÃO

O art. 3º do Decreto 25/37, estabelece que ***NÃO*** *se incluem no conceito de patrimônio histórico e artístico nacional e, portanto,* ***NÃO*** *podem ser objeto de tombamento, as* ***obras de origem estrangeira****: 1) que pertençam às representações diplomáticas ou consulares acreditadas no país; 2) que adornem quaisquer veículos pertencentes a empresas estrangeiras, que façam carreira no país; 3) que se incluam entre os bens referidos no art. 10 da Introdução do Código Civil, e que continuam sujeitas à lei pessoal do proprietário; 4) que pertençam a casas de comércio de objetos históricos ou artísticos; 5) que sejam trazidas para exposições comemorativas, educativas ou comerciais: 6) que sejam importadas por empresas estrangeiras expressamente para adorno dos respectivos estabelecimentos.*

8.4. Características

O tombamento não retira do proprietário o domínio do bem – que pode inclusive ser vendido -, mas apenas **limita o direito de usar, gozar e dispor da coisa tombada**.

Tratando-se de **bens imóveis**, o proprietário não poderá fazer alterações, como reformas, reparos, pinturas etc., sem antes buscar a assistência e autorização dos órgãos responsáveis.

Deverá também promover diversas medidas de conservação do bem, estabelecidas por ocasião do tombamento, devendo comunicar o órgão responsável caso não tenha condições financeiras de suportar o custo de tais medidas, sob pena de ser multado.

Além disso, os proprietários são obrigados a suportar a fiscalização dos órgãos administrativos competentes. Por fim, o tombamento estabelece um direito de preferência para o Poder Público, caso o proprietário pretenda alienar o bem tombado.

8.5. Indenização

Em regra, o tombamento não gera direito à indenização. Não se pode esquecer que, de acordo com o STJ, "(...) é possível, contudo, que o tombamento de determinados bens, ou mesmo a imposição de limitações administrativas, traga prejuízos aos seus proprietários, gerando, a partir de então, a obrigação de indenizar" (REsp 1100563/RS, Rel. Ministra DENISE ARRUDA, DJE 01/07/2009).

8.6. Constituição do tombamento

O procedimento varia de acordo com a modalidade de tombamento e culmina com o registro do bem no **Livro do Tombo**. O tombamento poderá ocorrer das seguintes formas:

a) **de ofício**: ocorre para os **bens públicos** (art. 5.º, do DL 25/37). O ente ou entidade proprietários do bem deverão ser notificados.

ATENÇÃO

*JOSÉ DOS SANTOS CARVALHO FILHO (2012, p. 714) defende a **aplicação analógica** do art. 2º, § 2º do Decreto-lei 3.365/41, de modo que a União pode tombar bens dos Estados e Municípios, os Estados podem tombar bens dos Municípios, não admitindo, entretanto, o caminho reverso. Todavia, o STJ já admitiu que o Município tombasse bens dos Estados.*

POSIÇÃO DO STJ

ADMINISTRATIVO – TOMBAMENTO – COMPETÊNCIA MUNICIPAL. 1. A Constituição Federal de 88 outorga a todas as pessoas jurídicas de Direito Público a competência para o tombamento de bens de valor histórico e artístico nacional. 2. Tombar significa preservar, acautelar, preservar, sem que importe o ato em transferência da propriedade, como ocorre na desapropriação. 3. O Município, por competência constitucional comum – art. 23, III –, deve proteger os documentos, as obras e outros bens de valor histórico, artístico e cultural, os monumentos, as paisagens naturais notáveis e os sítios arqueológicos. 4. ***Como o tombamento não implica em transferência da propriedade, inexiste a limitação constante no art. 1º, § 2º, do DL 3.365/1941, que proíbe o Município de desapropriar bem do Estado.*** *5. Recurso improvido" (RMS 18.952-RJ, Rel. Min. Eliana Calmon, julgado em 26/4/2005, Inf. 244).*

b) **voluntário**: o próprio dono do bem requer o seu tombamento. O requerimento será submetido ao órgão competente para a emissão de parecer quanto ao valor cultural do bem. Pode ocorrer também quando o proprietário, notificado do tombamento compulsório, concordar, por manifestação escrita, com a inscrição do bem no **Livro do Tombo**.

c) **compulsório:** o Poder Público promove o tombamento independentemente da vontade do proprietário, após avaliação positiva sobre o valor cultural do bem. No procedimento estabelecido no âmbito federal, o proprietário será notificado para, querendo, impugnar a avaliação feita e oferecer suas razões no prazo de 15 dias. O órgão que iniciou o tombamento, então, manifestar-se-á quanto à impugnação feita. A seguir, o processo será encaminhado ao **Instituto do Patrimônio Histórico e Artístico Nacional - IPHAN**, que proferirá decisão a respeito, no prazo de 60 dias a contar do recebimento, determinando a inscrição no Livro do Tombo ou arquivando o processo (caso entenda que não é caso de tombamento). O processo de tombamento será ainda examinado pelo Ministro da Cultura, que poderá manifestar-se pela homologação, anulação ou revogação do ato.

Poderá haver o **tombamento provisório de bens** (art. 10 do Decreto-Lei 25/1937), visando assegurar a preservação do bem até a conclusão dos pareceres técnicos e de sua inscrição no **Livro de Tombo**. É importante ressalvar **que não se trata de fase para se atingir o tombamento definitivo**, mas sim uma **medida acautelatória.**

POSIÇÃO DO STJ

"(...) o tombamento provisório de bens (art. 10 do Dec. n. 25/1937) não é fase procedimental a priori do tombamento definitivo, mas uma medida assecuratória de preservação do bem até a conclusão dos pareceres técnicos e da sua inscrição no livro de tombo. A caducidade do tombamento provisório, por excesso de prazo, não prejudica o definitivo, Inteligência dos arts. 8º, 9º e 10º, do Decreto Lei 25/37. (RMS 8.252-SP, Rel. Min. Laurita Vaz, julgado em 22/10/2002, Inf. 152)".

O tombamento será tornado **definitivo** com **registro do bem no Livro do Tombo**, após regular procedimento administrativo. O registro (antiga transcrição) do tombamento no Ofício de Registro de Imóveis tem por principal objetivo conferir efeitos *erga omnes* ao ato, resguardando a boa-fé de terceiros que pretendam adquirir o bem tombado.

ATENÇÃO

*O DL 25/37 assegurava direito de preferência à União, Estados e Municípios em caso de alienação onerosa de bens tombados (art. 22). Porém, tal previsão foi **revogada** pelo Código de Processo Civil, logo, o proprietário de bem tombado poderá aliená-lo livremente. Porém, interessa ressaltar que o Estatuto das Cidades (lei 10.257/01), estabelece que o Município pode estabelecer em lei municipal, baseada no plano diretor, o direito de preferência sobre determinadas áreas, fixando prazo de vigência, não superior a cinco anos, renovável a partir de um ano após o decurso do prazo inicial e vigência (art. 25). O art. 26 do Estatuto das Cidades estabelece ainda que o direito de preferência terá lugar sempre que o Poder Público pretender à proteção de áreas de interesse histórico, cultural ou paisagístico. Ou seja, é possível que o direito de preferência em matéria de tombamento remanesça nesta situação, porém exercível apenas pelo Município ou pelo Distrito Federal, no exercício de sua competência municipal.*

Por fim, o tombamento poderá ser **geral**, quando atinge uma universalidade de bens, ou **individual**, quando incide sobre bem determinado.

POSIÇÃO DO STJ

***TOMBAMENTO. PATRIMÔNIO HISTÓRICO.** A Turma conheceu em parte o recurso, mas desproveu-o provimento, considerando que, havendo tombamento geral de cidade protegida como patrimônio de importância histórico-cultural, aplicam-se as restrições do art. 17 do DL 25/1937 a todos os proprietários de imóvel na área tombada. Ademais, não procede a alegação de que o bem da recorrente não foi individualizado no tombamento, se já sabia das citadas restrições, quando solicitou, inclusive, autorização ao Instituto do Patrimônio Histórico e Artístico Nacional (Iphan) para a realização da obra, não obstante descumpriu os limites impostos para a realização de reformas no imóvel. (REsp 1.098.640, Rel. Min. Humberto Martins, julgado em 9/6/2009, Inf. 398).*

9. DESAPROPRIAÇÃO

9.1. Definição

É o procedimento pelo qual o Poder Público, fundado em **necessidade pública**, **utilidade pública** ou **interesse social**, compulsoriamente retira de alguém a propriedade de um bem certo, adquirindo-o para si, em caráter **originário** e **mediante indenização**.

A desapropriação possui como principais fundamentos os **arts. 5º, XXIV, 182, § 4º, III,** e **184 da CF/88**. No plano infraconstitucional, podemos destacar o **Decreto-lei 3.365/41** (desapropriação por necessidade e utilidade pública), a **Lei 4.132/62** (desapropriação por interesse social), **Decreto-Lei 1.075/70** (imissão provisória na posse de imóveis urbanos), **Lei 8.629/93** (regulamenta dispositivos constitucionais da reforma agrária), **Lei Complementar 76/93** (procedimento especial para desapropriação de imóveis rurais, visando à reforma agrária) e **Lei 10.257/01** (Estatuto das Cidades).

A desapropriação é uma **forma originária de aquisição** da propriedade. Isso significa dizer que a desapropriação independe de títulos e proprietários anteriores (não há sucessão dominial), ônus reais deixam de existir e perdem o sentido as discussões sobre a titularidade do domínio (o bem expropriado torna-se **insuscetível de reivindicação**). Eventuais credores reais teriam que buscar sua indenização pelo valor da indenização paga pelo Estado ao expropriado.

ATENÇÃO

*A Medida Provisória 700/15 promoveu profundas modificações no DL 3.365/41, que o principal ato normativo em matéria de desapropriações. Porém, a MP 700/15 não foi convertida em Lei, tendo sua eficácia encerrada no dia **17 de maio de 2016**, conforme consta do Ato Declaratório do Presidente da Mesa do Congresso Nacional n.º 23, de 2016. Tendo em vista o objetivo de síntese desta obra e que os editais de concursos geralmente cobram a legislação vigente à data de sua abertura, preferimos não integrar ao estudo do tema as alterações promovidas pela MP 700/15, a fim de não confundir o leitor.*

9.2. Objeto

Em regra, podem ser desapropriados todos os bens e direitos patrimoniais, o que inclui também o espaço aéreo e o subsolo (Decreto-Lei 3.365/41, art. 3º).

Não são suscetíveis de desapropriação os chamados bens "inexpropriáveis" ou "inalienáveis", como **direitos personalíssimos**, **direito pessoal do autor**, **direito à vida**, à **imagem** e aos **alimentos**. O

STF também firmou entendimento no sentido de que as margens dos rios navegáveis, por ser serem bens de domínio público, não podem ser desapropriados.

POSIÇÃO DO STF

Súmula 479: *As margens dos rios navegáveis são domínio público, insuscetíveis de expropriação e, por isso mesmo, excluídas de indenização.*

Mediante **autorização legislativa** admite-se a desapropriação de **bens públicos**, desde que observada a "hierarquia constitucional". A União pode desapropriar bens dos Estados, DF e Municípios; os Estados podem desapropriar bens dos Municípios. O caminho inverso, todavia, não é possível, conforme entendimento dominante.

Em determinadas situações, o ordenamento jurídico **veda** a desapropriação de determinados bens, como se sucede com a pequena e média propriedade rural, assim definida em lei, desse que seu proprietário não possua outra, e a propriedade produtiva, que não poderão ser objeto de desapropriação para fins de reforma agrária (art. 185, I e II da CF/88). O Decreto-lei 3.365/41 proíbe a desapropriação, pelos Estados, Distrito Federal, Territórios e Municípios de ações, cotas e direitos representativos do capital de instituições e empresas cujo funcionamento dependa de autorização do Governo Federal e se subordine à sua fiscalização, salvo mediante prévia autorização, por decreto do Presidente da República (art. 2.º, § 3.º).

9.3. Competência

Podemos dividir a competência em matéria de desapropriação em ***legislativa*** (quem pode legislar sobre o tema), ***declaratória*** (quem pode deflagrar o procedimento, declarando o bem de necessidade pública, utilidade pública ou interesse social) e ***executória*** (quem efetivamente promove a desapropriação, praticando os atos materiais para a transferência do bem para o domínio público). Vejamos o seguinte quadro comparativo:

Modalidade	Sujeito competente	Especificidades
Legislativa	Privativa da União (art. 22, II)	O art. 22, parágrafo único da CF/88 admite que lei complementar autorize os **Estados** a legislar sobre **questões específicas** das matérias de competência privativa da União.
Declaratória	É **comum** à União, os Estados-membros, o Distrito Federal e os Municípios (**regra**). **Exceções**: a) **interesse social para fins de reforma agrária**: competência exclusiva da União (art. 184); b) **desapropriação-confisco**: competência exclusiva da União; c) **desapropriação-sanção urbanística**: competência exclusiva do Município (art. 182, § 4.º).	A **ANEEL** (Lei 9.074/99, art. 10) e o **DNIT** (Lei 10.233/01, art. 82, IX) podem declarar áreas para fins de desapropriação, visando à consecução **de seus objetivos específicos.**
Executória	União, os Estados-membros, o Distrito Federal e os Municípios.	**Concessionários** e **permissionários** de serviços públicos também podem, mediante autorização expressa, constante de lei ou contrato.

9.4. Modalidades de desapropriação

Há diversas formas de se classificar as espécies de desapropriação. No presente estudo, buscamos separá-las em dois grupos, organizados de acordo com o regime de pagamento de indenização

9.4.1. Desapropriações Ordinárias ou Comuns

Estão previstas e seguem a regra geral estabelecida pelo **art. 5º, XXIV da CF/88**. A **indenização** nestes casos será **prévia**, **justa** e em **dinheiro**. Podem ser divididas em:

a) **Desapropriação por necessidade ou utilidade pública**: É regulada pelo Decreto-Lei 3.365/41. Na clássica e precisa lição de HELY LOPES MEIRELLES (2004, p. 584), **utilidade pública** "apresenta-se quando a transferência de bens de terceiros para a Administração é conveniente, embora não seja imprescindível" e a **necessidade pública** "surge quando a Administração defronta situações de emergência, que, para serem resolvidas satisfatoriamente, exigem a transferência urgente de bens de terceiros para o seu domínio e uso imediato". O Decreto-Lei 3.365/41 não faz, contudo, diferenciação entre as situações, englobando ambas sob a designação "utilidade pública".

b) **Desapropriação por interesse social**: É regulada pela Lei 4.132/62. Tem por objetivo promover a **justa distribuição da propriedade urbana ou rural** ou **condicionar o seu uso ao bem-estar social**. Consideram-se de interesse social, para fins desta modalidade de desapropriação, as situações arroladas no art. 2º da Lei 4.132/62, dentre as quais podemos citar a construção de casa populares, a proteção do solo e a preservação de cursos e mananciais de água e de reservas florestais etc. Os bens desapropriados serão objeto de venda ou locação, a quem estiver em condições de dar-lhes a destinação social prevista.

9.4.2. Desapropriações-sanção ou sancionatórias

Estão previstas nos **arts. 182, § 4º, III e 184 da CF/88**. Possuem como fundamento um interesse social, qual seja, o cumprimento da **função social da propriedade** e o **bem-estar social**. Por não cumprir este princípio, a indenização será paga em **títulos especiais da dívida pública**. Podem ser divididas em:

a) **Desapropriação-sanção urbanística**: Está prevista no Art. 182, § 4º, III, CF/88 e regulamentada pela Lei 10.257/01 (estatuto das cidades). É de **competência do Município e do Distrito Federal** e voltada às **propriedades urbanas não edificadas, subutilizadas** ou **não utilizadas**, incluídas no plano diretor do Município. Este ente poderá, mediante lei específica, determinar que o proprietário promova o adequado aproveitamento da propriedade, sob pena, sucessivamente, de: 1) parcelamento ou edificação compulsórios; 2) imposto sobre a propriedade predial e territorial urbana (IPTU) progressivo no tempo; 3) **desapropriação** com pagamento mediante **títulos da dívida pública** de emissão previamente aprovada pelo Senado Federal, com **prazo de resgate de até dez anos**, em parcelas anuais, iguais e sucessivas, assegurados o valor real da indenização e os juros legais. Veja que a desapropriação somente será feita em último caso, quando as outras medidas não tiverem se mostrado eficientes.

b) **Desapropriação-sanção rural**: esta modalidade de desapropriação, motivada por **interesse social**, é de competência da União, está prevista no art. 184 da CF e é regulamentado pela Lei 8.629/93 (reforma agrária) e Lei Complementar 76/93 (procedimento especial). É voltada para as propriedades rurais que não estejam atendendo sua função social, sendo os imóveis desapropriados destinados à **reforma agrária**.

Não se sujeitam a esta desapropriação a **propriedade produtiva** e a **pequena e média propriedade rural**, assim definida em lei, desde que seu proprietário não possua outra.

A função social é cumprida quando a propriedade rural atende, simultaneamente, segundo critérios e graus de exigência estabelecidos em lei, aos seguintes requisitos: I – aproveitamento racional e adequado; II – utilização adequada dos recursos naturais disponíveis e preservação do meio ambiente; III – observância das disposições que regulam as relações de trabalho; IV – exploração que favoreça o bem-estar dos proprietários e dos trabalhadores.

A indenização será **prévia** e **justa**, mas paga em **títulos da dívida agrária**, com cláusula de preservação do valor real, **resgatáveis no prazo de até vinte anos**, a partir do segundo ano de sua emissão, e cuja utilização será definida em lei, **exceto as benfeitorias úteis e necessárias**, que serão pagas em **dinheiro**. Neste último caso, se a decisão judicial transitada em julgado fixar a indenização da terra nua ou das benfeitorias indenizáveis em valor superior ao ofertado pelo expropriante, corrigido monetariamente, a diferença será paga na forma do art. 100 da Constituição (art. 5.º, § 8.º, incluído na Lei 8.629/93 pela Medida Provisória 759/16, convertida na lei 13.465/17).

A Medida Provisória 759/16, convertida na Lei 13.465/17, alterou a Lei 8.629/93 para permitir que a aquisição por compra e venda ou a arrematação judicial de imóveis rurais destinados à implementação de projetos integrantes do Programa Nacional de Reforma Agrária sejam pagas

em dinheiro, na forma estabelecida em regulamento (art. 5.º, § 7.º). O objetivo é acelerar e facilitar a desapropriação de imóveis com o objetivo de promover a reforma agrária.

O domínio da União sobre os imóveis objetos e desapropriação para fins de reforma agrária é **provisório**, devendo ser repassados a beneficiários do programa. Segundo prescreve o art. 189 da CF/88, "os beneficiários da distribuição de imóveis rurais pela reforma agrária receberão títulos de domínio ou de concessão de uso, negociáveis pelo prazo de dez anos".

9.5. Desapropriação-confisco

Alguns autores incluem esta categoria dentre as espécies de desapropriação-sanção.

A desapropriação-confisco está prevista no **art. 243 da CF/88** e tem por objeto as glebas de qualquer região do País onde forem localizadas **culturas ilegais de plantas psicotrópicas** ou a **exploração de trabalho escravo**.

O proprietário das terras **não receberá qualquer indenização** do Poder Público expropriante, no caso a União, sem prejuízo de outras sanções previstas em lei. Por faltar um elemento essencial das desapropriações (indenização) e por não haver sequer uma fase declaratória prévia, alguns autores não a consideram uma modalidade de desapropriação.

Estas terras serão destinadas ao destinadas à **reforma agrária e a programas de habitação popular**, conforme nova redação dada pela EC 81/2014.

O STF, em sede de repercussão geral, firmou a seguinte tese sobre este tema: "A expropriação prevista no art. 243 da Constituição Federal pode ser afastada, desde que o proprietário comprove que não incorreu em culpa, ainda que *in vigilando* ou *in eligendo*" (RE 635336/PE, Rel. Min. Gilmar Mendes, j. em 14/12/2016, inf. 851).

A desapropriação-confisco fundada em existência de culturas ilegais de plantas psicotrópicas seguirá o procedimento previsto na Lei 8.257/91. O procedimento da desapropriação-confisco por exploração de trabalho escravo ainda não foi regulamentado.

9.6. Desapropriação por zona ou extensiva

Está prevista no art. 4º do Decreto 3.365/41: "A desapropriação poderá abranger a **área contígua necessária ao desenvolvimento da obra** a que se destina, e as **zonas que se valorizarem extraordinariamente**, em consequência da realização do serviço. Em qualquer caso, **a declaração de utilidade pública deverá compreendê-las**, mencionando-se quais as indispensáveis à continuação da obra e as que se destinam à revenda".

ATENÇÃO

*Não confundir **desapropriação extensiva** com **direito de extensão**, que é a possibilidade de o proprietário exigir que o Poder Público desaproprie todo o imóvel, quando a desapropriação abranger apenas em parte do bem e deixar o restante inaproveitável. A princípio, o direito de extensão está previsto no art. 4º da Lei Complementar 76/93 (procedimento especial da desapropriação-sanção rural), mas se tem admitido seu exercício também nas demais modalidades de desapropriação.*

9.7. Desapropriação indireta

Não se trata de uma modalidade de desapropriação, mas de uma ação ordinária de ressarcimento de danos. Neste caso, o Estado se apossa do bem particular sem a observância dos requisitos procedimentais e da prévia e justa indenização.

É um verdadeiro **esbulho** praticado pelo Estado. Nestes casos, restará para o particular a ação ordinária de ressarcimento pela desapropriação indireta, salvo se já tiver transcorrido o prazo para a usucapião do bem por parte do Poder Público.

Em suma, a desapropriação indireta, segundo o STJ (EREsp 933786, DJ 15.09.09), pressupõe três situações: 1) apossamento do bem pelo Estado sem prévia observância do devido processo legal; 2) afetação do bem, ou seja, destiná-lo à utilização pública; 3) irreversibilidade da situação fática a tornar ineficaz a tutela judicial específica. Pode ocorrer também desapropriação indireta na hipótese de o Estado promover alguma outra forma de intervenção que inviabilize a utilização normal do bem por parte do proprietário.

Ainda sob a égide do Código Civil de 1916, o STJ editou a **súmula 119**, cujo enunciado estabelece que as ações de desapropriação indireta prescrevem em **20 anos**, que era o prazo da usucapião extraordinária estabelecido no art. 560 do revogado código. Com a entrada em vigor do novo Código Civil, o STJ foi novamente instado a analisar o tema à luz dos novos prazos de prescrição aquisitiva e a regra de transição trazida no art. 2.048.

O novo entendimento adotado é de que, **se aplicável o CC/02**, deve ser observado o prazo de usucapião previsto no art. 1.238, parágrafo único, qual seja, **10 anos**. E por que não aplicar o prazo de **15 anos**, previsto no art. 1.238, caput? O STJ fixou o prazo de 10 anos sob o argumento de que a de desapropriação indireta pressupõe a realização de obras pelo Poder Público ou sua destinação em função da utilidade pública/interesse social, o que atrairia a aplicação do art. 1.238, parágrafo único do CC/02.

POSIÇÃO DO STJ

*17) A ação de desapropriação indireta prescreve em 20 anos, nos termos da Súmula 119 do STJ e na vigência do Código Civil de 1916, e em 10 anos sob a égide do Código Civil de 2002, observando-se a regra de transição disposta no art. 2.028 do CC/2002 **(jurisprudência em teses)**.*

9.8. Procedimento

O procedimento para que um bem seja desapropriado observará as fases a seguir estudadas.

9.8.1. Fase declaratória

Nesta fase é que se **identifica o bem e seu proprietário** e se **declara**, por meio de **decreto** ou **lei de efeitos concretos**, o bem como de utilidade pública, necessidade pública ou interesse social, informando o Poder Público qual será sua destinação.

A fase declaratória importa no início do prazo para a ocorrência da caducidade do ato declaratório e gera, para a Administração, o direito de adentrar no bem objeto da desapropriação

O decreto declaratório não valerá indefinidamente, existindo para o expropriante um prazo para adotar medidas concretas (acordo com o desapropriado ou ação judicial). A **caducidade** da declaração observará os seguintes prazos:

Modalidade de Desapropriação	Prazo de Caducidade
Necessidade ou Utilidade Pública	**5 anos** da data de expedição do decreto
Interesse Social	**2 anos** a partir da decretação da desapropriação
Desapropriação-Sanção Urbana	Não há previsão
Desapropriação-Sanção Rural	**2 anos** contados da publicação do decreto declaratório

9.8.2. Fase executiva ou executória

Nesta fase ocorrem as providências para haja a efetiva transferência do bem desapropriado para o domínio do expropriante.

O expropriante oferecerá ao proprietário o valor que entende ser o do bem. Se o proprietário aceitar a avaliação, ocorrerá um acordo entre as partes e o valor apurado será depositado e o bem transferido para o domínio do expropriante, resolvendo-se em uma **desapropriação amigável**, possuindo natureza contratual. Do contrário, o expropriante deverá buscar as vias judiciais.

9.8.3. Procedimento judicial

Não havendo a solução administrativa para a desapropriação, o expropriante deverá ingressar com a competente ação judicial.

A ação de desapropriação obedecerá ao **procedimento especial** estabelecido pelo Decreto-Lei 3.365/41 (utilidade pública, necessidade pública e interesse social) e **Lei Complementar 76/93** (desapropriação-sanção rural). Vejamos as principais fases:

a) **Petição inicial:** além dos requisitos do CPC, deverá conter a oferta do preço e será instruída com um exemplar do contrato, ou do jornal oficial que houver publicado o decreto de desapropriação, ou cópia autenticada dos mesmos, e a planta ou descrição dos bens e suas confrontações.

b) **Contestação:** na contestação, o expropriado somente poderá alegar **vício do processo judicial** ou **impugnar o preço ofertado.** Qualquer outra questão deverá ser decidida por ação direta (art. 20 do Decreto-Lei 3.365/41). Isso ocorre porque o juiz não poderá entrar no mérito da declaração de utilidade pública, necessidade pública ou interesse social. Alguns doutrinadores, todavia, acrescentam que o desapropriado poderia também discutir se a desapropriação está dentro das hipóteses que a autorizam. Esta orientação não é pacífica, de modo que, se o tema for cobrado em questão de múltipla escolha, **é** recomendável sustentar apenas o que é dispõe a lei.

c) **Instrução:** quando despachar a petição inicial o juiz designará um perito para proceder à avaliação dos bens, podendo as partes indicar assistentes técnicos. O laudo será apresentado pelo perito, caso o expropriado não concorde com o preço ofertado pelo expropriante. Será realizada audiência de instrução e julgamento, finda a qual o juiz proferirá sentença fixando o preço da indenização.

POSIÇÃO DO STJ

*2) Em se tratando de desapropriação, a prova pericial para a fixação do justo preço somente é dispensável quando há expressa concordância do expropriado com o valor da oferta inicial (**jurisprudência em teses**).*

*3) Em ação de desapropriação, é possível ao juiz determinar a realização de perícia avaliatória, ainda que os réus tenham concordado com o valor oferecido pelo Estado (**jurisprudência em teses**).*

*4) A revelia do desapropriado não implica aceitação tácita da oferta, não autorizando a dispensa da avaliação, conforme Súmula 118 do extinto Tribunal Federal de Recursos (**jurisprudência em teses**).*

d) **Sentença:** o juiz indicará na sentença os fatos que motivaram o seu convencimento e deverá atender, especialmente, à estimação dos bens para efeitos fiscais; ao preço de aquisição e interesse que deles aufere o proprietário; à sua situação, estado de conservação e segurança; ao valor venal dos bens da mesma espécie, nos últimos cinco anos, e à valorização ou depreciação de área remanescente, pertencente ao réu.

Da sentença que fixar o preço da indenização caberá apelação com efeito simplesmente devolutivo, quando interposta pelo expropriado, e com ambos os efeitos, quando o for pelo expropriante. Efetuado o pagamento ou a consignação judicial, expedir-se-á, em favor do expropriante, mandado de imissão de posse, valendo a sentença como título hábil para o registro da transferência do imóvel junto ao registro de imóveis.

O expropriante poderá desistir da desapropriação, com a revogação do decreto expropriatório.

9.8.3.1. Imissão provisória na posse

Se o expropriante **declarar urgência** e **depositar quantia arbitrada**, o juiz mandará imiti-lo provisoriamente na posse dos bens, ficando o desapropriado impossibilitado de usufruir a propriedade. Esta medida poderá ser requerida em qualquer uma das modalidades de desapropriação e não dependerá da citação do réu para que seja concedida (art. 15, § 1.º do DL 3.365/41).

O desapropriado, ainda que discorde do preço oferecido, do arbitrado ou do fixado pela sentença, poderá levantar **até 80% (oitenta por cento) do depósito feito**. Se já tiver ingressado com ação judicial, conforme orientação do STF, o desapropriante poderá desistir do feito, sem a anuência do desapropriado, antes de terminado o processo expropriatório com o recebimento do preço, mas terá que indenizar o expropriado dos prejuízos decorrentes da declaração, da ação judicial e da imissão provisória na posse, se houver. Se houver concordância, reduzida a termo, do expropriado, a decisão concessiva da imissão provisória na posse implicará a aquisição da propriedade pelo expropriante com o consequente registro da propriedade na matrícula do imóvel, podendo levantar **100% (cem por cento)** do depósito feito e continuar a discutir o preço depositado em Juízo. Com ou sem concordância do expropriado com a imissão provisória na posse, do valor depositado levantado deverão ser deduzidas as dívidas fiscais inscritas e ajuizadas, das multas decorrentes de inadimplemento e de obrigações fiscais, assim como, a critério do juiz, de valores tidos como necessários para o custeio das despesas processuais.

A imissão provisória em desapropriação por utilidade pública de **imóvel residencial urbano** possui regramento específico, trazido Decreto-lei 1.075/70. O expropriante deverá justificar urgência e depositar o preço oferecido, sendo o expropriado intimado a se manifestar sobre a oferta em **cinco dias**. Se não houver impugnação, o expropriante é imitido na posse. Se houver impugnação, o juiz fixará em **48 horas** o valor provisório do bem, nomeando, se for o caso, perito avaliador. Neste último caso, não há necessidade de depósito integral, exigindo o art. 3.º que o expropriante, se for o caso, complemente o depósito inicial com o suficiente para atingir metade do valor arbitrado, para que a imissão da posse do imóvel seja-lhe deferida.

9.9. Indenização, correção monetária e juros

Conforme já dito, a indenização será **prévia** (antes da transferência definitiva da propriedade), **justa** (deverá refletir o real valor do bem e as perdas materiais experimentadas pelo expropriado) e em **dinheiro**, exceto para as desapropriações-sanção.

O art. 26, § 2.º do Decreto-lei 3.365/41 determina que, decorrido prazo superior a um ano **a partir a avaliação**, o juiz ou tribunal, antes da decisão final, determinará a correção monetária do valor apurado. Este tema foi bastante debatido na jurisprudência, tendo o STJ e o STF editado súmulas a respeito.

POSIÇÃO DO STJ

Súmula 67: *Na desapropriação, cabe a atualização monetária, ainda que por mais de uma vez, independente do decurso de prazo superior a um ano entre o cálculo e o efetivo pagamento da indenização.*

*1) O valor da indenização por desapropriação deve ser contemporâneo à data da avaliação do perito judicial (**jurisprudência em teses**).*

POSIÇÃO DO STF

Súmula 561: *Em desapropriação, é devida a correção monetária até a data do efetivo pagamento da indenização, devendo proceder-se à atualização do cálculo, ainda que por mais de uma vez.*

Incidirão sobre o valor da indenização **juros moratórios e compensatórios**, conforme tabela a seguir:

	Moratórios	Compensatórios
Finalidade	Recompor a perda decorrente do atraso no pagamento da indenização	Compensar o proprietário pela perda antecipada da posse do imóvel (imissão provisória na posse ou desapropriação indireta)
Alíquota	6% ao ano	12% ao ano (vide Súmula 408 do STJ e 618 do STF)

	Moratórios	**Compensatórios**
Base de Incidência	Valor da Indenização fixada na decisão final de mérito	Diferença entre 80% do preço ofertado (art. 33, § 2º) e o valor fixado na sentença (vide ADI 2.332) ou o valor da indenização, em caso de desapropriação indireta. No caso da **desapropriação-sanção rural**, incidirão sobre a diferença entre o preço ofertado em juízo para a imissão prévia na posse e o valor do bem fixado em sentença, em percentual correspondente ao fixado para os títulos da dívida agrária depositados como oferta inicial para a terra nua.
Termo Inicial	A partir de 1º de janeiro do exercício seguinte àquele em que o pagamento deveria ser feito, nos termos do artigo 100 da CF/88. Não incidem juros durante o período de tramitação de precatórios judiciais (Súmula Vinculante 17)	Desde a imissão provisória na posse ou do apossamento administrativo. É vedado o cálculo de juros compostos.

Os entendimentos mais recentes do STJ não admitem a cumulação de juros moratórios e compensatórios, superando-se o enunciado da Súmula 12.

POSIÇÃO DO STJ

14) *Nas ações de desapropriação não há cumulação de juros moratórios e juros compensatórios, eis que se trata de encargos que incidem em períodos diferentes: os juros compensatórios têm incidência até a data da expedição do precatório original, enquanto que os moratórios somente incidirão se o precatório expedido não for pago no prazo constitucional. (Tese julgado sob o rito do art. 543-C do CPC/73 - Temas 210 e 211)*

9.10. Honorários advocatícios

A fórmula de cálculo dos honorários advocatícios em ações de desapropriação está estabelecida no art. 27, § 1.º do Decreto-lei 3.365/41.

A base de cálculo para a verba honorária corresponderá à diferença entre o valor ofertado e a indenização efetivamente paga, corrigida monetariamente, diferentemente do que acontece nas condenações comuns, em que os honorários são calculados sobre o valor da condenação.

POSIÇÃO DO STF

Súmula 617. *A base de cálculo dos honorários de advogado em desapropriação é a diferença entre a oferta e a indenização, corrigidas ambas monetariamente.*

POSIÇÃO DO STJ

Súmula 141: *Os honorários de advogado em desapropriação direta são calculados sobre a diferença entre a indenização e a oferta, corrigidas monetariamente.*

O percentual que incidirá sobre a diferença será **entre 0,5% e 5%**, observando-se o zelo profissional, o lugar em que o serviço é prestado, o tempo gasto na atuação e a natureza e importância do trabalho realizado.

POSIÇÃO DO STJ

11) *O pedido de desistência na ação expropriatória afasta a limitação dos honorários estabelecida no art. 27, § 1º, do Decreto nº 3.365/41* ***(jurisprudência em teses)****.*

12) *São aplicáveis às desapropriações indiretas os limites percentuais de honorários advocatícios constantes do art. 27, § 1º, do Decreto-Lei n. 3.365/1941* ***(jurisprudência em teses)****.*

O dispositivo em estudo fixou um valor máximo a ser pago a título de honorários, qual seja, R$ 151.000,00. Todavia, esta parte do dispositivo foi cautelarmente suspensa pelo STF nos autos da ADI 2.332/DF.

Por fim, na base de cálculo dos honorários serão considerados os juros moratórios e compensatórios.

POSIÇÃO DO STJ

Súmula 131: *Nas ações de desapropriação incluem-se no cálculo da verba advocatícia as parcelas relativas aos juros compensatórios e moratórios, devidamente corrigidas.*

9.11. Retrocessão

A definição legal de retrocessão é trazida pelo art. 519, do CC, *in verbis*: "Se a coisa expropriada para fins de necessidade ou utilidade pública, ou por interesse social, não tiver o destino para que se desapropriou, ou não for utilizada em obras ou serviços públicos, caberá ao expropriado direito de preferência, pelo preço atual da coisa".

Assim, retrocessão é o direito de o expropriado reaver o bem desapropriado que **não tiver sido utilizado** ou **tiver sido empregado em finalidade diversa** da que foi inicialmente prevista (tredestinação). Neste último caso, somente dará ensejo à retrocessão à chamada **tredestinação ilícita**, em que a utilização do imóvel não atingiu um interesse público (ex: o Poder Público desapropria o imóvel para, a seguir, vendê-lo a um terceiro). A tredestinação lícita ocorre quando o bem é empregado em finalidade diversa da inicialmente prevista no decreto de declaração, mas em atendimento a um interesse público (ex: Poder Público desapropria um terreno para instalar uma escola, mas decide construir um hospital).

A natureza jurídica da retrocessão desperta alguma divergência entre os doutrinadores. Basicamente há três correntes de pensamento: 1) **Direito real** (Celso Antônio Bandeira de Mello), face à garantia constitucional ao direito de propriedade, que só pode ser contestado para fins de desapropriação; 2) **Direito Pessoal**, tendo em vista o fato de o dispositivo que regulamenta o instituto (art. 519, CC) estar inserido no Livro do Código Civil destinado ao Direito das Obrigações e o disposto no artigo 35 do Decreto-Lei 3.365/41, que diz "qualquer suposto direito do expropriado ser resolvido por perdas e danos"; 3) **Natureza Híbrida** (Maria Sylvia Zanella di Pietro), cabendo ao proprietário optar pelo exercício do direito de preferência (ação real) ou por perdas e danos (ação pessoal). A jurisprudência majoritária tem adotado a primeira corrente (STF, ERE 104.591, Rel. Min. Djaci Falcão, DJU 10/04/87; STJ, REsp 868120/SP, Rel. Min. Luiz Fux, DJ 21/02/2008 p. 37).

10. TÓPICO-SÍNTESE

TÓPICO-SÍNTESE	
	LIMITAÇÃO ADMINISTRATIVA
ESPÉCIES DE INTERVENÇÃO NA PROPRIEDADE	Determinação estabelecida por lei ou ato administrativo, de caráter geral e voltada para proprietários indeterminados, através da qual o Poder Público unilateralmente condiciona o exercício do direito propriedade à observância de determinadas exigências legais, que podem implicar em obrigações positivas ou negativas, em benefício do bem-estar social. Em regra, não geram direito à indenização.

	SERVIDÃO ADMINISTRATIVA
	É um **direito real público** imposto pela **Administração** ou **delegados**, que impõe algumas **restrições ao uso e gozo de determinada propriedade imóvel** alheia, para assegurar um **fim público específico**, mediante **indenização** dos prejuízos efetivamente suportados pelo proprietário.
	REQUISIÇÃO
	Intervenção do Estado, de **caráter unilateral e transitório**, em que há a **utilização compulsória** de **bens móveis**, **imóveis** ou de **serviços** particulares direta e imediatamente pelo Poder Público, visando proteger a sociedade de situação **transitória** de **emergência** ou de **iminente perigo público**, com pagamento de **indenização posterior** ao particular, se houver dano.
	OCUPAÇÃO TEMPORÁRIA
	Forma de intervenção do Estado em que há a **utilização temporária e compulsória** pela Administração de **bens imóveis** privados, **com ou sem remuneração**, como local de apoio para a execução de **obras** ou **serviços públicos** em áreas vizinhas.
ESPÉCIES DE INTERVENÇÃO NA PROPRIEDADE	**TOMBAMENTO**
	Forma de intervenção do Estado na propriedade que visa proteger e conservar o **patrimônio cultural brasileiro**, tutelado pelo art. 216 da CF/88, impondo ao proprietário **obrigações positivas**, negativas ou **permissivas** com relação ao bem tombado. Em regra, o tombamento não gera direito à indenização.
	DESAPROPRIAÇÃO
	É o procedimento pelo qual o Poder Público, fundado em **necessidade pública**, **utilidade pública** ou **interesse social**, compulsoriamente retira de alguém a propriedade de um bem certo, adquirindo-o para si, em caráter **originário** e **mediante indenização**.

BIBLIOGRAFIA

ALEXANDRINO, Marcelo; PAULO, Vicente. Direito Administrativo Descomplicado. 17. ed. São Paulo: Método, 2009.

ARAÚJO, Edmir Neto de. **Curso de Direito Administrativo**. 5.ª ed. rev. e atual. São Paulo: Saraiva, 2010

CARVALHO FILHO, José dos Santos. Manual de Direito Administrativo. 25. ed. São Paulo: Atlas, 2012.

CARVALHO, Matheus. **Manual de Direito Administrativo**. 4. ed. rev., atual. e amp. Salvador: JusPodivm, 2017.

CARVALHO, Raquel Melo Urbano de. Curso de Direito Administrativo. 2.ª ed. Salvador: JusPodivm, 2009.

DI PIETRO, Maria Sylvia Zanella. Direito Administrativo. 23. ed. São Paulo: Atlas, 2010.

FIGUEIREDO, Lúcia Valle. **Curso de Direito Administrativo**. 9.ª ed., rev., amp. e atual. Até a Emenda Constitucional 56/2007. São Paulo: Malheiros, 2008.

FURTANDO, Lucas Rocha. **Curso de Direito Administrativo**. Belo Horizonte: Forum, 2007.

GASPARINI, Diógenes. Direito Administrativo. 15. ed. São Paulo: Saraiva, 2010.

JUSTEN FILHO, Marçal. Comentários à Lei de Licitações e Contratos Administrativos. 13. ed. São Paulo: Dialética, 2009.

__________. **O Estatuto da Microempresa e as Licitações Públicas**. São Paulo: Dialética, 2007.

LIMA, Ruy Cirne. **Princípios de Direito Administrativo**. 7.ª ed. São Paulo: Malheiros, 2007.

MARINELA, Fernanda. Direito Administrativo. 4.ª ed. Niterói: Impetus, 2010.

MAURER, Harmut. **Direito Administrativo Geral**. 14. ed. rev. e comp. Tradução: Luís Afonso Heck, 2006.

MEDAUAR, Odete. **Direito Administrativo Moderno**. 14. ed. rev. e atual. São Paulo: RT, 2010.

MEIRELLES, Hely Lopes. Direito Administrativo Brasileiro. 35. ed. São Paulo: Malheiros, 2009.

MELLO, Celso Antônio Bandeira de. Curso de Direito Administrativo. 26. ed. São Paulo: Malheiros, 2009.

__________. **Grandes Temas de Direito Administrativo**. São Paulo: Malheiros, 2009.

MOREIRA NETO, Diogo de Figueiredo. **Curso de Direito Administrativo**. 15. ed. rev., refundida e atual. Rio de Janeiro: Forense, 2009.

NASSAR, Elody. **Prescrição na Administração Pública**. São Paulo: Saraiva, 2006.

NOHARA, Irene Patrícia. **Direito Administrativo**. 2.ª ed. rev. e atual. São Paulo: Atlas, 2012.

OLIVEIRA, Rafael Carvalho Rezende. **Constitucionalização do Direito Administrativo**. 2.ª ed. Lumen Juris: Rio de Janeiro, 2010.

SALLES, José Carlos de Moraes. **A Desapropriação à Luz da Doutrina e da Jurisprudência** 6.ª ed. rev., atual. e amp. São Paulo: RT, 2009.

TORRES, Ronny Charles Lopes. Leis de Licitações Públicas Comentadas. 5.ª ed. rev., amp. e atual. Salvador: JusPodivm, 2013.

ZANCANER, Weida. **Da Convalidação e da Invalidação dos Atos Administrativos**. Coleção Temas de Direito Administrativo. 3.ª ed. São Paulo: Malheiros, 2008.

ZIMMER JUNIOR, Aloísio. **Curso de Direito Administrativo**. 3.ª ed. São Paulo: Método, 2009.